政协文史“亲历、亲见、亲闻”文库

辛亥革命

·第二辑·

《“三亲”文库》编纂工作委员会　编

中国文史出版社

1894 年 6 月，孙中山上书清朝直隶总督兼北洋大臣李鸿章，提出革新政治主张，遭拒绝后赴美国檀香山组织兴中会。图为孙中山在美国檀香山茂宜岛宣传革命的旧址。

1894 年 11 月，孙中山在檀香山成立中国资产阶级革命团体——兴中会，提出“振兴中华”的口号和“驱除鞑虏，恢复中国，创立合众政府”的政纲。图为兴中会首批会员秘密宣誓地——李昌的私宅。

1895 年 2 月 21 日，兴中会与辅仁文社合并，在香港中环士丹顿街 13 号成立兴中会（总会）。图为香港兴中会（总会）旧址。

1895 年 10 月，孙中山策划在广州起义，因消息泄露，起义未及举事即告失败。图为策划起义的秘密据点——双门底王氏书舍。

1900年9月，孙中山首次由日本赴台湾，坐镇指挥广东惠州三洲田起义。图为台北指挥所旧址今貌。

1904年2月15日，华兴会在湖南长沙成立，提出“驱除鞑虏，复兴中华”口号，推举黄兴为会长。图为1904年冬在日本的华兴会部分成员合影。

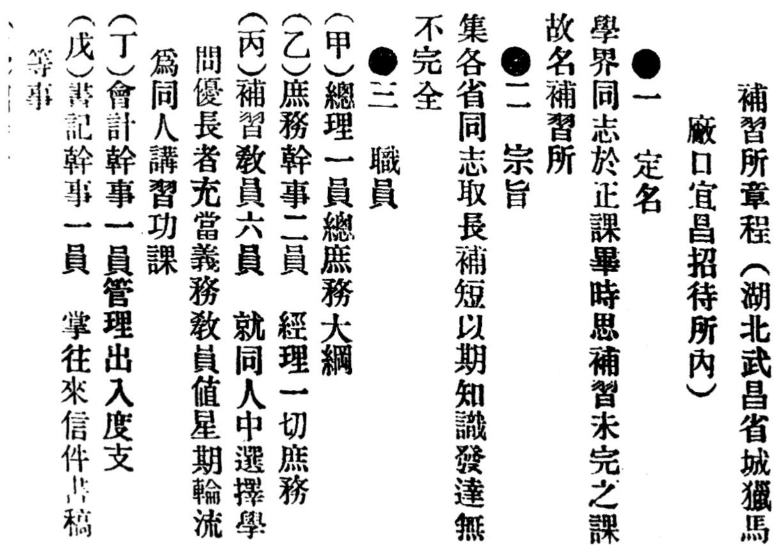
補習所章程（湖北武昌省城獵馬
廠口宜昌招待所內）
●一　定名
學界同志於正課畢時思補習未完之課
故名補習所
●二　宗旨
集各省同志取長補短以期知識發達無
不完全
●三　職員
（甲）總理一員總庶務大綱
（乙）庶務幹事二員　經理一切庶務
（丙）補習教員六員　就同人中選擇學
問優長者充當義務教員值星期輪流
爲同人講習功課
（丁）會計幹事一員管理出入度支
（戊）書記幹事一員　掌往來信件書稿
等事

1904年7月3日，湖北革命志士张难先、胡瑛以“研究科学”为掩护，在武昌发起成立湖北第一个革命团体——科学补习所。1906年，重新组织革命团体，取名“日知会”。图为科学补习所章程。

1904年11月，光复会在上海成立，蔡元培任会长。图为光复会会员徐锡麟（右一）、陶成章（前左一）等在日本合影。

1905年8月20日，中国同盟会在日本东京成立。孙中山在同盟会机关报——《民报》发刊词中，第一次提出了“民族、民权、民生”三大主义。

1905年12月，同盟会策动会党和矿工发动萍浏醴起义。图为起义举事地——醴陵麻石街遗址。

晚晴园原为新加坡华侨张永福的私人别墅。1906年孙中山在此成立同盟会新加坡分会，后多次在此策划革命。这里成为孙中山在南洋领导革命的指挥中心和大本营。图为晚晴园外景。

1907年，同盟会计划在广东潮州、惠州起义。5月22日夜，起义军攻入潮州黄冈。图为起义军誓师出发情景。

1911 年 4 月 27 日，同盟会发动广州起义。起义失败后，有七十二名烈士的遗骸被收殓，葬于广州白云山南麓红花岗，后改名黄花岗。1918 年，由华侨捐款建成墓园。图为广州黄花岗七十二烈士墓园。

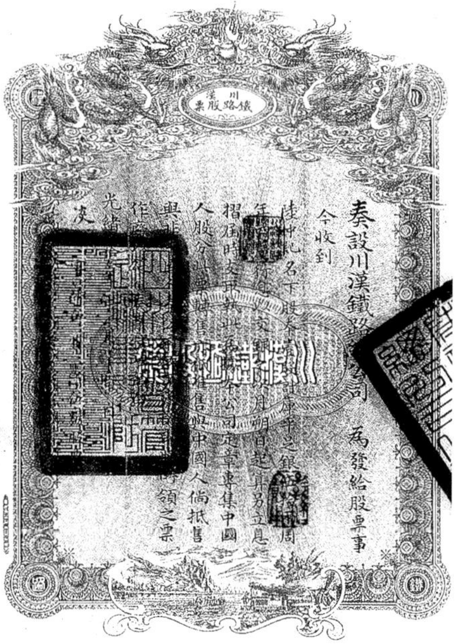

1911 年 5 月，清政府宣布“铁路干线国有政策”，将粤汉、川汉铁路修筑权卖给帝国主义列强。湘、鄂、粤、川四省掀起了轰轰烈烈的保路运动。四川的保路运动尤为波澜壮阔，成为引发推翻清王朝的辛亥革命直接的导火索。图为川汉铁路股票。

由于四川保路运动的迅速发展，清政府急令粤汉、川汉铁路大臣端方率鄂军入川镇压。1911 年 11 月 27 日，端方在四川资州被湖北入川起义士兵杀死。图为入川前端方等人合影。

1913 年，川路总公司为纪念四川保路运动中牺牲的烈士在成都兴建辛亥秋保路死事纪念碑。

目　录

第二辑　志士同盟革命活动

张斯麐　孙中山先生与早期同盟会 ………… 001
〔日〕宫崎槌子　我对于辛亥革命的回忆 ………… 009
汪　东　《民报》片断回忆 ………… 026
温雄飞　中国同盟会在美国的成立经过 ………… 032
朱和中　欧洲同盟会纪实 ………… 069
陈楚楠　晚晴园与中国革命史略 ………… 090
黄遂生　同盟会在四川的活动 ………… 103
梁烈亚　同盟会在南宁的活动 ………… 117
俞子夷　蔡元培先生和草创时的光复会 ………… 126
陈　魏　光复会前期的活动片断 ………… 141
沈瓞民　记光复会二三事 ………… 146
周亚卫　光复会见闻杂忆 ………… 159
徐双韵　记秋瑾 ………… 173
蔡　惠　江西易知社与共进会简介 ………… 193
范鸿勋　日知会 ………… 199
常恒芳　记安庆岳王会 ………… 206
潘公复　辛亥革命运动中的共进会 ………… 210

李白贞	共进会从成立到武昌起义前夕的活动	215
赵　昱	辛亥革命与海外洪门	245
陈　良	在西贡堤岸三次会见孙中山先生	254
张友仁	庚子惠州三洲田起义访问录	260
陈春生	丙午萍醴起义记	279
凌孔彰	徐锡麟安庆起义纪实	293
杨士道	熊成基安庆起义的回忆	301
梁烈亚	镇南关起义回忆录	307
〔日〕池亨吉	镇南关起义实地见闻	324
马竹髯	河口之役见闻录	342
王子骞	辛亥广州之役前党人在日本购运军火的经过	364
熊克武	广州起义亲历记	372
陈其尤	黄花岗起义与炸毙凤山亲历记	380
吴　适 林家泩	黄花岗纪事	388
黄一欧	黄花岗起义亲历记	409
姚雨平	追忆庚戌新军起义和辛亥三月二十九日之役	420
王　颖	忆声洞	433
黄　绶	四川保路运动亲历记	438
石体元	忆成都保路运动	465
张智剑	辛亥革命亲历记	492

孙中山先生与早期同盟会

张斯麐 *

一

我认识中山先生是在 1903 年。这年我 19 岁，自费在日本东京留学，是成城中学里的一个中学生，头脑里没有革命意识。碰巧，原在镇江金山寺里的和尚宗仰亡命到日，由于他的关系，我才无意之中会见了中山先生。

宗仰，别号乌目山僧，原名黄宗仰，早年在上海参加反清活动，他和章太炎、蔡元培等组织爱国学社的一些人有联系，是这一活动的中坚分子。这年上海《苏报》案发生，章太炎和邹容入狱，宗仰

---

* 张斯麐：时任江浙联军总司令部参谋。

怕被牵连，在上海待不下去，就流亡到日本。中山先生给予同志式的照拂，留他住在自己的横滨寓所中。我是镇江人，在出国前，早就认识宗仰。这时中山先生正十分留意广泛吸收留学生参加反清活动。有一天，宗仰和他谈起在日本有我这个旧相识，引起了中山先生的注意。这年暑假，我去片濑海滨小住，中山先生便通过宗仰约我陪他在此盘桓一天。

中山先生来到之后，和我一起去江之岛。这天他穿着一身雪白的短装，头戴拿破仑式帽盔。当时我不了解他的来意，谈谈说说，不着边际。他后来游泳，我在旁瞧着，他还做东，和我一起吃了一顿简单的日式便餐。这样相识以后，我有时在星期例假日去横滨访问宗仰，也就趁便看看中山先生。在他的寓所里，他谈话的情况就显然不同于在海滨了。他对去他那里的青年们总是慷慨激昂地谈论时事，着重批判曾国藩、左宗棠、李鸿章等那些甘心充当清朝统治工具的人。他取出英文版的《太平天国史》给大家看，激发我们的反清情绪。我不识英文，他就翻出书里的插图，给我讲解内容。他总是在星期天特备客饭，留我们在那里作时间较久的谈话。这时我才了解他前番去片濑的用心，原来他始终抓住一切机会，在细致耐心地对我们这群青年做革命启蒙工作。正是在他这样诱导之下，后来我才逐渐萌发了反清的思想。今天谈起这段经过，可以说明当年中山先生是怎样不遗余力地亲自动员青年的。

在这年头，虽然在国外，做革命启蒙工作并不是件简单的事，人力既不够，物力也不适应，宣传刊物稀少，而且内容极其简略。同时还受着政治方面的压力，既须做得秘密，又要求接触更多的对象，处理不当就会走漏风声，惹起麻烦。日本当局本来就注意中山先生的言行，在东京的中国使馆又不时向日方提出请求，东京警视厅的爪牙发现问题，便立时下手。记得就在这一年，因为中山先生在锦辉馆作了一次公开演讲，日警就不许他再住下去，限时限刻逼他离开日本。每当他不在日本的时期，据我当时的印象，革命的宣传工作就只靠有限的几种刊物，所起的作用不大。至于能代中山先生进行宣传教育的人却寥若晨星，后来那些出头露面的所谓中心人物，起初并不比一般青年高明多少，别的人也不肯听信他们。所以在这种环境下，我们接受的教育比较缓慢。就我自己来讲，我认识中山先生是在 1903 年，而参加同盟会却迟至 1907 年，也就是它成立后的第三年，可见反应不够敏捷。这时我已进了士官学校，同盟会江苏省的主盟人是章梓。当时清政府驻日公使杨枢、留学生监督王克敏对留学生监视很严，对士官生尤其注意。士官生这年入盟的不多，入盟后在校内也不敢暴露形迹，因为不但有旗籍同学替清室做耳目，随时随地侦察汉族学员的言行，而且杨枢、王克敏等还利用别的爪牙做类似的工作。所以我们在校内，几乎完全没有做与同盟会有关的活动，甚至起初同志间还弄不清楚彼此的政治面貌，后来有些偶然的联系，但有事还须借别种应酬方式到校外去碰头，略谈几句正经话，决不敢公然议论问题，否则便会惹出祸来。我在士官第四期的同学方声涛就因为说话不慎，被人告密。杨枢后来即借口我们向王克敏要求发给夏季制服费，开除了他的学籍。

二

1908年，我从士官学校毕业回到南京，因为前几年原是清廷新军第九镇统制徐绍桢替我补办官费手续的，所以就到第九镇第三十三标充教练官。在军队里首先看到的便是同盟会在新军中缺乏组织和联系工作，在九镇的同盟会分子散漫得和在日本士官学校相仿。这一阶段正值同盟会把组织武装起义作为中心任务，新军应该是工作重点所在。可事实上同盟会却采取听凭会员个别就地单干的方式，同在一地的会员相互之间缺乏联系，偶有个别例外的情况，却是因为双方本来就是帮会弟兄，是原来帮会的联系，而不是同盟会的组织关系。像我们与帮会无缘的，就成为孤孤单单的游离分子，同时和同盟会总部也不通声气。

我可以举两个实例反映这种情况。在我被调到第三十五标充任第一营营长时，吴忠信是同标的第二营营长，我和他在一个相当长的时间里互不了解，只知道是同僚，后来才知道都是同盟会会员。随后在九镇的部分会员总算相互认清了面目，可是平时还是各干各的业务工作，很少共同商议策划行动，更没有什么组织。记得在辛亥年三月二十九日广州起义（黄花岗之役）几个月之前，方声洞曾到镇江来过一次，说是传达同盟会总部的指示，他带给我们的只有“相机而动”4个字，此外什么话都没有，绝口不谈当时有关形势或总部有什么策划。这4个字究竟指的什么，我始终没搞清楚，方声洞也没有做任何解释。此后不多几天，即在1910年冬，我被调，第二次去日本，进步兵专科学校研究战术。由于功课紧，没能去同盟会，也未接触任何同志，因而次年广州起义，我虽在东京，事前竟毫不知情。这也可以反映我们当年的散漫。1911 年武昌起义时，我被调在北京陆军部编译军事书籍，当时在北京的同盟会会员不少，事前都毫无觉察。这些旧事说明当年我们这些青年虽然参加了同盟会，但并未专心致志去贯彻中山先生的主张。

不久，袁世凯派大军入鄂作战，我被派往京汉铁路方面工作，私下跑回镇江。其时已在第九镇首次攻打南京失败之后，江浙各地正在组织联军，准备重打南京。士官四期同班同学史久光当了联军参谋长，引荐我担任参谋处处长。这时镇军都督林述庆派其参谋长陶骏保扣留了沪军都督陈其美接济前方的一批子弹，激起了联军其他将领的公愤。据我们当时了解，林打着如意算盘，想首先进入南京，稳做江苏都督。从后来南京攻克之日他便自封为宁军都督，可以证明我们对他扣留子弹的看法并不是没有根据的。他这般做法引起公愤之后，联军将领随即举行秘密会议，对林采取了回避态度，把矛头集中在陶骏保身上，一致主张杀掉他，便密电通知陈其美。由陈其美邀陶前往上海，待陶一到，便不由分说，立刻拖出枪决。当时这样处置，论是非不能说是完全得当的，所以陶的哥哥陶逊提出质问，后由于右任从中调停，给陶逊做了津浦路局局长了事。南北议和以后，环境进一步复杂起来，各地党人争权夺利，离开了中山先生的政治要求、胡作非为的事就更多了。

三

孙中山先生组织同盟会，提出“驱除鞑虏，恢复中华，建立民国，平均地权”16 个字的政治纲领，当时参加的人来自旧中国半封建半殖民地社会，不可能对于这几点要求都有一致的认识。因此在清廷宣布退位之前，不少成员就已经公开或半公开地表现出和中山先生有距离。不过那时由于还存在着推翻清朝统治这一主要的共同要求，因而分歧现象还不突出。到了1912年所谓南北统一之后，党人各奔前程，脱离同盟会政治要求的行动，就不约而同地普遍暴露出来。大家错误地认为革命已经成功了，恢复中华的目的已经达到了，在共和政体之下，人人可以放手争取权利。就因为这样，同盟会与成员之间便日益脱节，这也就是中山先生以后口口声声责备会员都不听话的由来。我们在江苏军界中的同盟会会员并不例外。以下叙述辛亥年、癸丑年我在江苏军队里所亲历的旧事，反映我们当时的游离、脱节。

这两年中，江苏军队先后经过两次改编。第一次编留的3个师是第一师（师长郑为成）、第三师（师长陈懋修）、第七师（师长洪承点）。第二次改编仍旧3个师，番号是第一师（师长章梓）、第二师（师长章驾时）、第三师（师长先洪承点、后冷遹）。第一次改编主要是由于军饷无着。自从南京“光复”那时起，苏军饷源就发生了问题，临时政府财政竭蹶，无力应付，裁编军队原出于党人自愿，这样做也不意味着不抓军队，而且按照当时的环境，我们党人要牢靠地抓住军队，做好军队工作，的确是有条件的。可是大家所注意的只是如何在各级将领中安排好自己人的职务，好似这样就能把军队抓住，此外并无其他措施。不仅如此，后来饷款来自北京，有些人更进一步，逐渐忘掉了同盟会，忘掉了中山先生，而我们脑子里浓厚的日本士官同学的宗派观念又加强了分化作用。

记得当时我在第三师当参谋长，军官几乎全是日本士官生，其中有的是同盟会会员，有的不是，但我们不分彼此，相互接近，自成一派，同盟会的同志关系却没有几个人摆在心上，谁也没去做联系组织工作。其他两师的官佐对于我们这群士官生待人接物的傲慢态度，极为不满，所以师与师之间存在意气，步调不易一致。以后第二次改编，同盟会会员章梓、洪承点都是师长，作风依然如故。第二师是湖南军队，章驾时师长又属老营伍，不是留日士官出身，和我们更加格格不入。正由于军队中存在着这些矛盾，所以在癸丑年二次革命南京起事前后，出现了那么多的曲折。当第二次改编之初，原要我充任第一师的旅长，但我认为师长章梓不是士官生，不愿接受这个职务。前文提到，我参加同盟会时他正是我们江苏省的主盟人，此时冷遹劝我不要和章为难，但我未肯让步，结果进了程德全的都督府，担任一个闲散的军职。

1913 年初夏，李烈钧密派王辅宜来南京联系军队，酝酿讨袁起义。他和我见面时，我曾向他反映军队内部的种种矛盾，认为在这种情况下发动起义，甚少把握，必将招致失败。到了 7 月 14 日那天，原任第一师师长的朱先志透给我消息说，由于中山先生在上海做出了决定，已肯定在次日动手。但各师、旅态度不一，于是出现了王柏龄遵照章梓意旨，派出行动组以强硬手腕对付稳健派的事件。如南京要塞司令吴绍璘（士官一期）在家里听到外面叫门，亲出开门，不料来人见面就是一枪，当场毙命。讲武堂副堂长蒲鉴在同一天去下关想离开南京，被发现后，在仪凤门（今挹江门）被乱刀斫死。同日被杀的还有要塞教练官程凤章。这 3 人都不属于参加同盟会的士官生。我虽不在军队中，自忖难保不牵入旋涡，已登上火车拟去镇江，被人叫下来，软禁在柏文蔚的兵站内。幸而这个兵站的站长系第九镇的旧同事，未被送进城去，两天后获释，回到镇江，得免于难。凡此种种，都是当时同盟会会员背离孙中山先生所演出的悲剧，难怪后来中山先生浩叹不止。

（选自全国政协文史资料委员会编《中华文史资料文库》第1卷，中国文史出版社1996年4月第1版）

我对于辛亥革命的回忆

〔日〕宫崎槌子*

一

1897年，抵达横滨的孙中山先生不久便跟滔天到九州熊本县的荒尾村，一个有名海边的一座小村落，所以我跟嫂嫂（滔天之兄嫂民藏夫人）非常操心应该如何款待这位远来的宾客。我们给孙先生烧洗澡水，铺地毯于客厅给他坐；至于吃，那时更不知道中国菜的做法，因此只有请他吃乡下的日本菜。

---

* 宫崎槌子：系日本友人宫崎滔天夫人。本文译自日本平凡社出版宫崎滔天著《三十三年之梦》附录宫崎龙介作《关于家父滔天的种种》里滔天夫人宫崎槌子口述的部分。这篇文章原系1929年6月国民政府将国父遗灵从北平郊外的碧云寺移到南京郊外紫金山麓中山陵的时候，特别邀请滔天夫人到南京参加大典动身前所口述，并以“我对于中国革命的回忆”为题在《东京每夕新闻》连载的。

生鱼、味噌汤、煮鱼、寿司、鳗鱼等，我们想尽了办法款待他。我们几乎每天杀鸡给他吃。孙先生似乎最喜欢鳗鱼和鸡肉。而纵令我们请他吃不大喜欢的东西，他也满面笑容边说“好、好”（all right，all right）边吃。他吃了没吃惯的生鱼，结果似乎泻了肚子。日后第一次革命（亦即辛亥革命——译者）成功，他就任临时大总统，我前往为他祝贺时，孙先生之说“荒尾的生鱼很好吃”，也许是他回想当年劳神焦思的肺腑之言。

而身在荒尾村的孙先生的头，清政府曾经给它悬赏1万元。我曾将此事告诉同村的平川老先生，他却眨眨眼睛说：“呀！1万块钱。真是了不得！”其他的村人也来，并从篱笆空隙偷看这位稀客。

孙先生是位寡言的人，而且一天到晚只要有空即手不释卷，所以在我们家的一星期左右，一直在看我们家里的书。而要跟滔天到福冈方面去设法筹措军事费用时，则说“这里的书我都很喜欢”，并把行李装得满满地带去。

回到横滨以后的孙先生则搬到东京，跟犬养毅先生共同策划革命的实行。滔天开始东奔西走，因而一点也不顾我们的生活。有一次我跟滔天商量家庭的经济，而他竟说，“我有可用于革命的钱，但没有可以养活妻、子的钞票，你应该自己想想办法”，完全不理，因此我和孩子们的生活遂陷于绝境。所以我不得不开始工作，于是遂进行从海边地下挖出贝壳烧成石灰来贩卖的计划。在荒尾一带，有许多人在干这一行。在娘家原为“千金”的我，来到宫崎家以后，则不得不从事这样的工作。大概由于间接地听到我们生活的困苦，孙先生曾经暗中时或给我们寄钱来。

二

1900年，孙先生在广东立了革命的计划，因此决定从日本偷渡广东。孙先生先走一步，而在当时玄洋社[①]俱乐部的青柳先生处，则有拟参加这次革命的末永节、平山周和岛田经一等，以及直接间接帮忙革命的犬养、福本日南等先生在那里商讨此项计划。

那时，由于没做惯的工作，我在荒尾害了胸部的病，因此把龙介和震作交给家父，带着幼女节子在福冈医院养病。

关于滔天的协商和计划的内容我是不清楚的，不过有一天，滔天曾经把这些人和我带到福冈郊外名岛的岛田经一先生家里。岛田先生家是座沿着海岸山的很好的房子，犹如仙境。这时我亲自听到跟滔天喝酒的岛田先生说："这座很舒适的房子亦不得不卖了，卖来打仗。"四五天后，滔天将我留在福冈，跟其他同志由门司往广东出发。而岛田卖出去的家产，则用于惠州起义的一部分军费。

唯孙先生的第二次起义又归于失败，所以孙先生和日本的同志们也就重新回到日本来了。

帮助中国革命运动之家庭的悲惨，实在是非笔墨所能形容的，这不只是我们的辛酸，也是其他同志的家庭所共同遭遇到的命运。

这的确是有如流着血泪而坐在满车火焰的车子上面的情景，我们既将大部分的田地卖光，并将其金钱统统用于滔天的活动费。而在这苦况中，听到孙先生计划的失败，我们当然失望万分。这时我接到从中国大陆回来的滔天患了脚气症之消息，因此遂到东京去看

① 玄洋社，系明治时代的日本国家主义团体。1881年，由平冈浩太郎、头山满、箱田六辅等所创立，平冈任社长。它的分支活跃于中国大陆和韩国，它是所谓大陆浪人的母体。

他，是时孙先生正住在横滨市山下町的旧屋子里。

见了小康的滔天之后，我和滔天跟那时正在华侨学校（大同学校）教书的民藏一起去看孙先生。旋即孙先生以败军之将的神态并用不知什么时候学会的日语说“欢迎你们来”。

当天晚上，我们 3 个人在孙先生家过夜。而正当我们坐上桌椅准备吃晚餐的时候，透过滔天的翻译，孙先生问我：“你是来做什么的？”我答说：“因为滔天生病，以及家族生活困苦，我把小孩托在娘家，因此想趁这个机会跟滔天好好地商量商量。”于是孙先生边说“是的，是的”，并从皮包拿出一张照片给我看。

这是一张孙先生的母亲、胞兄、4 位侄子和十二三岁左右的孙科先生一起合照的相片。孙先生边让我看这张照片边说：“我的家人在夏威夷也正流着眼泪跟穷苦搏斗中。家人之能够打胜眼泪意味着革命之将成功。凡是从事于革命运动的人，都得战胜眼泪。”并流着泪珠，这是我和滔天第一次看到孙先生眼上有泪。

在山下町先生家过一夜的我们，第二天便到民藏执教的大同学校。我们 3 个人则在民藏的客厅谈话。一坐下，民藏便向我并用纯粹的肥后口腔（亦即宫崎乡下土话——译者）睁大眼睛回叙昨天晚上的事，边称赞那位中国革命妇人，边鼓励我说：“在照顾孙先生日常生活的那位中国妇女同志，真是个女杰。她那用长筷子、张着很大的眼睛、像男人在吃饭的样子，革命家的女性只有这样才能担当大事。你看她声音之大。你应该向她看齐才对。”

而正当我跟滔天再三商量故里的事情，并且大致商量完了的时候，滔天突然向民藏和我说：

到现在为止，我都还没向任何人说过，不过我现在却决心要做唱浪花节的[1]。那是因为，作为一个浪人[2]，实在很不容易不依靠别人而能养活家眷。既不能生活，又不会做生意；而就是做生意，以士族[3]的生意经，也绝对赚不到钱。何况谈浪花节以得之于客人的好意亦并不下贱，这有若出家者读经以得布施同样的道理。惠州起义虽失败，但革命的进行刻不容缓。并且，唱浪花节还可以澄清心神的忧愁。我想暂时以做了和尚的心情去叩浪花节师之门。哥哥请您能了解，也请您能同意。

滔天以很大的决心，并很热心地向民藏和我诉说。因此民藏和我大吓一跳。顿时，我的心头充满了失望和黑暗。我为丈夫将弃经世之大望且或将堕落而大为震惊。所以我拼命努力去劝阻他的念头。我甚至建议他跟孙先生一起到欧美去研究和宣传革命。我以为用这样的方法去纠合同志、筹措军费乃是此时斯地所应该遵循的唯一途径。与此同时，我请问了民藏的意见，而他也赞成我的说法，并跟我谆谆告诫滔天，要他回心转意。

可是，滔天却完全不听我俩的劝告。他说："筹措军费，纠合同志，还是以唱浪花节的方法来做最为有效。"是即他似乎想以唱浪花节的方法来筹募金钱和纠合日本各地的同志。民藏和我终于精疲力尽，再无法劝阻他了。于是滔天和我遂与民藏分手而回到东京。

---

① 浪花节又称浪曲。由一个人唱讲故事，在今天日本还是非常流行。他们常常借浪花节来批评政治，讽刺社会。

② 这里所谓浪人，系大陆浪人之简称。它有时候写成"牢人"或"窂人"。原意是没有固定主人、工作和住所的人的意思。这是封建社会的产物。江户幕府创立初期，因为德川采取取消德川幕府尚未成立之前反德川势力的诸侯的政策，竟致使无主可奉的浪人激增至40万人。

③ 士族，系明治维新以后，对以前武士阶级的称呼。

尔后，孙先生前往东南亚，滔天则拜师桃中轩云右卫门，游历日本各地。但是，滔天欲做讲浪花节者时所期待的纠合同志、宣传主义、筹措资金等事则统统成为画饼，因此家庭生活的困苦与日俱增。

三

1905 年 1 月，由于极端地贫穷，我母子 4 人终于再也无法栖身故里，于是遂迁居东京，租屋于新宿区番众町。

惠州起义失败以后，孙先生则离开日本，革命气氛为之消沉，只是有内面的运动而已①。不过自我们搬到番众町以后，简直令人不敢相信，中国留学生源源而来。因此我仿佛觉得革命运动已有相当的进展。那时候常到我家的有革命元老黄兴、胡汉民、汪精卫、张继、宋教仁和何天炯诸位先生。此外还有很多，几乎每天来的，现在我已经记不得他们的名字了。

其中有想研究制造手枪者，他们则穿着满身油污的工作服，到东京郊外滔天的朋友小室友次郎所经营的手枪工厂去学。这一群真是个个都是富于实行力的人。

不特此，连领取清朝官费的留学生也一个一个地变成革命党员；而在日本人中，像末永节先生，则跟黄兴先生住在一起，以策划种种活动。

---

① 原文如此，这可能是秘密运动的意思。

四

记得1905年初夏，孙先生再度来到日本并下榻横滨。有时候他则从横滨带着皮箱到我们并不宽阔的家，把其中狭小的6个榻榻米的房间当作他在东京的“事务所”。当时，我们虽穷，我却把自己的衣服拿到当铺去，为孙先生做了两件“浴衣”①。孙先生很喜欢穿我给他做的浴衣，1910年又来日本时还穿着它，因而使我惊喜万分。孙先生是位非常节省和朴素的人，他一直穿着那两件浴衣就是明证。

只要有时间，孙先生便从皮箱拿出许多书本来阅读，所以他的行李尽是书刊。就中最多的是英文书，而这些大多似乎是政治、经济、哲学方面的书籍。当时，滔天的乡友、姓胜木的夫妇恰巧也住在我们家里。有一天，孙先生正在走廊看书的时候，胜木先生走近孙先生，想跟孙先生聊天，可是孙先生一直在看他的书，只连声答说“哼哼”，以这样的态度听胜木先生的话。

于是胜木先生大为愤慨，并以肥后的口腔说：“这是什么话！说孙文是个豪杰，这样简慢待人怎么……”因而非常生气。而这正是孙先生如何爱看书的一个插曲。

有一天，从外面回来的孙先生因为累正在睡午觉，这时刚好来了四五个年轻的中国留学生。他们恐怕打扰孙先生的睡眠，所以在隔壁房间用很小的声音说话。随即一个比较年轻的站起来轻轻地把“竹纸”②掀开一点点，以偷看孙先生睡觉的样子。尔后那个学生

① “浴衣”，日文念成yukata，是日本人洗澡后要穿的长衣服。由于穿脱方便，而且穿起来很舒适，所以就是不洗澡，平常在家也穿。男人穿得比较多。

② “竹纸”，其原文是“唐纸”，在这里它是用竹纸造成而用以隔开房间的门的意思。

却把眼睛张得大大地回来坐下去，并以好像受惊的语气用中国话向其他的人在说什么。我觉得奇怪，所以遂问最会说日本话的一位学生说：“怎么啦？”“孙先生好像狮子。他的脸和头发简直像头狮子，革命一定能成功。”他加重语气这样答说。因此我也去看看，果然孙先生睡得很甜的脸，的确拥有不可侵犯的威严。

中国留学生对于孙先生非常尊敬，所以那时候我就一直相信中国革命必有成功的一天。

五

当时，最喜欢调皮的龙介和震作一从学校下课回家常常便到窗户店[①]去买些隔扇[②]的碎木头来造成铁路，架设于庭园，并用线轴的车轮和小箱子制成火车，使其在铁路上跑，他俩就这样玩到天黑。

有一天，停止看书的孙先生正在看孩子们玩火车的时候，何天炯先生刚刚赶到。他看见孙先生在注视孩子们玩，因此遂问孙先生说：“您在看什么？”孙先生答说：“这真好玩。他们把铁路造得很好。”

同时透过何先生的翻译跟龙介和震作握手并说：“革命成功以后，中国首先需要建设铁路，那个时候我就请你们两个人来做。”

妇女的我，当然不可能知道每件革命大事，不过从同志们的动静，我却可以判断革命运动之如何急速地正在进展。

---

① 窗户店，其原文为“建具屋”，是专门制造日式房屋的门、隔扇等的店。
② 隔扇，日文读成 shoji，是用以隔开日式房屋之房间的纸门。

六

在孙先生还没有来到日本以前，留日中国同学的中心人物是黄兴先生，而自孙先生从欧洲来到日本以后，他们两位便携手，因而完成了革命党的大同团结。促使孙先生和黄先生合作的，就是滔天和末永节先生。大同团结而成的革命党叫作中国革命同盟会，且一下子就有大约 3000 人参加为会员。同盟会成立后，则在东京市牛込区新小川町创设民报社，以发行同盟会机关报《民报》，而其干部则统统在报馆共起居同饮食。

与同盟会成立的同时，孙先生则从横滨搬到租在牛込区筑地八幡旁边的房子，并把它命名为“高野寓”。尔后许许多多的人曾经出入于高野寓，其中最值得我们一提的宾客，就是俄国革命领袖格尔雪尼和比利斯兹基两位先生。

比利斯兹基先生是从西伯利亚的监狱逃出，并逃到长崎来的。而正在此时，格尔雪尼先生于 1904 年受了死刑的判决，并被送至西伯利亚。格尔雪尼是俄国革命时社会革命派的元老，据说，他是使用奇计逃出监狱亡命日本的。比利斯兹基先生有天晚上陪同格尔雪尼先生访问高野寓。

那个时候，滔天与萱野长知、和田三郎等诸位先生在办《革命评论》①，是时，比利斯兹基先生带格尔雪尼先生拜访了革命评论社。于是滔天和萱野先生便把这两位先生带到孙先生那里去。而在高野寓聚首的东西方的先知先觉者，遂就俄国和中国的革命发表高论，

---

① 原文把《革命评论》当作每张 4 页的报纸，但实际上它是每期 10 页的半月刊。它创刊于 1906 年 9 月 5 日，一共出了 10 期。

交换意见。尔后格尔雪尼离开日本前往欧洲，拟再回到俄国时，在路上因病而与世长辞。

当时，《民报》的销路非常好，在东京的中国留学生之间当然不必讲，据说在大陆也有很多的人在看。要把这些《民报》寄到大陆谈何容易，因此民报社的同人个个都日以继夜地工作。随着中国革命同盟会日趋壮大，清朝官吏的监视日严，日本官方的压迫亦日甚，其结果，孙先生不得不弃筑地的高野寓，民报社亦难以维持，从而终于不得不“关门大吉”。

成立中国革命同盟会的前后，似乎需用不少钱，而为孙先生慷解其囊者就是铃木久兵卫先生。民报社解散后，黄兴先生则在小石川区水道町创办勤学舍，与同志们共策革命。

中国革命同盟会成立以后，我们又得从番众町搬家。这是因为欠人家房租、米店和酒店的钱太多所致。对于米店和酒店，我们各写了一张将来有钱一定要清还的保证书，至于房租，请允许我们免交，这样我们才勉勉强强能够搬出去。

其次，我们在小石川区的第六天町找到新房子。这座房子相当大，所以来的人也就比较多。禅寺和尚龟井一部先生、早稻田大学学生长江清介氏、黄兴先生的大公子黄一欧、龙介和震作等年轻的朋友们经常在院子里练习剑术,还有许多中国留学生也常常来参加，因此我们家里非常热闹。汪精卫夫人陈璧君女士携带她的朋友来练习剑术，也正是在这个时候。

自民报社解散以后，中国革命运动便采取地下活动的方式，革命党的人秘密来往因而增加，并且需要更多的武器。有时候甚至要把武器运到四川省一带，其用心之苦，实在难以笔墨形容。更有用胃散药罐装上火药带回中国者。

何天炯先生计划购买日本政府拟转让给民间的武器,唯没有钱,因此遂把我娘家的古董统统卖掉以为其费用也正在此时。由于秘密活动之如火如荼，日本政府当局的干涉也就愈来愈凶。有一次，东京神乐坂警察所所长忽然竟说要请滔天在日本餐馆聚餐。滔天虽然去了，可是却非常慨叹警察所长之愚笨做法。

听到这桩事的孙先生，遂给滔天写了如下的书信：

滔天先生足下：

久未通问，梦想为劳。此接克强兄来书，述足下近况，穷困非常，然而警吏欲贿足下，足下反迎头痛击之。克兄谓足下为血性男子，困穷不滥，廉节可风，要弟作书慰谢。弟素知此种行为，固是足下天性，无足为异。然足下为他人国事，坚贞自操，艰苦备尝如此，吾人自问，惭愧不如。弟以此事宣之同志，人人皆为感激奋励，则此足下天性流露之微，已有造于吾人多矣（后略）。

弟孙文谨启

七

1908 年，时机大概相当成熟，黄兴先生遂带 300 支手枪和某某先生所赠送的 70 把日本刀到广西去筹划起义。同时，日本方面的同志也设法获得了 1000 支步枪，慢黄先生一步动身。他们是准备在广东跟攻下广西后将来广东的黄先生会师的。当时装载那些步枪的船叫作“幸运丸”，是承三上丰夷先生的好意借用的。而帮忙获得这些步枪的就是被人誉为革命党之“天野屋利兵卫”（往年大阪的义商——译者）的仓地铃吉先生。又，跟这些武器乘船到香港的有金子克已、萱野长知、前田九二四郎、三原千寻、定平吾一和吉田正平等诸位先生。

这一群，可以说是革命党的敢死队，他们都是以誓不生还的决心出发的。并且在航行中，两只鹰飞到船里，他们把鹰抓到，以为此行或将成功，唯天机似尚未成熟。很可惜地，这次计划又归于失败了。

本来，据说“幸运丸”所载的武器是预定在大亚湾附近起货的，而且跟黄兴先生方面的人早已联络好，唯打来的电报只说6时，不知道是上午6时或下午6时，所以船里的同志们遂为此事而终于分成了两派。前田、定平两位先生说是下午6时；萱野、金子两位先生以为是上午6时。彼此议论很久，结果假定它是上午6时，并把船停下来，以等天明。但在天还没亮，英国军舰来了，于是他们把所有的武器统统丢到海里去。计划之失败，往往来自毫厘之差。而后来据说，那封电报的意思是下午6时。

这个时候,孙先生正在南洋专心从事于纠合同志筹募革命资金。因此在日本的活动一切皆由黄兴先生来负责。不久，孙先生虽然接到革命军占领了广东一带的电报，但似又失败，所以孙先生又不得不再亡命欧洲。

八

在这前后，我们的生活又日趋穷困，革命运动也没什么进展。有一天，滔天和黄兴先生忽然到九州去设法筹银根。而当他们在九州的期间，我跟房东谈妥，于是我们便再从第六天町搬到小石川区的原町。搬家时，所有行李都是由小儿龙介、震作和黄一欧3人拉车搬过去的。搬到原町以后，滔天和黄兴先生便回到东京来。黄先生则在新大久保租了很小的房子跟宋教仁先生一起住。他们的名牌用“桃原宅”3个字。这似乎取自武陵桃源。

黄先生在新大久保时发生了所谓“纸币事件”。这是黄先生想为中国革命使用而印的。为了此事，黄先生曾经向横滨的高利贷借了1万块钱，并托某日本人来印，结果不但纸币没有印成，钱又不能还，把黄先生弄得毫无办法，终于逃到香港去。不过这1万块钱，第一次革命后，黄先生却把它还清了。

这一年（1908年——译者）12月，滔天的母亲在故里去世，滔天遂回乡奔丧。而为了生活，我边鼎励儿子们用功，边借了缝衣机来为海军做军服。此时突然由香港的黄兴先生来了重要而机密的书信，我跟侄子宣雄商量结果，便给滔天打了“槌子病危速回来”的电报。接到我电报的滔天，大概给山科多久马先生（一直为革命党人义诊的一位仁医）打了电报，所以山科先生马上就来看我。山科先生看我非常健康而大惊一跳，我把底细告诉他，他终于哈哈大笑。

在这里，我必须谈谈仓地铃吉先生的事。因为他是参与辛亥革命秘密运动且大家都不知道的一大功劳者。是即辛亥革命所用的武器弹药几乎都是由他来的。当革命党人与滔天商量武器弹药的事时，滔天实在是束手无策的，绞尽脑汁思索的结果，终于跟以前日本出兵西伯利亚时的司令立花小一郎上将商量。立花上将是滔天哥哥民藏的太太的哥哥。立花上将以“身为官员，难以为力，愿意介绍可靠的朋友”，于是为滔天介绍了以远征千岛列岛驰名的海军上尉郡司成忠氏。当时郡司氏已经退役，而他介绍给滔天的就是仓地先生。如此这般，孙先生、郡司、仓地两位先生以及滔天 4 个人再三互相研究的结果，仓地先生终于成为辛亥革命的所谓“天野屋利兵卫”。

九

自我们从第六天町搬到小石川区的原町大约一年以后，孙先生跟乃兄孙德彰先生忽然从夏威夷来到日本。记得这是 1910 年初夏的事情。此时，孙德彰先生在夏威夷的事业已失败，故与孙先生一起来日本，并住在我家里。这时孙先生特地为我带来了占领广东时所发行的银币两张和军票。孙先生脱下因汗而略湿的立领西服，换上的竟是五六年前我千方百计设法给他做的现在已经变成很旧的浴衣。

一生贫困是中国革命家之常，孙先生既穷，我们也穷，因此为了要给远来的宾客洗尘，想烧洗澡水，我们竟连煤炭和劈柴也没有。不得已，用小儿们从隔壁空房子捡来的木片烧热水给孙先生和他的哥哥洗澡。

十

有一天黄昏，一个中国人来看孙先生。他的名字叫作孙竹丹，也是同志。唯由于种种理由，许多人说他有间谍的嫌疑，并非常警戒他。因此孙竹丹一进门，我便耳语孙先生，并要龙介陪他而从后门出去。那时正值每 76 年会出现一次的所谓哈勒大彗星（Halley's comet）出现的时候，而孙先生和龙介两人则在小石川区附近后街尽量避免行人，逍遥到晚上 11 点多钟才回来。尔后不久，则有孙竹丹被同志所杀的传说。

孙先生来原町我们家前后，从小石川区富坂署常来一位名叫北村利吉的高等刑事警察。这位警察看到我们那么穷，每次来我家时都带茶叶来给我们。因为我们连客人来时也没有茶叶可泡。

孙先生跟孙德彰先生在我家住了大约 10 天，在这期间有些插话可述。其中最使我难忘的是，不知道为了什么事，孙德彰先生在大骂孙先生。孙先生被乃兄责骂，一言不发，一直默默地在恭听乃兄的话。个性很强的孙先生也有这一面，这个事实使我非常地感动。

孙竹丹到我家两三天以后，富坂署的警察部长前田佐门和前述的刑警北村送来了勒令孙先生出境的命令。此时孙先生跟滔天等刚刚开始秘密计划，因此接到这种命令后非常失望。两三天后，孙先生和乃兄便往南洋动身。这时我们全家把孙先生昆仲送到新桥车站，离开日本的孙德彰先生，据说不久便病逝。

十一

1910 年 4 月，汪精卫先生和黄复生先生到北京去准备暗杀醇亲王，所携带的炸弹就是从仓地先生那里来的。汪先生的计划因事先被发觉而没成功，汪、黄两位先生被捕并被判死刑，唯被肃亲王所救，改为无期徒刑，关在北京的监狱。汪夫人陈璧君女士赶赴北京，为救汪、黄两位先生的生命而做最大的努力。

迨至第一次革命成功，南京的革命政府和北京的袁世凯开始南北和平会议时，汪、黄两位先生始获释，汪先生并与唐绍仪先生任特使由南京到北京。

1911 年 4 月，以黄兴先生为首的一群同志在广东起事，这是在槟榔孙先生的居所，由以前的中国革命同盟会的同志们所策划的。而这次起事所使用的武器，也都是得自前述的仓地先生。是仓地先生秘密携来的武器，皆托轮船中由革命党人充当的火伕带去的。唯很不容易捆包，所以这项工作大部分在我的弟弟前田行藏家偷偷地做。而从仓地先生家到行藏家的搬运多则由当时尚为中学生的龙介和震作分批搬去。因为用小孩来搬运，比较不会引起人家的注意。

这样捆包好的行李，则由四川省出身的吴永珊（玉章）先生运到以前的新桥车站（现在的汐留车站），再由此车站运到横滨的轮船。唯在新桥车站，因比诸其容积，它的重量太重，因此对其货物本身发生怀疑，而不予以马上输送。焦急的吴永珊先生立刻到横滨清国领事馆，请他的朋友出一张证明说是领事馆的东西，而赶回新桥车站，以求得车站站员的谅解，才把它寄出。

当时，吴永珊先生是东京帝国大学（今日的东京大学——译者）的学生，而在当日，中国革命运动非常澎湃，官费留学生不必说，在清国领事馆和公使馆的下级官员之间甚至也有许多革命党员，由此我们当可知道中国革命时机之如何成熟的一斑。

此次广东的一役，虽然大家都用真子弹拼命战斗，但结果仍归失败，黄兴先生负了丧失右手两只手指的伤，许多同志战死沙场。今日在广州黄花岗的七十二烈士，就是此一战的牺牲者。

及至今年秋季在四川省发生了变乱，随之有武昌的起义，中国革命运动顿时由最低潮而见其成功。当这个革命的烽火燃烧起来时，孙先生正在法国。滔天很想早点去，唯家里穷得不能再穷，因此不能马上成行。其他比较有办法可想者，如萱野长知、加纳清藏、松浦和介、金子克己、亀井一郎和三原千寻诸位先生则较滔天早一步往武昌出发。

由于适时赶到的石丸鹤吉和岛田经一两位先生的帮忙，滔天终能起程。尤其可贵的是，不嫌我们的贫穷，始终跟我们来往的东京某染衣店老板川城七太郎先生由衷送钱礼说："先生！我的眼睛没有错吧。这只是一点点意思，少得或无足于您的旅费，请您在船里买些香烟抽抽。"

滔天则与川城先生干杯并哈哈大笑说："25 年的苦难今日才见天日。被人家贻笑为梦想和空想的革命终于成功了。不过今天以后才是真正的开始。"

匆匆整理好便装的滔天，遂晃着那高大的身躯，悠悠然地走上他的旅途。滔天直往上海，迎接孙先生从法国回来，然后再转船到香港。而返抵上海的孙先生，则与同志们联袂入南京，并就任临时大总统，于兹中国的革命乃大功告成。

（选自尚明轩、王学庄、陈崧编《孙中山生平事业追忆录》，人民出版社 1986 年 6 月第 1 版）

《民报》片断回忆

汪　东*

1905 年秋季，孙中山先生在日本东京创立中国同盟会，并决定宣传革命理论，首在文字，因于同时创办了《民报》。先是戊戌政变及庚子八国联军以后，一部分维新派人（当时把改良派和主张革命的统称为维新派）逐渐转为革命论者。那时的所谓革命，实质就是"排满"。上海的《苏报》，日本出版的留学界刊物如《江苏》《浙江潮》《新湖南》，以及章太炎先生的《驳康有为书》、邹容的《革命军》等，都代表了这派思想。尤其太炎的文辞渊雅，立论以经史为根据，这样就使当时的士大夫阶级在思想上发生了很大震动。我记得十几岁的时候，跟着祖父住在镇江府训导衙门里。祖父已将近

* 汪东：时任《民报》撰稿人。后任南京国民政府监察院监察委员。新中国成立后，任江苏省政协常委，民革中央团结委员会委员，民革江苏省委员会副主任。

80 岁了，常常严厉教训我们不要为革命“谬论”所蛊惑。我却从别人手中弄到一本登载《驳康有为书》的《国民报》，偷偷地把它放在祖父桌上。祖父看见了，仔细读了一遍，便问我：“这是你拿来的吧？”我一口承认了，原准备大受斥责，谁知祖父却笑道：“这篇文章很有道理。”于此可见，文字宣传要针对不同的对象因人说法，收效才大。

《民报》是有严密组织的一张革命党的机关报。它所宣传的理论，是依据中山先生所提出的三民主义为中心的。经常执笔的人，也是当时所推选的能文之士。至于编辑兼发行，倒不一定是真正负责文字的人，只是由当时不用隐蔽身份而自愿以真姓名向日本政府登记的人出来担任名义罢了。张继、陶成章都是如此。真正的主编，头几期是胡汉民，以后是章太炎，太炎离开的时候，我与刘申叔也都分别担任过一期，最后仍是太炎。做发行具体工作的另有其人，前后也更动过几次，我记不全姓名了。宣传的目的，主要是与保皇党（又称立宪派）人争夺上、中层知识分子，首先对梁启超所主编的《新民丛报》展开了笔战。梁氏主张君主立宪，主张开明专制，其文字浅显条畅，颇能诱惑一般人，因此在一个时期，立宪论占了上风。自《民报》出，同样以浅显条畅的笔调宣传革命，把梁氏驳得体无完肤。至此，情势为之一变。太炎先生主持后，又添了不少阐发佛学的文章，这是他在欢迎会上演说中所揭示的要“用宗教发起信心，增进国民的道德”，归根结底，仍与民族主义是相融合的（演说录载《民报》第 6 号）。其文虽非尽人能解，但大家觉得学问这样高深的人也讲革命，再配合着他在东京讲学，收了不少门人，影响是很大的。

总的说来，《民报》的影响有几个方面：

（一）一般人的转变

这一点，在日本留学生中看得很清楚。有许多《新民丛报》的读者转而看《民报》了。也有平素在帽内藏着辫子、倾心立宪的人这时噤口不谈，并与革命党人拉起交情来了。我有一个成城同学，姓马，广东人，是当时驻日钦差杨枢的女婿，也没有剪辫子，忽然一天邀我到他家吃饭。其时我已不在成城读书，而他的家就在使馆里面，觉得有些突兀。他似乎感觉到了，便告诉我是他生日，没有约别的人。一路走的时候，他说现在出的新书（指革命书报）他也看，只不过不便带到家里了，其意在于表白自己。像这类的例子还有。总之，在当时留学界确实形成了这样一种气氛，在人前谈革命是理直气壮的，只要你不怕麻烦；若在人前谈立宪，就觉得有些口怯了。自然，对于革命心怀疑惧或误解革命意义的人还是不少。《民报》针对这些问题写了几篇文章，如汉民写的《民报之六大主义》、寄生写的《论支那立宪必先以革命》，都是经过商量而后执笔的，收效也很大。

（二）立宪党人的挫折

《新民丛报》起初销行甚广，梁氏傲然自大，轻视革命党人，以为这都是些浮薄少年，感情用事，理论方面是不堪一击的，对《民报》的辩驳，常常杂以嘲笑谩骂的口吻；及至展开论战，几个回合以后，渐渐理屈词穷，非但为清朝君主辩护的种种论点失却根据，甚至在援引法律条文和译述日本文字上都出现了无数纰漏。梁被《民报》一一加以揭发纠正，计无所出，乃想用釜底抽薪之法来平息论战：一方面，拉拢人不替《民报》做文章，如马君武本来在《新民丛报》上投过稿的（另有一段传闻，从略），经疏通之后，两边都不写了；一方面，又托人要求和解，如徐佛苏（即佛公）本保皇党，却作为第三者身份投书《新民丛报》“劝告停止驳论”；又私见汪精卫，欲以乡谊动之；再如徐应奎曾向宋教仁谈，梁与《民报》辩驳出于不得已，并愿意调和（见《宋渔父日记》）等语；他们还希望《民报》归太炎先生编辑后可以“回复秩序”（佛公劝告停止驳论意见书中语）。这都表现了他们怯战的心理。无如两派的目的主张是冰炭不相容的，和解不成，论战还是继续下去。20 期后，我回国了，情况不太清楚。总之，两派势力的消长，《民报》出版是一个大关键，这是无可置疑的。

（三）在军队中的流布

留学日本陆军学生中有些人加入了同盟会，回国后得到了中下级军官的职位，这就为实行革命打下基础，但鼓动部队中的同僚士兵还需要宣传力量。《民报》运进内地，是用各种各式的巧妙改装，瞒过侦查耳目而输送各地，由各地的秘密机构再分散到部队中去。最近潘慎明同志跟我谈起，他辛亥前在武昌住所邻近有一所屋子，常见有军人出入，以为只是普通聚会，可是每人出来，往往夹着一本精装书册，心里很奇怪，后来才知道是《民报》。这一件事，充分说明了革命书报的传播及其影响。武昌一地如此，各省可知。辛亥革命所以能够迅速获得成功，这也是原因之一。

（四）敌人的恐惧

清廷屡次想借日本政府之手禁止《民报》发行，没有办到，而其仇恨和恐惧的心理日甚一日。1907 年溥伦到东京，日本出动了大批便衣侦探，监视民报社人和党中知名之士，寸步不离，我也是被监视的一个。尽管这些人着便衣，可是面孔看熟了都认得，便索性找他们谈话。他们说："我们是受命来保护你们的，因为有人要暗杀你们"（我写了一篇《记溥伦来东后事》登在《民报》第18期）。这句话不可尽信，却也不为无因。自吴樾、徐锡麟案起，满洲亲贵和大官们畏暗杀如蛇虎，因此有人建议，"即以其人之道还治其人之身"，主张刺杀孙文、章炳麟、张继等。但暗杀是要牺牲自己性命的，哪个肯替他们效死？反过来，革命党人实行暗杀事件却愈来愈多，《民报》的文章中有好几篇是推崇刺客的，最使他们惊心悚魄。于是也就有因缘为奸的人，发生了这样一件事：徐锡麟刺死安徽巡抚恩铭后，慷慨就义，激动了全国人心。徐氏志愿是要除去4个当权的满洲人，一即恩铭，其他3个是端方、铁良、良弼。我根据这个意思，在《民报》第16期上写了一篇时评，勉励革命党人要完成徐氏未竟之志。过了好些日子，这期报没有按时出版。那时太炎先生已经不住社中了，实际管编辑发行的是一个湖北人，叫吴崑，忽然有一天派人来跟我说，端方、铁良都很庸懦，不值得注意，要我改写一篇，并说这样可以使他们内部起分化。我当时尊重社中的意见，便重写了（这就是登在《民报》的一篇）。过了很久，才有人告诉我，程家柽（安徽人）跑到北京投靠肃王善耆，把这篇原稿带去，密示铁良。铁良很怕，愿意出钱收买，于是程家柽便写信给吴，做成这个圈套，旨在诈索铁良。结果程氏得了一笔巨款（据说是2万元）；吴崑情节也很可疑，但是否分赃，没有确证。

程是同盟会变节分子，民国初年为袁世凯所杀，此是后话。而《民报》亦终于遭到日本政府的封禁（1908年），其借口仍以"激扬暗杀，破坏治安”为理由。暗杀是对满洲官吏，于日本治安何预？这一点，既证明《民报》文字影响之大，又说明了清、日反动派是一个鼻孔出气的。

（选自全国政协文史资料委员会编《文史资料存稿选编》第1卷，中国文史出版社2002年8月第1版）

中国同盟会在美国的成立经过

温雄飞*

前　言

美国旧金山大埠的中国同盟会，名义上成立于1910年的春天，然而事实上，这个革命小组早于1909年春就秘密组织起来了。这个革命小组取名为“少年学社”，名为共同探讨学术，实则是同盟会的一个雏形组织。因为当时反动的保皇会在华侨社会还握有一部分经济上的实权，我们自知羽毛未丰，便未大张旗鼓，显与抗衡，招其反对，所以取名“少年学社”，目的在专向少年（青年）华侨鼓吹，俟势力充足，然后揭开面纱，表露出中国同盟会的真正面目。这个

* 温雄飞：时任中华民国临时大总统府秘书，后任南京国民政府立法委员会委员。新中国成立后，任广西壮族自治区文史研究馆馆员。

少年学社的中心人物是李是男、黄伯耀、李旺和我 4 个人，都是当地的土生，都是新宁县人（民国后改称台山县），又都是同源会会员，而我和黄伯耀又都是同源会的职员，我任中文书记，黄伯耀则任西文书记。因此每晚我们差不多都可以在同源会的大厅里见面，有事时则交换意见，无事时则随便谈谈，从同源会本身和华侨间的切身问题起，溯源到中国政治地位的衰弱，影响到海外华侨地位的降低，以致事事都受美国人的歧视。久而久之，渐渐谈及中国政治问题、保皇和革命问题。那时保皇党不仅在诓骗华侨方面已很露骨，而且公开反对革命。我们预测到保皇党已到了末路穷途，但又深忧革命的新势力在华侨方面尚未建立起来。那时虽有“致公堂”（国内三合会会党）的组织，总算是在华侨方面的革命势力的代表，可惜的是，他们带有封建迷信和封建思想，同具有新思想的知识分子格格不入，表面虽觉谐洽，精神终归不能投契。《大同日报》是致公堂机关报，总算是受进步思想的影响而成立的，然而整个致公堂尽管拥有会员甚多，却找不出一个真正热心于致公堂反清复明思想的知识分子来主持报社的论评著述，反而延聘保皇党机关报《文兴日报》记者欧榘甲来兼任。不久欧榘甲去职潜逃，致公堂迫不得已请孙中山荐人，孙先生介绍刘成禺来继任。即此，足以说明致公堂当时人才缺乏，还有待于我们几个土生的少年。

一　酝酿的过程

自 1905 年春间，一般土生华侨开始认识到有组织团体的必要，由是彼此间互相联络，我和黄伯耀被推举为组织土生团体的宣传工作者。迨同源会正式成立，我和黄伯耀分别被选为中文书记和西文书记。黄伯耀是我儿童时总角之交、街头巷尾抛沙掷石的小朋友，稍长在私塾是同学，在英文远东学校和汉文大清书院也是同学。他是永生寿板店的少东，他父亲死后未几即管理店务，他又是致公堂成员，因此，认识人很多。自从我和黄伯耀当选为中、西文书记后，差不多每晚都在同源会见面。同源会的会址在企李街某号二楼，交通极方便，有兴就来，兴尽即走。同源会的会员都是少年人，少年人谈话的题材极多，有谈音乐的，有谈穿着时装的，有谈英文发音规律和其他名词翻译为中文有些错误的，也有谈英文某报刊登某些华侨的消息有诽谤恶意的，独我和黄伯耀谈话的题材都是中文报上所刊登的国内消息，有时也谈到港、沪报上的议论等。大抵到了1905年的冬间，中国同盟会在东京成立的消息已在美国华侨中传播开了。不久，中国同盟会的机关报《民报》第一号已在大同日报社代售了。那《民报》第一号上的发刊词，是孙中山揭布其三民主义的纲领的。民族、民权，两个主张固然令我惬意，民生主义尤令我神往。在此以前，我对西报刊登某处某种罢工消息，工人们提出增加工资的要求，因为事不关己，不大了解其症结所在，往往淡然处之。及至读了这篇发刊词后，才了然于同盟罢工和社会党、工党等提出种种主张和要求，都是有所为而为，并不是故意好闹乱子的。在此以前，我也得到许多提倡革命的书籍来读，却觉章炳麟的《驳康有为论革命书》、邹容的《革命军》等议论虽属精辟，但尚不能超过民族、民权两主义的范围，至于民生主义，确实是一般时流还没有倡导，而为孙先生独到的见解。自从《民报》发刊而后，不独我和黄伯耀每天晚上谈话的题材增辟了许多，而且使我们对于革命的见解和信仰有了进一步的认识。那时我们谈到兴高采烈、得意忘形时，恨不得同盟会有专人来到美国宣传革命，即乘机请其介绍加入，得尽一臂之劳。可惜在整个1905年冬天和1906年春天，我们都碰不到一个同盟会的专人来美国工作。

未几，旧金山大埠遭到一场空前的灾难，即4月18日早晨5时许的大地震及其随后的大火灾。由于供应全市用的水塘给震坏，水源枯竭，消防队无能为力，只能任火灾蔓延，延续三日三夜。唐人埠即全体华侨商业住宅区，最后连西人住宅区都焚毁一空，直到几个月之后才逐渐恢复。同源会也在旧日的地址上继续租赁恢复办公。1906年的冬天，我也由屋仑迁回大埠居住了。在这一段时间，我和黄伯耀极少有碰头机会，彼此都忙于生计，革命活动暂时停顿。

1907年，我和黄伯耀两人谈论革命的思想发展渐渐有了中心。我迁回大埠，居住在万国通信便览公司的后进。这家公司是我的旧友黄金筹办的。他请我在公司筹办期间义务替他撰拟些宣传稿件，候公司正式成立时才给我报酬，现在则不收房租。我应允他，因此我每日都在他那个办公处待一两个小时。本来宣传性的稿件是不多的，而登门找寻黄金有所请求的人却不少。在这些有所请求的人中先后有两人为我所结识,后来发展成为初期同盟会的中心工作人物。一个为黄芸苏，另一个为黄超五。他们都是国内的秀才，受新思潮的影响，愿意自费来美求学。到大埠后，各有亲友依靠，暂维生活，但都不是长久之计，总要谋一个长久的生活办法才能达其求学的志愿。因此他们大抵受亲友的指示，登门亲访黄金表达志愿。黄金素来有“路头土地”的称号，有求必应，便当面答应，且乐为奔走。此后这两人隔日或每日必来这个办公处找寻黄金，听候消息。他们每来，我们必聚首大谈特谈，真是从个人身世遭际到国家前途大计，无所不谈。不旬日之间，我已彻底了解他们两人的品质和志趣了。黄芸苏自成为秀才后，本来志求上进，因废科举，遂考入“方言学堂”，后来转入“游学预备科”，毕业后可以官费留学，不知什么缘故中途停办，遂转念头设法筹款，自费留学。他志趣纯洁，性情真挚，而且手段超豁，善于应酬。他来找黄金是有目的的。他到大埠不久，了解到华侨社会缺乏儿童教育机构，便向黄金建议，华侨应该设立一所“两等小学”，教育一般华侨子弟。如果这所学堂成立，他可以当校长，那就可以自费留学了。黄超五也是一个秀才，没有进过什么学堂，对新思潮没有什么感应，是一个无行文人。据说，他嗜好甚多，见钱即用，随处告贷，为债主所迫，不得已卖身到南洋去。迨到南洋后，不堪苦虐，始把自己出身吐露出来，后来新宁黄姓富商设法把他赎出资送回国。他到美国来虽言自费留学，但年龄已 33 岁了，要进学校还得学几年英文。我认为他自费留学是个幌子，骨子里却是想筹一笔费用解决生活问题，至于能不能进学、学成学不成倒没关系。我和他们结识后，很爱和他们谈天。两人也很健谈，一谈往往一两个小时之久，文艺、政治和中国前途无所不谈，也谈到立宪论和革命论之间的斗争等。黄芸苏认为立宪论言之甚易而实行则难，执政的几个大佬和满族亲贵都是顽固派，而西太后尤为顽固派的首领，彼辈执政只知暮年行乐而已，哪里还管国家的强弱和前途。单就戊戌政变而论，就足以证明立宪难以实行了。至于革命虽觉得实行甚难，近年报纸所载屡败屡起，毕竟是大势所趋，人心所向，终能克服困难，国家的富强是有把握的。我听了他的议论，总是报以会心的微笑。黄超五论政亦同此旨，但他却喜爱文艺，尤爱谈佛典。大抵他看佛经不少，我问他为什么爱看佛经，他答佛经是魏晋六朝文学别开生面的一支生力军，文体夹杂在文言白话之间，许多词汇为一般文人所使用，若不熟读佛经，对于新颖的词汇，不知其意旨所在是吃亏的。我很爱接近这两位新来的朋友，每见面必有许多话题，互相研讨，或互相辩难订正，总要弄到话题如剥春笋，层层剥落，剥到最深处才一笑而罢。二人之中，我尤爱接近黄芸苏，他初到大埠时暂居朋友李伯眉家，距离唐人埠颇远，交通不便，往返一次须徒步几十分钟，不久他就移居广东银行大楼二楼后排宿舍，那里是专供独身少年居住的，幽静清洁，对于读书的少年尤为适合。黄芸苏迁居这里，就是为准备补习英文的，因此，我和他接近更容易了，几乎可以说每日见一两次面。

同时，同源会也有两个会员，一个是李旺，一个是李棠，都是新宁人，也都是土生。李旺是同源会 1905 年成立时加入的，何时回中国去我们不知，但 1907 年夏始由香港回来。李棠是和隆靴店老板李佑宽的儿子，七八岁时由其父亲送回中国读书，现今长大，其父已老，拟将和隆靴店的商务交给他管理，故于 1908 年春回到大埠来。他是由黄伯耀介绍加入同源会的。我知他们两人都是从香港来的，所以更多和他们亲近倾谈，并询问内地老百姓对于革命的倾向怎样。他们谈到宣传革命思想的报纸刊物、文艺小说和戏曲小品等，群众踊跃争购的情况；他们也谈到广州省城和一般大市镇的茶楼酒馆也有谈论革命的。李棠所谈的更加精细入微，他谈革命性的文艺，如新戏曲、粤讴、南音、龙舟歌之类，影响特别广泛，到处都把文艺中的精妙语言或突出的人物作为题材，作为谈天的资料，这样革命的思想就无形中深入人心了。虽有巡警老爷在场也不敢干涉，只好装聋作哑不理，借此下场。李棠虽是个新会员，但群众对他的感情非常好，很快即被群众选举为中文书记。每天晚上同源会一般会员有空闲时间的都到会里来谈天，自从李棠加入后，他来谈天时就谈得非常热烈，他不来时，就有些沉寂。有时群众提议去请李棠来，增加些活泼气氛；至于请李棠来的差事，不是黄伯耀去，就是我去。可是，李棠也是忙的，他新近从父亲手中接过和隆靴店全盘生意，不能不全神经理。所以我去请他来同源会谈天，他有时能来，有时不能来，有时留我们在他那里谈天。他说：不要回去吧！在我这里谈天，人少，静些，比较舒服。我们也愿意。于是，或在店里，或3人一道出门边走边谈，但向僻静人少的街道去，遇有消夜馆便进去找个房间，要些食物来做个话头。初时仅仅谈谈有兴趣的革命新闻，渐渐地李棠表示，他常写革命文艺小品投稿报馆刊登，又表示他和一般写革命文艺小品的文人有来往，和黄鲁逸熟悉等。于是我渐渐地认定李棠是同盟会会员，要不然，也是同一般同盟会会员有密切关系的。有时我也禁不住径直向他提出疑问：你是不是同盟会会员，或者同香港某一个同盟会会员有密切关系？他总是恍惚迷离地答复，有时他也径直地反诘：你这样问有什么意思？我便坦率地答复道：无非是要加入同盟会嘛。难道同盟会要图天下，不与天下人共之吗？大抵那时我们几个人的谈天已到了互相投契的境地，莫逆于心了，所以掩饰的不嫌掩饰，而坦率的不妨坦率，有时碰到质直的询问和坦率的反诘时，往往都是不答之答，相喻于无言，一笑作罢。这类的消夜局绵亘有半年，由夏到秋，突然由李棠自己揭破谜底。

冬初有一晚，我和黄伯耀一同到和隆靴店，恰值李棠在料理店务，他约我们稍等，俟料理店事，到外边做个消夜局谈谈。我们等候了不久，他自己就说：我现在告诉你们，我是同盟会会员，早几个月你们盘问我，我一直含糊掩饰，因为那时我们相交不久，对你两人还没有深入的认识，我不能不慎重。这里金山大埠虽说是美国领土，没有清朝政府的侦探，但这里有保皇党，他们不见得能替我们保守秘密。开始我对于雄飞是颇有疑问的，认为你住在黄金那个万国通信便览公司后进的房间，他不要你的房租金，你义务替他撰拟宣传稿件。我颇怀疑你是个保皇党党员。但我又从别的方面了解，你这几年来一直都是替社团义务写宣传文章，却没有半句话是替保皇党讲好话的，倒有许多赞扬革命的文章，不断在《大同日报》上发表，从此点而论，已足够证明你不是保皇党党员了。所以你们这几个月的行动，已足够证明有热心趋向于革命的资格了。假如是在香港的话，我就立刻介绍你们加入同盟会了，可惜这个地方究竟不是香港，只有我一人在此，没有机关向谁介绍呢？现在的办法，只有把你们两位热心倾向革命工作的情况向香港机关报告，问他们怎样办理，作为在香港加入呢，还是作为新开局面，在大埠加入？看他们的意思怎样决定，今晚约你们两位来就是为此，你们同意吗？如果同意，我就这样办！我们两人闻听他这段话，真是喜出望外，当然同意，只埋怨他为什么延迟到今日才揭破这个谜，令我空费几个月的心思。李棠也笑着说：慢些慎重些，耽迟不耽错，总是一件稳妥的事情。我们的同盟会关系是严格的，就是介绍一般的人入会，最低限度也要了解几个月之后，证明他不是一个坏人，而且愿意热心参加到革命运动这边来，这样才可以让他知道自己是同盟会会员。凡事是要慎重的，大埠是海外，比较好些，但是我们做的事是要回内地去的，总是要小心的，万一不小心，个人祸福是小事，因此而暴露党的行动那就是大事了。我在香港加入时，主盟人也对我说了许多小心慎重的话，所以我也全盘告诉你们，请你们诸事小心。今夜的话，只许我们 3 个人知，就是黄芸苏也暂时不可令他知，因为他究竟是一个秀才，将来应该公开给他知时，我自然公开给他知，但是暂时还要对他守秘密。这晚的消夜局和从前的消夜局有天渊之别，他说了一长段的话，我们完全接受，已是到了水乳交融的境界了。不觉夜阑灯息，我们始大笑而出。

二　少年学社的成立

在李棠发信向香港机关报告请示之后两个月左右，即 1909 年夏天，我们就开始向他询问香港方面有没有信来。他的答语总是这样：恐怕不能这样快，总要两个月多些吧，如果有信来，就是你们不来找我，我也要去找你们的，这样问多次了。有一晚我们照例到和隆靴店谈天，他说：你们来得好，有信来了，你们看吧。他就把香港复他的信取出来给我们看，那信的上款是写给李是男同志收，下款是李海云署名，还盖了一个方形的香港支部的图章。信内的大意是，对大埠在很短的时间里就能介绍若干名热血少年加入本会，很高兴。如果加入本会的人数众多，可以从支部办起；若果人数不多，则先办分部。信内同时附有支部章程、分部章程各一份和盟书式样一纸，信末则注明新会员加盟的仪式和工作要点等，大意是说按照党章新会员加入是要有介绍人和主盟人签名才作准的，可是现在大埠只有你一人是本会同志，这次的新会员的加入，可以变通，由你同时做介绍人兼做主盟人，以后统由新会员做介绍人便可以了；新会员加入时应该告诉他们应负的义务，现在各地方的会员一律都负有宣传和筹饷两种任务，目前还注重在宣传，新会员有能力的可筹办一间报馆，作为本会的宣传机关报；如能力不能自办一报馆的，亦要多做宣传的文章，送交各友报刊登。至于筹饷则俟有实行计划时，由本部统一通知办理云云。我们两人很仔细地看了好几次，觉得没有什么障碍行不通的地方，只有连声叫好。倒是李棠谦虚地说：你们觉得有不妥的地方，不妨提出来共同修改，免得将来加入的人多了时就难以修改了。我们觉得李棠这番话虽是有理，但章程还没有实行，怎能够在没有实行之前看出有不妥呢？仍旧主张俟将来实行有不妥时再说。李棠还解释他在同盟会里用“李是男”的名字的原因，他笑着说：因为他好写革命文艺小品，在那些小品文章上他往往署名为“是男”两个字，因此一般爱好谈革命的朋友都称他为是男，被介绍入同盟会时，当然用“李是男”这个名字了。说至此，他的面容又复庄严起来说：身家财产的观念，哪个没有？用个别名，说不上有什么保障，但究竟总是有点小用处的。我明白李棠这番话的意思，好像是示意我们：你们如果害怕危险，可用个别名来加入。我当即笑着答他，我是没有财产的，“雄飞”就是我的笔名，就用这个名字写上盟书就可以了。黄伯耀也抢着答：伯耀还是我的真名，就用这个名写上盟书吧。我当时忽然想起一件事来，就向李棠说，我们加入同盟会后究竟公开给人知道，还是守秘密？李棠答要守秘密的，不能一下子就给人知我是已经入了同盟会的，同时还要看谈话的对方，如果对方谈话出于至诚热心的，然后才劝他参加同盟会，使彼此的言谈动作取得一致的行动，这样革命的大业才能成功。我当时觉得这番话是对的，但我还有多少忧虑，我又接着说：不能一下子给人知道自己是同盟会会员是对的，要试验对方的谈话是出于至诚热心的，然后给他知道，也是对的；可是我们几个人常常聚谈，究竟为什么事，我们当然守秘密，但是熟悉我们几个人的底细的人恐怕瞒不过他，假使他一定要了解我们的秘密时，他何难找出另一个人来和我们接近，只须花上两三个月的光阴，我们谈革命，这个人也谈革命。我们试验他的至诚热心，这个人也伪装至诚热心，万一混进了这样的一个人，恐怕我们全盘的秘密都给这个人泄露出去。我提议我们现在组织的同盟会，不妨表面上另外改上一个名称，免得外人对我们常常接近发生许多猜疑，猜这猜那，都是不好的。我们现在几个都是少年人，少年人见面谈谈文章，谈诗词歌赋，谈辞章小品是没有错的，又如谈英文翻译、修辞语法、词义辨异，这些都是正大光明，有进步思想的，不妨把同盟会的对外名称暂时称为“少年学社”。这样一则可以免一班顽固的保皇党的嫉视、反对、阴谋中伤等毛病;二则可以使一班有进步思想的少年人同我们接近。同我们接近的少年中，如果有热心而又对革命的见解和我们相同或相近的,我们都可以设法介绍他加入的。黄伯耀也同意我这个提议，他说：这是好的，对外我们称为“少年学社”，可以杜绝保皇党的阴谋破坏,此后我们介绍新会员一般都是从本来熟悉的少年中介绍，他们家里的尊长辈和亲戚等有没有和保皇党有密切关系的，我们都是比较了解的；反正，我们介绍的新会员，主盟人如认为某个被介绍人的态度或来历有可疑时可以拒绝其加入的。李棠也认为暂时把同盟会对外的名称改为“少年学社”是好的,有利无弊。谈至此，“少年学社”的名称遂决定。其次，我们谈到写盟书的地点，当时大家都考虑到和隆靴店是不方便的，同源会也是不方便的，这些地方都是人来人往，不能严守秘密。倒是黄伯耀爽快地提议不如夜深到他那个永生寿板店去。我和李棠都了解他永生寿板店夜深确实没有人去，也没有人敢去。遂笑着说：好吧，我们都赞成。黄伯耀接着说：我现在介绍李旺加入可以吗？我们都了解李旺的政治信仰，都说可以。黄伯耀遂和李旺在夜深时一齐到永生寿板店去，李棠则带香港寄来那张盟书式样，陈列案上，要我们照写，那盟书式样如下：

具愿书人 ××× 当天发誓，驱除鞑虏，恢复中华，创立民国，平均地权，矢忠矢信，有始有卒，如或渝此，任众处罚。

天运己酉年　　　　月　　　日

介绍人

主盟人

我和黄伯耀、李旺都照写一份递与李棠，他在介绍人和主盟人之下署上“李是男”3个字。我们笑着说，你不是李棠是李是男了。接着我们又问，怎样宣誓。他叫我们站起和他面对面，举起右手，向着主盟人自己宣读誓词一遍。接着他依照香港来信的大意，向我们做了一些训词式的谈话：大意是你们现在已是同盟会会员了，同盟会对你们的要求有两项，一个是筹饷，另一个是宣传。筹饷俟有实行计划时，由本部统一通知办理；至于宣传，我们在自办报馆的范围内想想办法。如果实在不可能时，可以多写宣传革命的文章，送给我们的友报。他说毕就和我们握手，表示亲密。我们还接着问，听说同盟会是有秘密口号和手号的，是吗？他说：有的，是手号一种和口号3种。他马上告诉我们手号的式样和3种口号的意义。又说，这只是于内地实行时才有意义，在这里是用不着的，你要了解某个人是否会员，只问主盟人便知道的，难道同时有几个主盟人又彼此不相认识、彼此不相往来的吗？说至此，大家哄堂一笑而散。

紧接着加盟后那几天里，我天天都到黄伯耀的永生寿板店去，商量办报的方法。我们都觉得，要办一张如《大同日报》那样类型的报是最好不过的,可是需要五六千至一万元的资金才能勉强开办。我们几个人怎么有这个能力凑集这么多的资金呢！办个隔日报吧？金山大埠汉文日报已有四家，有致公堂办的《大同日报》，有保皇党办的《世界日报》，也有无党派人士办的《中西日报》和《国魂日报》。在日报林立之中，我们办张隔日报实在难看，不要说业务方面难以竞争，就是阅者也看不起。想来想去，决定取法巴黎《新世纪》，它排成16开版的书页，单张发行，让阅读者自行装订久藏。我认为可以仿效其版式，排成16开版，但必须装订成册。因为一般华侨读者多半是工人，他们都是在工余之暇才读报，如果不装订，页数颠倒，阅读不方便，也影响销路。谈至此，黄伯耀表示首肯，但他怀疑星期刊物没有新闻可登，就是勉强选登也是明日黄花，不受读者欢迎。我向黄伯耀解释说：这是我们这个刊物的体裁问题，体裁决定后，再决定新闻内容的取舍和编辑方法。我的意思是这样：议论文章占1/3，谐文小品占1/3，新闻纪事也占1/3。那议论文章和谐文小品当然是为宣传革命而写的，不怕写出有不中肯的；至于新闻纪事，我们须订立一个范围，或者订立一个标准，不合这个标准范围的如邻猫生子之类的新闻，当然不选；至于苛捐杂税或残酷搜刮，使一般贫苦老百姓不堪其害的，这类的新闻不要一点一滴地片段刊登。我们必须多用些精神，重新编写，综合全局，有本有末，条理贯通，作通信式的体裁，然后刊登。这样虽属明日黄花，但读者读后，总是很容易得到一个整体的观念。那些日报虽然能抢先刊登，但都是断断续续的，读完之后只得些模模糊糊的、连缀不起来的片段观念。这两种不同的编辑和不同的写稿方法，是给人不同感觉的。我认为一般有程度的读者都要求有条理而又全面的纪事，不大欢迎那些片片段段的。我现在极力主张办个星期刊物，还有一个重要理由：无论做什么事，都要用自己所长，而不用自己所短。我们“少年学社”寥寥这几个人，所长的是什么，人人都能拿起笔来写稿，亦能拿起笔来译东西；所短的是什么，就是经济能力薄弱，目前只有你和是男二人比较活动些，能筹出几个钱来，此外能筹出钱的人就有限了。所以在这种环境之下，筹款办日报，固然是难，就是筹款办星期报也是难的，但还有解决的路子可走。办日报要自己有印刷设备，单就铅字和机器两项，已耗去固定资本不少，若办星期报，只须向友报搭印，自己无须购置印刷设备，即此已轻松不少了。这是我主张办星期报的唯一理由。

经过多次碰头讨论，李是男和黄伯耀终于同意办一个星期刊物了。取个什么名称呢？黄伯耀提出可取名叫“美洲少年”。我们这个秘密的中国同盟会对外既取名为“少年学社”，则这个《美洲少年》刊物，有心思的人一望便知它是和“少年学社”有关系的，岂不是相得益彰吗？黄伯耀更提出刊物封面要有一个图案，中心画一只大鹰，大鹰两爪抓着两支旗，一支旗是美国的星条旗，另一支是同盟会的青天白日旗，这样，把我们的对象和作用都在这个图案上显示出来，省得将来有坏人向美政府告密，说我们有某种阴谋！美政府痛恶无政府主义者或同情无政府主义者的人，经常驱逐他们，黄伯耀这个提议，我们都同意。

办法既定，以后就进入实行阶段了。我们3人中按各尽所能的原则，由自己决定或由他人提出：我担任整个刊物的编辑，另外负责评论文章的撰稿和新闻纪事的重编、选稿；李是男担任谐文小品的撰稿和选择；至于有关英文翻译的论文或新闻，统由黄伯耀担任。此外采购、庶务和发行工作，也由黄伯耀担任；金山大埠市区内的派报工作，则由李旺同志担任。这样分工之后不久，黄伯耀就把那个封面的图案托一个美国美术家绘画出来，神采奕奕。李是男亲笔在那个图案上题上“美洲少年”4个汉字的报名，然后交由黄伯耀制成锌版，候印报时排版使用。至于这个《美洲少年》刊物向友报《大同日报》搭印是不成问题的，印费多少呢？尚未确定，由黄伯耀亲自向《大同日报》经理细细商量，取得一个最廉的印费价格。据《大同日报》经理说：这个价仅仅是收回工料费而已，不能再让，再让必致亏本。当时我们对这个印价都感到满意，不再争执了，究竟这个廉价印费的数目字是若干呢？现在已经回忆不起来了。《美洲少年》的编辑处和发行处合并一起，租用广东银行大楼二楼前排的一个大房间，邮差可以直接送信和报纸到编辑处，不要转折。地点适中，交通方便。

诸事筹备到此，我便敦促李是男，请他早日通知香港本部，报告一切，并把我们决定办报的情况通知香港和暹罗、新加坡、仰光各处的机关报，早日寄报来和我们交换。这样，才有纪事新闻供我们选择。李是男立即采纳我这一意见，答应在一两日向香港本部发信。这时不知是谁的提议，要《美洲少年》在7月4日美国独立日出版第一期，其理由是表明我们是以美国公民的身份来劝导中国革命的，用来防范美国政府找麻烦。我们觉得这个主张也对，索性把美国独立日那篇煌煌大文《独立宣言》译来作为论文之一，也是对题点景的一篇绝妙文章。因此，我们请黄伯耀把这篇东西找出来译成汉文，译成后，又请黄超五润色。黄超五的文笔本来是刚劲简练的，这篇论文经他润色之后，不只词严义正，宛如对独夫民贼声罪致讨的一篇檄文，而且朗朗可诵，一般有文学修养的读者多交口称赞不已。

第一期《美洲少年》印刷装订好送到报社后，由黄伯耀点收，李旺派送，他自己也忙于寄发外埠报刊。我径取数册，带到和隆靴店找李是男共同欣赏。我们两个人一言不发，聚精会神，细细阅读，颇感心满意足。我们几个都是年轻人，没有什么著述出版经验，平日虽常常代人撰写稿件，一般都是轻轻松松，一挥而就，对于稿件的好坏没有太多责任感。这回撰写《美洲少年》报刊的稿件就不同了，我们这个刊物是为同盟会而办的，办得好是同盟会的光荣。正当我和李是男都感满意之际，忽而黄伯耀也拿了几册进来。我们问：报刊寄完了吗？还没有人来订报，你是怎样寄的？他答：凡平日认识爱谈革命的朋友，我都把他们的住址记下来了，今日就按址寄出，还在包纸上写上“请介绍推广”几个字，看看效果怎样再说。我想大部分是会有效的。接着黄伯耀又说：我想登个广告在第二期上，请爱读本报刊的同志们辗转介绍亲友阅读，并早日将全年报费寄来，借供周转。李是男觉得应该，但好像早些，可以延至第三期才登。黄伯耀亦无争执。我忽然想起一件事，亦接着说：我们何不印刷一张世界名人画像或中外名人画像来赠送，凡订阅《美洲少年》一年的阅户，一律赠送名人画像一张。我想这样可以吸引一般的读者注意，能增加长期的订户。李是男、黄伯耀都认为这个办法好，但有两个困难：第一，在匆忙中，怎样能够搜集那么多名人的画像？第二，我们的经济能力还要考虑。我答：名人画像的搜集倒不困难。第一个来源是上海发刊的《国粹学报》，已发刊好多年，每月一期，每期都有名人或学者的相片两幅在报首。这个报是两个广东人黄节和邓实办的，它表面上提倡国粹而骨子里却是抬出春秋的攘夷大义来表彰宋末、明末那些反抗异族的爱国志士，适合这个标准的有骨气的人士，他们都搜集介绍，刊上报首，好像文天祥、郑所南、张煌言、史可法、黄梨洲、顾炎武、王船山、颜习斋等，应有尽有。我认为选择这些人物在名人画像之中是与我们《美洲少年》的宗旨相符合的。第二个来源是《世界》杂志，在巴黎发行，主办人好像和《新世纪》的主办人属于同一机构。我这本《世界》杂志是在黄金那个万国通信便览公司的废字纸堆里找出来的。大家都知道，黄金是金山大埠美国邮政局管理中文信件的事务员，他是保皇党党员，而且是有偏见的。如果那个刊物是保皇党办的，即使包皮的住址写得不合式，只要有人名，他都亲自送上门去，交给收件人。如果那个刊物不是保皇党办的，只要包皮的住址不合式，他就认为无从投递，拿回自己住所往地上一掷，就算了事。人人都可以在他那一堆废刊物里找东西来看，也可以把东西带走，他向来是不理的。我能够得到《新世纪》《世界》杂志来看，都是从他那堆废刊物得来的。现在这本《世界》杂志还存在家里。凡世界上杰出的科学家和发明家，每人都有一幅画像，附一个小传，极为详细。我认为，从这个杂志选择人物来做我们拟议中的世界名人画像也很符合《美洲少年》的宗旨。如果在广告上声明：订阅一年的阅户，即赠送一幅，我想是会增加报刊的销数的。我这个提议得到李是男的同意，他认为办报刊的目的是要人看的，这个名人画像总可以吸引一些读者，只要能达到增加二三百份的销路，则我们增刊名人画像的目的就算是达到了。主要问题还是估价制版费和印刷费，如果不超50元之数，就不妨举办。这事最好还是希望黄伯耀去估价一次。

大抵过了个把月，世界名人画像居然出版了。在报刊上登上广告，立刻就有人来长期订阅，索取画像，连早已订阅的长期阅户也来索补。除赠一大部分外，尚余一小部分，怎样把它推销出去呢？当时有这样一件事，1908年农历十月二十一日和二十二日，清廷两个大酋光绪皇帝载湉和西太后那拉氏先后死去，由宣统皇帝溥仪继位，醇亲王载沣监国摄政，称监国摄政王。整部清史，只有两个监国摄政王。仰光《天南新报》当时曾就此事拟长联征对，其文云："摄政王兴，摄政王亡，清国兴亡两摄政。"

此联颇有意思，但颇难对，叠用3个摄政和两个兴亡，我觉得这副长联可以介绍在《美洲少年》报刊上，使一般有思想的华侨动动脑筋。美洲华侨本来就有嗜好作对子的习惯，组织过对联社。那时对联社的代表如蜚声社、翰香社还存在，大抵每月一会，由对联社的主办人拟题征对。有佳对的每副以二毫子应征，集合应征的对子若干副，则送交某某会馆的主席某某老师评阅，评定冠军、亚军，3、4、5以至50，或100，或150以至200名，殿以殿军，每期取录名次多少，大抵以应征入会的对子多少为比例；评定名次高的得奖金多些，评定名次低的得奖金少些，不入评定没有奖金，反而把应征入会每对子二毫的基金也亏了。对联社对每次评定的对榜必用精楷誊录石印，由冠军以至殿军，全榜一名不漏，同时附以老师评定的批语，更附以下一回征对拟题，邀请有兴趣的加入，这张东西叫作对榜。凡入会的不管对子取录与否，每人一张，并向街上张贴，号召没有加入的踊跃加入。我想，与其让他们劳心思于风云月露的构思，不如引导他们在国家政治及民族前途方面开动脑筋，所以大胆地在《美洲少年》上介绍《天南新报》这个长联征对，也是限期一月，声明评定佳联，一律赠予世界名人画像一幅和《美洲少年》一年。当时，我们几个人都自信自己辞藻韵语的修养，不如黄芸苏和黄超五两人有经验。但黄芸苏应付一个金门两等小学已够忙了，晚上还要习英文。所以评定征联的工作，异口同声，都推黄超五担任。一切应征长联的稿件都给黄超五评阅，有时我也参加末议。其实，这副长联并不易对，那应征几百副对子之中，过半是勉强堆砌成对的，求其吐属自然、对仗工整而又有政治思想的，并不多见。在勉强评定之下，黄超五仅取录 50 名。其首唱我还能记忆，其文如下："驱胡者豪，驱胡者杰，汉家豪杰再驱胡。"

这副对子的出比和对比，用旧眼光来说，可说是功力悉敌；用新眼光来说，可说是大有生命力和战斗力。这副对子是用笔名发表的，可惜当时没有查询这位作者的真姓名，失之交臂。这次征联，至少有几百个受过旧教育、有辞章修养的人，敢于向有革命性的报刊应征联句，这就是效果。

自 1909 年 7 月 4 日《美洲少年》第一期发刊以来至 11 月，有将近半年的时间，有没有效果呢？有的，可分两个方面：

（一）就金山大埠一埠说

《美洲少年》是提倡革命的机关报，它是代表一个有革命性的有机体——少年学社。因此一般爱读《美洲少年》的少年都不禁要问，这个少年学社究竟是不是同盟会？对于这种疑问，我们大抵分两种不同的答复：如果其人是本来认得的，亦略了解其人格意态真挚无虚伪迹象，每答以表面是少年学社而内容实际是同盟会；如果其人素昧平生，其言语举措不够诚实的，则径答以少年学社就是少年学社，和同盟会没有什么关系。有时且杂以游戏的语调，同盟会可以提倡革命，难道少年学社就不可以提倡革命吗？大抵当时有思想的少年，感于半年来受《美洲少年》宣传鼓动，人人皆思投身到革命洪流中来，苦于不得其门而入，所以产生少年学社是不是同盟会的疑问。现在就我回忆所及，当时接近少年学社的同志，有的径直加入少年学社，因此就是同盟会会员，有的只是亲近没有加入少年学社，而后于1910年终于加入同盟会的，现在不为区别，统列其名于后，其余回忆不起的则缺乏。最先接近的是黄芸苏、黄超五两同志，稍后有张霭蕴、赵昱、许炯藜、伍平一、刘鞠可、卢仲博、刘博文、李绮庵、朱本富、黄杰亭、李禄超等，人数不多，要亦少年学社取谨慎态度所致。我们取友的态度虽平易近人，乐与为善，然终于深忧误交一坏人会泄露秘密，所以在平易近人的态度中，终不能不战兢自守也。

（二）就各埠通信联系说

自《美洲少年》出版后没有多期，即有各埠爱读的同志来函嘉许，有介绍同志订阅报刊的，有报告他那里的同志愿互相联系的。我们大抵都是随问随答，亦有不答的。现只就回忆所及，略举几件比较有趣的谈谈如下。

1. 温哥华崔通约来信

他自称也是同志，汇款订报一份，并称数月后拟来美国，晤面匪遥。我们都不认识此人，更不知他是否同志，独黄超五略知多少说：此人原是教会人，又是康有为的学生，但所知亦仅此而已。我们有些相信他后来是个同志，因此在新闻栏中登载一则简讯，说崔通约有数月来美国之讯等语。

2. 檀香山《自由新报》卢信来信

大意说：读你们报刊好多期了，钦羡你们议论正大，能执笔写作的同志有几人，希望你们派一位能写作的同志到《自由新报》工作，自己患有胃病，一人工作感到沉重，希望有同志来帮忙。我当时生活困难，表示愿意去《自由新报》，但又恐《美洲少年》的基础未够巩固，拟稍俟《美洲少年》基础巩固后才去。李是男和黄伯耀都同意，这封信由我答复，大意是我早有游檀之意，目前因《美洲少年》的基础还未巩固，未能成行，约俟数月后，定当践约。

3. 芝加哥梅乔林来信

大意说芝加哥埠和邻埠一共有几十名同志认为《美洲少年》提倡革命，宗旨纯正，都汇款订阅，同时表示，如果少年学社要设立分社的话，他们那里的同志可以加入。我们复函，希望他介绍同志订阅刊物，至于少年学社分社一事，目前还没有决定，如一旦需要，一定通知你处云云。

4. 美东各处专函介绍订阅《美洲少年》

有介绍订阅一份，有介绍订阅几份，亦有介绍订阅十几份的。此类信件统由黄伯耀复。

5. 孙中山先生从美东某处来信

大意是：刚从欧到美，得晤美东各处的同志，得悉你们办《美洲少年》，鼓吹革命，宗旨极为纯正，本拟即到美西和你们一面，惜此间有事要办，要耽搁几个月时间，先此函达，希多多努力，共维大业，余不多赘等语。此函由李是男函复，具言他在香港已经加入中国同盟会，回美国后，适遇志同道合的同志数人要求加入中国同盟会，共图革命，因此把情形向香港支部报告，月余得香港支部复信，准许他在美国建立美洲支部，现在已有同志 ×× 等若干人，《美洲少年》已出版若干期，因人少力薄，恐敌党反对，故对外取少年学社，内容就是中国同盟会，希望他早日到美西来主持一切，无任欢迎云云。旬日后，孙中山先生又来信指示：某期《美洲少年》上载有崔通约不日来美国之讯，此人从前的确是我们的同志，但后来他似有异图，你们亦不必揭穿他的行为，仍旧可以以同志称呼，但不要把内部事情告诉他，免致泄露，贻误大事云云。此函亦由李是男复，大意说明崔通约介绍阅报的经过，因他有不日入美之说，故作为新闻刊登耳，我们这里也有同志说他是康有为的学生，不知是否，仍希早日来此指示一切云云。

就上述情况看，可见《美洲少年》的发刊虽仅几个月，其联系的方面越推越广，颇有风起云涌之势。在华侨心中的立宪说，已不敢明目张胆揭示出来，那时的《世界日报》（《文兴报》的后身，1906 年大火灾后改为今名，仍为保皇党机关报）主编梁某，笔名神龙，受到《美洲少年》诘难指摘，窘迫得不敢在报上公开答辩，就把笔名改为“臣聋”。任凭你们怎样指摘，他总是不理，把“臣聋”来作“免战牌”，这还不是文坛上一个佳话吗？

大约在那年的阳历 10 月中旬左右，黄伯耀告诉我说：《中西日报》的邓翼云托我问你：现在檀香山新办一报馆叫《启智报》，经理邓秀隆托他在金山大埠聘请一个总编辑，每月工资是 50 元，川资船费已汇了来，如果你愿意去的话，可以到他那里拿川资船费。我听了这段话，立即回答黄伯耀说：去檀香山是有意义的，我愿去，但要看看《美洲少年》能不能让我去，还要商量商量。因此我便到和隆靴店与李是男商量。他说：这个报不知他的宗旨是谈什么的，这样贸然去，万一他是保皇党的报，难道同盟会会员能替它鼓吹保皇立宪吗？这是个笑话呀。我笑着说：如果我这个同盟会会员去保皇党的党报鼓吹立宪，那确是个笑话，怪不得你要提醒我注意。实在告诉你吧，早些日檀香山《自由新报》卢信不是有信来，请我们《美洲少年》派一个能写作的同志到他那里去吗？那时我本来要去的，为什么没有去呢？一来没有路费；二来是我们《美洲少年》的基础未有巩固。现《美洲少年》的基础巩固了，投稿的同志每期都有增加，不怕稿件缺乏，那就可以腾身出来，去檀香山应《自由新报》之急，我们《美洲少年》和《自由新报》大家都是党报，他们那里缺人，由我们这里派个人去，不是应该吗？问题是在于没有路费，不能成行，正巧有个《启智报》来聘记者，已把船费汇来，我正好利用这个机会，先把船费拿过来，就乘船到檀香山《启智报》当一两个月的总编辑，借个题目，拈出干涉言论方针的问题，就可以辞职入《自由新报》了。这样《自由新报》就可省去船费，而得到一个能写作的工作人员了。所以我去檀香山表面上是去《启智报》，而实际骨子里是去《自由新报》的，请你了解我这个心事。李是男沉思有顷，似了解我的意思，但他还是放心不下，继续说：你说在《启智报》当一两个月的总编辑，然后借题离开，我怕你没有题目可借，脱身不了，岂不是陷没在保皇党势力范围之内吗？我笑着说，不会这样的，世上只有找饭碗是难的，绝没有要抛弃饭碗而抛弃不了的，如果真是这样摆脱不了，你们可以来信质问，甚者可以登报驱逐出党。说至此，更触动我一个隐衷，便说：

我现在住在黄金那个万国通信便览公司的后进，你是知道的，他不要我租钱，我义务替他写宣传稿件，这你也是知道的。可是我们办《美洲少年》的态度鲜明了，却遭他之忌，他是热心的保皇党，你也是知道的。但这人表面和蔼，心里阴险，这你是不知道的。我现在却怕他请我搬家，那我真是困难万分了。我住不要租钱的房子，生活才勉强可以维持，若要住在要租钱的房子，生活就难以维持了，到了那时候，难道我还要伸开两手向同志们请求帮助吗？当初谈办《美洲少年》的时候，大家曾有同担义务的诺言，我因找不出其他的工作，所以只尽写作的义务，没有承担财政上的支出，久已负愧于心，这是无可奈何的。幸而现在有一个机会，《启智报》要请我，正好利用这一个机会，我先到檀香山去，迟个把月再把家眷搬走，摆脱同黄金的关系，省得这个人要说我的风凉话，这真是一件一举两得的事。自然，我离开《美洲少年》，这里失去一个得力人员，但我到了《自由新报》，那里又何尝不是多加一个得力人员呢？说句良心话，金山大埠是我土生土长的地方，是舍不得离开的，我们少年学社的社员彼此志同道合，又怎能够提出离别来。可是，我总觉得，早一日离开黄金那地方是避免我刚才设想那种不幸事情的最好的办法，你们还不同意我去檀香山吗？说至此，李是男有些了解，遂笑着说：你收了船费，应该交若干作你负担《美洲少年》印刷费的义务。我答：我还没有见到邓翼云，如果他的路费是丰盛的，我自交出若干作我负担《美洲少年》印刷费的义务。最怕他交的只是买船票费，那我就没有办法可以承担这笔印刷费了。我是个初出门的，当然书籍要带，衣服、铺盖要带，谈不上行李装备，但是简朴的行李也要买，这样，恐怕没有余钱拿出来承担义务，请你原谅吧。

过几日，我到《中西日报》找邓翼云，他说：你愿意到《启智报》正好，他那里正在等人，经理人是邓秀隆，他的报是中立的，不谈革命，也不谈保皇，只谈开通民智。邓秀隆最近还有信来，说报纸已经出版，没有人主持，催我早日替他找人，并催促早日起程。他一边说，一边拿出邓秀隆的信给我看。同时也拿出75元银币给我，并说：这是他寄来的路费，请你点点数目收起。你准备坐哪条船去，请你通知我，我好通知他们到船上相接。

我一打听，这75元路费刚好就是一张头等舱船票，由金山大埠到檀香山的票价，如果要买一个箱子装书籍，另买一个手提皮箱装衣服，这两项就需要20元，难道到一个陌生的埠头身上不带若干零用费和留给家里若干生活费吗？除了这几项之外，我只能买一张三等舱船票到檀香山，哪里还能筹出若干作负担印刷《美洲少年》的义务呀！我把这种情形向黄伯耀谈，黄伯耀也表示同情，他说：这样只能乘坐三等舱去，三等舱是很乱的，如果不懂情形，连饭都找不到吃，况且你又没有坐过三等舱，这件事最好找林华耀来帮忙，他认识人多，可能在同源会会员内找到有经验的会员和你做伴，彼此帮忙，这样事事皆通，如果不是有人和你做伴，一个人乘坐三等舱，又不在行，够你麻烦。果然，我依照黄伯耀的指示，马上找到林华耀，告诉他我要去檀香山，但只能乘坐三等舱，要他设法帮忙，找个好伙伴，结伴同行，免得在舱内事事不懂等语。林华耀一听立刻爽快地答应下来，他说：不只替你介绍一个船上的好伙伴，而且连移民局领取出入口护照和购买三等舱船票都可以替你包办，并且乘船那日，我陪同你一道到码头，介绍和你同船那位黄某同志见面，一切放心吧，诸事我都能替你料理妥当的。真是，一个星期左右，林华耀替我料理各事，事事妥当，我遂乘船离开旧金山大埠到檀香山去了。

三　金山大埠中国同盟会的成立

（以上第一、第二两段是我的亲身经历，现在这一段根据李是男、黄伯耀的通信写成。）

孙中山先生于1910年一二月间由美东到美西旧金山大埠。他在未动身前，先有函通知《美洲少年》，谓将于某日某时到达。李是男和黄伯耀二人接函后，因接近农历除夕，各人有事，没有通知社员，只由他两人亲往车站迎接先生（当时少年学社各人都以师礼事孙中山先生，称谓间都称先生而不称姓，示敬也）到唐人埠某新旅社居住，取其地点接近、容易商量党事之故。大抵初到那一二日间，李是男和黄伯耀两人报告少年学社是怎样成立的，因什么缘故对外取名少年学社，现在共有社员若干人和《美洲少年》怎样筹议发刊，一共到现在共发刊了若干期。一般来说，《美洲少年》的宣传能力颇为广泛，凡属有新思想的少年，都视《美洲少年》的议论为转移，现在拥有阅户若干，撰稿人本来不多，初时只有自己的社员写稿，如果一个人写有二三篇稿件时，就用几个笔名来发表，这样，好似有很多人写稿，其实骨子里只有我们自己几个社员。近来基础已巩固了，阅户扩大了，写稿送来刊登的也增加了，《美洲少年》可说是拥有相当组稿的能力了。在李是男和黄伯耀报告少年学社和《美洲少年》的发展过程中，先生每每不厌其烦地、寻根究底地询问，务使原因、结果清楚明白而后已。先生等他们两人报告完毕后，开始谈他这次来到旧金山大埠的宗旨。他说：现在机会到了，自从西太后和光绪皇帝死后，宣统皇帝嗣位，载沣监国，即另编禁卫军，由载沣自己亲统，同时派载涛（载沣之弟）、毓朗、铁良为专司训练大臣。又派善耆、载泽、铁良、萨镇冰筹办海军。又由载沣自己暂行代理大元帅，又设军咨处，派载涛管理。又派载洵（亦载沣之弟）、萨镇冰为筹办海军大臣，又遣载洵、萨镇冰巡视沿江沿海各省武备，旋又往欧洲各国考察海军。这都是 1908 年冬天至 1909 年一整年的事。从这一系列的事实里可以看出一个皇族集权问题，你看他们三兄弟，一个是监国摄政，暂行代理大元帅，一切军权都操纵在手；一个是管理军咨处，军咨处就是德、日的参谋本部；一个是筹备海军的大臣。这样，海军、陆军和参谋作战的计划等大权都在他们三兄弟手中了。这更说明他们也感觉到皇室和满人地位的危险，深恐大权旁落，满人将受汉人的宰制，无以自存，他们就趁今日监国的机会，先把军权抓到自己手里，巩固皇族的大权，然后渐渐借政治上的力量来“排汉”。所以今后的形势，汉不“排满”，满也“排汉”了。我们中国同盟会自 1905 年成立以来，已经起义若干次了，虽是每次都失败，但排满的大义深入人心，屡败屡起，百折不馁。从前和我们联络通声气伺机爆发起义的以旧式军队巡防营等为多，近日渐渐不同了，发展及于新军了。我们应该利用这个时机，多与联络，造成一夫发难各处响应的形势，所以今日海外同志的工作要点应该着眼在此处，务必做到宣传与筹款同时并重。海外同志对内地的实际情况，多少总有点隔膜，当时本部同志曾谈到这点，实行工作由内地同志担任，宣传筹款则由海外同志担任，这是适合的。你们在此处成立少年学社已有一年了，刊发《美洲少年》也有半年了，是有成绩和收效的，这样做是应该的我也是钦佩的。

可是，你们对于少年学社社员的加入采取防微杜渐的态度，恐防混入了什么奸细，在旧年是对的，但在今年可以不必了。因为今年的形势和旧年不同，今年是革命风潮高涨的一年，载沣的排汉面目已暴露出来，军中同志见此种情形，人人都有自危之感，万一“排汉”的棘手排到他们头上，那他们被迫不能不爆发以图自救，但既有爆发，总须有响应，方成牵一发而动全身之势，这样方能有济。贯穿全局，策划响应，当然在于本部发号施令，而加强此发号施令的效力，还有赖于款项之接济及时。假如接济不能及时，固能误事，或者已经有事发生，需款待用，而尚束手无策，未知怎样筹款，那岂不是自己误自己的事吗！所以你们今年办少年学社应该大刀阔斧，明目张胆，省却一切绕弯子闪闪烁烁的质问与查询，不怕汉奸混入，只怕同志不来，而且更要公开称中国同盟会。这样志同道合的同志自然源源而来，革命势力自然增加，有起事来，急于筹款也是容易了。《美洲少年》是适合有思想的少年阅读的，但对于一般华侨而论，好像还有一些不够普遍，最好还是把《美洲少年》改组成为每日出版的日报，这样方负起大张旗鼓尽力宣传的义务。你们不要以为办日报资金难筹，其实会员众多自然容易。扩大少年学社公开为中国同盟会是体，扩大《美洲少年》改组为日报是用，有体有用，我们党的宗旨和作用才能发挥出来。两件事就是一件事，你们想办法把这两件事办好，这就是我来金山大埠的宗旨。

李是男和黄伯耀两人听了先生这番话后，当然只有接受，没有什么迟疑的，可是黄伯耀想到这个日报的报名，主张这个报名要能表示出和《美洲少年》是前后相承的，他主张取名为“少年中国日报”。但他同时主张与其办个日报，不如办个晨报，因为一般华侨的报都叫日报，其实都是下午出版。在本埠下午才看到报固不便，而在外埠要隔一日或两日才看到报更不便，他坚决主张办晨报，只要工作人员的工作时间变更一下，是可以把当日的重要新闻，翻译编辑于早晨付印出版的。因此，这个报就定名为“少年中国晨报”。

公开成立中国同盟会的过程大略是这样：先定一个办事处，然后再租赁拉森戏院，预先登报。公告内容为“中国同盟会于某日开成立大会，并请总理孙中山先生演说，凡有志人士务望依时惠临，无任盼切”等语。拉森戏院坐落在坚尼街，近唐人埠边缘，由唐人埠任何地点约行 5 分钟即可到达。开会日，全体少年学社社员和新加入的同盟会会员都来。开会时由李是男同志主持，先致开会辞，大意是从前的少年学社即中国同盟会，因为那时恐防有坏人混入，不能不小心隐秘，对外取名少年学社，就是为此；自经先生到来后，指出隐秘实无必要，且妨碍前途的发展。所以我现在在这里宣布：凡是从前的少年学社社员，一律都是今日的同盟会会员；凡没有参加少年学社的同志，我们希望他早日立下决心，加入同盟会，共同担负起革命大业，使革命早日成功。现在我请先生发表他的意见。

在热烈的掌声中，孙中山先生起立演说，大意是：革命的理由，我不想在这里多费唇舌，请大家多看《民报》和提倡革命的书籍及各地发刊的党报，玩索研究，自能得出革命的理由和它的条贯性来。我想在这里简括地谈谈革命的形势。自1908 年冬天，光绪皇帝和西太后两人先后死去、宣统皇帝继位、载沣摄政以来，一系列的皇族亲贵总揽军政大权。好像载沣是大元帅，有统率海陆军的权；载洵筹备海军，又是海军大臣；载涛管理军咨处，就是将来的军咨府，它的内容和职权好比今日德、日的参谋本部。他们统揽军政大权的目的究竟何在，这不需要什么明眼人就可以看得出来的，简括地说，他们就是要反对革命，就是要“排汉”。他们这种做法能成功吗？肯定说是绝对不可能的。同盟会自从1905年成立以来，我们运动革命的方法，就是运动会党和联络军队两个方面，军队“排满”空气非常浓厚，中下级军官几乎都有过半和我们有联络。如果他们一旦觉悟到自己是被排的对象，如砧上肉，任人宰割，他们岂肯束手待毙，而不铤而走险，以求生存吗？我们对于军队有无限的潜力，这种被迫铤而走险的情形，已有报告到达我们的手里。这座满汉互相排挤的火药库，它的导火线随处皆是，任何一处，只要稍接触就爆发起来。我这次到这里来的宗旨就是要向大家报告这个有利的革命形势。我们既然了解这个形势，就要设法利用它、迎接它，不要让它飘然逸去，坐失良机，殊为可惜。我希望在座还没有加入同盟会的同志早日加入，增加革命力量，这样，驱除鞑虏是必能达到的。

接着黄芸苏也起立发言，请尚未参加同盟会的人马上参加，会场备有笔墨，立刻可以填写盟书。会上填写盟书的人很多。

（按：这里所填的盟书和在少年学社时的盟书有些小的不同，少年学社的盟书是整张由参加者自己照抄的，这里的盟书是印刷好空出名字由参加者自己填上姓名的。盟书的中心内容亦有四句和三句之分）

中国同盟会在大埠成立后，进行了若干种工作。

（一）组织全美旅行宣传团

这个名称是我拟议出来的，内容是这样：先生提议要派出几个人，到全美国华侨集居的大小埠头，不管华侨集居有多少人，三五个人也好，七八个人也好，总要向他们宣传革命，解释革命宗旨，欢迎他们加入同盟会。先生建议推出4个人来执行，每两个人当一路，分两路从金山大埠出发，到纽约集中，然后再行由纽约复回金山大埠。先生自己担任一个，大家推举黄芸苏担任一个，张蔼蕴担任一个，赵昱担任一个，一共分4路。他们出发前，当然做许多预备工作，如路线的安排，某处有华侨姓名和居住地点都要小心调查，才能出发，至于何时出发、何时归来，现在已回忆不起，只好从略。

（二）组织本市周末的街头宣传队

有人提议既然有全国的旅行宣传团，自然应该也有一个本市周末的街头宣传队。这个提议一提出，立即就有许多人赞成。街头宣传的组织和形式，大略取法基督教救世军。救世军街头宣传的形式是这样：全队10余人，旗帜两面先行；大鼓手1人、小鼓手2人或4人次之，歌唱队若干人又次之；主讲传道者在后。在街头进行时，又敲、又击、又唱，大显热闹。到人多热闹的地方，全队就围成一个大圈子，让传道者站在中央，偃旗息鼓，传道者就对看热闹的群众，大讲其基督救世的要旨。我们街头宣传队就模仿他们。旗一面先行，大鼓、小鼓继之，宣传队全体又继之。凡同盟会会员只要有时间，虽不参加讲演，亦要参加助势。每次讲演员1人或2人，轮流推举，大抵都是李是男、黄伯耀、黄芸苏、黄超五、赵昱、张蔼蕴、刘鞠可、李禄超等。黄伯耀每谈到这个宣传队时，辄称旗手、鼓手某某等神采奕奕，惜其姓名已回忆不起了。

（三）一次紧急的筹款

有一次，先生使人找李是男、黄伯耀到他的寓所。二人赶到时，先生说：现在有要紧事，党需要1万元使用，这个责任交给你们两人，限24小时内完成。不管你们用什么方法来筹，这是我对你们的要求。两人接受这个命令后，退出来想办法，两人谈了一个整日，面面相觑，束手无策。最后李是男垂泪说：我只好做个不孝子，冒受着家庭的责骂，在店内款项里拿出5000元来应急，暂时用账目掩盖。如果将来被老人发觉，严厉询问，我只好承认应党之需，拿去用了，准备给老人骂就是。果然，他在店中款项内取出5000元，和黄伯耀两人送到先生处，亲手交与先生。

（四）《少年中国晨报》出版

依照先生的指示，把《美洲少年》改组为《少年中国晨报》，经过一番筹备，出版了。从前在《美洲少年》参与过编辑、撰稿的一律吸收在《少年中国晨报》工作，黄芸苏、黄超五尤为卖力，每日都有稿件刊登。黄伯耀总揽全报的经理事务，他全神贯注在早晨出版的工作制度上，力矫一般日报午后出版的迟缓，在华侨报业史上，日报改为晨报，自是进步的改革。后几年，同源会由林华耀主持，也办一《金门晨报》，可说是受《少年中国晨报》的影响。李旺兼管发行和派报。李是男仍是主持一切大事，兼撰拟谐文小品等。改编之后，言论方针，一如既往，提倡革命，益加发扬。而对于康、梁之私人奢侈生活，更为尽情揭露，促使保皇党人迷而知返，参加革命。黄芸苏揭此类生活的佳文甚多，兹举回忆所及的一小段于下，以见一斑。其文云：

圣人之居，早见群雄粥粥；饮冰之室，何渐夏屋渠渠。

此文盖为康纳华侨何某之女何莉莉为第三妾，携之往返各处，挥金如土，华墨公司之股款亏折殆尽。事在早几年，黄追述旧事，讽刺他们。

改编后不久，黄超五在私寓不知怎样不慎中煤气毒窒息而死。那时大埠的华侨晚上照明，不是电灯，就是煤气灯，少有用煤油灯的。黄超五大抵用煤气灯，睡前关闭不密，致有煤气溢出，因而中毒。出师未捷，贤哲丧亡，可云不幸！幸而那时人才众多，不致影响报纸出版。

（五）与洪门共同筹募革命军饷

我认为先生这次到美国来，最重要的宗旨就是设法鼓动洪门人士筹募一大笔的革命军饷，这实在是一篇杰出的好文章。先生早年就加入洪门，与洪门各方人士多有接近。1904 年，先生从日本取道美国往欧洲路过金山大埠时，曾短期逗留。那时，金山大埠致公堂的要人多与先生有往还，并且用致公堂的名义标贴长红，请先生在某某戏院演说时事。那晚听众颇多，黄伯耀去，我亦去，但是我们两人没有碰面。先生演说慷慨激昂，把清朝政府庸弱无能、酿成庚子之祸、《辛丑条约》丧权辱国等发挥无遗，并号召群众早日参加革命，团结一致，推倒清廷的封建统治，使汉人有出头之日。据闻当时致公堂的中心人物曾向先生请教，怎样改良参加洪门的仪式，适合有新思想人物的接受。据说先生这样答，洪门的加入仪式有些像宗教的迷信，如果简化了，无异把这个迷信破弃了，这恐召来全部涣散，宁可社会上没有香烛供给，亦要自造香烛，用以维持这个迷信等。当时先生劝告他们，要自己办张大报，宣传洪门宗旨和革命宗旨，这样表示自己有新思想，自然不怕有思想的人不加入洪门。《大同日报》的筹办，未尝不是由于先生这番话而起。可见先生的言论对大埠致公堂主要人物影响之深。这次先生又来美国，对于致公堂怎样帮助筹募革命军饷自然有一个通盘计划。我觉得先生好像没有把计划彻底和李是男、黄伯耀谈过，所以他们两人同我通信时只谈同盟会这方面怎样，而致公堂那方面怎样则谈之极略，因此我的回忆只能是同盟会详而致公堂略。现把同盟会和致公堂共同筹募军饷的详情分成几个小段落，加以几个小标题说明它。

1. 号召同盟会会员一律加入致公堂

先生这一号召，对于筹募革命军饷起了重大作用。致公堂吸收了新血液，精神、思想和面貌都发生了变化，因而促成了筹募革命军饷的大业。这是抽象的理论推断。其实从具体的事实上研究分析，其作用还在于致公堂中心人物这方面。据我所知，海外华侨组织的致公堂其拥有发言权的中心人物多半没有固定职业收入，其生活的维持有赖于新丁（新加入的人）的加入。新丁加入的费用每个人付出七八元之谱，公堂局面大的多些，局面小的少些。这七八元的用途是这样：公堂堂底费若干、香油费若干、大佬（主盟者）个人收入若干、做野（加入的仪式）时的助手共若干。从中可以看出，致公堂中心人物对同盟会会员加入的心理，与其说是吸收新血液，毋宁说是增加个人生活的收入。俗话说：鸡臂（腿）打人牙骹（关）软，致公堂中心人物对于同盟会会员的加入早已心满意足，所以共同筹募革命军饷的工作只有赞成，没有反抗，水到渠成，瞬息千里。先生这一号召是起重大作用的。

先生还亲自当“舅父”（介绍人），带领同志们到致公堂做野。先生此举，诚恐同志中有人和洪门中人有宿怨。据洪门规矩，洪门中人如果打听出和他有仇怨或有争执的人要入洪门，他就可以到场，等你要入门的时候，他有权向你提出质问，令你难堪，甚者拒绝加入，当众逐出。可是，如果带领入围的“舅父”有面子或有势力，就可以立即解释或担保。据黄伯耀来信，先生分好几次带领同志们去做野，可见先生爱护同志的周到。

2. 成立革命公债债券局

这个机构是同盟会和致公堂共同成立的。债券仿照美国货币，票面 5 元一张。但有一点不同，美国货币是张张独立的，这种债券是订成一本，有存根，编号码，骑缝处还盖图章。另一面是中文，印上发行和使用条例，局长署名是李公侠，可能是李是男的化名，先生亦署上孙逸仙的英文签名。这种革命债券我有几十张，认为可供纪念，值得保存，但几十年来南迁北走，已不知失落在何处了。

3. 致公堂变产助饷

这是共同筹募革命军饷工作中的杰作。这种事的过程当然是这样，先是由于加入了洪门这一部分有进步思想的少年向致公堂中心人物提议，得到了中心人物和一般叔父们（资格老兼有财产或经营有商业的）的同意才执行的。这件事是一帆风顺，抑或有波折，经再三疏通才成功的，现在已无可查考。致公堂方面热心于变产助饷的当推唐琼昌（《大同日报》的创办人兼主持人）、黄三德（金山大埠致公堂的大佬）两人。据黄花岗一役起义后香港总机关统筹部出纳科科长李海云的统计，海外各地捐款共收到 157213 元，其中美洲侨胞捐款就有 77000 元之多。这里 77000 元就包括两笔大数，据我所知，致公堂变产助饷就有两处：一是金山大埠致公堂；二是加拿大属域多利致公堂。域多利致公堂变产助饷的收据，已陈列于广州市某处博物馆，据《羊城晚报》摄影，该收据的数目为 3 万元。依此估计，则金山大埠致公堂变产的数目相当于 3 万元，这个估计可以认为近于事实的。李海云之统计数目，除此两大笔外，所余之17000元可视为债券局实际募得之数目。

4. 粉墨登场，演剧筹募军饷

李是男本来没演过戏，大抵由于他好写曲文、班本之故，竟有同志建议他粉墨登场，筹募军饷，使宣传、筹饷工作合二为一。有的勉以大义，有的愿意介绍一个戏班的艺人来谈谈，做初步的试探，李是男接受了这一意见。

经过几次和戏班艺员清唱排演之后，李是男觉得台步、动作、神情等可以学会，不妨大胆尝试。可是唱戏要有配角，李是男的喉底是生喉，只能串生角，哪里来个同志串旦角呢？恰好同盟会里有个许某某，是驻金山大埠清领事许苓西的儿子，他能唱旦喉，慨然答应，配角的问题因而解决。

演戏筹饷工作分剧务、财务两部。剧务由李是男主持，财务由黄伯耀主持。他们两人分途并进，两三星期后筹备妥善，定期公演。临期，因为有同盟会会员粉墨登场，全埠震动，门票早已推销和抢购一空。那时中国旧剧戏院还没有对号入座的办法，只有先到的有座，后到的站立，以至于立无隙地。幸而剧情编排适宜，每场都有精彩之点，演生的潇洒自如，演旦的也婀娜多姿。由于他们热血爱国，不惜牺牲色相，粉墨登场，现身说法，筹募军饷，都是为民族的将来，因此博得群众称赞，不唯叫好，而且叫值。后来李是男对我说，他在美国时的同盟会工作，以演剧筹饷这一幕最精彩。

5. 义卖助饷

正当筹募军饷高潮的时候，有些同志提议举行义卖。大家当然赞成。原来这个提议是有目的的。那时加入同盟会的女同志人数日渐多了，有很多精于刺绣或编织手工艺术品的。在提议者的原意，是希望这些女同志每人牺牲一些劳动时间和一些物质，把制成的艺术品捐献给大会。此外，各同志也可以捐献物品交给大会，大会积集这类物品至相当数目时，定期公开义卖。女同志捐献的艺术品其成本少的是一二角，多的也不过三五角，大会评定义卖价格总在10倍之间。人多参加则花样层出不穷，成本轻微，虽屡捐而不竭。大会对各同志的捐献品，在义卖前评定出品的甲、乙，于义卖后发给奖状一张，以志感谢。至义卖那天，在场执行任务人员也一律给予奖状，感谢其相助。义卖多在同盟会的会所举行。这类的义卖举行有好几次。这段史料，是我胞妹温征德来函相告的。她参加义卖时也获有奖状一张，那时她的年龄才10岁。

6. 先生离开金山大埠

先生那次是1910年2月间到金山大埠的。在他指示下，同盟会已由秘密变为公开，事事进行，有条有理，至于和致公堂共同筹饷这一工作，亦已做到彼此没有闲言。先生遂于七八月离开金山大埠前往檀香山。

（选自全国政协文史资料研究委员会编《辛亥革命回忆录》第8集，中国文史出版社2012年6月第2版）

欧洲同盟会纪实

朱和中*

一　欧洲同盟会之起源

欧洲同盟会会员，总理认为“先天会员”（民国 6 年总理介绍和中加入中华革命党，于致居觉生函中即如此称呼）是为同盟会之起源。然欧洲之发生同盟会，又有其远因。其远因为何，即庚子年汉口之暴动是也。汉口之暴动其原因复杂，不外两派势力：其一为康有为，以夺取政权为目的，主其事者为唐才常，其运动费出于新加坡闽侨丘菽园，亦有少年分子如林圭、欧榘甲，麦孟华、仲华兄弟（见《支那革命之运动》一书，译者为章士钊）。其一为总理，

* 朱和中：时任中华民国临时政府陆军参谋部第二局局长，后任南京国民政府立法院立法委员。

纯以推翻清室、建立民国为目的，实行者为留日湖北武备学堂派出之陆军学生，最著者为傅慈祥、吴禄贞，其武力则专靠哥老会。是时总理已集合三点会、哥老会之首领于香港，故皆知种族革命之真义，而哥老会之潜势力分布于长江流域者实为雄厚，尤以绿营巡防营及督标、抚标等老军务中为多。盖上自官长，下至士兵，皆以兄弟相称，公务上有上下之分，内中实别有组织，其首领即所谓龙头大哥是也。康派当日借总理为羽翼，其希望仍在光绪复辟，推翻西太后，召康为首相。丘菽园之出资，亦等于捐官，为一大投机。唯哥老会首领曾先声明人马召集后须有犒赏，逐日应给伙食。当时丘斥资30万两，丘氏在新加坡所经营之商业因以破产。事后察知丘所斥之资大半为康所吞没，康毕生之资产全赖于此，据闻只给唐才常2万余两。唐在上海又大嫖大赌，比及抵汉口，已不名一钱。哥老会因其失信，遂大为不满。哥老会兄弟之在湘军统领黄忠浩（时扎洪山）、巡防营统领方友升（时扎汉阳）及督标统吴元恺（时扎草湖门恺字营）与田家镇守统领邓镇封（时扎田家镇）部下者同时出首，于是秘密全泄。唐尚尝与鄂督张之洞有师生之谊，径往谒张，说张独立，以胁清太后归政复辟。张乃执之，与傅慈祥、林圭等11人死焉。是为革命之第一次流血。吴禄贞由日本回至大通，闻败复回日本。

是时科举未废，士子只知造举业、习八股，即我辈之在武备、自强、农务三学堂及两湖、经心、江汉三书院者，亦皆懵然罔知。忽然如石破天惊，鄂督张之洞与鄂抚于荫霖煌煌布告，始知有革命之说。久之张又有《戒上海救国会及出洋留学生》一书，于是其中真情渐露，是为庚子七月之事。我辈同人至是始开始研究。又因义和团在北方起事，八国联军陷我京畿，西后光绪逃往西安，人心益浮动，我辈始渐知清廷之无能，而不值张之所为。武备同学有沈翔云（字虬斋）者，首先退学赴日参加革命运动，以个人名复张之洞《戒上海救国会及出洋留学生》，当时传遍武汉三镇，莫不拍掌叫绝。张饬两湖书院山长梁鼎芬令学生驳之，数月之间，竟无能驳者。辛丑中俄密约断送满洲之说甚嚣尘上，留日学生纷纷回国。我辈以联络感情、互通消息之故，密相结合。是时吴禄贞等已毕业回国，经心、两湖书院之派往日本留学速成师范者亦陆续回鄂。当时有李步青者，在武昌花园山天主堂附近教民孙姓处租房居住，我辈所谓爱国志士者（是时侪辈以此目我辈，我辈亦居之不疑）麇集于此。中俄密约之消息传来，不期而集会于曾公祠者数百人。本人之演说最激烈，气势亦壮，犹记讲至最激烈之处，手中折扇拍成碎片。吴禄贞拊我背曰："请到我家一谈。"是晚我即偕同志吕大森等往水陆街13号吴禄贞处聚谈。自后与人聚谈，则在花园山。我辈逐日夜间又到李寓，秘密商谈则在吴寓，星期则在花园山公开招待各处来访之志士。于是远自东京，近自上海，莫不互通声气。当时花园山同志有李步青、吴炳宗、张荣楣、胡秉柯、李书城、陈开淦、孔庚、贺子才、吴森及本人，外有时像晋老先生及其子时功璧、时功玖。是时我辈之目的，一面在于开通士子之知识，故以输入书报为唯一之要着。起初《新民丛报》大有助力，最后则《猛回头》《黄帝魂》诸书，效力极大；又有《孔孟心肝》一册，亦被查禁。一面在更换新军之脑筋。新军之脑筋如何更换法，即以最好之同志投入军中当兵，渐次灌输兵士对清室之恶感情绪。当时文普通、武普通招生，皆调集青年秀才，于是经我辈运动之后，竟有不考学堂而投营者，或虽考取，竟舍学堂而入营者。至于未经考取者之入营，如水之就下。数月之间，护军恺字各营中有我辈同志不下三四十人。

至我辈何以能令同志入营，则全仗吴禄贞一人。至此不能不述吴禄贞个人回国之一段历史。先是吴禄贞自大通回日本，清吏岂不知之，只以鄂督等派出洋留学学生名册，均已奏明清帝，此时若发现革命分子，督抚应受处分；且乘戊戌、庚子之反应，稍有知识之清吏，亦知非改革无以图存，不欲因此以阻新机，于是于吴回大通一事，以暑假回国敷衍了之。至是吴已毕业，张以为吴万不敢归国，谁知吴竟随众径归，且随众谒见。张岂不记忆，乃令将吴拘禁于将弁学堂内 3 日。梁鼎芬、张彪请示，张曰："唤他来，我教训他。"比及见吴，吴口若悬河，张无以难之，数刻钟后，反赞之曰："奇才！奇才！"梁鼎芬附和之曰："奇才！奇才！"张彪在大门外入叩张曰："请老师将吴交标下任用。"于是吴遂随张彪出，即日派充将弁学堂总教习、护军全军总教习、武普通学堂会办、学务处会办、营务处帮办，旬日之间，身兼多职，为武汉三镇第一要人。各军中所谓督带、管带等无不承望风旨，吴下一条，无不允者。于是同志之由吴入营者，各长官皆优礼相待，俱称为"先生"，不以兵卒视之，下操上讲堂，均任各"先生"志愿为之，不相强也。由是秀才当兵，一时成为风气。未几，张之洞调任江督，端方以鄂抚兼鄂督，张彪谨慎小心，营中之活动始不敢公开矣。当时花园山决议，营中同志应力求谨慎，一面又求与会党联络。果然有刘家运以会党关系，求吴介绍入营。一面求加入教会，借资宣传。是时乘辛丑和约之后，兼有辰州教案，清吏畏教会如虎狼。于是曹亚伯识湖南牧师黄吉亭，遂由黄引入耶教。刘静庵身任牧师，组成日知会（《孙文学说》第八章以刘家运组日知会，似系远道传闻之误。刘家运、刘静庵实系两人，家运肥壮，而静庵瘦弱，家运在营不久即去，似以会党嫌疑避清吏之侦查；静庵则宣传种族革命，慷慨激昂，后为湖北臬司梁鼎芬捕去，瘐死狱中）。

是时，自庚子年以至癸卯年，武汉三镇之革命运动已由言论而入于实际行动酝酿中，加以章炳麟等在上海发行《苏报》，邹容出《革命军》一书，章炳麟驳康有为书尤为痛快淋漓，“排满”之声浪全国响应，武汉三镇尤为激烈。端方与梁鼎芬等会商，乃多派留学生出洋，激烈者派往西洋，纯谨者则派往日本。于是周震鳞、黄轸（克强先生，后改名兴，在两湖书院以谨默著称）等派日，本人派德，并以旗人哲筠等监视之。当时夜半下公文，限令次晨谒端督，午后4时上船。我自督署归，乘机往花园山，各同志均不以本人离鄂为然。予曰：“事已至此，岂得由己？然我辈至今群龙无首，如此伟大之种族革命，岂等夷辈所能领导？今派我往西洋，正可以乘机觅孙逸仙，是于此间同人之前途大有裨益。”陈开淦首先赞成，诸同人莫不韪之。于是仓促登舟。比及抵沪，则周震鳞、黄轸等已先行，刘成禺因“湖北学生界”案被撤销留日学费，另由鄂督给银2000两，令其以自费名义往美国。时总理代表陈楚楠在沪，已电总理聘刘为旧金山《大同日报》主笔。两湖、经心被派赴西洋留学之同志贺子才、胡秉柯、魏宸组、史青诸人亦在焉。盖本人派德，贺等派往比国者，均抱同一宗旨，坚请刘觅总理代为致意，并将真行踪通知。

二　欧洲同盟会之成立

甲辰（1904 年）冬月，予在柏林，贺子才在比京，同时接得刘成禺之通知，言总理已至伦敦，住其师慕尔干处，并言其“囊空如洗，将有绝粮之虞，望我辈竭力接济”等语。我当即电汇 1200 马克，且云发薪后续汇。旋得贺子才来电称，已汇去 3000 法郎，并请总理来欧洲大陆，已有复电，将来比京，请即日前来会晤。乃即复电，并起程赴比京。抵车站，则贺、胡诸同志已到站迎迓，且云船将于明日午后 3 点钟到达比国北海港俄斯敦，同人已推定李蕃昌、贺子才及我 3 人前往迎接。届时在海港鹄立以俟，比及船到，则总理飘然至矣。是时天气初寒，总理御披领袖大衣，我辈趋前握手为礼，分乘马车两辆入旅店小憩。旋再登车入比京，则同志 20 余人及四川同学住列日之代表孔庆叡均迎于车站。总理一一与之为礼，即住胡秉柯同志寓。于是相与谈论，总理问我辈主张革命，其进行方法如何。我以更换新军脑筋、开通士子知识为言。总理不以为然，谓秀才不能造反，军队不能革命。我乃将武汉三镇经过之事实详细陈述。总理意甚悦，终以借会党暴动为可靠。我又将唐才常等失败之经过反复申言之，且以会党在长江，自新军成立以后，无有势力，又将经过之事实证之。总理言：“我正在改良会章。”我言：“会党之志在抢掠，若果成功，反为所制。”反复争论三日三夜，结果始定为双方并进。最后予乃正言曰：“革命党者最高之理论，会党无知识分子，岂能作为骨干？先生历次革命所以不成功者，正以知识分子未赞成耳。”总理乃列述史坚如、陆皓东诸人之学问以证之。予曰：“人数甚少，无济于事，必大多数知识分子均能赞成我辈，则事半功倍矣。”总理深以为然。至第三日，总理似有所决定，为言今后将发展革命势力于留学界，留学生之献身革命者，分途做领导人。我辈乃大悦，皆曰：此吾辈倾心于先生之切愿也。是晚同人设盛宴以享总理。香槟酒数巡后，众兴益豪。总理乃言：“革命之方略既定，当各言建国之要。”于是各抒所见。夜深矣，总理起立而言曰：“讨论已三日三夜矣，今晚应作一结束。”众敬听之，则总理提出宣誓事也。诸人又复纷纷持异议，谓：“我辈既真心革命，何用宣誓？”总理反复辩论宣誓之必要，同人难者愈多。我向来发言最多，独于此事则默然。总理见众议不决，乃问我曰：“子英兄，尔意如何？”予曰：“我辈既决心革命，任何皆可牺牲，岂惮一宣誓？”总理喜曰：“然则尔愿意宣誓乎？”予曰：“愿。”总理曰：“即从尔起。”

予曰：“可。”众乃无言。胡质斋以纸笔进，总理援笔直书曰：

立誓人某某当天立誓，驱除鞑虏，恢复中华，建立民国，平均地权，矢信矢忠，有始有卒，有渝此盟，神明殛之。

黄帝纪元四千六百四十二年各月某某誓。

监誓人　孙文

我见之，眙质斋而笑。总理见之曰：“何以笑？”予曰：“康、梁说先生目不识丁，我见誓词简老，知康、梁所言之妄。”总理曰：“我亦读破万卷也。”于是由我起，总理教我宣誓，诸同人亦次第宣誓如仪。是为欧洲同盟会成立之始。次日总理及同人在胡秉柯寓后院由胡摄一影，以为纪念。同人之尚未宣誓者，陆续前来宣誓，当时有30余人，至今尚记忆者有胡秉柯（字质斋）、贺子才（字倍之）、史青

（字丹池）、魏宸组（字注东）、陈宽沆、王治辉、刘荫茀、李蕃昌(字寿卿）、李崇武、程培鑫、李鱼门、李标、杨荫渠、刘庠云、喻毓西、黄大伟、姚业经、孔庆叡。又在列日之七八人已不能记其名。葆经、高鲁、王鸿猷、冯启钧随后加入（此外尚有何人现已不能记忆）。当时各同志闻我等已捐资，争相捐助，又得万余法郎。于是我等纷纷致函东京报告此事，并请各同志于总理到日本时踊跃参加。

总理回伦敦，我回柏林。总理嘱我辈各应努力向学，成为他日建设之人才，奔走革命则将先用留日学生。临行总理问及柏林同学情形，我言："满人太多，不如此间大半皆武昌花园山之老同志，各人心性彼此相信有素者。"总理为首："柏林有一人曾留学美国，今又往柏林，在伦敦时曾彼此通函，尔可觅之。"此人即薛仙舟（广东人）也。薛为江南留学生监督饶智果之翻译，来德江南学生以不满饶，因而不惬意于薛。会饶撤差回国，薛亦应回，乃要求发给船资，即以船资留学，船资若尽，则不堪设想矣，广东人之冒险精神如此。薛尚有一甥女魏增英，即顾孟余之夫人也，此时亦由薛携来。两人之用费正无着落，忽然我去过访，乃径谈晤总理，承总理命来访之意。自此我见同人为言薛之来历及与饶之关系，同人对薛始发生好感。我自回柏林，一切严守秘密，除对薛泄露外，几无一人知比京之事者。是时宾步程方提倡组织留学生会，而我适往比京，宾颇怪之，问我曰："何以往比京？"我说："有要事相商。"宾曰："有何要事？"我说："十一年以后告知你，此刻不谈。"是时比京同盟会组织奉总理命加以扩充，进展甚速，几于全体学生有十分之九加盟。迭函催问柏林进展情形，予以缓进较稳答之。未几，留比学生冯启钧加盟，乃函告留德学生刘家佺。刘以告宾，宾立即访予，进门且笑且骂曰："朱子英，我要打你。"我问何故，宾曰："你往比京所做何事？你说十一年告知我，今不到十日，我已晓得了。"予漫应之曰："晓得了又将如何？"宾乃正色曰："请孙先生来柏林一游。"予曰："难。"宾曰："何难？"予曰："有三件事，做得到则可请，否则不必。"宾曰:"哪三件？"予曰:"第一须担任费用。"宾曰："不难，同人正有钱。""第二须守秘密，不令满人得知。"宾曰："更不难。""第三最重要。"宾曰："为何？"予曰:"须真心参加革命。"宾曰:"谁非真心？"予曰:"须赌咒（宣誓）。"宾曰："你们可以赌咒，我们就不能赌咒吗？你说的三件事都不难，我以留学生会长资格召集同人商之。"予曰："不可。此为秘密结会，如此则留学生会将被封闭，会长将被拘捕矣。"宾曰："在外国。"予曰："满人与使馆闻之则殆矣。"宾曰："你意如何进行？"予曰："只能以私人分途接洽，见其可说乃说之。"于是分途进行，旬日之间，百枚马克纸币雪片飞来，予均汇总理，乃与宾商请总理来柏林之事。先是马得润先我辈三月来柏林，马在自强学堂已学德文，故程度较高，至是已入柏林大学听讲，予知其如佛经所说，"我慢贡高"，必不愿与我等为伍，更不愿居我等之后。予乃以比京曾见总理之事告之。是时马将与张九维同游伦敦，嘱往见总理，函总理请邀马、张加盟，谁知马、张始终反对加盟。是时马、张已回柏林，总理将来柏林，但马、张亦不反对迎总理。于是迎总理于车站者 20 余人，住予寓罗兰多尔福街 39 号。予以总理在比京时间太短，精神上不舒适，乃定上午总理自理信件，午餐后出外游览，晚餐后同人来寓集会，使同人之学业亦不至耽误。居住12日，故讨论特为详尽。逐日所讨论者乃建设之事，予等多无异议。唯薛仙舟对于平均地权反驳甚力，马德润对于五权宪法亦不甚赞成，主张直抄译德国宪法、普鲁士宪法以为模本。我辈均不以马为然，以为德国君主国家之宪法不足道。薛仙舟乃举美国宪法之优点以证之。马益无词。至最后一晚，同人知其将要宣誓，马、张是晚即不至。我辈宣誓毫不发生辩论，盖以比京业经有先例也。次日总理邀我往访马于其寓，适张亦在焉。总理反复请其加盟，至言愿推马为首领，愿服从马革命，马终不赞成。张意似活动，终以从马为是。总理见我始终不发一言，乃问我曰："子英兄，尔意如何？"予曰："革命者牺牲之谓也，牺牲须出于自己，他人谁能代为牺牲？"马面赤，然终不肯加盟，自是遂绝来往。宾步程新迁于安斯巴哈街10号，房甚爽垲，乃邀总理与同人午餐。予以午餐不便，多人聚集餐馆亦不便，乃令仅备果品。各同人欢悦来集，兴高采烈。总理为述少年逸事及革命经过，众益钦服。是晚，总理回巴黎，我辈20余人送上车站。予以恐同人说我包办之故，柏林同盟会公共通讯处以宾寓当之，至我寓则总理住已多日，自然知之。至柏林加盟之人，以过后曾经破裂，一反一复，不足为据，其名表故略之。

总理自回巴黎后，巴黎同学自然以闻比京、柏林两地发生同盟会之故，为之振奋。胡秉柯于是赴巴黎，旬日之间，成立巴黎同盟会，其详情不得而知。只知总理住旅馆，同盟会通讯处在唐豸寓内。当时加盟者有唐豸、汤芗铭、向国华，以外尚有何人，不得而知，据《孙文学说》，加盟者10余人。

三　欧洲同盟会之破裂

前已言之，欧洲同盟会起源于武昌花园山之老同志，大多数集于比京。故比京为同盟会之起点，亦为革命之重心，虽遭任何风波，绝不动摇，因其已有三四年革命运动之历史，非一时高兴投机者。柏林则良莠不齐，巴黎形势更复杂，伦敦竟不能成立同盟会。此当时留学生之真实状况也。唯其如此，是以我主张缓进，运动主秘密。乃总理与比京一再催促，又因宾步程、刘家佺渴望总理一来，并急欲加盟，势不获已，是以勉强成立。犹幸经过良好，未发生任何意外。又总理用费由我辈担任，自然以多人为宜。未几总理来函，称现与法国政府交涉，正在有效期间，旅馆须住头等，前所集之款只敷回东旅费，巴黎用费须同人另筹。宾步程与我召集会议，各同人从前积蓄多已尽数输付，此后须寅支卯粮，然皆忍痛为之。而不稳分子如王相楚、王发科之徒，则动摇矣。王发科者，脑筋冬烘，而却假充志士，然而胆小如鼷，见马德润先来，真是唯马首是瞻。是晚，见马未来，本已怀疑，只因大众均无异言，只得咬牙宣誓，自后知马反对，反而问计于马。马以危词动之，反叛之计决矣。王相楚者为人阴险而多忌，与周泽春同船来德，途中即发生龃龉，适留学生会成立，恐周泽春占上风，乃为匿名帖，说周泽春有革命嫌疑，曾不思自己亦其中之一人。宾步程接得此帖，大恐，急而问计于我。我说："匿名帖不用理会。"宾曰："满人甚多，恐起大风潮。"我曰："如此小风波亦经不住，何以革命？"次日留学生会开例会，宾正拟报告匿名帖事，谁知又有第二匿名帖发现，言前帖乃王相楚所为，因在船中已发生王、周冲突，曾经我辈调解，今皆来德未久，周何以有革命嫌疑，殊不可置信，望同人一笑置之，下署“荆州驻防同学”。王相楚后至，故做惊疑张皇之状曰：“听说本会接有匿名帖呀！”宾曰：“不止一个。”王曰：“还有吗？”宾曰：“你看。”王见之大叫曰：“我哪里会作匿名帖？请查究。”时满人均在座，我乃问曰：“此第二帖下署‘荆州驻防’，各位晓得不？”皆曰：“我们都接到，却都不知何人所作？”我曰：“既不承认，则亦匿名帖也，匿名帖无过问之价值，请会长宣布，以后凡接有匿名帖当即焚之，以杜绝小人之阴谋。”众曰：“善。”王相楚不服，坚请查究。周树廉同学起言：“你要查究，就请你自己查究。查出又将如何，查不出又将如何？”王尚争辩不已，荆州驻防同学满人占魁起言：“我今晨才接到这封信，我当然未作，到这里才知凡我们满人都接有这样信，既是他人寄我们的，当然不是我们自作的。但是这封信中的措辞，就是我们要说的话，王同学不必再争，你要真来说，这信下署‘荆州驻防’，我们荆州驻防就当众承认是我们共同作的，你又将如何？你只能表明你未作，不能再追究。”王益窘，乃曰：“我赌咒，我作了天诛地灭。”我曰：“第一帖是倾周同学的，周倒无词。第二帖是取消第一帖的，一齐焚了了事。”宾曰：“善，大众有异议否？”皆曰：“无异议。”散会后，王发科、王相楚邀我入附近咖啡馆。王发科盛称我此次组成同盟会之功，我说：“我们大众革命思想不自今日起，我有何功？”王相楚说：“当领袖的人，要像曾文正谦恭下士。”我说：“我既未当领袖，谁是士？我又岂非士？我又下谁？曾国藩他是汉贼，我们不必学此汉贼。”王发科说：“此后同学中是非就多了，这怎得了？”我说：“有何不得了，今日之事不就明白解决了。”二王见我无懈可击，知我非言语所能动，遂各归。谁知二王即于是晚偷往巴黎盗盟据出首使馆，作反叛之行为矣。

与二王在咖啡馆别后3日，忽接总理从巴黎来函，述二王盗盟据之事，云：二王并汤、向四人至旅馆，总理推心置腹，引入卧房闲谈。未久，4人坚请总理至咖啡馆，以4人陪去，两人回房。侍者见其同出，不虞其他。此两人遂割总理之皮包，盗去盟据。总理归，见皮包被割，始疑有贼，及检查物品，则只失去盟据及法政府致安南总督一函。总理始悟同志之叛盟，疑我等全体均叛，乃责我等云：“若有悔心，曷不明言？纵欲收回盟据，亦应好说，何须用此卑劣手段？”我接得此信，真如晴天霹雳，立即回信，言二王来法我等不知，盗盟据之事我等更无人同意。一面开会讨论此事，皆激烈慷慨，痛詈二王。唯薛仙舟言，事已如此，唯有从长计议办法。乃公写一信，言盟据虽失，我等执心不变，二王之事，同人无一不痛恨者。如先生准许补签盟据，一律愿补。我一面又电比京告知此事，谁知比京较近，已先得总理函。比京同人知此事，知非函件所能解决，乃公推胡秉柯赴巴黎，则总理不在前旅馆，用种种方法，始觅得真住址。往见总理，总理甚怒，且言：“我早知读书人不能革命，不敌会党。”胡告知比京全体同人得知此事，即公推彼前来，无一人与闻盗盟据之事，并无一人有悔心。正谈论间，我函及柏林同人公函亦至。总理阅之，始霁颜曰：“叛党只此4人，全体未叛。”转欢悦而慰胡曰：“质斋兄，此事真相已明，前言请勿介怀。”胡曰：“我等恐先生不谅，是以来耳。今先生已了解，我等之目的已达，不过应筹此后改进方法耳。”总理曰：“既如此，尔为复各同志如何？”胡曰：“复同志只有柏林一地，又系发生叛盟之地，待我将此纷纠办完结，然后复他们不迟。”总理才说：“盟据失去无碍，既已宣誓，盗据亦何益？”胡曰：“可以重书，他们不都是愿意重书吗？”总理曰：“最不该盗我法政府致安南总督之要函。”正谈说时，侍者言有大清帝国使馆差人送信来，云有函交孙逸仙博士。总理接而拆阅之，则所失法国政府致安南总督之原函也。总理既得此函，乃曰：“函虽得，然此中秘密已泄露矣。”胡知此事使馆尽知，且将原函送还与总理，知亦无甚恶意，乃径赴使馆。则孙使宝琦亲出接见，且正色曰：“你们年轻人只逞血气之勇，不好好念书，学问未成，就作政治之运动，真淘气的孩子！收到你们的盟据否？哈哈！”胡亦故作不知，及问何为盟据，孙使曰：“有你的，你还不知吗？”胡曰：“孙逸仙来此谈论，他说要怎样写我们就怎样写，不知何以令钦差得知之？”孙使曰：“你还不知吗？”胡曰：“从比国才来，还不大清楚。”孙使曰：“你还不知道，大前日柏林来的王发科、王相楚同这里的汤芗铭、向国华等四人，起初要充好汉，排满革命，与孙文定盟约，后来一想不对了，来这里号啕大哭，跪倒不起来，要我救命。我说‘什么事？’才呈上一大包你们的盟据。我骂了一顿，叫他们回去，还你们各人，各自毁灭，你没有收到吗？”胡说：“我才来，还没有会见他们。”孙使说：“哦！你去觅他们，叫他们还你，并叫他们各还各的，好好念书，安分守己，不要再胡闹。”胡退出，寻二王及向国华、汤芗铭。二王及汤、向叹息曰：“想不到我们留学界发生这种是非？”二王曰：“我们到底是学生呢，抑是匪党呢？朱子英他又不考察孙文之来历，就与他交结。”汤、向曰：“革命我们自己革，岂有拥戴三点会、哥老会首领之理？朱同学真荒唐。”胡曰：“不能怪朱子英一人，当时哪一个不是真心赞成的？”于是同时说：“这事做错了，要改这错，只有同心同德地改正。”胡曰：“我想也是这样好。”二王、汤、向乃共述当时窃盟据情形，最后说：“现在盟据已窃来了，孙文手中已无凭据，只要使馆里不知道，已无危险了。”胡曰：“此后使馆就听见说，亦无妨碍。”二王、汤、向同声说：“不过孙文是怨恨我们的。”胡曰：“怎么能向他解释明白才好，不然岂不是得罪了会党的首领吗？”汤、向曰：“这层我们事前实欠考虑。”二王曰：“我们当时只为救全体同学起见，不曾顾及本身之危险。”胡曰：“你们心地本不错，不过手续上欠细密一点。其实孙是江湖好汉，同他好说，不见得他就不退还盟据的。人与人相信全恃此心，心既变了，拿到盟据又有何用？”二王曰：“我们同孙成仇了，只有求胡同学从中转圜。”胡曰：“一个人哪有大力量？”二王、汤、向同声曰：“只有同人全体向他声明，是我们全体的公意。”胡曰：“难。如其中有一人说‘我未同意’，岂不无效？”二王曰：“只有朱子英未必同意，我们可以大多数压迫他。”汤、向曰：“事已至此，只有先取得大多数同学之同意再说。”二王曰：“请胡同学先与孙接洽，探他的口气。”胡曰：“孙已不住从前那旅馆了，你们知他住哪里？”皆曰：“不知。然警察那里可以探听。”胡曰：“现在去无益。”二王、汤、向曰：“我们写一封公函，要各人签字。”胡曰：“他们的盟据呢？”二王、汤、向曰：“我们还他们，比京的就请胡同学带回，柏林的由二王见面时亲交。”胡曰：“现在也只得这样做。”于是汤、向取出盟据，比京者交胡，柏林者交王发科。二王、汤、向曰：“公函呢？”胡曰：“公函非开会不能写。”于是汤、向曰：“诸事请胡同学厚爱关照。”王发科忽然大恐曰：“我家只有老母一人，求质斋念我们经心、两湖三年同学之谊救我！”胡曰：“你是柏林来的，你还是回去向子英说。”胡出，径赴总理处报告详情，并呈比京同人盟据。乃通知柏林，以后须缜密进行，不求会员之草率增加。时柏林方接得二王来函，云：“万丈高恶浪，幸已平息，即日回德面详。”时正在我寓开会讨论应付，而二王已至。大众正决议以和平手段赚出盟据，免生是非。王发科入门即斥我曰：“朱子英，你造这场祸不小，害人不浅。”我厉色曰：“瞎说！我自从孙逸仙革命，不关你王发科事。你们要求请孙到柏林来了，你们自愿加盟的，何以是我造的？我害了何人？”王气挫。薛仙舟曰：“此事不能归过于一人，大众做错了，大众改正。”王相楚曰：“是，同学应和衷共济。”于是述窃盟据之事，结语是为大众冒此险。我微笑。王相楚曰：“朱兄莫笑。”我说：“你们偷到江湖豪杰领袖的身边去了，不过你们小心一点。”王发科大骇，几于面无人色，说：“唉呀！这……这事怎样了？”薛仙舟笑曰：“还是大家担任的好。”王相楚曰：“我们本是为大家，所以我们不止取出我们个人的盟据。”仙舟曰：“请你们交还各人的盟据，大家写一公函，说是出于公意。”二王乃大喜曰：“好。”我独反对，曰：“孙逸仙他自革命，我去寻他的，你们晓得了，又要我请他来；他来了，你们这样反复，我不会反复的。”仙舟劝我为大众，我尚未发言，仙舟顾王曰：“请将盟据先还各人，然后计议。”王发科探怀将取而又迟疑。我说：“你拿着，你拿到使馆去出首去。”薛曰：“这就不对，不是为大众了。”王乃交薛检交各人，乃共议公函，每人写一句，写毕问王知孙住何处。二王均不知，乃再交我而散。次日同人再开会，以盟据在总理皮包中不妥，俟将来在东京或香港成立机关后再重写，写毕即投邮，免生枝节，并议决此后进行，力避形迹，全在精神上之契合。正开会间，接得胡之详报，始悉二王、汤、向在法使馆业经出首，并孙使宝琦因以为利之事。孙宝琦从此结交庆王，官运大通，一帆风顺，俱源于此。盖孙运用心计，既不得罪孙逸仙，又不得罪学生，兼不开罪于法国政府，既得悉法政府致安南总督之函，只将其内容密电清廷，原函仍还总理，又电请庆王饬广西巡抚戒备，该抚时为庆王义子林绍年，故庆王感孙好意，而有联姻之事。孙既办妥，以驻法使荫昌系满人，恐其揭破，乃于风潮已息之后，为法俄之游，大约已受庆邸密旨，公开揭穿此事，并在法、德两国留学生会馆演讲，训饬学生勿为他的家门孙文革命之邪说所惑。盖五大臣考察宪政将来，端方、鸿慈业经首途，不能不先清场面也。

四　欧洲同盟会之黯淡及其潜滋

欧洲同盟会自破裂后，外表极其黯淡。比京虽未破，然亦停止发展。柏林自破裂后，只有我与宾步程、刘家佺、薛仙舟、周泽春、钱祖元尚仍热心。薛又以船资作学费亦将用尽，尚待同人资助，亦感困难。我与宾步程无形中分成一明一暗。一切场面应酬之事，宾以留学生会会长之资格，不得不为之，我则一概避免。孙使过柏林，我先以出游北海及丹麦避之，免与孙使作言语冲突。自后王宠惠自美来德，薛仙舟与王交甚笃，为介绍于同人。我正以总理寄来英文一册，题为“中国问题之解决”，我等除薛仙舟外无通英文者，我正请人译成德文，随接第二次邮寄，后面附以汉文，是为中国革命首领孙逸仙博士对国际第一次之宣言。我正与仙舟等击节称赞，旋知为王博士之手笔，盖总理授意博士撰成文也。柏林得王博士一来，精神上为之一振，盖王在美国考得博士学位，外人亦钦佩，我辈当然羡慕。二王、汤、向出首之事，此时亦经孙使披露，几不齿于人类。马德润此刻力白王之所为彼未与知。王博士来柏林，乃示以真正学者之态度，终日孜孜为学不辍，同人化之，始知埋头用功。旋各入营校，皆离柏林，会务遂无形消沉，只存我个人住址为通讯处矣。时五大臣出京，砉然一声，吴樾之炸弹响矣。各方面均疑革命空气已经浓厚，五大臣之首，为礼部尚书戴鸿慈，其实权操之两江总督南洋大臣端方。端以所派留学生既多，其中满人不少，出洋一切可仗学生。王博士宠惠虽声誉极隆，端以其为粤人，疑与革命有关，且非彼所派之学生，不欲重用。王亦以清廷立宪，实属虚伪，不愿与闻。唯戴鸿慈系粤人，其随员为龙建章，龙与薛仙舟有旧，先期函知薛请其调查。我此时以端督所派不能不理，乃亦以请施行兵役改革军制一策上之。端乃传见嘉勉。马德润、善明、宾步程等日侍左右，为之奔走。我则远之。仙舟为戴所调查之件上之戴，戴给以 500 马克，薛辞不受。时端、戴将归，戴已赴丹麦，龙尚在柏林。我急函戴，言薛颂本美国留学生，程度在我等之上，只因学费无着归，屈充江南留学生饶监督之翻译，饶撤归，乃以船费留学，三月前业经用尽，全由同学资助，今同人学业日进，用费日广，资助为难，此次钦宪来欧，曾托以调查，闻赐给 500 马克，薛当然不受。薛生此时已处绝境，唯思两广岑督甚贤，请钦宪电请岑督，依湖北江南之例，补薛粤省官费，并自前三月补起，以清薛生积欠。戴允之，并立电粤督。未一周，而仙舟之粤官费照补，并自前三月起。仙舟之学费如此圆满解决，同人益服我等之侠义，精神上受感动不小。荫昌虽知我革命排满，从无怨恨之意，感情益厚，数十年如一日。未几我亦入营入校，柏林遂空。

巴黎在过去革命空气极其淡薄，旋以比京同人分两派，学路矿者留比国，学法政经济者多往巴黎。于是胡秉柯、魏宸组等均往，留比京者史青、贺子才、李蕃昌、黄大伟诸人。比京虽仍为大部分，然其首干则已往巴黎矣。于是留法农科毕业之学生李煜加盟，未几张静江加盟，石瑛、曹亚伯、吴敬恒自英来巴黎加盟。自张静江加盟后，巴黎之革命团体为之一变，盖从前纯为学生，此刻则兼营商业。1907 年阳历年节，我赴巴黎，则见有开元茶馆之设，兼售中国美术品。李煜有印字处之设，专出画报，又组织豆腐公司。吴敬恒亦来，筹出新世纪周刊。时总理需款甚急，静江至出卖茶馆、停止营业以济之，前后若干万，不复如寒酸学生之仅能接济旅费矣。当 1907 年、1908 年巴黎之革命空气可称盛极一时，未几又复衰颓。因李煜为无政府党所引诱，以浪漫派普鲁东、巴枯宁为神圣，尊崇其说。吴敬恒本不通欧洲文学，亦盲从之，对于革命转趋冷淡，所出《新世纪》反刺孙文、黄兴（至今尚有藏《新世纪》全套者可复按也）。于是同人莫不短气，豆腐公司亦只成为商业，无革命之意义。1910 年，胡质斋回国后，再回巴黎经过柏林时，我正肄业柏林兵工大学，相与长叹。尔时《民报》已出版，先生之三民主义第一次有成文之理论，真革命同志莫不击节赞赏，而浪漫派却不理会。有薛汝甲者于民国 2 年（1913 年）袁世凯、孙宝琦当权之时，尚以无政府主义借口反对孙文、黄兴之成绩，求见用于袁世凯，以孙宝琦不敢推荐而止。无政府主义者之伎俩如此。后张继至欧洲，东京革命之精神反映于法、比与瑞士，无政府主义者之势力稍挫。柏林自我回后，入步兵学校、炮兵学校、兵工大学之江南同学亦渐接近，种族之义渐明。又马君武自东京来，钮惕生自广西来，蔡元培亦自东京、巴黎来，同盟会会员渐集，虽无正式之机关，而精神上实由沉毅之气概以赴革命之目的。且吴禄贞来德观操，亦增同人之志趣，兼通国内之声气。是时镇南关之役、河口之役、黄花岗之役，革命空气已弥漫全国。安庆有徐锡麟枪杀恩铭，广州有炸毙孚琦、炸毙凤山之案，清廷之气势亦挫，而无政府主义者尚懵然罔觉。迨武汉起义，各省响应，吴敬恒始偕石瑛过柏林，并邀蔡元培同回国，骂孙文、黄兴之文始绝笔矣。是时宾步程已归国，柏林留学生会馆为顾兆熊（顾孟余）、蒋方震（蒋百里）、李倪、陈介等所据。顾最不求学，未入学校门，恰似吴敬恒之在英国，唯顾更鄙，终日只以击盘球为生活。蒋方震曾在日本士官毕业，遂傲然自以为是，不曾入营校。李倪、陈介尚知求学，皆反对孙、黄，尤其是反对同盟会，至是知清廷之将倾，亦开会讨论矣。正开会之际，石瑛、吴敬恒、蔡元培归国，乃开迎送会，革命之理论至是始统一，可称暂时之意志集中矣。然顾、李等以留学会与使署参赞、清驻俄公使胡维德之弟胡维贤，随员、清两江总督张人骏之子张季才密相勾结，把持学费，阻止同盟会会员回国，尤忌我归。于是使署不发我回国船费，且公然以回国参加革命非其所许。我乃拔刀欲杀胡维贤。公使梁诚闻之，乃召见我，极力慰勉，如数发给。卒为顾、李等与张季才骗扣我一个月学费。我以登船在即，不暇计较，舍之而归。梁诚知清廷将亡，弃职回粤。我自武汉起义，本拟即归，只因在兵工大学已届毕业，只差两个月，该校学生于兵工厂商前大有声誉，自革命爆发，纷纷来探我之意旨，我为揭示革命之前途，于是皆倾向民军，礼和洋行与捷成洋行均有清廷所定军火，皆来问交否。我一面阻止交清廷，一面请交民军，因此耽误。总理过巴黎，亦未赶到同船。事为张静江所知，派豆腐公司跑街褚民谊前来帮助。来德后，知无能为力，即归。旋静江自来，兼假道柏林归国，来我寓商谈。我曰："此事完结，只在今明两日。礼和洋行已停香港不交，捷成军火在上海，正拟交民军，只得回电耳。"次日捷成主人狄德克森来，示以电报。张尚在寓，我告张曰："完矣，我亦将归国也。"次日乘火车赴意大利，自金诺洼上船。此回南京，则王宠惠任外交总长，蔡元培任教育总长，魏宸组任外交次长，王鸿猷任财政次长，马君武任工商次长，钮永建任参谋次长，黄大伟、喻毓西、陈宽沆任大总统参军，窃盟据之汤芗铭亦任海军次长。我后至，以黄克强先生之特知，任参谋部第二局局长。胡秉柯、李蕃昌绕道黑龙江之故，最后至，任总统府秘书。欧洲同盟会完全结束。窃盟据之造意犯王相楚，时充浦口第二师师长高佐国之参谋，有同志电大总统请究治，总统不允寻仇。后汤谄事袁世凯，获得湖南都督，于其任内多杀革命同志，王、汤始终密切结合。无政府主义者至南京，亦向大总统陈说，允以崇明岛为试验区，令先试行，彼等不敢去而止。

（选自全国政协文史资料研究委员会编《辛亥革命回忆录》第6集，中国文史出版社2012年6月第2版）

晚晴园与中国革命史略

陈楚楠*

主席，列位同志，列位来宾：这一次晚晴园重修，落成开幕，兄弟蒙各位同志推举来报告晚晴园和我国革命的关系的历史，非常的荣幸。可是当时事状纷拏，千头万绪，并且离现在已经30多年了，兄弟虽身亲其事，但记忆力终属有限，当时各种文件记录，又因年代湮久，迁徙散失，现在只凭记忆来追述30多年前的事，欲求详尽，实在是不可能的事，举一漏百，须请各位原谅。在座中或者当年尝身参加其事的，对兄弟所说，不详不尽处，亦请指正。

我们常说，尽信书则不如无书，因书籍的记载，常常以讹传讹，甚至作者每因感情用事，或迫于情势，遂故弄玄虚，或颠倒是非，

* 陈楚楠：时任南洋华侨联合会副会长，后任福建省实业厅厅长。

后来读者，未明当时的真情实事，误以为真，流弊之甚，实在不堪言也。所以我们读书，常常要下一番考证的工夫，来辨别书里面所载是否真确可信，才不致常蒙在鼓里。晚晴园的事，离现在虽只短短的 30 多年，可是海内外的报章杂志和那些私人的著作只凭耳食之言，不加考据，贸然发表，所以弄到言人人殊，读者不知道哪一方面的话才可以相信。兄弟是始终参加其事的，今日有这个机会，来追述当时的事实，不掠美，不隐善，照事直说，虽不能详尽，但事事是实，这是兄弟可向各位保证的。

在未说到正题之前，兄弟尚须声明的，就是今天所说，乃是民国成立以前晚晴园和我国革命的关系。民国成立以后，人事变迁，其人其事，虽和从前的行动大相径庭，可是彼一时，此一时，历史是不厌求详的，我们追述往事，只可忠忠实实地把当时的事来说，不能因现在的恶，遂把往时的善完全隐没，想各位必能同意。

兄弟既把今日追述晚晴园和我国革命关系的历史态度说明，现在便可文归正传，来向各位细说当时革命运动的经过了。大凡一件事，总有他的因果，孙总理当时怎样会来到新加坡组织同盟会，同盟会会所又怎样会最先设于晚晴园，要说明这一件事，须先说兄弟和最先几位同志，从哪里得到革命的思想，有什么革命行动，然后才能引起孙总理的注意，他亲身不远万里到新加坡，来指导我们起来做较有组织、较有效率的工作。

大家都知道，明末清初，我们汉人耻于事仇，一班明室的遗臣义士，相率亡命来南洋，组织秘密社会，播撒反清复明的种子。可惜年代已久，后代子孙，数典忘祖，多不能继续进行先贤的遗志。那些秘密社会竟多变为互相残杀的私会。反清复明的思想，在兄弟年纪尚幼的时期，只偶于父老茶余酒后陈述故事的时候得闻其说。兄弟和张永福同志本属近邻，竹马之交，长大就成为知己。我们后来得和邱菽园先生做朋友，并由他介绍，得阅《清议报》《新民丛报》《开智录》等书报，得了些现代的新知识。后来读了上海的《苏报》和邹容先烈的《革命军》，民族的观念逐渐深入脑海，革命的思想就油然而生了。癸卯年（民国纪元前 9 年）上海《苏报》案起，邹容、章太炎被捕下狱，行将由上海公共租界引渡到清廷去治罪。兄弟等既心仰章、邹的文章道德，又以他们是我们革命党的先知先觉断不能坐视不救，当时兄弟就请张永福同志和小桃源俱乐部的几位朋友，联合拍一张电报给英国驻沪领事，请他援保护国事犯的条例，勿把章、邹引渡。这一张电报效力颇不小，邹容先烈虽不幸瘐死狱中，但章太炎后来竟能出狱，再做革命的工作。说到小桃源俱乐部，有许多人说是兄弟和张永福同志组织的，未免不符事实，实在呢，这个俱乐部是家先兄陈连亩先生他们组织的，设在此间附近峇和斯打律，不过兄弟和张永福同志亦常常到那里消遣聚谈罢了。当时兄弟还不到 20 岁呢。

我们发电营救邹、章后，又到处宣传民族革命。大家知道，当时新加坡的华侨是非常闭塞的，听到“革命”两个字便以为是叛逆不道，无父无君，对我们亦视为叛徒，他们虽然无能奈何我们，但对我们不能表同情，自然不问可知了。我们因此觉得欲成大事，非先唤醒民众不可。兄弟就和张永福同志两个人各出一些资本，来组织一家《图南日报》。这时候我们已认识尤列同志，遂由尤列同志函聘香港郑贯一君来主持笔政，郑君因正在筹办《广东报》不能够来，所以就改聘《中国报》记者陈诗仲君，并聘黄伯辉、康荫田等君为编辑。《图南日报》由癸卯年（民国纪元前 9 年）秋末开始筹办，到了甲辰年（民国纪元前 8 年）春才出版。《发刊词》就请尤列同志执笔。初时每日印 1000 余份，可是订阅的不过 30 多份，余概暗中免费赠阅。兄弟为什么说要暗中呢？因为当时革命既为一般华侨目为无父无君，明送不但要遭人拒绝，而且欲遭人毒骂，所以只得静悄悄地把报纸塞到各商店里，希望我们的呼声可以震动一般聋聩。诸位试想一想，当时革命运动既须出钱出力，又须遭人辱骂，这种情形苦不苦呢！但天下的大事业，都是从困苦中钻出来的。《图南日报》出版后不出一年，侨众就逐渐醒悟，报纸遂销到 2000 多份，表同情我们的，亦日渐多了。这种收获，真是出我们意料之外，当时的快慰，现在回想起来尚觉得津津有味呢！在办《图南日报》时，我们又把《革命军》翻印数千本，易名为《图存篇》，后来该书又在日本东京翻印，改名《革命先锋》。我们印《图存篇》后，就请福建老革命党黄乃裳同志携往闽南一带分散，又由林义顺同志携往潮、梅一带分散，这就是我们向国内工作的开始。

现在兄弟可以说到我们和孙总理发生关系的经过了。《图南日报》出版后，便和各处的革命机关报交换。孙总理那个时候在美洲，看见了《图南日报》鼓吹革命，他从前到过新加坡几次，并未听到此间有革命同志，那时看见此间有人从事革命工作，真是喜出望外，随即寄信给尤列同志，询问办报的是什么人，并希望能和我们合作。乙巳年（民国纪元前 7 年）六月，总理由欧洲欲经过新加坡到日本去。他到了科伦布，先打一封电报给尤列同志，预约我们到船上相见。及船在此间停泊，兄弟便和张永福、林义顺两同志，由尤列同志介绍，登船晋谒，并请总理登陆，共商国是。总理以当地政府限他 5 年内不得入境，不能登岸，应当等到他到东京组织同盟会后，才再来此间久住，共同工作。当我们会见总理时，他紧握兄弟的手，细问此间工作情形，兄弟便一一报告，说到兄弟和张永福同志两个人合资创办《图南日报》的种种困苦，总理连说："不要紧，不要紧，革命党总要苦斗，将来自然有好结果。"他又告诉我们欧美和日本各处的留学生大多数已经参加革命工作，革命的声势已日益膨胀，不久便可大举来推倒清廷，建立民国了。他一种亲切和蔼的态度，现在回想起来，还历历在目呢！最后我们向当局请求，终得许总理上岸一游，并到小桃源俱乐部便饭。后我们再送总理上船，他继续东渡。这便是我们和总理第一次会面。

上面说，总理因此间政府限他 5 年内不得入境，这件事和南洋华侨革命运动极有关系，所以兄弟须在此处带说几句。当己亥年（民国纪元前 13 年）总理的兴中会在惠州三兜竹运动起义，一时筹不到巨款，很焦迫。那时有一位日本同志宫崎寅藏以为和康有为交情极厚，知道康有为在新加坡得到当时的大资本家邱菽园的招待，邱先生答应以百数十万元，预备帮助唐才常在武汉起义，所以劝总理同他一道来新加坡，同康有为接洽，大家合作。总理一生是抱大公无私的态度，听到康有为可以合作，共同为国，当然赞成，就请宫崎先到新加坡。宫崎到新加坡后即往见康有为，说明来意。大家都知道康有为是主张忠君爱国的，和革命党反清复汉的主张是立于反对的地位，听到总理要来新加坡接洽筹款革命，以为对他大为不利，他就一面虚与宫崎敷衍，一面暗报此间政府，诬陷宫崎是清太后派来行刺他。此间政府当局一时不察，误以为真，竟把宫崎拘禁。总理闻讯，特由西贡赶来新加坡设法营救。不料康有为亦请此间政府把总理拘留。后来总理力辩其伪，并得林文庆博士代向当局说项，总理才得无事出境，但五年内不许再入境，宫崎则永远出境，这是庚子年（民国纪元前12年6月）的事。那时候林文庆博士并不是党员，不过和总理尝在伦敦相识，看见总理被人构陷，就路见不平，拔刀相助，古道照人，这亦是值得追述的。

我们会见总理以后，对于革命更有决心，一方面努力宣传，一方面找同志。可是兄弟和张永福同志两个人当时还没有什么钱，经济力量极其薄弱，《图南日报》出版不到两年，已用去了3万多元，把我们弄得筋疲力乏，无法可以再维持，只得停版。幸得在这个时候，我们已寻到沈联芳、许子麟几个新同志，所以另整旗鼓，再组织一家《南洋总汇报》，并不是现在的《总汇报》，继续作我们的宣传机关。可是不幸得很，我们因自己经济力已经薄弱，就招几个并非同志的商家陈某等来合作，结果呢，《南洋总汇报》出版后，那位陈某竟不主张鼓吹革命，从中作梗，以致引起内部的分裂。后来无法，我们要把报馆完全收买，他们又不肯，只得抽阄，结果又被他们抽中了。他们又招到保皇党朱某加入去合作，《南洋总汇报》遂变成了纯粹保皇党的宣传机关，专和我们革命党作对了。列位同志，古人说得好，道不同不相为谋，我们当时误与非同志合作，结果反授人以柄，来攻击我们，真是自作自受。愿各位同志对于这一点格外注意。大家要认清楚，凡是宗旨不同的人，切不可勉强引来合作。如果勉强引来合作，不幸误引狼入室，那么为害真是不少呵！

现在兄弟就来说我们当时在这个晚晴园组织同盟会的经过吧。上面兄弟已经告诉列位，当我们第一次会见总理的时候，他告诉我们，等这里五年出境限满后，他即可再来新加坡。总理到东京后和黄兴、冯自由等组织中国同盟会，乙巳年（民国纪元前7年）年底便由东京到西贡，又由西贡到新加坡来。那时候，我们的同志已经增加；事前接到总理来信，知道他什么时候可以到新加坡，便先和张永福同志商量，借他的晚晴园来招待总理，并言明一切费用由两个人均分。列位同志，不要误会这是我们太过鄙俚，太过小气，其实人家要合作一件事，事前能够爽爽直直地说明各人应负的责任，进行的时候，各人便做各人应做的事，分工合作，才不致彼此推诿，以致误事。所以总理到新加坡所有一切开销，总是张永福同志和兄弟两个人二一添作五地分担，并无间言。可是张永福同志对于晚晴园并无收一文的屋租合并声明，以免掩人的好处。当时我们为什么要择这个晚晴园来招待总理呢？第一固然是因为它是张永福同志昆仲的物产。第二是因为这座屋子在那个时候算是很不错的，现在虽已重修，外观虽然比从前并无两样，但先时这里的地板是用大理石铺的，那种富丽，实在不可多得。最重要的，就是这里的地方很肃静，离市区颇远，我们在这里聚会，才不会惹人们的注意，引起误会。

当我们知道总理所乘的船已到了新加坡，便约了几位同志到码头上迎接，一直接到晚晴园来居。见面时当然彼此报告别后的情形，总理告诉我们驻东京的同志已经成立同盟会，所以他到这里过了三四天，这里的同盟会亦就成立了。

现在兄弟应该补述一件事。当总理前一次经过新加坡的时候，尝吩咐兄弟替他找一位同志，能够说各种方言并能熟识各方面的情形的，预备他再来新加坡时，可以帮他到各处去工作。兄弟受了这个委托，便东找西找，后来就找到了李竹痴同志。李同志尝在仰光、槟榔屿两个地方做生意，对南洋的情形非常熟识，对各种方言又都说得来，所以兄弟就设法把他请来新加坡。南洋同盟会第一次在这个晚晴园加盟的就是张永福、李竹痴和兄弟3个人呢。我们加盟后，又有林义顺、李晓生、谢心准、许子麟、李幼樵、刘金声、林镜秋、邓子瑜、黄耀庭等相继加盟入会。总理教我们和同志握手的符号和见面时会话的秘语，由大家举兄弟做正会长，张永福同志做副会长，并举各职员，南洋同盟会的基础便从此定好了。

总理既和我们组织同盟会后，又因西贡有事，仅在新加坡住了几天，便搭船到西贡去。后又到了日本。风尘仆仆，真是席不暇暖。到了丙午年（民国纪元前7年），总理才同胡汉民同志再由日本来新加坡，仍住在晚晴园。这个时候，同志的人数已经增加了不少，热闹非常，门外又有警察守卫，情形是极其严肃的。当时总理便命胡汉民同志起草会章，我们便继续招同志，这里的福建同志如陈祯祥、丘得松、丘国瓦、陈先进、陈延谦、肖百川、郑聘廷、王金炼、陈武烈、郑古悦、李肇基、陈子麦、黄甘松、吴海涂、留鸿石、魏胥同、周献瑞等，潮州同志如沈联芳、潘兆鹏、许雪秋、林受之、吕子英、许伯轩、吴悟叟、郭渊谷、陈信藩、张仁南、赵钓溪等，广府同志如黄康衢、吴逸停、何德如、周之贞、何心田、李陵溪、李声余、李镜仁、梁允祺、苏彬廷等，客籍同志如陈梦桃、陈竞俦、叶耀庭、陈翼扶、李玉阶、何仲英等，琼州同志如符养华、符益华、陈毓卿等，便在这个时候先后相继入党。后来总理便同李竹痴、林义顺并兄弟到了吉隆坡和槟榔屿去设立分会；吉隆坡方面，当时最先加盟的，有陈占梅、王清江、陆秋杰、陆秋泰、阮英舫、阮卿云、阮德三、邱怡领、彭镜波、刘襟等，公举王清江为会长；槟榔屿方面，最先加盟的有吴世荣、黄金庆、陈新政、邱明昶、辜立亭、林紫盛、徐洋溢、林福全、丘文绍、薛木本等，公举吴世荣为会长。吴世荣同志，本是槟榔屿的殷实商家，后来因革命，把几十万的家产都革完了。吉隆坡的阮英舫同志当时年已 70 余岁，一听了总理说明革命的道理，便欣然率他的二位令郎阮卿云、阮德三加盟。吴同志为国倾家，阮同志老当益壮，并且父子结盟，这都是本党中极可贵极光荣的历史，所以兄弟特别提出来告诉各位同志。不久汪精卫同志亦来了，他同吴应培、陈梦桃、邓子瑜同志到荷属仰光及马来亚各处去创设分会。怡保本是保皇党的大本营，同本党是死对头的，但经过同志们的极力开导，才把怡保的人说服了，所以怡保亦就成立了分会，最初加盟的有区慎刚、李源水、李孝章、汤伯令、郑螺生等。后来芙蓉黄心持、谭容、蔡识三、朱赤霓、李俊承等，瓜捞比拉邓泽如等，麻坡汤寿山、刘静山等，马六甲沈鸿伯、李月池等，关丹陆秋露等、太平陆文辉等亦先后加盟，努力鼓吹革命。此后本党在南洋的势力好像雨后春笋蓬蓬勃勃地生长起来。国内每次起义，南洋的同志出钱或出力，几乎无一次不参加的；就是现在祖国的抗敌，南洋的华侨，能够热热烈烈解囊捐输，以纾国难，我们若追源溯流，那么现在爱国救国的运动，可说是从前我们优良传统的积极表现了。

兄弟追述从前的事，一直就说到现在，未免将从前许多重要史实轻轻地漏过，所以现在仍须回到本题，把从前史实，择其最重要的同列位说一说。总理和我们在南洋组织同盟会的经过，上面已经略约地说了，可是我们并不只是组织同盟会，并不只是在海外宣传，其实我们还到国内去发动革命。第一次便是黄冈起义。兄弟在上面已经说，我们翻印了《革命军》，改名为《图存篇》，并请黄乃裳、林义顺两同志带到闽南，潮、梅州各处去分发，我们的种子并没有空撒，结果竟在国内滋长起来。丙午年（民国纪元前6年），黄乃裳、许雪秋、陈芸生、肖竹漪诸同志先后来新加坡，在晚晴园见总理，报告闽、潮两地革命运动的成绩，并计划在闽粤交界的黄冈起义。这个计划总理接受了，就交下秘密电码暗约并军事策略，总理又电嘱在东京留学的同志方南岗、方瑞麟、乔义生等和一位日本义士萱野长知前往帮忙。我们就负责筹款，当时除张永福同志和兄弟有一点钱外，其余的几十位同志只够说是小康而已，但我们竟能筹到3万多元去充起义的费用。黄冈革命便在丁未年（民国纪元前5年）轰轰烈烈地发动了，后来失败，许多同志逃难到新加坡来，我们又设法去安置他们。以后丁未汕尾之役、镇南关之役、戊申河口之役，事前都是在这晚晴园计划的。河口之役失败后，几百个同志亡命来新加坡，亦由我们招待。这些事要详详细细地说，恐怕几天几夜也说不完，所以兄弟只得举其大纲而已，详情冯自由同志在他的《中华民国开国前革命史》和张永福同志在他的《南洋与创立民国》里面已有详细叙述，兄弟不必再说了。

不过兄弟在这里须报告一件事。当丁未年总理从安南再到新加坡，因为要便于常常接见各同志，便住在东陵乌节律，这屋子是当时各同志租的。隔壁住着一位中国驻新加坡副领事，名叫杨圻，就是后来在吴佩孚手下当幕府的杨云史，兄弟和张永福同志尝跟他的同事季副领事学习国语，因此亦和杨先生认识。当总理到新加坡不久，广东督抚张人骏竟密派人来行刺总理，那个刺客就住在杨先生的家里，乘便行事。杨先生那个时候因知道清祚将终，革命是不能免的，他又和田桐同志相识，便一面暗中通知总理，一方面对那位刺客晓以大义，说以利害，那刺客竟被他说服了，放弃他的行刺计划，到别处去了，总理遂得安然无事。杨先生亦就由田桐同志引去暗会总理。这件事在一般人总要说吉人天相，其实事有顺乎天理，应乎人情，适乎世界之潮流，合乎人群之需要，凡有知识的人总是表同情的。所以杨先生虽然做了清廷的官吏，知总理的安危，便是中国的安危，一时激于良知，冒险来帮助革命党。可是由此，我们亦可以知道当时总理到处都是危险的。兄弟前面说，《图南日报》因亏耗过多以致停版。我们组织《南洋总汇报》又因分子不纯粹以致喧宾夺主，后来变成了保皇党报，专门来攻击我们革命党。列位，以为我们对于这反宣传竟能忍受么？不，我们自总理来后，更加知道宣传的重要，总理遗嘱里说："余致力国民革命，凡四十年，其目的在求中国之自由平等，深知欲达到此目的，必须唤起民众及联合世界上以平等待我之民族，共同奋斗。"这些话，不但是总理临终的遗嘱，当他正在努力革命的时候，亦是常常对我们说的。所以总理到新加坡后，我们又再鼓起勇气，在丁未年（民国纪元前5年）再组织一家《中兴日报》。组织《中兴日报》的时候，因同志人数多了，又有许多有学识能够写文章的同志来负责撰述编辑，所以成绩非常之好。本党知名的学者如田桐、居正、胡汉民、林时爽诸人都尝为《中兴日报》作文章，总理亦常常亲自撰文在报上发表。《中兴日报》出版未久，便和《南洋总汇报》的保皇党笔战。保皇党是主张君主立宪。我们是主张革命，主张推翻清廷，创立民国。那个时候，笔枪墨炮，此来彼往，杀声四起，把南洋昏聩的同胞从梦中惊醒起来，不论反对革命的或赞成革命的多欲要争读《中兴日报》。后来东京《民报》诸记者又联翩到新加坡，一齐加入战线，把保皇党攻击得体无完肤，人心大快。我们呢，看了自己所下的种子竟能长成，又收到了许多果实，心里的快乐自然比彼人多呢！可是到了庚戌年（民国纪元前2年），《中兴日报》因经济缺乏，兄弟和张永福同志那时候亦已经济拮据，遂无法再继续维持，只好停版。后来有周之贞、谢心准同志继起来办一家《星洲晨报》，可是未到一年又停版。到了辛亥年，有广府同志卢耀堂等起来组织《南侨日报》，由黄吉辰同志担任经理。不久，民国便成立了。我们对于宣传，除组织报馆外，还设有几家阅报社，如星洲阅报社、开明演说阅报社、同德书报社，由各同志分头用喉舌去向民众演说，收效亦不少。

兄弟说了许多话，还只能说到当时大概的事实，但上面所说的，大约已经可以表明晚晴园和创立中华民国的关系，并当时我们筚路蓝缕的状况了。总说一句：我们当时为什么要起来革命，简单地说，是因为我们不愿意中国亡国。现在我们的祖国是怎样地危险呢？在当时的同志死的已经死了，存在的又多已经衰老，现在壮年的同志和民众愿意亡国么？大家一定说不。既然不愿意，便须及时起来救国呵！

说到晚晴园，它的自身亦有一段哀艳的历史：这座屋子本是当时一位富家公子的藏娇金屋，现在门口的灰柱还有一块石牌，上面的英文是 Bin Chin House，明珍就是那位美人的名。后来张永福同志把这屋子买来了，就改名为晚晴园，盖取“人间爱晚晴”之诗意，且与 Bin Chin 两字谐音，以存史迹。当我们在这里组织同盟会的时候，从前的主人遗下许多家具盘碗，还印有那位明珍姑娘的小影，这些家具和盘碗据说是那位公子特向欧美定制的，可见那时的宠爱了。英雄自古固然不世出，佳人亦难再得，兄弟故在此再说几句。

晚晴园到现在又已经换了好几拨主人，人世沧桑，实在前事不堪回首。前年吉隆坡陈占梅同志到新加坡和兄弟商量，要设法买回来重修。后来新加坡李俊承、陈延谦、李光前、周献瑞、李振殿、杨吉兆渚同志竟慨然集款，把它赎回来。这种不忘从前的人的功绩和爱惜革命的遗迹，是极堪钦佩的！兄弟和从前的同志，应该向几位同志深深地多谢。

（选自丘权政、杜春和选编《辛亥革命史料选辑》，湖南人民出版社 1983 年 11 月第 1 版）

同盟会在四川的活动

黄遂生*

同盟会成都分会成立于清光绪丙午年（1906 年）春天。其时，东京同盟会总部派邓家彦（号孟硕，广西人，留日法政毕业。时任成都法政学堂教员）到川建立组织。因他来自外省，与川人接触甚少，故未能发展党员，遂辞职他去。是年冬天，总部改任黄树中（号理君，隆昌县人，时任华阳中学堂教员。后因谋炸北京摄政王事入狱，改号复生，终身以字行）为成都分会会长。同时，荣县谢奉琦（号玮灏）奉总部令来四川从事宣传工作，并帮助成渝两分会的组织工作。当时，担任军队分会长的是龙绍伯（号灼三，荣昌县人，武备学堂毕业。时任陆军第三十二混成协的督队官）。一时，武备学堂毕业

---

* 黄遂生：曾任四川制革厂厂长，川军第三师政治部主任。新中国成立后，任上海市文史研究馆馆员。

生以及陆军速成学堂的下级军官和弁目队的弁目，大半都参加了同盟会。学界中人士经黄、谢二人的联系，陆续参加的也不下数百人。

我那时在富顺中学校教书，是成都第一批写盟书者之一。接着，我介绍了谢振新（号愚守，富顺县人，丁未革命失败逃亡，后改名谢持，号慧生）、袁奉倩（富顺人）、袁奉樵（富顺人）、李俊侠（成都人）、杨韵松（乐山人）等入会。丙午年学校寒假，黄树中赴泸县试验甘油炸药，面部和手部被炸伤，不便回校，同盟会成都分会的事务由黄以私人委托林宾谷（资中人）代理。林的态度暧昧，对党事不肯负责，同志们只得各自活动。

丁未年（1907 年）三月，谢奉琦到成都，召集军学两界部分同志开了几次会，并介绍了黎靖瀛（荣县人）来参加工作。张治群（号辑五，彭山人）、黄方（号鹿生，永宁人）、杨维（号莘友，永宁人）等陆续从东京回来，共同计划起义事项。谢奉琦要去他处活动，临去时对我说："胡景伊（号文澜，巴县人，时任陆军标统）对革命是同情的，但不愿参加组织，起义时想来可以帮助我们。"七月，黎靖瀛号召了几十个哥老会党徒在东关外演习暴动，一时，警察与巡防军蜂拥赶到，这些哥老会徒向四面奔逃而散了。同志们认为，擒贼必先擒王，才有成功的可能。有一天，听说四川总督赵尔巽于某日（大约在七月中旬）要出门，大家计划等赵出辕门时将他炸死，陆军即时起义便不会遇到抵抗。计划决定后，张思聪（号次芳，金堂人）自愿怀带炸弹，在督署西辕门外茶馆里等候（督署偏在城东，估计赵多数出西辕门，并且茶馆紧靠西辕门，在那里久坐也不会令人起疑），谁知那一天赵出东门走了。张料他总是顺便往旁处绕一个弯，回来一定还要进西辕门，于是继续在茶馆里等待，一直等到下午4时，忽闻一声喝道，赵又进东辕门回去了。当时，陆军若要冒险起义是可以的，但巡防军的数量大大超过陆军，有些同志很谨慎，不肯随便发动。到了八月，叛徒江蕴山（广东人，将弁学堂毕业）将革命的组织和很多同志的姓名叫县衙内的一个缝工向成都县衙门去告密。成都县知县王棪（捐班出身，是一个善于逢迎、行为卑鄙、性情浮躁又贪功的小人）亲自带上卫队到青石桥街宝和栈与走马街长兴栈将张治祥、黄方、杨维、黎靖瀛、王树槐等逮捕了；邱昂青因住在部队内，得以闻风逃逸；谢振新回乡为母亲祝寿去了也没有被捕，但检查到他们两人的衣箱内有盟书等证物，遂将两人通缉在案。川督赵尔巽对此案无意扩大，又因商务局总办周善培（号孝怀，浙江诸暨人，谢、黄、江都是周的学生）从中斡旋，只把已逮捕的人，连同告密的江蕴山（因为他也是同盟会会员），一并办了监禁。

自经这次打击后，成都同盟会会员因为代分会长林宾谷不负责任，不愿与同志联系，党已形同瓦解，但同志们仍各自个别结合，形成了很多小组，所以革命活动并未中断。谢振新逃到陕西组织了一个牧场（自此改名为谢持，号慧生），计划以实业作根据，以便容纳较多的同志，待时而动。他又函询在川的一部分同志，获得多数赞同，即将赞成的一并组织了“实业团”。该团在成都的机关，设在东至龙街第二小学堂内。四川同盟会之有小团体，即自此始。

谢奉琦自从丁未年四月离开成都以后，又往川东、川南等处联系，声名渐渐大起来。清廷的走狗官吏必欲得之而甘心。谢化名为“苏醒”，以避免敌人的注意，哪晓得“苏醒”这个化名不久又被叙州府知府宋联奎（号菊坞，陕西人）侦知。戊申年（1908年）秋，谢回到原籍贡井省亲，不到几天，就有人在门外叫唤“苏醒”，他以为是同志来了，毫无警惕地跑出门来。谁知叫“苏醒”的人正是来捉拿他的差役，当时把他上了镣铐，解送到叙州府去。宋联奎随便问了一下，便宣布他的死刑，并枭首示众。这是四川同盟分会的一个大损失，民国元年，政府下令追赠了他一个“左将军”的荣号。与谢奉琦同样辛勤的，在丙丁戊己这几年内，还有熊克武同志（熊号锦帆，井研人），他留日东斌学校，毕业回川后，即化名“邱济川”在川东、川北各处工作，也发动过几次起义，但规模都不很大，未能成功。他本人又常往他省参加革命，如有历史意义的辛亥广州之役等。

重庆同盟分会的组成比成都略迟一点（大约是在丁未年），没有受过严重的打击，分会长是童文勤。发展的党员如杨庶堪（号沧白，后任广东、四川等省长，大元帅府秘书长）、石青阳（号字行，后任川军师长，南京蒙藏委员会委员长）、向楚（号仙乔）等，均于辛亥革命中有不少建树。党员间的联系比成都方面要紧密些，一个号召下来，就立即有党人响应。组织的重心是在重庆中学及重庆师范学堂，两校教职员及学生大多数是同盟会会员，故能运用灵活，成功较速。当辛亥年（1911 年）四川保路运动掀起后，重庆同盟会分会便经常开会，积极为革命准备条件。到了武昌起义，川西的保路同志军风起云涌地兴起，成渝交通已经断绝，清朝文武官吏惶恐万状。这时，杨庶堪是川东师范学堂监督，张培爵（隆昌人，号列五，四川高等学堂毕业）是重庆中学堂监督，他两人即秘密地将两校学生组织起来，有先锋队、炸弹队、突击队等名目。同时，夏之时（号亮工，合江人，日本东斌毕业）率领起义军到来了，城内原有一营巡防军，声言不抵抗，并向夏交涉，请夏部暂驻城外，一时风声鹤唳，形势紧张。重庆的绅衿请川东道朱某、重庆府知府纽传善（号瑗伯，江西人）、巴县知县吴刚（号克潜，江苏人）以及有关文武官吏，均到商会开会决策大局。此时，党人方面早已与各绅商取得谅解。届开会时，学生一齐开到，将会场包围，以施放假炸弹相恐吓，提出条件要清廷官吏把政权交出，许以保护其生命财产的安全。清吏等立即答应回署就办交代，学生大呼："必须将印信即刻取来，交与大众。"清吏等没法，只得派人将印信取来，当场移交。于是，推定张培爵为重庆军政府都督，夏之时为副都督，宣布军政府成立，这是农历十月初二的事。

夏之时起义的时候，正是成都攻打保路同志军的时候。当时，夏是个排长，受陆军第六十八标魏教练官的指挥，驻扎简阳县，听到武昌起义的消息，夏即说服了他本排士兵一同革命，并联络了同驻简阳的另外一部分士兵。在九月后半月的有一天夜里，他把士兵一起召集来，讲了些革命的道理，大家都同意举行起义。夏便亲执手枪冲进魏教练官的卧室，将魏三枪击死。然后带起这班起义士兵向东进发，意图攻取重庆。他知道重庆一带均无重兵，容易攻取。成都得报，即派张思聪率队追夏。张是同盟会会员，怎肯追击夏的革命军队呢，于是跟着夏部走了200多里，即以追不上复命。夏便沿途又收集了些壮丁，到达重庆。重庆原有的一营驻军，未与抵抗。

重庆军政府成立将近一个月后，有谣言说冯国璋攻下了汉口，北京又复安稳无事，于是留在重庆未走的巴县知县吴刚与巴县征收局局长陶相图谋不轨，煽惑军队想要颠覆军政府。幸得有人报告，立将吴、陶二人逮捕正法。又有王奎元（后充袁世凯的采访局探目，民国3年张培爵被其诱捕枪毙）者，本系哥老会人，后捐了个陕西的候补知县。自陕西发动革命后，他逃回重庆，想号召哥老会人夺取重庆政权。谋泄，王逃往成都，军政府未予追究。其时，军政府在职人员均系同盟会会员，故动作一致，参谋长但懋辛（号怒刚，荣县人）、总政处总理谢持尤为能干，直到成渝合并，重庆军政府才正式取消，设镇守府。

重庆独立后，下川南道全属立即响应，也于初五宣布独立，成立了川南军政府于泸县。缘清吏下川南道刘朝望（号泉庄，近号潜荪，安徽合肥人）头脑清楚，保路风潮起，他在全道所辖境内同人民一致行动。他曾去成都一次，已知清政府之不可为，当请自募一营卫兵以保护冲要地带，赵尔丰允许了他，给予枪械，他回泸县以后即召募成营，这是他自己的武力，后又开到了两营防军，协同保卫地方。自得重庆独立通电后，刘于初四召集全城官绅，借商会开会研讨时局。当时，驻夔府防军统领余大鸿路过泸县，刘亦请他参加了这个会。会上，刘提出重庆的通电，并言成都已经断绝联系，听说宣统皇帝已经逃亡，滇军又有援川的风说，四面风云，此处又地当冲要，糜烂堪虞，不如独立，表示响应，或可保境安民。大家听了都极端赞同，立即通过了军政府的组织，选举了刘朝望为川南军政府都督，泸县老进士温翰桢为副都督。川南军政府于初五正式成立了，并通电全国，又请余大鸿担任参谋长，原泸县知县郭钟美担任民政部部长。这时，军政府全体人员没有一个党人。过了半个月左右，党人黄方由成都出狱来到泸县，余大鸿正想回夔府防地，即辞去参谋长职，乃以黄方继任参谋长。不几天，云南唐继尧派李鸿祥带了几千援川军队到达了泸县，李到达后，看见川南已经独立，无法用武，只得驻扎城外，暂时也还相安。这时泸县下游合江县，经过几次交涉方才说妥由军政府派少数军队携带刘都督亲笔印函去接收县政，黄参谋长愿意亲自带兵百余人到合江接收，滇军李鸿祥以为带兵太少不足示威，愿意派兵协助。川军到达合江后，知县接受宣慰，开放城门。黄参谋长正率川军入城，滇军即尾随而入。滇军兵力大于川军数倍，登时将川军重重包围。川军众寡不敌，自黄参谋长以下全数被滇军杀个干净。滇军侵占了合江县。川南军政府得报后，立将详情电告南京临时政府。旋经政府电斥滇督，也未深究，事遂暂时终了，这是十一月下旬的事。到了十二月中旬以后，成都已独立两个多月。刘朝望鉴于全国已经大致统一，四川一省还有3个军政府实属不合，乃召开会议将川南军政府自动取消：改称川南总司令部。刘不愿再任总司令，辞职东去。又经过十几天，重庆军政府才委参谋长但懋辛到泸，接任川南总司令。

成都军政府的成立经过是比较复杂的，自从七月初一因争路罢市以后，党人们知道问题要扩大，都想借此机会进行革命，并通知哥老会的人做好准备。到七月十五日保路同志会主要人被捕以后，3天内，保路同志军就出现了。同志军的主要成分仍然还是哥老会的人，但其中如吴二代王、罗泽洲和邓友予等部，均有同盟会人参加。单独由同盟会人所建立的同志军，有仁寿的邱昂青部、灌县的曹叔实及王拱北部、自流井的邹鸿钧部，至武昌起义以后，又有自流井的王子骧部。留在成都的同盟会同志则个别活动如同散沙。武昌起义消息传到后几天，我到陆军小学去会该校的提调黄成章（号彬如，乐山人，同盟会会员，武备学堂毕业），谈到武昌已经起义我们应该如何组织响应。正说着，学校总办尹昌衡（号硕泉，彭县人，留日士官生）进来了。他大概听到了我们的话，所以他便提出武汉的事和我们公开研究了一回。我约黄成章于次日到我家去，他准时到达，并约同龙灼三、傅寿棠（号棣之，四川成都人，时任炮兵督队官）两个军界同志一起到我家。我又早约定袁奉倩、袁奉樵两个学界同志，他们也按时来了。大家谈论历3小时，未得具体结果，于是相约每日下午3时后在劝业场宜春茶楼会面，并随时分头联系旧同志到这个地方。不几天，人越来越多了，我们恐怕不便，才和嘉定中学的同志商定，改在每日到西玉龙街他们的学校里开会。这时，军界与学界同志各有五六十人，因我认识两界同志最多，故每次开会都推我做临时主席。到了夏之时起义，军界同志更加积极起来。新联系的同志中，有不少是东京同盟会的会员。

九月二十九日那天，董修武（号特生，巴中人，留日法政毕业）来参加开会。他是绅班法政学堂教员，由日本回川不久，直接受过同盟会总部训练的，我便推他为固定主席，当场一致通过。

十月初二，重庆独立的消息传出来了，同志们更加兴奋。我们的工作也告成熟了。当时，十七镇的陆军一致赞成革命，但是巡防军数量大于陆军数倍，且防军的统领以至哨官大多不学无术，顽固地服从清朝，颇不易于说服，幸同志中有个梁俊民，是湖北人，由他与防军一部分的湖北同乡接洽妥当，又有舒新之同志曾经任过防军哨官，在防军队伍当中有不少旧友，也获得了相当谅解。

初三，我们做了当夜行动的决定，决议以傅寿棠为炮兵司令，将炮距离测准，正击督署三堂，守卫督署的一营防军暂时按兵不动，俟梁俊民另率一部防军到达后，即时在督署厨房放火；傅寿棠一见火光，即令开炮，轰击督署三堂，梁俊民率两哨防军直扑督署，龙绍伯率他本营（第六十七标第三营）堵截“满城”（历来成都驻防旗兵，聚处于成都城内之少城，时人称为“满城”）隔断出路，以防满人暴动；还有陆军同志所带的队排上千人，任其分头游击。部署既定，我们文人即在总府街悦来旅馆开了两个房间，准备一见火光和听到炮响，便把预先写好的文告张贴出来。岂知候过了11时尚没有动静，直到天明各个负责人均来到悦来旅馆，经互相质询，始悉放火的厨役准备好了干柴和火油，将要点火，忽然有人跑进厨房取东西，见此光景即狂呼大叫，连赵尔丰都惊起来了，马上拘捕了放火的厨役，因此就不见火光，几个负责军事的同志均不敢行动了。

初四，赵尔丰一方面调动了守卫的军队，一方面接受了署理四川按察使周善培和陆军参谋处总办吴钟镕（号璧华，浙江人）二人的劝告，决定将政权交与川人。

初五，将丁未年革命被监禁的同志全部释放。初七，将四川总督印信封交四川省谘议局。谘议局议长接受后，于初八宣布四川军政府成立，当推蒲殿俊（号伯英，广安人，时任谘议局局长）为都督，朱庆澜（号梓桥，浙江人，时任陆军十七镇统制）为副都督，军政府任命尹昌衡为军政部部长，周骏（号吉珊，四川新繁人，时任六十八标标统）为第一师师长。其他各部，均尚未任命负责人员，只是派出几人去接收各机关文卷公物。军政府又告示民众，免除一切税收。原来调省的防军数十营的统带等都要求回防，军政府置之不理，统带等请见都督，亦不接见。由此内外隔绝，上下不通。蒲殿俊素乏政治经验，更无统驭能力，畏惧党人，不肯与党人合作。十二日忽然发表一个参议院组织，参议员四人，概系党人，我亦在内。同志们已知蒲殿俊之不能有为，决定不参加。

十三日，同盟会在忠烈祠主办了一个庆祝大会，到会民众万余人。庆祝会的通告，末尾署名是中国同盟会会长孙文，副会长董修武，于是董的姓名才一时为大众所悉。

这时保路同志会的同志军因绝大部分是哥老会的势力，军政府对之又无法律的约束，因之哥老会公口完全公开出来。防军、流氓本来都是哥老会人，一时得意疯狂，为所欲为。市民争取参加袍哥，希图自保，人心浮动；袍哥们日益飞扬跋扈，寻仇报复，日有所闻。沿街所见，打英雄结、插花蝴蝶者，比比皆是。尤其公开赌博，旁若无人，军政府门前，便有赌摊100余处。情况如此，而军政府当局置若罔闻。民间已有兵变抢劫的谣言，以致贵重物品，皆易地寄存，市况岌岌可危。军政府内部又有罗纶者（号梓青，西充人。谘议局副议长，保路同志会会长）自谓保路以来，劳苦功高，不得都督，引为大耻，是以内部发生了极大矛盾。罗是袍哥领袖，又是同志军的领导者，潜势力自然很大。有人说十八日那次兵变就是罗暗中主使的，意在借此倒蒲，利用同志军的力量，取而代之。

十八日，两位都督在东校场点阅陆、防各军，发生了兵变。十九日，据调查，巡防军30余营已不见一兵一卒，陆军十七镇全部士兵除随同防军抢劫逃散外，只有龙灼三所带的第六十七标第三营因未去参加东校场点名，而且兵变后龙又将自己的私财3000元全数分给士兵，故尚存留70%以上，仍旧守卫着军政府未动。十九日夜同军政界一部分人士在军政府开联席会议，推尹昌衡为军政府都督，罗纶为副都督，董修武为总政处总理。接着，总政处将到会的人士分任了部长、次长、局长；正副都督又任命了一批军职。我与龙灼三、袁奉倩等均未与会，故亦未负任何名义。此次兵变后，只有龙灼三尚带有300多兵，要算当时最大的武力，但灼三并不想争取任何名誉地位。次日，董修武派人来征求昨夜未到会的几个人的意见。这时，同志们都只在乎革命成功，全无权力地位思想，故都谦让。过了几天，把灼三改任了团长，我由工业试验所主任原职改任了制革厂厂长。尹昌衡本来不是同盟会会员，在川军中人望也不顶高，但因人望最高的周道刚（号凤池，成都人，原任陆军第三十三协协统）、徐孝刚（字中甫，华阳人，时任陆军部科长）、胡景伊等均不在成都，故尹得获推戴。他是在任都督的前三天，看见同盟会的力量渐渐集中才自动要求加入的。他亲笔写了一张志愿书，并不是同盟会盟书的格式，写道：“尹昌衡志愿为中国同盟会会员，一切行动，谨当遵守同盟会规定，如有违反情事，愿受极刑处死。”

二十日晨9时，军政府再度出现了，各机关均在旧皇城内分区办公。各重要机关负责人名单如下：军政府都督尹昌衡，副都督罗纶。总政处总理董修武。军政部部长周骏，次长黄成章。参谋长王裿昌（号幼渔，井研人，士官毕业）、次长周坰伯（号辛甫，资中人，士官毕业）。军需局长周权叔、军法局长王子俊、军械局长张思聪、兵工厂厂长杨敏生。第一师师长宋学皋（号炀臣）；第二师师长彭光烈（号直先）；第三师师长孙兆鸾（号元青）。旅长暂缺，团长傅寿棠、陈凤昌、舒新之、赵璧辉等。民政部部长龙灵（号国桢，四川永川人），次长陈省吾。财政部部长董修武兼，次长董鸿诗。外交部部长张治祥，次长杨少荃。交通部部长郭开文，次长黎靖瀛。实业部部长廖治，次长杨刚。司法教育两部暂未发表。军事巡警总监杨维。秘书局局长杨光，次长廖嘉淦。印刷局局长杨伯鲁。以上各负责人，有十分之六是同盟会会员，较蒲、朱时代的政府健全得多了。但库空如洗，财政陷于绝境，董修武才决定印发军用票。分1元、5元、10元三种，由四川官银行浚川源号发行，流通市面，定期一年，加息收回（并未履行）。由此，秩序才开始恢复。

二十三日，尹昌衡在军事会议上提出：十月十八日兵变后，前川督赵尔丰派人招收叛兵，虽然未成事实，其居心实属叵测；且赵尔丰素仇川人，事实不少，若不予以严惩，实无以立军威而昭法纪。全体通过。尹即派他的都督护卫团团长陶泽琨率领士兵一排冲进督署，逮捕了赵尔丰。交军法处审问后，即处死刑，并予枭首；并查明赵寄存亲友处的箱物一概没收充公。

又过了几天，张治祥和我谈起了党的前途，因约了几个同志把党照政党形式组织起来，于是租定了暑袜街帘官公所的房屋作筹备处，定名为共和党（不是后来全国性的共和党）。公推张治祥为党长，唐宗尧为会计主任干事，吴坚仲为文书主任干事，我为交际主任干事，李晁父为本党喉舌《共和日报》的总编辑，并组织各县支部。两个月后，奉总部指示仍改名为中国同盟会四川分部。这时市面秩序全面恢复，哥老会各公口表面均已取消干净，同志军有 10 多支部队均编入第二师，归彭光烈指挥，原有同志军的首领都改了旅团营长等名义。陆军及巡防军的散兵由第三师陆续改编，归孙元青指挥，梁俊民、舒新之均任了团长。省外未叛变部队已由第一师整编。警察总监杨维成立了武装警察队，约 3000 人，杨虽然有时神经错乱，倒行逆施，然勇敢有为，戡定暴乱，恢复市井，厥功最多，尚得人民爱戴。如在军政府改组后设立的交涉局，以哥老会中很有权力的黄子权任局长，黄子权凭仗同志军及哥老会的势力，意图造乱，杨亲率警队捕而杀之，毫无顾忌，因而专为对同志军及哥老会办交涉事宜的交涉局也就取消了。到此，大局初定。

但是成渝两个军政府仍然对立，各界人士均认为应速统一，重庆方面也有同样的主张。于是由张治祥和周坰伯以私人试探性质，与渝方做了些非正式联系，渝方同样派了卢师谛（号锡卿，江西人）到成都交换了意见。渝方为顾全大局很让步，尹昌衡向来恃才傲物争点较多，因见川南军政府已自动取消，也就谈得较为接近。重庆军政府后又正式派郭书池（隆昌人）代表到成都商定合并事项，同来的还有王子骧等数人。结果，决定以尹昌衡为四川军政府都督，张培爵为副都督，罗纶为新设的军事参议院院长，夏之时为新设的重庆镇守府长官，董修武为总政处总理，谢持为副总理，成都各部长仍旧，渝方各部人员分别任用。商定后，郭代表于农历除夕起程返渝复命。

民国元年（1912 年）3 月，重庆军政府即宣布撤销，一面派卢师谛到成都布置一切，张培爵随即率领重庆军政府人员同到成都。川南总司令部也由但懋辛自请取消了。张、谢在成都就职后，委任但懋辛为成都府知事，方潮珍为嘉定府知事，熊蛰龙为夔州府知事，其余渝方人员也任用了不少。重庆镇守府未成立，夏之时自请出洋游历，由政府给予旅费 2 万元。此时，熊克武同志正率领学生军由鄂入川，军政府任熊为川军第五师师长驻守重庆。此时已有第四师，师长为刘存厚，学生很多退伍，人数不足，龙绍伯同志率领所部的一团扩建为旅以补充之，龙即任旅长，此为癸丑倒袁川军的基本武力。

成渝合并后不久，尹昌衡想要征服藏卫，亲自带兵出关，保胡景伊代理川督。旋军民分治，张培爵改任四川民政长。秋天，袁世凯召张培爵到北京，民国 2 年（1913 年）春，又召尹昌衡入京，四川即由胡景伊专政。癸丑革命失败后，尹在北京入狱；张培爵避地天津法租界，民国 3 年（1914 年）被袁的特务诱捕解京，处以死刑。同盟会在民国元年与其他数党合并，改组为国民党。我对此事极反对，故未加入国民党。

（选自全国政协文史资料研究委员会编《辛亥革命回忆录》第 3 集，中国文史出版社 2012 年 6 月第 2 版）

同盟会在南宁的活动

梁烈亚*

中国革命同盟会在东京成立的第二年，即光绪三十二年（1906年），孙中山、黄兴和胡汉民等人到了越南河内，准备在越、粤、桂边区进行革命起义。这时广西会党领袖王和顺因反清失败，避居越南西贡，就去谒见中山先生，加入同盟会，并且和中山先生同寓于河内碧台街，一同活动。中山令王和顺负责钦州、南宁一带的革命工作。王和顺派南宁窑头村人莫继甫（塾师）、大塘人黄亚贵在南宁进行秘密工作。他们就利用法帝国主义在南宁开设的法中文书院和天主教堂（在南宁中府街，现称明德街）做通讯处，着手运动往日“反水”（背叛的意思）的清兵。这时法帝国主义以永安教

* 梁烈亚：时任湘桂北伐联军参议，后任北伐军总政治部政治监察。新中国成立后，任广西壮族自治区文史研究馆馆员，上海市文史研究馆馆员。

案①为借口，向清政府强求由南宁到北海的铁路建筑权。两粤人民闻此消息，群起反对，纷纷发起自行招股建筑，以挽国权。

南宁方面，莫继甫和雷在汉（两人均参加同盟会）乘机联络当地绅商和广东在南宁的商人孔德记、孔怡记等，成立邕北铁路邕局办事处于城内银丝巷府城隍庙内，并派人到各县乡镇以宣传筑路招收股本为名，暗中进行联络全党的活动。此外，又以开通人民知识为理由，设立南宁阅报社于邕北铁路邕局办事处内，订购上海《神州日报》《时报》、新加坡《中兴日报》、中国香港《中国日报》《商报》以及当时各种进步刊物，供各界人士阅览，作为反清反帝的宣传。

是年，两广总督岑春煊在广东宣布粤汉铁路收回官办，广东人民也群起反对，酿成粤路风潮。继之又有广东钦州三那人民的抗捐运动。人民的反清运动风起云涌。1907 年，中山令黄兴、黄明堂、王和顺等在钦、廉活动，联合清军军官郭人漳、赵声部举行起义，进袭南宁，于是有防城、钦州的起义。不幸郭、赵两部不能及时响应，南宁方面虽有同盟会会员活动，但只和会党联络，而没有同盟会的组织力量，亦不能及时响应钦、廉方面的军事行动，所以进袭南宁的计划遂告落空。及后中山亲自领导镇南关起义，亦以后援不继而告失败。

同盟会在东京成立的时候，广西籍的留日学生马君武、邓家彦

---

① 光绪二十五年（1899 年）二月间，广西永安州（即今蒙山县）古排塘七、八两段乡民集议，作者为同盟会成员。不准信奉天主教，并在该处文聚村旁联兴商店门外墙壁上张贴禁止乡民信奉天主教的文告。三月二十七日，有法国教士、牧师 3 人由县城赴新圩（距州 30 里），道经该处，看见该项文告，认为是侮辱天主教，遂强迫该铺主李元芳由该铺烧爆竹送至新圩，以示悔罪。此事引起当地群众的愤怒，于是集众数千赶到该处哥瓢桥地方把李元芳抢回。该教士、牧师意图遄返州城请求州官处理。群众恐其歪曲事实，追至西马村前水圳垌口地方。该教士、牧师 3 人伏入垌口用手枪向群众射击。群情愈愤，遂用竹竿、锚子将此 3 人戳毙。

等就已参加同盟会，及后广西籍人士参加同盟会的还有在东京参加的刘崛、刘玉山、卢汝翼、苏无涯、黄石琴、黎契侯、蒙经等，在广东参加的刘古香、施正甫、梁史、雷沛鸿等，在上海参加的曾镛、王天纵等，在南洋参加的曾庸丞、白萍洲等。这时南宁同盟会会员的活动是以邕北铁路邕局和南宁阅报社为据点。先是同盟会已在香港成立南方支部，由黄兴、冯自由等负责。广西的桂林、柳州两地也成立了同盟会支部，而南宁方面则由冯自由和施正甫联络，并通过王和顺的介绍，于光绪三十一年（1905 年）春已经布置以南宁阅报社为一般往来的机关，中府街“法中文书院”为秘密通信地点。但当时邕北铁路邕局的人员很复杂，而且分为城厢、城外两派（城厢派是绅士李祖若、黄居雍、古济勋等，是倾向康、梁的君主立宪派；城外派是莫继甫、雷在汉、梁衡舫、杜少廷。都是同盟会会员，反清态度很坚决），因此同盟会不能再以邕北铁路邕局和南宁阅报社做秘密机关，就改以苍西门外码头（现名民生码头）的恒益商行做秘密活动的机关，因为雷在汉是该商行管理文书账目的师爷，行动比较方便。这时参加同盟会的人有雷在汉、莫继甫、周君实、杜右臣、林百中、杜少廷、梁衡舫、杜迺贤、黄简初（罗阳土司官）、廖胜、葛霞川、杜奴程等。会务由雷在汉主持。会员名册及机要文书由杜右臣保管。莫继甫、林百中负责运动南宁附近的会党。杜迺贤、黄简初负责运动左江和右江一带的会党。杜少廷、梁衡舫负责联络一般知识分子。施正甫从广州来南宁走了一转，南宁的同盟会组织就通过施正甫和广州、香港、柳州等地的同盟会组织取得联系。

南宁的同盟会组织建立之后，在南宁讲武堂任教官的会员谭昌、宋新洲（日本东斌学校毕业生）也一起参加活动，并在讲武堂发展具有革命思想的学生罗经、梁德多等人为会员，准备作为武装起义的骨干。桂林方面的组织曾派胡敬廷（江苏镇江人）来联系。恒益商行因时常有外江佬往来，就为当地军警所注意。而店内又藏有《民报》《黄帝魂》《革命军》《警世钟》等革命书报，倘一疏忽，就会出事。南宁商人常有在邕江水上租艇设宴招待远来客商的风习，于是就由黎契侯出资租赁邕江水上的紫洞艇，借名开厅避暑，遇有要事就群集艇中讨论；如遇人数过多，则以游玩为名，分乘小艇到南宁下游青山塔下商谈，时间过晚则住在津头雷在汉的家里。这样就容易掩人耳目。

那时决定在南宁武装起义，主要是运动城外讲武堂的学生和城内青云街测量所的队员，以这两部分为主力，内外结合。计划是城外先占领望仙坡六公祠（现在人民公园），以便攻入北门；城内的测量队员则占据钟鼓楼，进攻镇台衙门。那时驻扎南宁的清军主要是龙觐光所部，官兵多是他在云南当土司时的家丁、家将，与久住南宁的其他清军——巡防营（如水上巡防营，官兵多是湖南籍）时有不和。何久安则担任运动水上巡防营（护船队）和府衙门、道衙门、县衙门的兵勇。会党的战斗任务如下：附近城区的会党要会合城厢内外的起义军进攻县城；离城较远的水上会党在三江口堵截龙州、百色来的清方援军；陆上会党则在昆仑关、高峰隘等地断绝清军的驰援。这是南宁方面同盟会组织建立后准备武装起义的大体计划，但那时广西全省的革命起义却没有全盘的计划。虽有胡敬廷和桂林方面联系、谭昌和柳州方面联系、刘培真和浔州方面联系、谭剑英和梧州方面联系、黎契侯和龙州方面联系，而这几方面并没有和南宁一致行动、同时举事的打算。香港的同盟会南方支部也没有做出领导广西全省革命起义、统一行动的整个规划，只是决定哪一方面运动成熟便可首先起义。

1911年二月，谭昌、胡敬廷、何久安都先后接到广州、香港、桂林方面的来信，说广州将在四月一日起义，并且说桂林、柳州、梧州、浔州各处的同志已纷纷集中广州。于是宋新洲、谭昌也准备东下。后来大家商议结果，认为南宁一定要和桂林一起响应广州起义，而南宁的主力是新军，正需要军事指挥人才，倘宋、谭一去，指挥无人，就削弱了军事力量；并且新军方面的活动一向是由宋、谭二人主持，他们不在，届时新军的起义也恐会发生枝节。于是谭、宋二人和其他自告奋勇要去广州起义的同志便留在南宁未去，和大家一起准备南宁响应起义的工作。在南门外的七星桥、西门外的五堆岭分别开了茶食粉菜店，又在城内牛角湾、北门街等处租赁民房，以备起义时作为聚集分散之所。谁料到了农历四月初一接到梧州来电说，广州已于三月二十九日提前起义，且告失败，伤亡很大，并传说黄兴、刘古香等已经成仁，大家看了电信非常悲伤痛愤。南宁响应起义之举乃暂告中止。

广州起义失败之后，南宁的清朝官吏军警大约是接到两广总督张鸣岐的训示，戒备很严；特别是对讲武堂的师生更为注意，如野操只准带空枪不给子弹，后经日籍教官提意见，也只准发给子弹两发，野操回校未经用去的即时缴还。龙觐光又曾在北门城上加筑炮楼，卫护镇台衙门的后方，并且在东门观音阁、南门城楼等处增兵防守。凡是已经剪发的人都被注意。雷在汉、杜右臣以及师范、中学师生已剪发的，都受到道台纪堪谨的监视。恒益商行更为军警密查的对象。这时同盟会会员的行动没有过去那样自由了，同盟会的活动也没有那么方便了。

是年九月，武昌起义的消息传来，南宁方面就准备响应，只等待桂林方面的消息就行动起来。等了四五天，才知桂林已于九月十七日（11 月 7 日）在谘议局主持下宣布独立，举出广西巡抚沈秉堃、藩台王芝祥和驻在南宁的提督陆荣廷为正副都督，并由沈秉堃发出通电给南宁、梧州、柳州、龙州等地官绅，宣布广西已经独立。同盟会同志谭昌、雷在汉、杜少廷等得到广西宣布独立的消息后，就到提督衙门问陆荣廷的意思。陆当即将桂林来的电报给各人传观，并说明他本人完全赞成独立。于是南宁就在农历九月十九日（11 月 9 日）宣布独立。当时官绅商民均不知中华民国的旗帜是怎样的，只是用白布写“独立”“光复”等字而已，只有恒益、公益两商行挂起青天白日的旗帜。第二天全城各处才纷纷照样仿制，悬挂起来。而提督衙门仅在照壁上贴出一张红纸布告，并没有升起革命的旗帜。

南宁虽是宣布独立了，但政权却握在副都督陆荣廷手里。陆荣廷原是降清的游勇会党的“反骨仔”（叛徒），是反对革命的。镇南关起义时，他就是镇压革命最力的一个人。南宁独立后的第三天，同盟会会员雷在汉、莫继甫、杜少廷、杜右臣等 10 余人去见陆荣廷，建议召集各处民军编为北伐军，北上援鄂。当他们到达都督署时，麒麟门未开，杜少廷一时气愤，一脚将麒麟门踢开，昂扬而入。陆荣廷虽当面责备招待者的疏忽，但内心则甚为愤恨。对于召集民军编为北伐军的建议，他初则以饷源缺少，现在的军队给养尚无着落，势难再招新军为借口加以推托。经过 10 多次的交涉，他才同意在南宁设立一个民军征集所，所址设在讲武室内，派同盟会同志任经为所长，雷沛鸿等10余人为征集员。当时规定民军人员能招出10人者为什长，50人者为小队长，四小队以上者为中队长，五中队以上者为大队长。第一批招到的170余人，大都是会党的同志。他们都不大相信陆荣廷。这170多人中，带枪出来的只四五十人，其余都是徒手。而征集所的经费除开办费外，才陆续领到600多元，招来人员的伙食还难维持，是以征集所形同虚设，无法展开工作，成立北伐军的希望就无法实现。

广西独立不久，沈秉堃、王芝祥相继率兵离桂，要陆荣廷率部到桂林接任都督职务。同盟会的同志这时有人主张提请广西参议院选举刘古香为都督，也有主张选刘为副都督的。由于意见参差不一，而刘古香的实力也不充实，此议终未能实现。但刘古香却因此为陆荣廷所忌，后来刘为陆所杀，这也是一个原因。

陆荣廷到桂林就任都督之后，广西参议会议长、副议长等商议，蒙经、卢汝翼等主张将省会迁至南宁。陆荣廷同意这一主张，经过一番纠纷波折后，省会终于迁至南宁。各处的同盟会同志和青年革命军人都云集南宁，如周毅夫、周行、廖祖受、曾翔天、黄宏宪、蒙经、卢汝翼及参加武昌起义的湖北陆军中学广西籍学生黄云等都来到南宁。但陆荣廷对革命人士始终轻视和心怀仇恨，因此对这些人很冷淡，倒是和康、梁的君主立宪派比较接近。因此城内的绅士李祖尧、黄居雍等一些君主立宪派的人就很得势。陆荣廷又重用一批旧官僚，如以清朝的劝业道胡铭槃做他的军师，代他策划一切阴谋。这时我已经参加了同盟会。我和雷在汉、周毅夫、黄石琴、杜少臣、梁衡舫、杜右臣等同志看见辛亥革命的果实已经被旧日的官僚军阀所夺取，刘古香在柳州的武力基础也不巩固，革命势力在广西是薄弱的，前途是危险的。因此我们主张大家去南京谒见孙中山先生，并和开抵南京编为第八师的广西北伐军同志商量办法。又以王和顺在广东惠州起义，编有部队 6000 余人，称惠军统制，驻防广州，正与海丰人陈炯明互争广东都督位置。我们可以便中邀请王和顺回来担任广西都督，和刘古香联合一起，而以刘古香、陆荣廷担任副都督，以便将广西的军政大权拿回，置于同盟会的领导下。这个意见得到外县同盟会的同志蒙经、卢汝翼、何久成等赞同，于是我们就一起东下，先到广州见过王和顺（他的司令部在湖南会馆）、关仁甫（他带兵驻广州、河南）、杨万夫等人。他们招待我们住在长提兴汉云台（民军首领招待各方革命同志的地方），并且聘请我们担任一些名誉职位。我们和他们会晤之后，才知道南京临时政府正要举行南北议和。我们乘机邀请王和顺回桂与刘古香合作。王和顺则主张继续北伐，反对孙中山、胡汉民、汪精卫等议和的主张。他说已经组织了北伐的男女敢死队，并说太平天国之所以失败，就是因为没有直捣黄龙，这次再不能蹈前车之覆辙了。我们看见广西革命独立不彻底，希望革命就要革得深透些，因此就同意王和顺的意见，并且怀疑在南京的同志一定是留恋江南风物，有了官做，就将革命的雄心抛掉了。这样，我们就打消了请王和顺回广西之议而径去南京。王和顺、关仁甫并托我们到南京向孙中山、黄兴、胡汉民要求停止南北和议，继续北伐，并报告广东、广西两省民军正在枕戈待旦，准备痛饮黄龙。于是我们除了留杜少臣、梁衡舫在王和顺军中工作以资联系外，各人就离开广州赶到南京。我们到上海时，南北和议已公开举行。到南京后，觉得没有什么希望，只是和第八师的广西同志梁史、邓鼎封、罗经、梁德昭等联络之后，便离开南京。

这时王和顺在广州与陈炯明互争都督位置，大动干戈，为陈所败，离开广州。我们想到，陆荣廷侦知我们曾有邀请王和顺回桂任都督之举，一定怀恨在心，会对我们不利的。我们为着储备力量，准备将来再来一次革命，各自安排出处。于是黄石琴留在上海担任沪军的教练官；反陆的曾庸丞也来上海与王天冲、白苹洲、王和顺等合作；雷沛鸿、麦焕章则继续求学。雷在汉自南京回到南宁后，陆荣廷一方面怀恨他，一方面也敷衍他，派他到右江山区的镇安府做府长。南宁准备起义时，曾召集来左右江的会党同志不少，独立后并没有很好安排。雷在汉到镇安府任职后，就和班香圃、梁植堂等成立一家种植公司，在城外50余里的山区种植茴树、桐树50余万株，安插了许多同志和附近的贫苦农民在那里生产劳动。他又借口保护农场，编组了有枪支的武装护林队。他企图以此为据点，以备再进行一次革命之用。可惜广西二次革命时没有通盘计划，各地也没有联系，这个护林队就没有能发挥它应有的作用。

（选自全国政协文史资料研究委员会编《辛亥革命回忆录》第2集，中国文史出版社2012年6月第2版）

蔡元培先生和草创时的光复会

俞子夷 *

从 1902 年至 1905 年，曾先后两度跟随蔡孑民（元培）师参与过光复会部分活动，接触过某些英雄人物，亦听到过不少壮烈事迹，一经提及，种种印象即在脑海中复现。

一　南洋公学墨水瓶风潮

南洋公学是盛宣怀用电报局、招商局的盈余款办的。起先是师范学堂，后来扩大，有上院（相当于学院程度）、中院（六年制中学），还有小学（与师范班联系）；上院更有铁路班，1901 年又设

* 俞子夷：时任江苏第一师范附小教师，后任校长。
新中国成立后，任浙江省教育厅副厅长，民进中央委员。

特班，为经济特科做预备。我是1901年考取入学的。1902年秋，我们班里发生了所谓墨水瓶风潮，从反对国文教师郭某而全班被开除，更扩大到上院、中院全体学生退学（师范及小学未波及）。事情的经过大体是这样：

夜饭后自修前，各班同学经常串教室，三五成群谈天，教师桌椅周围每成为会集谈笑的中心。教桌抽屉里有不少空墨水瓶，也有人一面说笑，一面拿出墨水瓶来玩弄。某晚自修铃响后，我班国文教师郭先生来监自修，发现椅上有个墨水瓶，认为同学故意同他捣蛋，责令座位与教桌最近之伍、贝两同学务必查出，二人实不知情。第二天，郭报告汪总办后，布告处揭示总办条谕：伍、贝二同学不敬师长，各记大过。因此引起全班同学不平，排队到总办住宅，向总办声明二同学无辜，请免予记过。总办避而不见，反认为同学们聚众要挟，不守堂章，全班开除。

当夜，我班邀上、中院各班代表开会，申诉冤屈，同时向各班告别。第三天，各班开会听代表报告后，纷纷表示支援我们，上院特班尤其热烈。不久，上、中院全体罢课，在礼堂里开全体大会。发言者均谴责郭先生、汪总办压制同学。大会决定，下午全体去盛督办处请愿，盛派人接见学生代表，叫大家先回校，夜里再听后命。

夜饭后又开大会，督办已派人来，登台者是中院学生素所景仰的特班教习蔡元培翰林。蔡师平时不来中院，与中院同学很少接触，但特班同学与中院某一班同上英文课，我班二位姓贝的同学经常和特班高才生在课余往来。特班同学对蔡师极信仰，从此等往来中，中院同学受到很大影响，当时学生中科举思想相当浓厚，对翰林非常尊崇，但对蔡师的景仰则不仅在翰林，主要在以翰林而能精通新学且以之教特班，不但全校，恐全上海亦少见第二人。

蔡师出言十分简洁，问我们要求什么？大家说："收回开除记过等成命！"他问有无限期？我们说："明天上午 10 点钟前，如无圆满答复，我们全体退学！"他说："好！明天等回音！"说完，在一阵掌声中下台而去。这一夜，我班同学急忙收拾书物行李者很多。第二天 9 点钟，已经有不少人雇好独轮车，到钟楼上大钟声报 10 点，大家就把行李搬上小车，排队出校，我班同学多数排在前列。约半小时后，奉督办安抚命的使者到校，则上、中院已空无一人。从一个空墨水瓶而爆发成上、中两院全体退学，其原因并不简单，绝非一朝一夕所致。

南洋公学的培养目标，是造就忠于清廷的洋务人才，一切设施均有所谓"中学为体，西学为用"的性质，与约翰（大学）之专为训练买办有所区别，这两校在当时的东南具有同等的声誉，而南洋公学的尊孔与忠君却表现得很突出。每逢朔望，总办率全体师生排队至礼堂用三跪九叩礼谒圣。农历八月二十七日孔诞，每年均悬灯结彩，放假庆祝。此等尊孔方式恰与约翰之星期日做礼拜，12 月 25 日庆祝耶稣圣诞相匹敌。同学间常明言："我们崇孔针对约翰崇耶"，反映了"我们将来做深通中西的新式官，约翰学生只好做洋人手下的买办"的思想。少数同学口头上也不时流露鄙薄约翰的言辞，说："他们毕业后只能到新关（海关）、邮局、洋行里去当小写或大写（职员）。"这所学校尽管在美籍监院和教师领导下学西学，在学生中暗地里却有一种不甘受洋人奴役的反帝思想的萌芽。

辛丑议和成，壬寅春，载沣出国赔礼，路过上海，特来南洋公学视察。学生排队在马路旁接送，行三跪九叩礼请圣安，向钦差打千，比之孔诞有过之而无不及。我班郭先生特别高兴。他平时讲《东华录》提到“圣祖”之类，表现得格外庄敬严肃。现在亲王来看他上课，他格外恭顺殷勤。学校当局满以为这是最好的现实的忠君教育，但结果适得其反。

甲午战争，学生都还记得。很多学生所以投考南洋，多少受到戊戌维新的影响。不久前的庚子之役与辛丑之和，再一次丧权辱国，更加深大家对清廷的反感。所以载沣之来，同学中不少人窃窃私议：“只会到这里来耀武扬威，见了外国人便屈伏赔礼。”再则徐家汇附近驻有庚子时来的外国军队，骑着马横冲直撞，在附近小酒店内酗酒胡闹。这种种都加深了大家对外国人的愤慨，对清廷无能的痛恨。

不光是种种现实的反面教育，新出版的书报对同学的影响也不小。梁启超新办的《新民丛报》，订阅者很多。出了四期即行停刊的《国民报》，不少人认为该报主张“自由”“平等”“共和”，比《新民丛报》更彻底。忽有人从旧书堆中找出《桃花扇传奇》《扬州十日记》《嘉定屠城记》来，一时争相传诵。此外，描述美国人迫害黑人的《黑奴吁天录》、描述英国人迫害印度人的《累卵东洋》等译本书，亦吸引很多同学。上院特班同学最爱看新书，看得最多，而且有蔡师指导他们看。中院很多同学亦间接受到他的启迪。

特班的蔡师提倡新学说，我班的郭先生宣扬《东华录》中“圣祖”的“武功”，恰恰代表两种对立的思想。景仰蔡师，鄙视郭某，上、中院学生完全一致。总之，多方面的因素使矛盾逐步尖锐化，终于由一个旧墨水瓶做导火线，爆发成基本上是全校性的退学风潮。

二　中国教育会与爱国学社

南洋公学学生全体退学，蔡师亦愤而辞职，与若干同志组成中国教育会，并创立爱国女校。一部分南洋退学生与蔡师商，借中国教育会之助，筹设爱国学社继续学业。退学生全体加入教育会为会员，经费、教师及种种校务均由中国教育会负责，膳食自理，而生活则完全自治。一部分会员教，一部分会员学，故称学社而不称学堂，称学员而不称学生。草创伊始，一切殆全由蔡师主持、领导。首先是经费问题。蔡师不顾自己儿子病危，赴南京与蒯若木为学社筹措经费，家人追至轮船埠，仍登轮而去。

墨水瓶风潮给别的学校不小影响，陆续发生或大或小的反抗学校压制的风潮。南京陆师学堂的风潮，一时又很激动人心。退学生代表章士钊、林立山来上海接洽，我们竭诚欢迎。他们全体加入学社，房舍扩充，学员增多，声势大振。中国教育会与爱国学社同在一处办公，会中经常有新学界名人出入来往。现在记忆所及，有吴江柳亚子、金松岑，嘉兴敖梦姜、广西马君武、四川邹容以及《苏报》的陈梦坡等。蔡师的号召力与教育会、爱国学社的吸引力着实不小，一时群贤毕至，少长咸集，差不多成为上海新学界的一个重要中心。南洋退学生一时气愤而出，初出时未免有些彷徨，后来创立学社，经费有人支援，合于理想的好教师及意气相投的青年接踵而至，集合在八幢西式弄堂住屋里，精神上感到无限温暖与自豪。

大家醉心新学，除一般文化科目外，有哲学、政治学、革命的佛学；英文也用“真公民”作课本，日文班参加者更踊跃。后来不少人竟能译书，更有借译书卖稿所得贴补膳杂费者。此时上海译印日文书的风气极盛，特班中有些同学集资组成名为“支那翻译会社”的机构，并出期刊《翻译世界》，其创刊词首句：“二十世纪之世界，翻译之世界也”，一时传为笑柄。总之，求知欲旺盛，确是个普遍现象，反映了在内忧外患交迫中知识分子的迫切需求。

学员们迫切希望使自己成为文武双全的爱国者，对兵操的兴趣特浓。南洋公学中院亦有体操，由一位约翰毕业的英文教师兼教，口令全用英文。尽管他时常演讲体操对健康的益处，但同学常借口身体不适，纷纷找校医出条证明请体操假。学社里学员适相反，在未租得场地时，不论晴雨，各小队分头找小院、走廊等空地认真练习，并轮任小队长。操衣的领、袖、裤管上均饰有红镶边的宽黑条，穿上十分威武。在公学时，上操前勉强换操衣，一散队立即换去；学社的学员有终日穿操衣上课者，甚至有出外亦不换便衣者。蔡师亲自参加，对学员更多鼓舞。他同样穿操衣上操，从不脱课，同样轮做小队长，学喊口令。自从南京陆师学堂章、林等同学加入后，连同原来二位何老师（海樵、山渔）共四位教师，改学德国式兵操，并备木枪练习瞄准、射击。这种训练，有一组织名称叫“军国民教育会”。兵操在初期，意义仅为抵御外侮做准备。热烈参加，认真练习，实由于经常在徐家汇附近见到出入驰骋的外国驻军而激起了反感。后来，思想转向革命，兵操的目的亦随之变为武装起义的准备。用武装革命推翻帝王专制的思想，是经过相当时期直接间接的教育逐步发展起来的。农民起义我们均以客观主义的态度对待，即唐才常的起义也未曾给大家思想上以直接的影响与鼓舞，只对其殉难同情而已。至于孙中山的起义，学员中更鲜有人道及。后来有人借到日文《三十三年落花梦》，其中有孙逸仙起义的记述，于是大家争相传看，对中山先生开始有所认识。

初时，大家只知道爱国，求学，什么都学，凡是新的都认真地学。在诸师教导下，日益关心政治、时事，民族意识也因而日益增强。章师的《驳康有为书》《逐满歌》更激动人心。《革命军》出版，鼓动力益大。在南洋公学时，《桃花扇》《扬州十日记》等，只限于小部分人喜爱，此时，章、邹三文殆成为全体学员阅读、谈论，以至信仰的中心。“莫打鼓，莫打锣，听我唱支逐满歌……”与“刀加我颈，枪指我胸”等歌颂之声遍闻自修室及宿舍中。从《三十三年落花梦》中译出的逸仙先生的起义事迹，亦成为课余谈论中心，过去对《新民丛报》只觉不够味，此时则嫌其主张大不对头。章、邹三文可以视为当时教育会与学社对内对外的正式宣言，亦即以排满革命为爱国救国的基本纲领。

从此，学社风气大变，倡言革命已胜过求学。上课时谈，课余时亦谈，社内谈不过瘾，每星期总有一两个下午在张园公开演讲。除预定演讲者一二人外，任何人随时可上台讲，所讲问题不同，但中心思想总不离排满革命。宗仰[①]师和爱国女学学生林宗素（少泉三妹）亦上台讲过。有些游客油腔滑调，把“和尚革命”“女学生革命”当作笑料，我们置之不理。从泥城桥福源里至张园有相当距离，学员数十人，穿上操衣，成双行队伍沿静安寺路开正步走去走回，认真、热烈，大家的心目中演讲会是一件大事，比功课不知重要多少倍。

除定期演讲外，在《苏报》上陆续发表提倡革命的文章，由蔡、

① 宗仰：即黄宗仰，法号乌目山僧。

章等人轮流执笔。当时上海除《申报》《新报》等大报外，还有些小报。《苏报》主持人陈梦坡亦爱国女学创办人之一。南洋公学风潮后，《苏报》辟“学界风潮”栏，借资号召，声价大起。后请章士钊主笔，约教育会诸公轮流撰文，一时轰动全上海。部分学员之善作文者，遂借学社附小名义，办一刊物《童子世界》，从儿童的立场来谈革命。初办时单张石印，三日刊，后改铅印月刊，一时销路亦不坏。

从此，教育会、学社，自新学界中心转变为宣传革命的中心，斗争矛头对着清廷。《苏报》《革命军》等书报的传播，大大鼓舞了人心，吓坏了清廷统治东南的大吏，乃以“创立爱国会社”“倡革命诸邪说”为由上报，“奉旨”通电沿海各省“严密查拿此等败类惩办”，而《苏报》案遂发作。

近暑假前，风声忽紧，蔡师避青岛，陈梦坡走日本，章师被逮，邹容自首，吴稚晖脱逃。学员们得知后，一时人心惶惶，亦有主张坚持不散者。巡捕房连下警告，不得已，几天里纷纷离散，但思想上、认识上却变化不小。退学我们认为是胜利，解散亦只是暂时的挫折。经此考验，除一部分人转变方向外，不少人却继续做进一步的斗争。

学社取名“爱国”与新成立的女学同名，蔡师及教育会诸公对此二者视同一对亲子女，爱护备至。但“爱国”的含义笼统，仅仅表示对卖国苟安者不满以示与之对立。1902 年秋至 1903 年夏，结集在一起的人却有急速转变，最后明确认识到两点：一是反对专制的君主统治；二是反对满人。其主要原因亦只有两点：一是统治者不敢抵御外侮，而只会压迫人民；二是贪污腐败而不肯发愤图强。至于革命后如何建设，则倾向于资产阶级的民主、自由、平等之类，而且主要在政治上，对于经济基础则全未考虑。学员生活的自治制，即此等民主思想的集中表现，教师不管；生活方面种种制度，由全体大会议定，并投票选举干事负责。另选执法员若干人，监督、检查，违者照章处理，必要时开大会公决。

由笼统的爱国转变到排满革命，不是偶然的。一方面是诸师与新书刊直接间接的教育与启迪，这是正面教育；另一方面国事日非，是反面教育。远者如一位原在天津北洋公学肄业的学员讲八国联军围攻天津的实况，使听者人人发指；近者如广西王之春的引狼入室，东三省风云日急，无不令人愤慨，邹容《革命军》里的“刀加我颈，枪指我胸”说出了我们心里的话。

百几十人相处，并不一帆风顺，时间虽不满一年，但亦发生过几次不同程度的波折。小的不说，最严重的是意见分歧，形成内讧。起因是某日四川客邹容在演讲中说：“中国教育会创办爱国学社，收容南洋公学退学生”，因而引起一部分学员的不满，认为此言否定了退学生自办学社，亦即否定了退学生是学社的主人，这是对退学生的侮辱。邹言确与实际有出入，然而邹非初创时参加协商的人，他所说的只是照常例推断，应可原谅。不知因何，部分退学生事后竟向邹质问，并在《童子世界》上作文攻击。章师亦不明开办经过，为邹辩护，于是又与章师争吵。吴稚晖又出来帮同部分学员与章、邹对垒。后来参加争论的人增加，教师中分成章、邹与吴两派，愈争愈烈，最后学社脱离教育会而独立。因一句无关重要的话而发展成严重的内讧，吴不无推波助澜之嫌。

三　爱国女学与光复会

1903年夏，蔡元培师为《苏报》案避青岛。是年冬，返沪办一日报，名《俄事警闻》。次年，日俄开战，日报改名《警钟》。是年秋，蔡师再度主持爱国女学（在爱国学社执教时兼掌女学）。我则于爱国学社散后随同学往日本。初秋，由宗仰师（亦避至日本，与孙中山先生同寓横滨）介绍至横滨华侨所办中学学堂任教。1905年初夏，我回上海，由蔡师介绍至新民学堂当教师。此校初创，由安徽万福华主持，实为其从事革命活动的机关。初冬，万枪击王之春，未中被逮，新民解散，蔡师招我至爱国女学。

爱国女学发起比爱国学社早些，开学比较迟些，学生很少，我去时暂教低班国文。蔡师知道我对化学有兴趣，嘱我研制毒药，所需器材由科学仪器馆供应。这是当时上海唯一的国人自办的理化器材供应机构，当然绝大多数是日本进口货，但已有工场开始仿制及修配。钟观光先生，宁波柴桥人，热爱科学，设此机构对学习研究理化者帮助极大。更译印过两种化学书，一为《定性分析》，一为《伊洪论》，概述当时新兴的电离学说。我课余读书，实验，试制氰酸，一试即成。蔡师嘱工友弄来一猫，强令其服，只几滴，猫即中毒死。蔡师认为液体毒药使用不便，易被人发觉，必须改制固体粉末。于是他向日本邮购了一批药物学、生药学、法医学等书，从事研究，但无大进展，而研究的对象，不久即转向炸药。

试制炸药有个秘密组织，人数不多，地点在冷僻的弄里，邻近全是贴召租的空屋。何海樵是熟识的，爱国学社时教过我们兵操。另一位是苏凤初，系初相识。开始时，举行个类似会党里的“歃血为盟”的庄严仪式。实验室陈设简单，除桌凳外，全是药瓶及玻璃器皿。每天定时学习，先制雷银，第一次成功，第二次浓烟上喷而失败，第三次又成功。棉火药颇易制，硝基甘油则屡试不成。反复研究，原因是硝酸、硫酸不够浓。钟先生处只有普通试验用的。打听到外国药房有强酸出售，利用我短发西装，可以冒充日本人出入采购，不易惹人注目。外白大桥堍的“大英药房”有上好强酸，“科发药房”的甘油很纯，3种东西分作3次买。用这等药品一试即成，连试连成。我们只有一部江南制造局译印的《化学大成》作参考，日文书关于炸药的远不如关于毒药的易得。学完暂告一段落，此后着重各自分别研究。末一种爆炸力极大，何曾把玻璃研成粉末，与制成品拌和，突然爆炸，满面受伤，久治始愈。日文化学书提到此种液状物宜用“硅藻土”吸收，但我们无法弄到。

这个小组只管试制炸药，弹壳问题是否另有小组负责不得而知。组织极端秘密而严格，同组共有几人我也不知；所知者，只是同时试制的3人。杨笃生同组，久后始知。但是我亦为弹壳事做过一次居间人。蔡师拿一份何海樵绘的图样嘱我设法接洽一个工厂试制。经常往来的薛立生表示过他厂内无法试制。探询数处后，最后我往科学仪器馆接洽，店员允交工场研究后再决定。临行前，我给予英文地址、姓名，几日不见答复，往询原经手店员，他说：工场不能做，已将原件邮寄退回。问明所投邮筒地点后，我即用英文写信向邮局查询，一二日后图样寄到，并附言说，上次按址递送，收件处答以无此人故退。再查问工友，则云确有此事，因不知英文姓名是谁，这里不住外国人，故不收。那天我适外出，没有预先通知工友，事有凑巧，邮件恰在这时送来，几乎将要件丢失。弹壳做不成，贻误了大事，后来得知杨笃生为此事致函蔡师催促，北京方面正待使用（指是年9月吴樾事言）。

将近寒假前，蔡师与我谈起组织问题，他提示几点纲要，嘱我起草一种章程，会名定“光复”，以示“光复”我们汉族祖国之意。写成他斟酌修改后，我用氯化钴液誊在6行20格的老式文格上。章程在行间，格内另用墨笔抄一篇古文。氯化钴写时带红色，烘干即无色，喷水受潮，又现淡红色。

章程以外，有一套通信用的暗语，多以商业中词汇语句作代，例如，“销路畅”代“工作顺利”，“生意不好”代“情势不利”之类。成员亦各有一类似店号的代用姓名，例如，我的代号是“怡康”。更有一套相见时探询用的暗语，例如，你认识黄先生吗？（是否成员）何时认识？（参加年月）何地认识？（入会地点）问答时，必须做些手势，例如问答那一题时，右手伸中指、无名指、小指并置右膝上，问答另一题则须头向左看看。据说此种方式均是模仿会党的做法。从此等情况看，那时发起组织的光复会是个秘密的暗杀团体。

寒假不久，蔡师堂弟国亲先生带其未婚妻来。国亲先生是来教国文的，其未婚妻则准备入学读书。汤尔和来，与我同时住后厢房内，携一水烟袋，晨起必坐在被窝中吸几分钟，且吸且与我谈，如是者好几天始去。女学堂假期中很多男客人出入，易惹邻居注目，于是在门口贴一“假期音乐研究会”的纸条做掩护。汤能奏风琴，唱歌，音乐教师吴丹初住在附近，仍常来校，并拿出昆曲折子来教我们，学拍“收拾起大地山河一担装”。蔡师本不住校，假中仍来，反比开学时到校的时间多些。农历过年，吃年夜饭，喝酒猜拳，兴高采烈。蔡师善劝酒，我被灌醉，回房大吐，他们散席后还有些人结伴去逛马路。所谓1904年（甲辰）冬，上海成立光复会，殆即指此，并没有正式开成立会、议决会章、推选会长等事。时太炎师在狱中。从往来者与蔡师分别接谈的情况看，不难推知会是在极度秘密的方式中成立的。或者另有正式成立会，当时未招我参加，亦很难说。然后来见到名册，则我名及店号确在内。

从此时起直到暑假，往来的客人难得有间断的日子。回忆中印象较深的如黄兴常穿响皮底鞋，赵声、徐锡麟，每来辄谈捐官、做官等事。赵的一套武官行头（皮衣包、帽笼及一双靴）时常寄存在我所住的厢房内（男子住校者只我一人）。秋瑾的服装举止完全像日本女学生，鞠躬礼十分到家，别的中国留日女学生在这一点上每易露马脚。陶成章、龚未生住在校内译催眠术，蔡师对催眠术颇感兴趣，据说此术亦可用作暗杀工具。

假后的女学，面目一新，校舍扩充，师生增加，更重要的是教学内容有很大改革，并且办学宗旨明确。如增设法国革命史、俄国虚无党史等科，蔡师手著校歌有“特殊新教育，旧法新俄吾先觉”句，可以明确这个女学为训练青年女子实行暗杀以实现虚无主义的机构。特重化学科，五六个高班生每日学一时，由我担任。新辟的校舍，楼下供蔡师全家及我居住，楼上一部分划给学校，留出一间做化学实验室。此室及楼下宿舍与学校间虽有便门可通，但平时不用。学生来实验室上化学课，须从大门出入。这样表面上看，像一普通住家，可以减少外人对楼上试制炸药的注意。某日，将要实验氢气点火，先一晚我预试不慎爆炸，损坏器皿不少。玻片飞溅，我唇边擦破出血，火油灯亦被震熄，但稍远处桌上正在滤洗的硝基甘油无恙，险哉！险哉！事后误传，当是炸药爆炸，实情如上。

1905年春，芜湖安徽公学校长李德音来上海请化学教员，蔡师介绍我去。暑假回上海，蔡师将离沪他去，女学名义上由蒋师维乔继，实际工作由徐紫虬任教务，吴书箴任庶务。从此女学转变成普通中学。革命性的特殊新教育，昙花一现，为时仅一个学期。

在去芜湖前，蔡师尚在沪，未与我提及光复会事。后接师函，介绍我明年返沪转黄炎培主持的广明学堂，并云光复会有文件、工具、书籍一批交我保管，又嘱日后同志往来过沪，我应多与联络。寒假回沪，受委托者将这批物件点交给我，从此成为我行李的一个重要部分。文件内有店号名册、同志来信、暗语表、账簿，上文所提那份图样亦在内，唯独不见会章。辛亥后，我草率将文件焚化。当时想法幼稚而片面，以为工具可供实用，文件已成明日黄花，对历史文物全未注意其价值。工具书籍在抗日战争中散失，只有一把小钳、一个螺丝钻，我经常携带、备用，至今尚在。

偃旗息鼓并非形势不利，各地革命情况正在高涨。后悉蔡师用一种方式将光复会并入同盟会，即个别介绍会员先后加入同盟会，光复会在上海方面的活动停止。事实上，会员已分散各地，要活动也少人主持。蔡师《我在教育界的经验》一文中关于这一时期的叙述，只提及介绍某某入同盟会及同盟秘密小组，而对于秘密性的光复会则只字不提。并入之说，此可旁证。但光复会部分会员（其中有先入同盟会者）则另行改组，公开活动，故不承认并入之说。有人认为蔡师“短于策略”“不耐人事烦扰”“会事无大进展”，实即嫌其不发展，所以要加以改组使之大发展。亦有人认为小集体并入大集体，秘密性的小会发展成公开的大会，是进步的表现。不过，事实上并而未并，后来更分歧日甚。

蔡师当时的安排颇耐人寻味。一面介绍我至广明学堂，嘱保管光复会物件，但不介绍我入同盟会；一面介绍广明黄校长入同盟会，并另以一份店员名单交他保存，而又不以此事告知我（1954 年黄炎培来杭，闲谈中始提及）。前者似表不并，后者又像表示并，但这只是猜度而已。

广明在 1907 年初迁浦东，改名浦东中学，春季某日，有人在我手中塞一纸条，铅笔字，只数语，言孙少侯来申住某处，约某日某时一晤，无署名。如期往虹口一家日本旅馆，上楼入室，见孙病卧床上。不久，另一探病者来，初疑为一日本女子，细视乃秋瑾同志。只此三人，彼此交换些会员的情况，约谈一小时而别。蔡师嘱留沪做联络工作，仅有这一次，此后至辛亥，未遇过会中同志。是年夏，秋瑾同志在绍兴被害，孙后来在北京被袁世凯软禁，而为洪宪请愿六君子之一。

1961 年 6 月

（选自全国政协文史资料研究委员会编《辛亥革命回忆录》第 7 集，中国文史出版社 2012 年 6 月第 2 版）

光复会前期的活动片断

陈　魏*

一　成立经过和入会仪式

光复会的前身是军国民教育会，而军国民教育会的前身则是支那亡国纪念会，这个会是在日本的章太炎、冯自由等为了挽救祖国的危亡而组织的。后因日本政府不许其他国家的人民在它的国土上进行政治活动，军国民教育会就迁来上海。适值蔡元培先生来沪，闻有这个组织，即来参加入会。后经商讨，改名为光复会，蔡被选为光复会会长。

光复会最初选择会友极严格，会内制度亦极严。会友彼此都不

*　陈魏：时任沪军都督府军医科科长，后任讨袁军司令部军医处处长，陆军大学卫生教官。

相识，只有在共同参加多次会议和秘密工作之后，才互相知道是会友。会员入会时，须选一极秘密的地方举行入会仪式；要刺血和对天发誓，表示革命的决心。记得我入会时，曾对天发誓说过这样4句话："光复汉族，还我山河，以身许国，功成身退。"

蔡元培任光复会会长后，诸会友虽敬重其为人，但因他对联系内地各党会非其所长，发展会务成绩欠佳，因而会友对他微有不满。而徐锡麟为人目光远大，热心公益，克己从人，对待会友亲如家人手足，为众望所归。会友们都叫他"伯荪哥"（徐号伯荪）以表示敬重和亲昵。徐锡麟是绍兴府学堂的副监督兼算学教员。他当时奔走于绍兴府属和邻近的其他府属各县，积极进行联系党会的工作，很少离绍他往。因此上海和其他各处的革命党人，都来绍兴同他联系。于是绍兴便成为会友集中之地了。

二　大通学堂

在绍兴协助徐锡麟工作的有陶成章、龚宝铨、吕熊祥、赵卓等人。陶长于谋略，处事周密谨慎。他对史学很有研究，但他度量欠广，对待会友不能像徐锡麟那样亲如手足，因而威望亦不及徐锡麟。当时集中在绍兴的会友在徐锡麟领导之下拟订计划，进行军事训练、筹集经费、购买武器和团结其他党会的工作。适是时清政府废止科举、办学堂，除各省置有提学使外，省有高等学堂，县有县学堂。因此，光复会总部就利用办学为名来掩护革命活动。绍兴城西有一大通寺，交通便利，房屋宽敞，并有空地堪充训练场所。徐锡麟商得该寺方丈同意，借用空屋办学。正在筹备期中，不料事为徐锡麟之父徐鸣凤先生所知，出面阻挠。鸣凤先生是商界人士，性情顽固，过去在东浦开办热诚学堂，他就曾竭力反对，但因为那是县学堂的预备学堂，他亦无法阻止。此时他又闻有此事，自然更加反对，他不许大通寺方丈把房屋借给他的儿子。总部原想尽快把学堂筹起来，不料受此拦阻，一时计无所出。事为城内豫仓董事候补知县徐贻孙所知，他想从中得到提倡学务的好评，即与徐锡麟说："你要办学，我可以将豫仓空屋借你办学。"徐锡麟为了早日实现原定计划，所以就骑马寻马，先行假豫仓把学堂开办起来。学堂仍照原拟名称，冠以"大通"二字；又因实施军事训练易启人疑，故又加上"体操"二字，称为"大通体操学堂"。这样，大通学堂就在豫仓仓库诞生了；豫仓仓库也因大通学堂而留迹于历史，现在已作为纪念场所了。

三　筹集会款和购买武器

会款的筹集是一个困难的问题，最初由陈志军出款维持（如热诚学堂经费）。后有许仲卿自愿出款，如购买步枪费用、大通学堂用款、捐官费用、出洋留学费用，都是他负担的。由于筹款困难，上海会友蔡元康（蔡元培的胞弟）来绍时，曾主张抢钱庄的运款。陶成章竭力反对这样做，认为不能因筹款而损害全局。以后陶成章在日本将去南洋筹款时，还提及这事。他说，如果照蔡元康的办法做，恐怕光复会现在难以存在了。武器的购买，除零星的无法估计外，有一批九弹步枪共50支，是徐锡麟用团练的名义领得绍兴府的护照，亲自在上海购买的。这批枪支经过杭州运来绍兴，先存放在府学堂，后于大通学堂开办时交到大通学堂。

四　捐官去日本留学

当时各省新兵日渐增多，装备极精，又是新法训练，我们人员虽多，但实力远不能同他们相比。因此陶成章说，我们这样的训练教育是不够的了，必须改订计划。他认为最好的办法是捐官去日本学陆军，以便回国后可以做官掌握兵权，实行革命。大家都赞成他的主张。于是，在原有计划中增加了“捐官去日本学陆军”一项。捐官去日本学陆军的共 5 人，其姓名和兵科如下：徐锡麟捐的是道台，填的是步兵科；陶成章捐的是知府，填的是步兵科；陈志军捐的是知府，填的是炮兵科；陈魏捐的是同知，填的是骑兵科；龚宝铨捐的是同知，填的是工兵科。以上 5 人在办妥捐官和留学手续后，即于同年（大概是 1905 年）冬季，由徐锡麟率领去日本。

当时清政府的驻日本公使是汪大燮，陆军留学生监督是王克敏。日本政府为中国人学陆军所设的预备学校名为振武学校。当我们报到时，王克敏对我们就有怀疑，因为我们一举一动都像学生，使他看不入眼。他对我们说：“根据规定，不是官费生是不能进振武学校的。你们是自费生，可以进其他学校。如要进其他学校，我可以立即送你们入学。”我们回到寓所后，就拍电报给浙省。不久即由浙省巡抚致电驻日本公使，说明我们五人是浙江官费生，要他照例送学。但王克敏说，5 个人不能开一班，要等奉天学生到后一起送学。后来与奉天学生同去检查身体，又说我们身体都不及格，不能入学。经向振武学校校长福岛联系，他说：“这是你们监督处的意见。”

我们大失所望，唯有另想别的办法。这时我们 5 个人除徐锡麟外，其余 4 个人都剪去了辫发。当时议定，一部分人仍留在日本学习，陈志军学法政，陈魏进警监学校警务科学警政，这方面由陶成章主持。徐锡麟以所捐道台回国去谋分发安徽，因为安徽省份小，又是南京的门户，在军事上很重要。至于大通学堂方面，则由徐锡麟另选他人主持。

（选自全国政协文史资料研究委员会编《辛亥革命回忆录》第 4 集，中国文史出版社 2012 年 6 月第 2 版）

记光复会二三事

沈瓞民*

辛丑年（1901 年）至乙巳年（1905 年），越来越多的知识分子趋向革命，并纷纷组织革命团体，积极进行革命活动，甲辰年（1904 年）成立的光复会，就是其中之一。

光复会的酝酿、密商、策划、组织，实肇始于日本东京。当时（1903 年癸卯前后）革命的与反革命的两大阵营，旗帜鲜明地对立着、斗争着。革命派章炳麟（太炎）的《驳康有为论革命书》发表后，给改良主义反动思想以致命的打击；邹容（蔚丹）的《革命军》也"大声疾呼，以宣布革命之旨于天下"。留日学生创办了《浙江潮》等杂志，宣传革命的不可避免，鼓吹做革命之骁将，

---

* 沈瓞民：时任浙江都督府秘书。
新中国成立后，任江苏省政协委员，中国社科院特约研究员。

用革命暴力推翻清朝统治。于是，一部分知识分子坚决走上了革命的道路。癸卯年（1903 年）10 月，日俄战争即将爆发，我们认为战争势必延长，这是中国革命的好机会。在东京的浙学会会员聚集在王嘉祎的寓所密商。第一次参加的有王嘉祎（字伟人，求是书院同学，求是书院即浙江大学堂前身）、蒋尊簋（字百器，求是书院同学）、许寿裳（字季黻，求是书院同学）和我（沈祖绵，字迪民，求是书院教习）等 10 余人。这时王嘉祎在早稻田大学读书，担任《浙江潮》的编辑。《浙江潮》的编辑所表面上设立在东京神田区留学生会馆，实则设立东京牛込区早稻田大学附近的榎木町王嘉祎的寓所，作为秘密集会的场所。浙学会原设在浙江杭州，鼓吹革命，旋被清朝政府下令通缉，于是一部分会员恐惧万分，登报声明退会；有一部分会员继续斗争，由陈汉第（字仲恕，求是书院监院）改名浙学会，以为掩护，仍进行工作。浙学会留日会员在那天讨论的结果，决定另行组织秘密的革命团体，目的不仅要加强革命宣传工作，首要在于力行，要用暴力发动武装起义。我们认为应该先选择湖南、安徽或浙江一省，实行武装占领，作为根据地，再逐渐扩大。最后认为要另组一革命团体，应邀请浙江志士参加。当时陶成章（焕卿）正在东京，军国民教育会魏兰（石山）、龚宝铨（味荪）不久将回国，周树人（豫才）在弘文书院读书，都是坚决走革命道路的人士，分别联络。同年 11 月，又在王嘉祎寓所举行第二次密商，陶成章等均参加。为了取得革命武装根据地，决定陶成章、魏兰分往浙江安徽二地，龚宝铨往上海，张雄夫（开会时张在上海）和我往湖南长沙，与华兴会首领黄兴联系，因黄兴已在长沙暗策革命，武装起义，庶可首尾相应也。两次会议，虽以浙学会名义召开，还没有正式命名为光复会，实则光复会肇始于东京。今之史料，缺此实录，首补叙于斯。①

陶成章、魏兰归国后，奔走浙江各地，联络会党，策划革命。陶成章是革命实践者，毅力惊人，对革命事业始终不渝。成章之叔陶大森，系清朝政府官吏所谓的“时务人员”。当时清朝官吏中，分“洋务人员”，如黄遵宪、唐绍仪；“时务人员”，如汤寿潜、张謇等。陶大森被清朝政府派遣到日本“考察”，实则阴谋瓦解革命力量。大森到日本后，与留日学生监督汪大燮勾结，认为陶成章系革命派主要人物之一，阴施釜底抽薪之计，诱陶成章往北京。成章至北京，始知受骗，立即出奔，竟 5 天未进食，然革命之志未尝稍懈，于是光复会咸推为党的首脑。1904 年 8 月，陶成章联络各地会党参加革命的工作，略有头绪，就到上海和黄兴、蔡元培密谋，决定十月初十“万寿节”实行武装革命。所谓“万寿节”就是那拉氏 70 岁的生日。黄兴所领导的华兴会在湖南、湖北两省同时革命，用武力占领长沙等地；陶成章、敖嘉熊领导浙、皖诸省会党，也于“万寿节”在浙江、安徽两省同时举义，以为响应。为了便于与华兴会方面联系，依照东京浙学会的决议，张雄夫和我往长沙去活动。于是我从日本归国即往长沙，任长沙明德学堂教习。明德学堂是胡元倓创办，为湖南革命运动的大本营，教习有黄兴、苏子谷、谢晓石、金封三、李连舫、秦毓鎏、张继等。黄

① 记载光复会的起源，始见陶成章《浙案纪略》。因“恐致机密漏也，于吾党进取前途，甚有妨碍”，故隐晦不详。如光复会肇始于东京，陶书未叙述。1911 年陶成章来上海，会于人和煤号，这时陶已患病，还谈起这件事，嘱为增补。不幸 11 月陶被杀，此事就搁下来了。

兴全力策划武装革命，当时预计，“万寿节”之日义旗一举，长沙可唾手而得，全国震动，浙皖可一举而下。张雄夫稍后也到长沙，在革命派翁浩做监督的长沙实业学堂担任美术教习。雄夫为人热心，坚持革命工作，未尝稍懈。那时枪弹物资，已陆续运至长沙。我和雄夫按日用各种方法，把黄兴动态通知陶成章和敖嘉熊；浙皖动态也随时通知黄兴，以为策应。

甲辰年（1904 年），龚宝铨也在上海组织暗杀团，与陶成章、敖嘉熊、黄兴暗中配合。暗杀团成立后，人数极少，力量单薄。龚宝铨想扩大组织，是时陶成章来上海，龚、陶在东京时已成刎颈之交，两人密商后，根据东京浙学会的原议组织一革命团体。因章炳麟在狱中，唯蔡元培系清朝翰林院编修，声望素高，欲推为首领，以资号召。陶素知蔡书生气重，恐不能兼容，反使工作造成不利，于是由龚宝铨先与蔡元培商讨，决定扩大暗杀团组织，并由蔡元培自动提出邀陶成章参加，于是光复会遂在上海正式成立。陶成章《浙案纪略》所记光复会成立事稍有出入者，雅不愿自居首功而已。魏兰《陶焕卿行述》说：“是（指 1904 年）冬，成章又与皖、宁各志士在上海结社，曰光复，以蔡元培为会长。”这记载是确实的。而章炳麟的《光复军志》却说：“光复会初立，实余与蔡元培为之始，陶成章、李燮和继之。总之，不离吕、全、王、曾之旧域也。”（见《检论》卷九）这因章氏身系上海狱中，不详原委也。光复会于 1904 年 10 月在上海成立后，陶成章认为首先必须与日本东京原发起人商议，遂于是年 12 月偕魏兰赴东京，与王嘉祎等筹商。光复会东京分部也正式成立，推王嘉祎负责，入会者有蒋尊簋、孙翼中、黄鸿炜、许寿裳、周树人等人（原发起人中，有的已赴南洋，但也在东京入会）。上海与东京互相呼应，光复会声气大壮。当时，革命派民主革命团体中，光复会、华兴会和兴中会鼎足而三，革命遂趋向高潮了。

光复会成立后，首要是扩大组织，大家注意力集中到运动江苏、浙江、安徽、福建、江西5省会党方面，动员参加，以达到武装革命的目的。由于资产阶级民主革命的局限性，当时目光只集中于联系会党，根本不知发动群众、组织群众，这是主要的失败原因。光复会内，虽有龚宝铨所组织的暗杀团成员参加，但力量不足，并且大部分是小资产阶级知识分子，顾虑动摇，行动不坚决。会长蔡元培资望有余而魄力不够，面临实际行动犹豫不决。陶成章就把联络五省会党工作的重任担当起来。初，蔡元培以会党首领敖嘉熊素孚众望，亲至嘉兴，邀他入会。但是敖嘉熊允许相助，拒不入会。这是开始的情形，以后发展起了变化，这就缺少记载了。①

当时浙江会党有沈荣卿、张恭、周昌华为首的龙华会（龙华会与陶成章所组织的光复会外围组织的龙华会系两个团体，不能混淆），王金宝为首的双龙会、竺绍康为首的平阳党、敖嘉熊为首的祖宗教等，会党势力日益扩大。1901年以后，受到资产阶级民主革命派的影响，进行反帝反封建的斗争。如祖宗教的敖嘉熊编写的《新山歌》，就是以白话文宣传革命的书籍。但会党中人还是以“仇洋为主义”，而不谈“排满”。会党的宗旨是“仇洋”，各地不是徒托空言，而是进行着尖锐的斗争。光复会“灭洋”之外，先以“逐满”这种思

① 冯自由《革命逸史》也略有叙述，因未亲历其事，传闻失实之处很多。1936年，辛亥革命老友刘成禺、冯自由、曹亚伯等20余人聚于苏州章炳麟寓次，一致指出冯书失实之处，不独记载光复会而已。冯允订正，未克如愿。

想开始时，会党是不十分理解的。于是光复会向会党进行宣传工作，目的要“易其排外之心，尽化为排满”，反复解释，会党逐渐与光复会目标一致了，这是第一步。其次，会党不愿参加光复会最主要的原因，是会党各有“山堂”，口号暗号不一，“洪门”“潘家”，家规堂章各殊，骤然要会党首领一起入会，自有难舍。于是光复会由陶成章主持，反复商讨了几次，规定会党成员入光复会者，所有会党口号、暗号各家各教一切仍其旧，一切照“洪门”“潘家”的旧规。这样，会党顾虑消失，毅然参加。几次商讨，会长蔡元培已不闻不问了。会党成员与暗杀团的小资产阶级知识分子不同，一经入会，赴汤蹈火，义无反顾。于是光复会大盛，浙江、安徽倡言革命，屡次起义，前仆后继，可泣可歌，都是光复会所领导的。

光复会在浙江的联络点是嘉兴温台处会馆，由敖嘉熊和魏兰主持。温台处会馆解散后，移至绍兴大通师范学堂，由陶成章和徐锡麟主持。光复会上海的联络点设于新闸路仁和里口人和煤号内。人和煤号系王廉（清夫）所办，王系光复会会员。该号内辟有密室3间，作为机关。但是煤号对外联系频繁，易引起注目，极不方便。陶成章、敖嘉熊和魏兰联名写信给我，谋设一学会作为联络点，遂筹设浙江旅沪学会。先是黄兴在长沙革命失败后奔上海，不久赴日本，我在长沙工作中断，乙巳年（1905年）再一次赴日本东京，和黄兴、王嘉祎等商谈。黄兴赴南洋，我即归国，担任上海南洋公学教习。同时上海浙江旅沪学会也正式成立，先设于四马路益智社楼上，继迁三马路宝安里。我被推为主办，人和煤号的王廉为干部，绍兴大通学堂总理姚麟（定僧）辞职来沪担任文牍，姚也是光复会中人也。光复会上海联络工作，遂由浙江旅沪学会负责。

凡光复会函札往返，均由浙江旅沪学会收转；会员来沪，也先至学会找我们3人。犹忆龙华会沈荣卿来沪，持密条云：

干，来书。家瑛来沪配备书籍仪器，请招待，陶起。

“干，来书”是光复会暗号。所谓“家”指光复会的同志，是自己人的意思。“陶起”系陶成章的化名。沈荣卿就住在人和煤号内。又平阳党竺绍康来上海，也如是。唯竺绍康被清朝政府通缉，不敢径往学会而已。又如求是书院同学石承宣（子夫）为光复会联系扬州统领徐怀礼（宝山）起义，徐、石系亲戚，故通过石的关系，与徐暗中接洽。1911年徐怀礼到上海，石承宣就有函给我[①]：

前所约事外，另有要事相商。见字乞速来第一楼（四马路）上层一叙。并会宝山办事人，速速弗延。此上

迪民砚兄好！

石子夫上

宝山指徐怀礼已来上海，徐系盐枭出身。我们在上海二洋泾桥法商密采礼旅馆第五号房间商讨扬州起义事，约定武昌起义，扬州即举义旗，并商定由光复会通知，电文内容：

沪友新甫到，请接洽。

① 这短札我尚保存至今。

徐回扬州，见电报后立即起义了。扬州起义，使江北提督王士珍军队无法与张勋联络，有利于江苏革命工作。浙江旅沪学会所联系的大半是浙江志士，其他诸地联络则不详。至辛亥另设锐志学社作为交通点，这是较晚的事情了。

乙巳年（1905年），同盟会在东京成立，光复会陶成章、章炳麟、蔡元培等参加了同盟会。有人认为光复会已并入同盟会，这样的说法是不符合史实的。如秋瑾先参加同盟会，后又入光复会，可证国内仍照光复会宗旨进行革命活动，也极少参加同盟会者。因为当时资产阶级知识分子组织的革命团体组织不严密，并非领导人参加后全体会员均要参加，何况同盟会仅是各革命团体的联合性质而已。因此，国内革命起义仍以光复会名义办事。己酉年（1909年），光复会总部移设东京，推章炳麟为会长，陶成章为副会长。魏兰《陶焕卿行述》：

庚戌岁，复兴光复会于东京。公举章太炎为正会长，成章为副会长。

庚戌年是1910年，记载有误。而谓“复兴”也不符史实。章炳麟《太炎先生自定年谱》[①]：

宣统元年，四十二岁。焕卿自南洋归，余方讲学。焕卿亦言：“逸

① 《太炎先生自定年谱》，先由苏州章氏国学讲习会排印。1957年中国科学院历史第三所《近代史资料》辑入，内容相同。太炎在世，曾把手稿给我看过，其中有抨击国民党的文字（字数不多），因新中国成立前文网森严，校勘时删去，现在应该补入，此事颇关重要。

仙难与图事，吾辈主张光复，本在江上，事亦在同盟会先，曷分设光复会？”余诺之，同盟会人亦有附者。

光复会总部设于东京当在1909年，《太炎先生自定年谱》所记是确实的。同盟、光复两会离合不一，但两会“宗旨固无大异，皆以种族革命为务，特民生之说殊耳”（《光复军志》）。孙文也以“两党宗旨，初无大异，特民主之说殊耳”（《致陈炯明及同盟会电文》）。分歧点究竟在哪里呢？回忆当时实情，以民主之说为例，不但光复、同盟两会有分歧，而且光复会内部彼此之间，意见也是有出入的。主要分歧反映在光复会方面的是，光复会主张宣传革命之外，主要在于革命的力行和实践；认为用暴力取得政权后才能实行民主政治。因此，光复会领导人从陶成章起，自始至终深入各地，打进基层，实行武装革命，从不少懈。而同盟会虽也重视武装革命，但领导人居国外时间多，宣传也就多于力行。光复会对这点意见较深，两者分歧点在此。徐锡麟就义时尚言“我与孙文宗旨不同”，就是指此而言。但是辛亥革命时期，两党广大成员在国内进行革命，携手共进，固无分彼此。且大敌当前，也不可能有泾渭之分。如进攻南京之役、上海制造局之役，都是两党并肩作战。又如浙江光复军的朱瑞是同盟会会员，而后人记载，说他是光复会会员。一同革命，外界自难分清耳。此种事例，不胜枚举。

光复会坚持由“鼓吹”而趋向“力行”，就是重视武装革命，自癸卯年至辛亥年之间，没有一年，没有一月，不在进行武装革命。清朝反动统治集团残酷镇压，同志被杀的，被“密拿”“通缉”的，起义就难的，前后不下5000人。时隔五十载，姓名湮没无闻，比比皆是。兹就曾一同参加革命，或集会商议，或先后联系过的，确知为光复会成员，回忆所得，录而存之，以求信实。

一　会　员

陶成章（焕卿）	会稽人（绍兴）	光复会领袖，辛亥年十一月被蒋介石刺死于上海。
蔡元培（鹤卿）	会稽人（山阴）	会长，开始尚顾问会务，半载以后，即不问不闻。
章炳麟（太炎）	余杭人	会长，1909 年在东京被陶成章推为会长。
钱　恂（念劬）	归安人	
蒋尊簋（百器）	诸暨人	蒋智由之长子。
蒋方震（百里）	海宁人	
孙翼中（耦耕）	钱塘人（杭州）	
许寿裳（季黻）	山阴人（绍兴）	
周树人（豫才）	会稽人	
龚宝铨（味荪）	秀水人（嘉兴）	
张　恭（伯谦）	金华人	龙华会首领。
魏　兰（石山）	处州人	
敖嘉熊（梦姜）	嘉兴人	祖宗教首领。
王金宝	青田人	双龙会首领，就义。
秋瑾（璿卿，女）	绍兴人	就义。
徐锡麟（伯荪）	绍兴人	就义。

许仲卿	绍兴人	商人。
蔡元康（国卿）	会稽人（山阴）	
竺绍康（酌仙）	嵊县人	平阳党首领。
曹钦熙（荔泉）	绍兴人	
沈荣卿（瑛一）	永康人	龙华会首领。
周华昌（安浦）	缙云人	龙华会首领。
褚辅成（慧僧）	嘉兴人	
王文卿	临海人	
屈映光（文六）	临海人	
方于笥（青箱）	嘉兴人	
姚　麟（定僧）	嵊县人	愤国事，在嘉兴自杀。
王　廉（清夫）	定海人	商人。
吕逢樵	处州人	龙华会处州首领。
宋××	江山人	庚子衢州起义，事败逃亡江苏崇明，后常到上海联系，惜忘其名。
董鸿炜（恂士）	德清人	
马宗汉（子贻）	余姚人	就义。
陈伯平（名渊）	余姚人	就义。
俞　炜（丹屏）	嵊县人	
徐自华（女）	石门人	诗人，与秋瑾友善。
谢斐麟	嵊县人	就义。
魏毓祥（子文）	处州人	
王金发（季高）	嵊县人	

姚勇忱　　　　　归安人

卢钟岳　　　　　诸暨人

计宗型（仰山）　嘉兴人

孙乃泰　　　　　象山人　　　　　被蒋介石杀死。

王嘉祎（伟人）　嘉兴人

叶景莱（仲瑜）　仁和人（杭州）

张雄夫　　　　　萧山人

二　脱　会

蒋智由（观云），诸暨人。

蒋智由于 1903 年东京发起光复会已参加，光复会正式成立，亦欣然参加。但后来走向改良主义的道路，参加政闻社，反对革命，脱会。脱会前曾在张智敏饯别陶成章回国的叙会上即席赋诗给陶，作为暗示，诗云：

亭皋飞落叶，鹰隼出风尘。
慷慨酬长剑，艰难付别樽。
敢云吾发短，要使此心存。
万古英雄事，冰霜不足论。

脱会后，投到保皇党那里去了。但他的长了尊篕始终站在革命方面。又有些记载，说秋瑾被捕杀系蒋智由所告密，这是不确实的。

三 叛 徒

刘光汉（师培），江苏仪征人。

刘光汉在浙江方面工作，因此实为光复会浙江方面成员。刘系蔡元培介绍入会，在敖嘉熊主持的温台处会馆工作，因此洞悉浙西光复会活动情况，叛党投敌后，出卖同志张恭等。

以上除脱会和叛徒各一人外，均系浙江省人士，可见联系范围殊狭也。如丹徒赵声（伯先）和我素相知，但赵系江苏一方块，另有人联系。李燮和也与我一同参加攻上海制造局之役，又是由另一方块联系（李后来变节，与叛徒刘光汉同为袁世凯筹安会中的人物）。因为避免清朝统治政权的残酷镇压，光复会严守秘密，虽父子兄弟也闭口不谈，又系用一小块的方式联系。1912 年 1 月，陶成章被陈其美、蒋介石刺死于上海广慈医院以后，领导乏人，光复会就星散了。

光复会在辛亥革命中起了一定的作用，对资产阶级民主革命作出了一定的贡献。但是光复会是资产阶级革命团体，只着重联系资产阶级知识分子，从事联络会党的工作，又不深入，更没有把广大群众组织起来，因此力量渺小，这是失败的因素。兹值辛亥革命 50 周年，回忆往事，拉杂记之。年已八十有四，记忆维艰，挂一漏万，希有以教之。

（选自全国政协文史资料研究委员会编《辛亥革命回忆录》第 4 集，中国文史出版社 2012 年 6 月第 2 版）

光复会见闻杂忆

周亚卫*

一　关于光复会在杭州的一些情况

我在光复会的经历很少，在会中担负的责任既不大，接触面也不广，所以关于全局的事情知道不多。本文所记的只是一些片断的回忆。

（一）求是书院和武备学堂

现今浙江大学的前身是浙江高等学堂，高等学堂的前身是杭州求是书院。浙江大学门前的大学路原先叫作蒲场巷。求是书院和武备学堂都在蒲场巷的路东，院舍毗连，书院在北，学堂在南。书院

---

* 周亚卫：时为浙江陆军小学堂学员，后任国民党中央军事委员会高级军训部研究室主任。新中国成立后，任第二至四届全国政协委员，北京市文史研究馆馆员。

的东南和学堂的东面，同临着一个大水塘，塘内绿波荡漾，景色宜人。武备学堂的大操场在蒲场巷的路西，正对着求是书院。这个大操场现今已经盖满了住宅。

这一片地方就是求是书院和武备学堂的所在地，是辛亥革命时期杭州的革命发源地。清末浙江有名的文字狱——“罪辮文”案就出在求是书院。武备学堂培养了许多新军干部，同时也出了不少革命人才。在杭州的同盟会会员和光复会会员主要是武备学生。武备学堂的革命气氛，还显露在大堂上的一副楹联上。联词是：“十年教训，君子成军，溯数千载祖雨宗风，再造英雄于越地；九世复仇，春秋之义，愿尔多士修鳞养爪，毋忘寇盗满中原。”这副楹联用春秋九世复仇之义宣传排满革命思想（从顺治到光绪恰是九世）。从伍元芝总办开办武备学堂起，这副楹联就悬在大堂的前楹，地位很显著，字很大，人们一进武备学堂仪门（二门）就必然会看见。继任总办三多也没有把这副楹联换掉。后来武备学堂结束，在这里改办陆军小学堂，这副楹联照旧在起着号召作用。陆军小学堂第三期举行开学典礼，浙江巡抚增韫临场，在大堂上设案点名。点到“蔡宗勿”，这个学生听点，站到案前，增韫向他看了一眼，随手用红朱笔在“勿”字上加“竹”头，变成了“蔡宗笏”。但是，他正坐在两楹之间，却似乎没有理会到这一副“九世复仇”的楹联所含的深意。

（二）1906 年的浙江新军

清朝编练新军之初，在浙江先练一个混成协（旅），以步队两标（团）为基干。步队第一标在 1906 年之前就已经成立了，驻在杭州城北的笕桥。标统（团长）李益智是旧派人物，标内各级干部有武备学堂毕业生，也有其他出身的。

1906 年夏天，开始编练步队第二标，电调留学日本陆军士官学校毕业生蒋尊簋回国，任第二标标统，先组织标本部和第一营的干部，人员如下：执事官（团副官）朱瑞，嘉兴人，南京陆师学堂毕业（那时标本部没有教练官）；第一营管带萧星垣，湖南湘乡人，浙江武备学堂学生，日本陆军士官学校毕业；督队官（营副官）徐恂，青田人，南京陆师学堂毕业。4 个队官（连长）：叶颂清，南京陆师学堂毕业；其余 3 人和排长 12 人，都是武备学堂毕业生。司务长 4 人，也都是武备速成科毕业生。为了培养第一营的头目（正目、副目，即班长、副班长），开办了一个弁目学堂，由标统直接领导。标本部、第一营营本部和弁目学堂在一起，都驻在杭州望江门外海潮寺。弁目学堂共招生 200 人。学生年龄一般在 20 岁上下，最小的 16 岁，最大的 30 岁，文化程度一般相当于高小毕业和中学一二年级，其中有廪生 1 人，秀才 3 人。我那年 18 岁，原在杭州府中学堂一年级读书，夏间又考进了弁目学堂。全体学生分编为 2 个中队、8 个区队。第一营全营干部都担任弁目学堂的工作——中队长 2 人，区队长 8 人，司务长 2 人，其余分教各课学术。7 月开学，预定 1907 年上半年内毕业，然后征新兵入伍。

1906 年秋天，清政府发表浙江混成协的司令部组织，北洋将领杨善德当首任协统。在这以前，两个标统直辖于巡抚和督练公所。督练公所是省级的军事机关，为巡抚督练本省新军的办公之所。靳云鹏曾经当过浙江督练公所总参议（巡抚的军事幕僚长）。

（三）秋瑾到杭州发展光复会

1906 年冬天，秋瑾来到杭州，在新军界中发展光复会会员。她所吸收的会员，主要有以下一些人：督练公所有许耀，南京陆师学堂毕业；夏超，浙江武备学堂毕业；虞霆，举人，浙江武备学堂速成科毕业。武备学堂有黄凤之、张敢忱、吕公望。第二标有朱瑞；叶颂清，队官，南京陆师学堂毕业；周凤岐，廪生，浙江武备学堂毕业；俞炜，浙江武备学堂毕业。上列这些人中，朱瑞起的领导作用较大，夏超政治活动较强，俞炜最年长，在同志中和在社会上联系面较广。

秋瑾在弁目学堂的学生中，起初吸收的人数较多。后来有些人发生了动摇，到最后巩固下来的有徐光国、吴斌、吕和音、徐雄、柯制明、潘知来、裘绍、周亚卫、邢复等。

秋瑾这次在杭州，住在抚台衙门前过军桥南首路西一家小客栈荣庆堂里。走进客栈门，过一个约两米宽的狭小天井，踏上檐阶，有一条小弄，左首的房间就是秋瑾的住室，窗户临天井，室内明亮，来人晤谈，就在这里。斜对过，小弄的右首，比较隐蔽的一间，是新会员填写志愿书、秋瑾和新会员谈话的地方（新中国成立后的1956年，曾经看见这所房子还在，形式没有改变）。

秋瑾当时身穿一件玄青色湖绉长袍（和男人一样的长袍），头梳辫子，加上玄青辫穗，放脚，穿黑缎靴。那年她32岁。光复会的青年会员们都称呼她为“秋先生”。

（四）光复会丁未起义

光复会丁未年（1907年）起义，原定的计划是以安庆为重点，以绍兴为中枢，金华、处州等各地同时发动，分路攻取南京，占领江苏、安徽和浙江各省要地；安庆方面由徐锡麟主持，绍兴方面由秋瑾主持（这是我事后才知道的）。这年五月，秋瑾在绍兴光复会总机关——大通学堂（在绍兴城内 ×× 桥豫仓，有一小部分在附近的仓桥诸暨册局，秋瑾任学堂督办，教职员有王介卿、孙德卿、姚勇忱、张敢忱、竺绍康等）积极准备起义，全校学生加紧进行军事训练。就在这个月，我从杭州到绍兴去参加大通学堂工作，住仓桥诸暨册局，担任油印讲义事务。每日 3 餐，全体师生都到豫仓饭厅会餐，秋先生每餐都在。

在大通学堂工作了约一个星期，朱瑞打电报给秋瑾，叫我回弁目学堂参加毕业考试。我回杭州考完之后，学堂发表第一营正副目名单，准备出发到金华、衢州、严州三府征兵，我是正目之一。正在准备中，中队长叶颂清（光复会干部）同我说：浙江陆军小学堂现在正开办，预定调我去担任职务。因此，我未去征兵，又回到绍兴大通学堂，与我同去的有程毅（号翘轩，河南省怀庆府修武县秀才，1907 年在上海师范学堂肄业）。农历六月二日下午，我们在江干乘义渡船渡过了钱塘江，步行到萧山县西兴镇，晚间乘船，六月三日上午到绍兴大通学堂，一同见了秋瑾。程毅就在大通学堂当教员。我在当天下午被派到嵊县去叫竺绍康发动同志，组织队伍，携带武器，赴安庆参加起义。关于队伍的秘密行动和武器的秘密携运方法以及我帮助竺绍康率领队伍的任务等，秋瑾都给了指示。

六月四日，程毅和秋瑾一同被捕。六日，秋瑾在轩亭口被害。程毅被关在绍兴府牢狱里，审问了 10 次，虽经酷刑严讯，他除了提到秋瑾之外，没有供出光复会的一件事、一个人，第二年秋间病死狱中。

我在六月三日下午接受任务后，当天晚上乘船离绍兴，四日在蒿坝转船，五日上午到嵊县见了竺绍康。竺绍康那时住在嵊县城南门外的恒源兴过塘行（代客雇船和转运货物的店行）里。这个行在剡溪北岸大路旁边的高台阶上。他住的房间朝着剡溪，与他同住的有两个 10 岁上下的儿子（竺鸣涛、竺筱鸣）和一个中年的马夫。他还有一匹马。

我传达了秋瑾的指示，竺绍康让我到南乡乌岩镇找俞继春发动同志。五日当天下午，我到了俞继春家里。继春说，同志们大部分集中在新昌县梅渚村一带，他同我商定，次晨一早赴梅渚。傍晚，两人出门在溪边散步，向大树荫往北走，迎面来了一个从嵊县城里来的人，说："徐锡麟刺死了安徽抚台，他本人被斩首剜心了。绍兴方面，秋瑾被捕，大通学堂被查抄。嵊县城里，在捉拿竺绍康，竺已逃走。"我们两人听了这个消息，就匆匆分手了。

我从乌岩到了西乡，在邻村姐家住了一宿，第二天（六日）早晨到家里看一看母亲，就向嵊县城里走去。一路上行人的谈话中，也有昨天所听到的情况。恒源兴过塘行门前的马不在了，竺绍康父子住的房间敞着门，空无一人。这些所闻所见，证实了上述消息是确实的。我便直回杭州，到营里（海潮寺）当了几天新兵正目，等到我的陆军小学堂副学长（副排长）的职务正式发表了，就离开海潮寺，到了蒲场巷。

秋瑾被杀，杭州方面人心很激愤，不知道秋瑾的人都因此知道了秋瑾，不懂得革命的人也因此受到了革命的教育。《杭州白话报》登载了一幅插画，画面是波涛滚滚的浪潮，当中有一艘鼓足了风帆的航船，上头题诗两句："秋雨秋风天欲黑，张帆暗送浙江潮。""秋雨秋风"是秋瑾供词中语，"张帆"是指当时浙江巡抚张曾扬（张号筱帆）。新军第一标标统李益智因为从杭州带兵到绍兴，参与了包围大通学堂、逮捕秋瑾的事，他从此在浙江就很不得人心。

秋瑾案发生后，新军第二标受到省官方特别注意。据说海潮寺周围曾经布置密探，幸而后来无事，没有受到株连。

杭州知识界为了秋瑾案很不满意汤寿潜。因为绍兴知府贵福逮捕秋瑾之后，因汤负有声望，曾经征询过汤的意见，而汤的表示却是不利于秋瑾的。

（五）光复会和同盟会在杭州的密切合作

杭州的同盟会会员在新军方面有顾乃斌、葛敬恩、黄凤之（同时又是光复会会员）、陈国杰、冯炽中、徐士镳、傅孟等。他们都是浙江武备学堂毕业生。还有吴思豫，是从武备学堂到日本陆军士官学校去留学的。

在杭州，光复会和同盟会开会和办事有时在一起，不分界限，协力合作。新军第二标标统蒋尊簋是同盟会会员，而他的部下就有光复会的同志。

光复会的领导人是陶成章、徐锡麟、秋瑾 3 人。丁未起义失败，徐、秋牺牲了。陶成章和杭州新军界同志接触的机会较少。杭州方面的领导人，丁未之后，也有变化：朱瑞离浙江到安徽去了，周凤岐进陆军大学去了，叶颂清遭受地方同乡的打击，也暂时离了军职。因此，有几年，杭州光复会的活动比较少。光复会创始人章炳麟、蔡元培同杭州新军界方面没有直接关系。1908 年到 1910 年，从各地到杭州来联系过的同盟会会员，先后有由南京来的冷遹、伍崇仁（绶卿，南京人，浙江武备学堂毕业，在南京第九镇任职）和由上海来的黄郛。同盟会和光复会同志都在一起开会，地点在湖墅黄凤之家里。

（六）杭州的“光复”

“光复”杭州的革命队伍主要是浙江新军。1911 年，浙江新军已经成镇，主力驻杭州。其中步队第一标驻笕桥，第二标驻南星桥，协司令部和工程营驻梅东高桥，马队、炮队及辎重营驻螺蛳山。

同盟会会员和光复会会员在新军干部中占主要地位，并且一般都受到全军上下的信任。非会员的干部也大多数同情革命。光复会会员朱瑞已经从安徽回到了浙江，任第一标（笕桥）第一营管带，代理标统俞炜调到第一标，叶颂清又回到新军里，周凤岐、吕公望、裘绍等也分别由陆军大学和保定陆军速成学堂回到了杭州。

浙江陆军小学堂也是参与“光复”的一支力量。陆军小学堂的第一期毕业学生先升学到南京陆军中学，1911 年秋间，已升入武昌陆军预备学校。他们参加了武昌起义，王卓、詹蒙两人阵亡。这时在学堂的有第二期（三年级）和第三期（一年级新生）。为了准备参加起义，这两期学生都加紧训练，并给第三期提前发了枪。陆军小学堂的两个队长，一个是同盟会会员葛敬恩，一个是光复会会员周亚卫。排长吕焕光、葛琦、商文蔚、陈锐、邵武、王 ×× 都同情革命。教员如韩澄、罗嗣宗、何公旦、张晋、刘公刘、陈仲甫等，都是进步分子。

武昌首义以后，杭州方面开始积极酝酿。陆军小学堂为通信联络机关之一，并进行宣传鼓动工作，对杭州各机关学校等散发传单。有一次地理历史教员陈仲甫起草了一篇檄文，由我用一张大纸写好，同排长商文蔚两人深夜里去贴在鼓楼的门旁。第二天，这张檄文不见了，原位置上改贴了抚台衙门严厉镇压的告示。

当时在杭州的反革命武装力量情况如下：1. 抚台衙门有巡抚增

韫的卫队一营，新军装备，有训练，有机关枪（当时只有这个卫队营有机关枪，别的队伍里没有）；2. 驻防将军衙门所辖旗下营（今新市区）人数多，但没有战斗力；3. 巡防队有几个营，分哨（排）散驻在各城门附近和几个寺庙里，是旧式军队，只有旧式枪，也很少训练；4. 巡警是新办的警察，力量小。

1911 年八、九月间，杭州的同盟会和光复会举行了几次干部会议，进行了一系列的准备，于九月十四日的夜里发动武装起义。起义的概况如下：

步队第一标占领下城的城内外各地。工程营协助第一标进艮山门并担任其他占领任务。步队第二标占领上城的城内外各地，主力一部占领抚台衙门。抚台衙门卫队营管带孔某，事先由某同志联系妥当，表示归附革命。炮队在城隍山占领阵地，准备射击将军衙门。

陆军小学堂队长葛敬恩到总司令部工作，我负责支援第一标；学生队由排长吕焕光、陈钝率领，担任太平门、清泰门一带的巡逻警戒。

光复会敢死队由张伯岐、尹维俊率领，九月十四日下午从上海到杭州，带来的炸弹、武器卸存陆军小学堂，夜间会同第一标攻击抚台衙门。

十四日夜，各部队按照上述部署分头行动。其中较重要的是第二标和光复会敢死队围攻抚台衙门。光复会的 17 岁女会员尹维俊站在敢死队前头投掷烧夷炸弹，烧毁了抚台衙门的一部。革命军逮捕了浙江巡抚增韫，交陆军小学堂学生队押往清泰门八旗会馆看守（后经会议讨论，送上海释放）。驻防将军和旗下营没有抵抗。巡防营都缴了械。警察表示反正。

九月十五日，杭州“光复”。

在起义的全部过程中，只有管带陈国杰在报国寺受伤（由于误会），没有发生其他流血事件。

当时我的任务是支援第一标。十四日下午到笕桥，在俞炜（丹屏）先生家里晚餐后，天黑了，和他的亲戚竺某一同去剪断通向各处的电话线。以后随俞先生进营房。有排长滕瑞祺身发高烧，不能进城，我便临时代理他的职务。我领着这个排随着大队伍，几阵快步，几阵跑步，进了艮山门。以后我排分进到茅廊巷，缴了巡防队的械。任务完成后，我回陆军小学堂休息。十五日上午，上城隍山，炮队还没有撤出阵地。据说有一发炮弹命中将军衙门的廊柱，柱脚被震得向后移动了半寸。

我是光复会的普通会员，事前的干部会议没有参加，所以全面的布置我知道得不详细，以上所写的情况，只是零星的回忆。

浙江“光复”时一些人事安排如下：

临时都督童葆暄（伯吹），原第二标的督队官（营副官）之一，由干部会议推选。

首任正式都督汤寿潜，沪杭甬铁路督办，是从上海迎接来的，在职不久。

第二任都督蒋尊簋，1906 年任第二标标统，1909 年调任广西省督练公所教练处总办，浙江“光复”后回浙。

都督府军务厅厅长顾乃斌，同盟会杭州领导人之一。继任陈仪系从北京回浙。

民政厅厅长褚辅成，财政厅厅长高尔登，都是从上海回来的。

浙军总司令周承菼，原第二标标统；参谋长周凤岐，由陆军大学回浙；参谋有盛开等；副官有陆 ××（玉书）、冯炽中、徐士镳、傅孟、周亚卫。

会师南京的浙军支队司令部：支队长朱瑞，参谋长徐乐尧，参谋葛敬恩。

二　尹锐志、尹维俊姐妹的革命活动

光复会前期由章炳麟、蔡元培、龚宝铨主持，总机关在上海；中期由徐锡麟、秋瑾主持，总机关在绍兴；后期由陶成章主持，总机关仍设在上海。陶成章经常在南洋和国内各地奔走，上海方面由一个女会员尹锐志负责。辛亥革命以前，因同乡同志关系曾闻尹锐志其名，1913 年春才在北京相见，1916 年结婚。她 1948 年病故于重庆。相处 30 多年中，有时她谈到光复会的旧事，以下所记即是她所谈的一些情况。

（一）尹锐志参加光复会

光复会在嵊县（属绍兴府）的机关设在北乡某村王金发家里，在城里某弄设有办事处。尹锐志当时在爱华女学堂读书，思想倾向革命。她每天上学下学经过光复会办事处门前，知道这里是个秘密革命机关。1903 年有一天，她发觉有从省里（杭州）来的人要破坏光复会的机关，并且已经约好办事处里面的某人做内应，她就立即密告办事处。光复会的同志们调查属实，消灭了内奸，做好准备。省里来人不敢下手，就走了。因此，光复会吸收了尹锐志入会，当时她才 13 岁。

1904 年，尹锐志来到绍兴，在秋瑾办的明道女学堂里半工半读。

这年，她的妹妹尹维俊（时年 9 岁）也入了这个学堂。后来锐志被派到上海工作，姐妹两人就一同住在上海。尹维俊身材高大，当她 1910 年在体育学堂毕业、任体操教习时，才 15 岁，但看起来同成年人一样。

（二）尹氏姊妹在上海光复会总机关

1907 年，光复会准备发动武装起义。这年五月，尹锐志（17 岁）和尹维俊（12 岁）由上海回嵊县参加起义。结果因为安庆先期发动，起义未成，各处大索革命党人，她们两人便从嵊县又回到上海。

自从丁未起义之后，光复会在上海的同志集会和通信联络都很不便，生活也很困难，挨饿挨冻是常事。尹锐志、尹维俊两人就以贩卖报纸杂志来掩护通讯联络和侦察工作，并且借此维持自己的生活，有时还帮助困难的同志，她们有时也得到王金发母亲的接济。

1908 年，光复会会员姚勇忱找到了一个会制造炸弹的人，她们姐妹两人从此就学会了制造炸弹的技术。1909 年，姐妹两人曾到过北京，想炸毙清廷的权贵要人。住了将近一年，因人地生疏，清政府又防范很严，不易下手，就回到上海。

1910 年，陶成章在上海法租界平济利路设立了一个固定机关，叫尹锐志、尹维俊住在里面担任日常工作，并且用她们姐妹两人的名字，把这机关定名为“锐俊学社”。这个学社表面是一个小型的阅览书报的民间文化机构，实际是光复会后期的总机关。后来又发起组织了一个女子国民会，会所也在这里。

（三）上海“光复”后的活动

1911 年，四川、湖北、湖南、广东等各省发生反对清廷铁路借款的大风潮，光复会准备响应。八月武昌首义后，尹锐志联络沪军营陈管带、吴淞海军朱庭燎、陆军黄汉湘参加光复会，共同策划革命，组织了光复军。九月，李燮和由南洋爪哇回到上海，担任光复军总司令，司令部就设在锐俊学社。

这里要说一下上海光复会与同盟会的关系。同盟会在上海，陈其美是主干，他很不喜欢光复会。陈其美曾经几次劝尹锐志到南洋去，目的是要尹离开上海，使光复会在上海没有人办事。尹不听，未中其计。有一次南洋汇给光复会的一笔款子竟被陈其美冒领去了。这一类事是不少的。上海“光复”的时候，陈其美向光复会要求占有制造局所存枪械的大部，要求平分制造局的现款，要求由他当沪军都督，在制造局设沪军都督府，要求光复军总司令部移驻吴淞。尹锐志都答应了。

江浙联军攻下南京之后，江苏省松江府还没有“光复”。松江代表平智初到南京军中请求尹锐志制发炸弹。尹锐志认为江南大部都已“光复”，松江一隅可以在周围形势影响之下和平“光复”，用不着炸弹。但因为平智初坚请不已，尹锐志只好和他同回上海制造炸弹。

光复会制造炸弹的秘密机关设在法租界霞飞路某号三楼，尹锐志在里面工作了一夜，时近天明，身体疲乏。助手杨哲商和平智初再三劝尹休息，由他们两人代为操作。尹刚入睡，杨操作失手，弹药爆炸，把整个屋顶轰掉了。杨本人全身粉碎，只剩下了一个胃。平头面手脚都负伤。尹头顶炸伤，惊慌中从三楼窗户跳下马路，乘洋车到附近自新医院治疗；法国巡捕追踪而来，把她送入广济医院。她神志恢复、伤势稍愈后，又被带去关在巡捕房里。陈其美派王一亭送款 5000 元，由工部局发给房主，作为赔偿费。因为已经“光复”，所以尹锐志能够释出养伤，没有再追究此事。

当光复会会员朱瑞、夏超、周凤岐、叶颂清、俞炜等组织杭州的武装起义时，上海光复会派出一支敢死队，携带炸弹，由尹维俊和张伯岐带领，到杭州参加了起义。

（选自全国政协文史资料研究委员会编《辛亥革命回忆录》第1集，中国文史出版社2012年6月第2版）

记秋瑾

徐双韵*

一　少年时期

秋瑾，初名闺瑾，乳名玉姑，字璿卿，号旦吾。东渡后改名瑾，字竞雄，自号“鉴湖女侠”，笔名秋千，曾用笔名白萍。原籍浙江省绍兴府山阴县，于 1875 年农历十月十一日生在福建厦门，时祖父嘉禾任厦门知府，父寿南、母单太夫人都随侍厦门。厦门在鸦片战争后，为英帝国主义强辟为商埠，秋瑾童年眼见英国教士态度恶劣，屡屡恃强闯进祖父办公处所提出无理要求，百般侮辱。老人的愤慨，播下了秋瑾革命的种子，助长了秋瑾革命的根苗。

* 徐双韵：曾任秋瑾创办的《中国女报》编辑，国民党浙江省党部妇女部长。新中国成立后，任上海市文史研究馆馆员。

秋瑾天资聪明，加以努力学习，11岁已会作诗，常常捧着杜少陵、辛稼轩等诗词集吟哦不已。单太夫人雅擅诗文，循循善诱。秋瑾失恃后，为了纪念慈母的辛勤教诲，曾托人绘了一幅《秋灯课诗图》，自己并题了一阕《临江仙》以寄其深刻的怀念（这首词是秋瑾在成仁前数月写的）：

懿范当年传画荻，辛勤慈母兼师。丸熊篝火课儿时，三迁媲孟氏，折叜授羲之。　　佳句不辞千遍读，秋宵真个宜诗。讲帏已邈悔生迟，宣文遗志在，盥手仰仪徽！

秋瑾在学习经史诗词以外，特别爱读《芝龛记》等小说，对秦良玉、沈云英备极推崇。

1890年，当秋瑾16岁的时候，祖父嘉禾因受不了外国人欺压，带着家眷离开厦门，回到故乡，在绍兴南门租了一所叫和畅堂的房屋。这所房屋原为明朝神宗时大学士朱赓的别墅，完全是明代建筑形式，三间四进，虽不甚高敞，房间却是不少，后面靠着塔山，环境幽静。秋瑾就住在第二进左边楼下，少年时代的诗词都是在这里写成的，而成仁前秘密革命工作，也是在这里进行的。现在绍兴的“秋瑾革命纪念馆”就设在这所有历史意义的房屋里。

秋瑾在厦门时常常听母亲谈起，在萧山的舅父和表兄弟都习武艺，很有功力。因此，她回绍兴不久，就随母亲到萧山单家学会了骑马击剑、跳高跳远。这时的体格锻炼，对她后来从事繁重的革命工作是有不少帮助的。

秋父寿南在厦门以知县升直隶州，因家贫不能厚贿吏部胥吏，签发湖南，初在常德县当厘金局总办，后调湘潭，因此把秋瑾许嫁湘潭富绅王家儿子廷钧（廷钧，字子芳，在《浙案纪略》及夏衍《秋瑾》剧本中均误作“延钧”。秋宗章的《六六私乘》作“德钧”，而《大通学堂案录秋瑾供词》和王时泽撰的《秋烈士遗稿序》以及家姊自华（寄尘）所撰的《鉴湖女侠墓表》、陈去病撰的《鉴湖女侠秋瑾传》等资料，均作“王廷钧”）。于1896年农历四月初五结婚，时秋年22岁（《浙案纪略》说：“随父入湘，年十八嫁王延钧。”冯自由的《革命逸史》说：“年十八出嫁。”吴芝瑛的《秋女士传》说：“年十九嫁京宦某君。”1959年4月中华书局出版的中国历史小丛书《秋瑾》也说：“十九岁出嫁。”但《六六私乘》说：“先姊光绪元年（1875年）生，光绪二十二年（1896年）出嫁。”则应为22岁）。王父诨名王二胖子，同曾国藩是表兄弟，当过曾家账房，在屠杀人民的战争中发了横财，因而廷钧纨绔习气很深，诡计多端，与秋瑾的正直热忱性格，自然不能融洽。

1901年农历十月十六日，寿南在湘阳知州任上逝世，家人就移居湘潭，开设和济钱庄，维持生活。不料所用非人，经理陈玉萱利用职权，任意侵吞。一年以后，和济倒闭，秋家经济陷于破产。王氏一家刻薄成性，对秋家十分冷淡。

秋瑾是一位有革命思想的妇女，对王家的铜臭熏天，束缚重重，真感到无限苦痛。加之帝国主义者积极侵略，清政府江河日下，国势一天天地衰弱，民生一天天地困苦，因此她很想离开家庭，服务社会，和男子们一道担负天下兴亡的责任。

二　留学日本和参加革命组织

1903 年农历五月，秋瑾的老母以及兄誉章、弟宗章、妹理等因和济钱庄失败，复遭王家白眼，知湘潭不可留，遂回绍兴。不久，王廷钧在清政府捐了一个户部主事的官职，就带秋瑾到北京居住，当时清政府亲贵专政，对外屈服，对内搜刮，又经中日甲午战争及庚子八国联军战争两次丧师辱国，赔款割地，国势岌岌可危。秋瑾眼见清政府的腐败，耳闻八国联军的劫难，所受刺激非常深刻，因而革命思想愈趋浓厚。

秋瑾在北京住南半截胡同，认识了王廷钧的同事无锡人廉泉的夫人吴芝瑛女士，两家又为毗邻，且在文学上有同等的造诣，日夕过从，情同姊妹，大有相见恨晚之感。秋瑾在吴家经常阅读当时的新书新报，因而对旧民主主义有了进一步的认识。这时，留学日本的逐渐增加，秋瑾感于新的知识不够，就毅然立下留学东瀛的志愿。极端顽固的王廷钧遂恃其封建夫权，封锁经济，且竟用下流手段，窃取秋瑾私蓄首饰，以阻其行。但秋瑾不为困难压倒，托同乡人陶大钧的日籍夫人荻子变卖余剩饰物，筹得旅资。方欲启程时，前礼部主事王照因维新派嫌疑被拘下狱，她与王照虽素不识面，一闻此讯，即毅然分出学费一部分托人送去，作运动释放之用，还嘱送款人勿告诉何人送来。这种同情爱国青年的侠义行为，在当时社会里确是难得的。

1904 年的新秋（青年模范丛书《秋瑾》与《史学月刊》1957 年第 7 期《秋瑾年谱》，均误作 1904 年 3 月），秋瑾离国去日本，行前吴芝瑛和荻子等曾于北京城南陶然亭为她置酒饯别。

在此要顺便谈一谈秋瑾与王廷钧的夫妇关系。他们只是志趣不协，意见不同，夫妇关系是仍旧存在的，既不是《史学月刊》《秋瑾年谱》所说的“分居”，也不是宋元《秋瑾与徐寄尘的革命友谊》所说的“决绝”。请看《六六私乘》里说：“迨光复会组织成立，筹饷购械，难以为继……先大姊目击心伤……专赴湘潭，孑身至王宅，时子芳（廷钧之号）宦京未返，君舅健在，谈次悉姊近况，即畀数千金。”又说，“当时姊婿子芳久已下世，佳城既卜，乃于宣统元年（1909 年）农历八月，遣两佣人，将奉榇还湘合葬。九月中旬，始遣之行。”据此可以证明，秋、王夫妇名义确实还保存的。

秋瑾到东京后，即入骏河台留学生会馆所设的日语讲习所补习日文，进步神速，岁暮卒业，明年考入青山实践女学。当她补习日文的同时，曾与陈撷芬等 10 人发起共爱会（《国民党党史史料丛刊》曾写作“重兴光复会”，实误。考共爱会会员都是妇女，光复会是蔡元培等在上海发起，实是两个组织，不可混而为一。且秋瑾于共爱会是发起，不是重兴）。共爱会实是近代中国妇女首先成立的爱国组织，宗旨是反抗清廷，恢复中原，主张女子从军，救护受伤战士，一面通信国内女学，要求推广。秋瑾同时还与刘道一等九人组织秘密团体，名十人会，也以反抗清廷、恢复中原为宗旨。旋闻冯自由、梁慕光等组织洪门天地会于横滨，遂偕刘道一等加盟，受封为“白纸扇军师”。从此，她的军事知识就渐渐地充实了。

秋瑾眼见当时留日学生的政治觉悟很低，多数人留学目的是企图回国后做官吏，当买办。她为了唤醒群众，在东京倡办《白话报》，第 1 期出版于 1904 年中秋节。《白话报》是杂志性质，与梁启超保皇党的《新民丛报》对立，鼓吹推翻清政府，月出一册，售大钱50文，可惜限于条件，仅出六期。编辑兼发行的是演说练习会，附设于东京神田区骏河台铃木町十八番地中国留学生会馆内。印刷所在东京牛込区神乐町一丁目二番地翔鸾社，印刷者日人野口治安。主要内容：第1期有《中国历史的摄影》一文，指斥金、元、清的封建统治为“胡人”，为“野种”。第2期有《敬告中国二万万女同胞书》，反对缠足，提倡女子求学，争取男女平权。第3期有《说廉耻》，提出“我国应除去这骚鞑子，省得作了双料奴隶”的口号，反映当时人民反对清贵族反动统治的强烈要求。以后，秋瑾又先后认识了陶成章、鲁迅、陈公猛、黄兴等爱国人士，共同宣传革命，协商爱国救亡活动。

1904年农历年底，秋瑾因资助长沙起义失败东来同志的生活，以致经济告竭，乃回国筹措学费，行前恳陶成章介绍参加光复会。陶就分别写信给上海主持人蔡元培及绍兴主持人徐锡麟。她到上海后，先到虹口爱国女学见蔡，并回绍兴东浦热忱学堂见徐，遂加入了光复会。单太夫人典卖衣物，筹措了几百银圆给她回日读书。她从绍兴到上海时，陶成章也回上海，曾偕秋瑾访问龙华会处州负责人吕熊祥等。1905年春初，她便只身二次赴日。她此行毅然乘三等舱，与当时所称“苦力”为伍挤在一起，其俭约于此可见。但在校里看到一湖南女同学蔡竞无家可归，生活困难，仍慨然帮助，毫无吝色。

秋瑾在青山实践女学校习教育及工艺等科学，对看护工作更加悉心研究，曾参考日本书籍，译写了一部《看护学教程》，详细地介绍了看护的理论与实践，极力批判了当时社会把看护当作贱业的封建观点。

1905年农历七月，孙中山先生因黄兴及蔡元培等的欢迎，从欧洲赴日，组织中国革命同盟会。秋瑾经黄兴介绍，与中山先生见面，倾谈之下，对中山先生的革命主张和方策大为信服，即由冯自由介绍，至黄兴寓所填入会表，不久被推为浙江主盟人。

三　回国从事革命活动

1905年冬，清政府驻日公使杨植为了破坏留日学生的爱国活动，勾结日本文部省颁布所谓“清国留日学生取缔规则”，不但禁止留学生的爱国运动，而且侵犯人身自由。8000多名留日中国学生向日政府交涉无效，实行罢课，湘人陈天华悲愤投海，遗书同学们坚持爱国主张。全体留日同学十分愤慨，在浙江同乡会集会。这时，同学们有两种不同意见：一部分主张忍辱力学，一部分主张回国实行革命。秋瑾发言，力主回国，词意激昂，随手从靴筒取出倭刀插在讲台上说：“如有人回到祖国投降满虏，卖友求荣，欺压汉人，吃我一刀。”

1906年新春，秋瑾归国，径回绍兴。

秋瑾回绍兴后，先在绍兴明道女学代了几天体育课。农历二月上旬，以嘉兴褚辅成的介绍，应湖州南浔镇浔溪女学聘为教习。南浔为浙西富庶巨镇，她到此地也希望对革命经济力量有所帮助。浔溪校长为家姊徐自华（寄尘），我与上海市文史研究馆馆员吴惠秋老先生（原名明，号希英，后为纪念秋瑾改名）当时均在校肄业。在短短5个月中，我们受到秋瑾的启发不少。秋瑾对我与家姊的爱护与期望十分深切，从下面的诗句里足以说明：

赠家姊诗云：

临行赠我有新诗，更为君家进一辞。
不唱阳关非忍者，实因无益漫含悲。

莽莽河山破碎时，天涯回首岂堪思？
填胸万斛汪洋泪，不到伤心总不垂。

惺惺相惜两心知，得一知音死不辞。
欲为同胞添臂助，只言良友莫言师。

赠我诗云：

祖国沦亡已若斯，家庭苦恋太情痴。
只愁转眼瓜分惨，百首空成花蕊词。

何人慷慨说同仇，谁识当年郭解流？
时局如斯危已甚，闺装愿尔换吴钩！

还有和我七律一首云：

素笺一幅持相遗，字字簪花见俊姿。
丽句天成谢道蕴，史才入目汉班姬。
愧无秦聂英雄骨，辜负阳春绝妙辞。

我欲期君为女杰，黄龙饮罢共吟诗。

（初稿为“莫抛心力苦吟诗”，以后来信改正）

我们受到秋瑾至诚的感化，就先后秘密加入了同盟会与光复会，经常进行革命活动了。吴惠秋老同学一乡村女子，家庭又十分封建，不久也主动随秋瑾至绍兴，不怕危险，掌理机密，直至秋瑾被捕，始化装出走。秋瑾感人之深，可想见了。

这里还要补充秋瑾因何离开浔溪女学的一段史实。《史学月刊》1957年第6期《秋瑾年谱》只说：“以褚慧僧之荐，任浔溪女学教员。未几即辞去。”浙江人民出版社出版的《秋瑾》只说：“在浔溪女学的时间甚短。”连秋宗章的《六六私乘》也只说：“家居数日，应吴兴浔溪女学之聘为教员，……暑假辞职。”而青年出版社1946年8月再版的《秋瑾》竟杜撰为：“……在浔溪任教不久，因和学生的感情不大融洽，便怫然离去。”其实秋瑾于1906年3月到浔溪女学担任日文、理科、卫生等课程，启发同学，无微不至（家姊所写《秋侠墓表》说：“……主讲浔溪女学，教育弥至”云云，足够说明），而革命的熏陶，精神的感化，更为突出。实因浔溪校董金子羽捏造学生家属意见讽示秋瑾辞职，秋瑾遂在暑假时鸿飞而去，同学痛失良师，涕泣数日，家姊也愤而辞职。我也遵照秋瑾指示，转入当时素称革命文化机构的上海爱国女学肄业了。

秋瑾离开浔溪女学后转到上海，与同志陈伯平、张剑崖、姚勇忱等在虹口祥庆里以“锐进学社”为名，联系敖嘉熊（号梦蛟）、吕熊祥（号逢樵）等运动长江一带会党，又与蒋乐山、沈鹿珊、张恭、周华昌等运动浙江会党以利起义。八月间，秋母逝世，她回绍料理丧事，事毕仍回上海，和陈伯平在寓所秘制炸药，不慎爆炸，陈伤目，秋伤臂，幸而证据毁灭，未遭逮捕，但从此即被租界当局注意，想将她驱逐出境。

1906年冬初，秋瑾为了唤醒广大妇女，在上海创办《中国女报》，预定集股1万元，购置印刷机件，准备印报编书，同时并进。无如尽量征求，入股的仅四五人，款股只筹到数百元，同预期目标相去甚远。我姊妹两人勉力捐助1500元，才在北四川路厚德里开始编印。创刊号于农历十二月初一出版，采取杂志形式，每月一期，售洋二角，总编辑为陈伯平，余任校对，发行及总务由秋瑾一人支持。她并亲写了发刊词，还写了一篇《告姊妹们》在第1期发表。

第2期在1907年农历正月二十出版，改用道林纸印刷，相当精美，内容更加丰富，刊登了署名黄公的《道德说》、钝夫的《女子教育》、志群的《恭贺新禧》、挽澜女士（陈伯平之妹）的《女革命英雄独立传》、吕碧城的《女子宜急结团体》、秋瑾的《女权歌》，附以简谱，以便大家歌唱。

《中国女报》刊行了两期，因销路与资金关系，便告夭折。

在此，我不能不言的是：浙江人民出版社1957年朱耀庭所写的《秋瑾》第19页14行至17行说："袁世凯在天津选娶侍妾……秋瑾决定牺牲自己，参加应选……"云云，不但没有这回事，并且未免侮辱先烈。吴惠秋老同学在《中国女报》停刊后随侍秋瑾，深知秋瑾当时绝对没有到过天津。为此郑重声明，以正误传。

秋瑾参加光复会后认识各省同志渐多，特别是浙江人。自从《中国女报》停刊，革命工作已由宣传转入注重军事方面。光复会的前身是"军国民教育会浙江分会"，对军事计划与教育计划，原是有细致研究的。

其时，刘揆一等联合洪江会党拟在萍乡、醴陵起义，由秋瑾负责联络浙江的龙华会首领吕熊祥（会本部设在金华）、平阳党首领竺绍康（号酌先，又字谪仙，党本部设在嵊县），以及浙东会党首领蒋乐山（号鹿珊）及张恭（字同伯）响应萍醴起义。不料湖南失利，秋瑾万分悲愤，又不愿失信于会党，就进一步发动浙江会党及武装同志，计划独立起义。

1907 年农历正月，绍兴大通学堂师生一致邀请秋瑾主持校务。大通学堂是徐锡麟等于 1905 年农历八月创办的，以提倡军式体操为由，请准绍兴官吏，募款购买后膛九响枪 50 支，子弹 2 万发；一面密告龙华平阳首领，选派干部到大通学习军事，并聘武备学生张健、魏励劲二人为军事教员，以等待发难时机。自从徐锡麟留日以后，堂内继任的余静夫、曹钦熙等不了解会党秘密，致引起风潮。等到秋瑾来校主持后，同学师生间的矛盾渐渐解决，学习情绪也安定下来了。

秋瑾一面尽量维持大通，一面与平阳龙华首领联系。义乌吴谦林、金华徐顺达、武义周华昌等亲受感化，自愿服从领导。同时，她又运动军队、浙江武备学生、陆师学生及弁目学堂师生。于是周凤岐、俞炜、朱瑞、许耀、叶颂清、徐士镳、魏励劲、张健、傅孟、周亚卫、徐光等浙江军队干部参加了光复会，组织逐渐扩大，声势也随之雄厚了。

为了统一浙江的秘密军事组织，秋瑾就编制光复军制，并铸成金指约，上面分刻文字，颁给干部，其文字为一首七绝：

黄河源溯浙江潮，卫我中华汉族豪。
莫使满胡留片甲，轩辕神胄是天骄。

金指约上所铸的字都是干部的代名词，例如“黄”字为首领，推徐锡麟担任；“河”字为协领，推秋瑾担任；“源”字为分统，推王季高（名逸，乳名金发）、竺绍康、张恭、吕熊祥分任；“溯”字为参谋等；但分统以下，一职不止一人，就在源字旁加A、B、C、D……符号，因此分统指约，有源A、源B、源C、源D。在秋宗章的《秋侠史实考证》里，这首诗第二句第四字为“原”字，第三句第一字为“不”字，第三第四字为“胡”“奴”，第四句第三字为“华”字，其他书籍更有不同。我是根据当时参加这个组织而得到“辕”字标记金指约的吴惠秋老同学所回忆而写上的。吴当时掌理机密，是不会错的。

秋瑾同时编龙华、平阳兄弟为光复军，并亲手订了军制军规。

在光复军制颁布的同时，秋瑾复亲撰了一篇谕文。

军制既定，枪支弹药，大通已储积一部分，杭州军界方面，与绍属、金属、温属会党方面诸事齐备，秋瑾以万分热情写了一篇《告同胞檄》，另外还准备了“告示”。这三篇重要革命文件，准备在起义前夕秘密铅印，分发张贴，以发动广大群众，推进革命浪潮。

四　牺牲前后

光复军组织既已就绪，积极训练，战士们“反满”情绪高涨，技术进步也很快。秋瑾频到杭州，有时住军桥荣庆堂客栈，有时寓西湖岳坟街“刘果敏公”祠内镜清楼（“光复”后，秋社同志改名“秋心楼”，抗日战争时坍毁），邀集同志会议（有时在白云庵、紫阳山顶或将台山顶，有时也在西湖船中，更有时借我家开设在大井巷口的悦济衣庄内）。浙江会党首领吕熊祥、王金发、竺绍康等均在座，我家姊妹也有几次参与。决定浙江由金华会党首先起义，北与安庆徐锡麟，南与惠州邓存瑜遥相呼应。约期1907年农历五月二十八日（后改二十六日）浙皖同时进军。刚过端阳节，秋瑾到我家乡崇德，与家姊商筹军饷。姊倾全部首饰，约值黄金30多两相助。秋瑾赠翠钏留念（此翠钏家姊保管到1927年夏，交还秋瑾女公子王灿芝，并有《返钏记》之作，当时国内各报均有记载，并采入中小学语文课本），同时嘱家姊说："如果不幸牺牲，愿埋骨西泠。"临行并赠诗作别：

此别深愁再见难，临歧握手嘱加餐。
从今莫把罗衣浣，留取行行别泪看！

珍重香闺莫太痴，留君小影慰君思。
不为无定河边骨，吹聚萍踪总有时。

秋瑾回绍兴，转金华、武义，发布五月二十八日起义命令，通知巡风聂李唐做准备。聂在无意中泄露机密，传至武义县城，知县钱宝镕急报浙江巡抚求援，就派兵在聂家搜出会党名册，牵连大通学堂。金华、兰溪的会党也遭波及，革命计划完全泄露了。徐锡麟于农历五月二十六日在安庆刺死巡抚恩铭被捕后，浙江巡抚张曾扬及绍兴知府贵福得绍兴劣绅而素为秋瑾鄙弃的吴道南等的密报说，秋瑾与徐锡麟、竺绍康同谋。张曾扬就于农历六月初二密谕浙江新军第一标标统李益之率领士兵300多人向绍兴进发。李益之怕新军与光复军有联系，出发前严密检查士兵，造成营中纷扰。事为武备学堂学生探知，即赴绍密报。秋瑾初三得讯，就指挥大通同志掩藏枪弹，焚毁名册，疏散学生，然后回家，将和畅堂保存之文卷、信札及书籍尽付一炬。

关于和畅堂的史实，一是秋宗章的《六六私乘》说："和畅堂东隅，有小楼一角，梯下光线黝黑，霉气冲人，姊之秘密文件，胥藏于此。……犹忆是日（初三）上午，姊冒雨归来，匆匆入室。时浔溪学生吴惠秋犹寓余家，两人耳语良久，为状甚促……始知是日先姊与惠秋扃户，将梯下文件悉付一炬，焦气触鼻，不敢问。"后来很少有人知道此室作用，1957 年在和畅堂安排秋瑾纪念时，也未顾到。幸而吴惠秋老同学在宋元同志访问她时告知此事，宋同志参加纪念会时遂转告主持同志，复参考《六六私乘》，才把和畅堂的史迹标明出来。二是和畅堂里西面客厅与内室隔绝。起义以前，光复会同志王金发、竺绍康、张恭、吕熊祥等经常乘骑而至，参与会议。秋瑾素来接近群众，复有大通主持人名义的掩护，虽宾客往来如织，邻里也毫不以为怪。

农历六月初四上午，王金发从嵊县来，协商善后。午后知清兵已入绍兴，大通学生劝秋瑾离堂暂避，但秋已决心殉难，即遣散最后一批同志，而程毅等数人坚不肯去，甘同进退。这时内奸蒋纪（又名纪云）忽从兰溪来，纠缠索费。贵福及李益之即率领新军包围大通，荷枪实弹，如临大敌，闯入学堂。两位同学英勇抵抗，终致牺牲。而秋瑾与程毅（教师）、徐颂扬（学生）、钱应仁（学生，浙江人民出版社的《秋瑾》，误作应钱仁）、吕松植（学生）、王植槐（学生）、石宝熙（学生）、蒋纪（职员，内奸，后亦判刑一年）都被捆绑，解入绍兴府衙门。秋瑾拘在卧龙山女狱内，未几，被贵福提去审问，百问不答。最后讯以朋友姓名，就答："你也常到大通，并赠我'竞争世界，雄冠地球'对联，同在大通拍过照相。"贵福遂不敢再问。次日交山阴知县李钟岳审问，秋只书"秋风秋雨愁煞人"7字，别无他语。贵福以李钟岳不肯逼供，势难深文周讷，逮捕党人，乃改派幕友余某严讯。秋瑾只说"革命党人不怕死，欲杀便杀"的豪语，咬牙闭目，忍受酷刑。余某得不到革命秘密，只得用伪造供词，强捺指印结案。

贵福就令会稽知县李瑞年，在六月初六（1907年7月15日）一早向监狱提人。秋瑾见灯烛辉煌，士兵成群，就向李瑞年说："我有3个要求：一、写信给家人亲戚朋友；二、临刑不能脱去衣服；三、不要以首级示众。"李答允二、三项要求。秋瑾乃于是日上午4点钟在轩亭口惨遭杀害，壮烈牺牲了，时年33岁（秋瑾成仁日期与年龄，公私记载小有不同。邹鲁的《中国国民党党史稿》、黄鸿寿的《清史纪事本末》、中国近代史丛书《辛亥革命》，均说六月初五；但秋宗章的《六六私乘》说："当年秋家得报与每年家奠，均为六月初六。"秋社于1908年初春举行追悼会于西湖凤林寺，决议：每年六月初六为秋瑾成仁纪念日。这时秋瑾弟兄均尚健在，决不会错。又，《浙江秋案全卷》中伪造的口供说："秋氏年二十九岁"；陶成章的《浙案纪略》说："瑾死时年三十一"；吴芝瑛的《秋瑾传》说："死于光绪三十三年，年三十一。"但《六六私乘》说："伯姊生于光绪元年农历十月十一日。"那么，秋瑾于光绪元年诞生，光绪三十三年殉国，依那时旧习惯，当为33岁无疑）。

我在秋侠殉国前5日，于上海爱国女校中得自会稽发来绝笔云：

痛同胞之醉梦犹昏，悲祖国之陆沉谁挽？日暮穷途，徒下新亭之泪；残山剩水，谁招志士之魂？不需三尺孤坟，中国已无干净土；好持一杯鲁酒，他年共唱摆仑歌。虽死犹生，牺牲尽我责任；即此永别，风潮取彼头颅。壮志犹虚，雄心未满，中原回首肠堪断！

缄中并无别简。当时深滋疑讶，不意未及两日而噩耗至矣。悲夫！真迹珍藏到 1957 年 7 月，连同秋瑾出国前遗像，送绍兴秋瑾纪念馆保存。

五　身后哀荣

（一）两次安葬

秋瑾殉国以后，里保报告秋家。其时，秋誉章等都避居绍兴乡下平水镇的广孝寺，家中妇女不敢收埋侠骨，遂由善堂成殓，藁葬卧龙山（俗名府山）山脚。当时全国舆论哗然，连外国报纸亦有指摘。清廷于农历九十月间先后调张曾扬及贵福离浙后，才由誉章运柩至绍兴严家潭丙舍暂停。1908 年 1 月，家姊寄尘为了实践秋瑾埋骨西泠的遗言，复商得吴芝瑛女士的同意，遂只身风雪渡江，迁柩至杭，加上木椁。由家姊购地，吴女士慨助葬费 200 元，安葬于西泠桥堍。

不料是年（1908 年）冬季，清御史常徽奏请削平秋墓，同时参奏吴芝瑛与家姊寄尘为秋瑾余党。清廷准之，勒令迁墓，并通缉吴女士与家姊。家姊避居沪上日侨丸乔医院半年。当时我在爱国女学读书，浙江巡抚增韫以我姊妹事，就近问及仁和县令林孝恂。林曾任石门知县 6 年，与我家有好感，以“徐自华妇人之仁，物伤其类（浔溪同事)，徐蕴华(我书名)是女孩子，少不懂事，盲目附从”答之。吴女士又运动两江总督端方。一场风波，方才平息。增韫鉴于张曾扬及贵福受中外舆论围攻而离职，所以不敢株连，不了了之。

至于坟墓，因增韫与秋瑾从父青士(时官黑龙江提法司)有旧，贻书促家属迅迁,并由浙抚派委员士兵督同秋誉章从坟墓取出灵柩，运归绍兴，仍厝严家潭丙舍。1912年元旦，孙中山先生就任临时大总统，国事初定，秋社同志首先要求把秋瑾灵柩还葬西湖。经过调查，知已于1909年农历九月由湘潭王家从绍兴运去。家姊力主还葬，即派秋社社员陈去病到湘，重启墓穴。湖南都督谭延闿加派委员李某护灵归杭。以原墓基狭小，经风林寺住持僧捐助宽大基地，遂于原墓西首数十丈地方建筑新墓，原址建风雨亭东西遥对。后来风雨亭柱木为白蚁侵蚀，至1927年全部坍毁，屡请当时政府修建，迄未实行(1959年春间，上海《新闻日报》载，杭州市人民政府已在原址地方，把风雨亭重加修建。可喜)。

当第二次葬秋时，浙省政府命令家姊为营葬事务所主任，并由秋社计划。原来图样庄严朴素，颇为壮观，经浙江都督朱瑞批准执行。后朱忽忘恩负义，听从袁政府代表指示，连夜命令将原秋墓拆低五尺，并废除中立石像。家姊据理力争并发传单，以告民众。朱恼羞成怒，另委营葬事务所主任，且有不利之言。中山先生闻之，特专程来杭，力劝家姊不要做军阀无谓的牺牲品，还是到上海接办纪念秋瑾的学校“竞雄女学”，继续干革命实际工作。

(二)建立纪念组织

杭州：

1908年农历年初葬秋以后，家姊邀集同志陈去病、褚辅成、姚勇忱、杨侠卿等数十人，在西湖凤林寺秘密追悼，我也到会协助。追悼以后，密议组织秋社，并推家姊为社长（吴芝瑛女士病居上海，未参加秋社组织），决定每年农历六月初六为秋瑾成仁纪念日。正在追悼时，杭州驻防旗人贵翰香闻讯参加，发表谬论说："我大清待汉人不薄。"我当场以"扬州十日，嘉定三屠"驳之（这与常徽参奏牵连及我，不无关系）。从此到1911年三载之中，每年六月初六，家姊以社长名义召集社员，秘密纪念，主要是联系光复军旧部与同盟会同志，积极协商起义情事。

武昌起义，浙江响应，主其事的大都是秋瑾生前同志，例如褚辅成主持民政，周凤岐、叶颂清、王金发、朱瑞等分主军政。浙江新政府允许秋社请求，拨西湖刘典祠堂为秋祠秋社。刘典湖南人，在浙江有屠杀太平军志士之"功"，清政府为建此祠，取名"刘果敏公祠"。秋瑾生前在杭秘密活动，常借此祠会议，所以秋社同人请求指拨为秋祠秋社。1919年齐耀珊长浙，拟把祠址发还刘氏，后经力争始罢。1924年，孙传芳在浙江时，竟指还刘氏。直到1927年旧军阀离浙，才由当时杭州市府令公安局会同我前往接收，但祠宇坍损不堪。经家姊及社员陈去病捐助2000元，又向社员借款2000元修建，面貌一新，每岁纪念，始有固定地址了。但刘氏子孙心未折服，还一再请求国民党政府发还。家姊扶病力争，辗转数年，直至1934年她临殁前一个月，刘氏的请求被批驳，才告终结。抗日战争胜利，秋社借做西湖中心小学校舍。

绍兴：

辛亥"光复"后，经蔡元培、王金发、王子余等在轩亭口建立秋瑾烈士纪念碑，又在当年秋瑾拘押地方卧龙山上建风雨亭。新中国成立后，绍兴市人民委员会除加意保护并屡为修理外，复于1957年秋瑾成仁50周年纪念前夕，将和畅堂作为秋瑾纪念馆，陈列纪念物中有秋瑾当年所用手枪衣物等，并在7月14日举行盛大纪念会（因与徐锡麟烈士一道纪念，故日期定14日而不用成仁纪念日——7月15日）。

上海：

1912年由王金发、姚勇忱于上海白克路（现为凤阳路）倡办秋瑾纪念学校，名曰“竞雄女学”。1913年家姊接办，由小学扩充为师范及中学，直至1927年夏季止。在这长时间内，同盟会及光复会同志不少人以竞雄女学教职员名义为掩护，做了许多倒袁、倒军阀工作。最突出的是1916年袁世凯称帝，蔡锷起义，浙江也变相独立，而冯国璋在南京大耍两面派手段的时候，同盟、光复两会留沪会员在竞雄协商抵抗，图占苏州，决议推竞雄教师陈去病与家姊到苏，乔装母子进香，辟室苏台旅馆，指挥一切。事前与苏州警察所所长已有联系，后来该所长反悔，命令军警包围苏台，将加逮捕。家姊以急智密藏图记及旗帜于裹腿之内，空手从边门脱险，陈亦乔装遁去。此足够说明竞雄女学在当年的作用了。1927年夏，家姊将该校交王灿芝接办，次年，灿芝留学美国，学校遂停办。旋由家姊物色纪国振（纪号侠中，也是秋瑾学生）接办，迁至派克路（现为黄河路）协和里3号。1956年，合并于凤阳路小学。

长沙：

“光复”后设立了秋女侠祠堂，并出版了纪念刊物。

（三）出版纪念书刊

公私纪念秋瑾的刊物，当年有1907年夏的《新女子世界》、1907年冬的《神州女报》、1909年春的《女报》等。“光复”后，有陶成章的《浙案纪略》、冯自由的《革命逸史》第二集、赵而昌的《鉴湖女侠秋瑾》、佛奴的《秋女士被害始末》、秋誉章的《风雨一宵恨满楼》，以及《秋烈士遗稿》《革命先烈传记》及《清稗类钞》等。1927年后，有堵申父的《鉴湖秋女侠》、夏衍的《秋瑾》（剧本）、《杭州市各界秋侠殉国二十周年纪念会特刊》、王绍基的《秋侠遗集》、王灿芝的《秋侠遗诗》、罗时旸的青年模范丛书《秋瑾》、邹鲁的《中国国民党党史稿》、秋宗章的《六六私乘》《续六六私乘》《秋女侠史实考证》等等。新中国成立后，有中国近代史资料丛刊《辛亥革命》第三册，朱耀庭的《秋瑾》、秋高的《秋瑾遗事》、中华书局出版的《秋瑾史迹》及中国历史小丛书《秋瑾》等。

1959年7月1日

（选自全国政协文史资料研究委员会编《辛亥革命回忆录》第4集，中国文史出版社2012年6月第2版）

江西易知社与共进会简介

蔡　惠*

1904年4月，江西几所学校，如武备、测绘、客籍、陆军小学等校师生倡议结集一部分人士组成易知社，明则以诗文结社，暗则进行革命宣传活动。当时加入易知社的人士，据我所能记忆的，有武备学堂、测绘学堂的虞维煦、汪紫阁、汪建纲、龚师曾、徐复初、周作孚、丁立中、李儒修、胡飞、熊慕奇、熊公福、蔡复灵、蔡锐霆，陆军小学的潘的恒、项武及南京两江师范江西籍的裘德煌、萧辉景、邹继龙等，并共推虞维煦、李儒修、丁立中等主持社务。社址起初设在南昌皇殿侧汪建纲的家中，后来迁到洪恩桥席公祠内。到1905年，南昌义务女校成立，该校校长蔡敬襄，教员蔡觉羌、蔡惠、洪

* 蔡惠：时任江西九江红十字会会长。
新中国成立后，任南昌市政协委员，南昌市人大代表，江西省文史研究馆馆员。

熏琴等也陆续加入易知社。

其时，除一班官僚及脑筋糊涂的资产阶级代表人物表现惧怕外，全国人民都非常仇恨侵略中国的外国人。当1906年法国天主教总神父王安之刺杀南昌县令江召棠的案件发生后，易知社社员立即就此事件印发传单，到处讲演宣传，因而激起广大人民的义愤，要为江召棠报仇，到处捉洋鬼子，打洋鬼子，使得在南昌的英、法传教士和其他外国人皆行逃匿，而刺杀江召棠的凶手法国神父王安之也在此时为群众所打死。

至1909年江西共进会成立，易知社社员全体加入，易知社才自动取消。

共进会是1907年由湖南焦达峰、刘揆一，四川熊克武，江西邓文翚、曾真等在日本东京发起组织的。其时焦达峰担任同盟会的调查部部长，主要任务是联络各省的秘密会党。当时以争取长江各省会党头目，非另设小团体并委用熟悉会党情形的人分途招纳，不易收效。故另约一部分同盟会会员组织共进会，专司此项联络任务；并将“平均地权”改作“平均人权”，以免收揽会员时多费口舌。此事进行得很秘密，其组织编制大致与同盟会同，并以同盟会的总理为总理。故共进会实为同盟会的外围组织。

大约在1909年农历八月底，邓文翚奉同盟会命令由日本回国，到达南昌后，首先联络了易知社社员及邹继龙、陈培之、丁立中（别号笏堂）等进行商谈，要在江西组织共进会。同时得到安徽虞维煦和本地蔡复灵、蔡锐霆兄弟等的赞助，一致认为学生与教员大多数人富于爱国热忱，易于进行宣传鼓动，故决定先在各学校着手吸收会员。

活动开始，即有南昌义务女校全体教职员报名申请入会。其中有义务女校校长蔡敬襄，教员蔡风波、洪熏琴，监学周速波、蔡仲兰（蔡惠）、熊公福、漆艾新等。当时即以义务女校为临时会址。此外，还有峡江曾堪宇、陈小真，安徽汪建纲，宜丰蔡觉牖、漆士武、熊景奇，铅山潘的恒，南昌徐超、徐作喆，鄱阳胡飞、李儒修，抚州周作恭，吉安欧阳宣、陈荣恪等20余人也先后申请加入。当于农历十月三日晚上在义务女校召开成立会，仪式非常严肃隆重。会场中布置一张桌子，桌上放一大碗米酒和二三十个汤瓢。参加的会员团团围绕在桌子的周围，然后先由邓文翚宣读入会志愿书及会员名单，继由虞维煦、蔡复灵阐述入会宗旨。即将各人填写的志愿书展在桌上，由入会会员盖了手印后，大家即举手宣誓。宣誓完毕，各人手中拿好一根穿好线的针，用线将左手的中指扎紧，以针刺破指头，挤出鲜血，滴入酒中，再用汤瓢将血酒搅匀后，即互相握手，各饮血酒一汤瓢。这就是“歃血为盟”。仪式进行后，次日即发给会证，会证封面上盖了一颗方印，里面还有11条会员应遵守的规则，也可说是训条。其中我所能记忆的有如下几条：

1. 会员证不得遗失或毁坏涂改。

2. 本证不可随便给非本会会员观看。

3. 会员应遵守本会规章。

4. 会员应服从本会宗旨，拥护本会政策，响应本会号召，忠于本会各种事业。

5. 会员应有坚毅的意志，不为利诱，不为威屈。

6. 会员不应想做官，即使有机会做官也要不忘本会的宗旨，公平治政，不要以权势压迫人民，不图个人享受，应当亲民爱民。

7. 会员不应想发财，即使有机会发财，也要公正理财，不能榨取他人利益，据为己有。应多做好事，或办大小实业，或出资兴办学校。

8. 会员对全国人民，除当政权贵外，应一律平等，年长者作父母看，壮年或青年作兄弟姐妹看。

其余几条记不清楚了。至于条文次序，可能还有出入。

江西共进会成立后，即推选邓文翚为会长，虞维煦、丁立中为副会长，蔡敬襄、洪熏琴、汪建纲、蔡锐霆、周速波、丁立中等为理事，后因周速波有病不肯担任理事，乃改选蔡仲兰为理事，并互推虞维煦、丁立中兼任总务；陈荣恪、熊公福担任文牍；欧阳宣、蔡复灵担任宣传；李儒修、蔡仲兰担任联络；徐超、蔡锐霆担任机密。那时的会费，是由会员分别量力负担的。

组织就绪后，即向外开展各项革命活动。首先向各学校进行秘密宣传，次则利用农闲时间，派会员到农村向农民宣传，并由邓文翚亲自担任同洪江会和青帮等会党联络。宣传主要内容是根据同盟会“驱除鞑虏，恢复中华”的宗旨，阐明种族革命、推翻清朝的意义。同时，又分派同志应征新军，投考武备学堂及陆军小学，为推动新军、掌握军队、发动武装革命准备条件。当时被派到武备学堂的有蔡复灵、蔡锐霆、黄再生等；派到陆军小军的有项某、陈某等。应征新军的，在南京有陈培之、蔡匡、邓九思等，在南昌有熊公福、熊骥奇、漆艾新等，并与新军队官、哨官如董福开、卢左、蔡杰、蔡森、刘麒等取得联络，他们都在新军中运动军队，准备起义。我记得有一次想发动宜丰、万载、高安、峡江、新淦、新喻等县的学生和农民，劫夺官府钱粮饷银，派了不少的农民在袁河、瑞河一带布置。蔡复灵时在永新教书，得知此讯，赶到南昌，要会内派人往各路制止。因彼时力量薄弱，恐其闯出祸来，要牵连不少的人，而且会破坏共进会的组织。这一行动遂即中止。

以后，邓文翚离开江西前往日本去了，共进会的会务由虞维煦、蔡敬襄等负责维持。不久，我也往日本去了，虞维煦也死了，共进会遂成瘫痪状态。直到 1911 年 10 月 10 日武昌起义，很快影响到九江和南昌，这时共进会的会员才又活跃起来，如 1911 年 10 月 30 日晚，蔡森率领爬城队首先进入南昌城。接着工兵队长蔡杰率领工兵队协同骑兵营管带方先亮、辎重队队长宋炳炎很快地“光复”了南昌城。

共进会负责人之一蔡锐霆在九江起义时赶到九江，后又返回南昌鼓动起义，因受吴介璋的排挤，遂又遄返宜丰，发动绿营起义，被推为袁、瑞、临 3 路都督。到了马毓宝接任江西都督时，蔡才接受了彭程万的电劝，自动取消了 3 路都督名义。

在这一时期，会员熊公福曾担任江西都督府的机要科科长，蔡复灵担任文牍，陈培之担任过团长，蔡匡、周璧阶担任过营长，邓九思担任过连长。他们在辛亥革命时都贡献了自己的力量，起了一定的作用。

但是在江西“光复”以后，由于会员分散，联系松弛，共进会的组织又趋于涣散。其后同盟会改组为国民党，于是有的会员自动登记加入了国民党，有的则没有登记，而江西的共进会就无形瓦解了。此前的会员，有的继续追随孙中山先生进行革命，如熊公福曾到广东担任孙中山先生的秘书；陈培之在保定军校毕业后，曾担任程潜部下的参谋长；邓文翚在民国 9 年（1920 年）护法之役曾代理李烈钧担任滇赣两军的总司令，准备北伐，后因陈炯明叛变而告失败。此外，还有些会员堕落到反革命的泥坑。这是共进会会员在辛亥革命以后的情况。

（选自全国政协文史资料研究委员会编《辛亥革命回忆录》第4集，中国文史出版社2012年6月第2版）

日知会

范鸿勋 *

辛亥以前，武汉的革命运动，始有科学补习所组织，后事泄，科学补习所被清吏查封，同志星散。接着就有日知会的组织。

科学补习所于光绪三十年九月（1904 年 10 月）失败。同志刘静庵[①]（潜江县人）在马队营（黎元洪当管带）当兵，为避免风声，匿居于武昌候补街圣公会。

圣公会是属于美帝国主义的一个基督教派，它所设的教堂不止一处，都标明为圣公会。在武昌高家巷的是我国籍牧师胡兰亭所主管，他具有一定的进步倾向，与革命同志曹亚伯及静庵相识。静庵遂借

---

* 范鸿勋：曾任中华民国平政院书记官。
新中国成立后，任湖北省人民政府参事室参事。

① 刘静庵，原名贞一，投马队当兵，始改名大雄，后升任护军马队第一营管带黎元洪的秘书。前此所有记载虽微有出入，然所以推重之者，则众口一词。

为掩护，未久，仍回营。静庵因所接信件中有隐秘语，为营吏所疑，讽令请假离营。适曹亚伯自长沙来，商请胡兰亭留静庵住堂管理日知会[①]（原是圣公会内一个阅报室）的书报。这是光绪三十一年（1905年）夏季的事。

静庵既得日知会以为工作据点，遂遍商于革命同志，重新组织，另订章程。表面上仍以开通民智为宗旨，置备书报，任人阅读。凡属宗旨相同者自由加入为会员，以乐捐方法为经费之来源，普通1元，多者5元；未捐款及未签名入会的，只要宗旨相同，一样地被认为同志。会内分设干事、评议两部；干事部又分设总务、经理、文书、交际4科。公推静庵为总干事，陆费逵（浙江省人，在汉口办报）、冯特民（武昌县人，为《申报》访员）、濮以正（安徽省人，当兵）等为评议，范腾霄（利川县人，见习士官）、朱子龙（江陵县人，在工程营当司书生）、李亚东（河南省信阳县人，见习士官）等为干事[②]，共20余人。会员和会外的同志约200人，可分为军界、学界、新闻界、宗教界四类。其中以军界中同志为最多，有督队官（现在的副营长）、队官、排长、见习士官、士兵；军官有方柏年（安徽省人）、钱葆青（黄安县人）、吴兆麟、罗子清（均鄂城县人）；士兵有彭楚藩（鄂城县人）、刘尧澂（湖南省人）、蔡济民（黄陂县人）、熊秉坤（武昌县人）、王宪章（贵州省人）、黄申芗（大冶县人）、贺公侠（天门县人）、任重远（潜江县人）、祝制六（荆

① 日知会为圣公会会长黄吉亭牧师所创设。其辛丑年（1901年）日记云："返武昌住高家巷，偕杨开甲等于复活日晚组织设立中华圣公会，又约中西友人创日知会，以开民智，续劝捐以备往申购买书报。"黄旋调长沙开堂。武昌圣公会和日知会遂由胡兰亭主办。光绪二十九年癸卯（1903年），黄又于长沙设日知会。

② 曹亚伯《武昌革命真史》但云，干部有评议员五，选举冯特民、陆费逵、李亚东、濮以正等任之。

门县人）、韩抚宸、宋锡全（湖南省人）、姚金镛、许兆龙（天门县人）、熊子香、熊海春（黄冈县人）、徐升渊（鄂城县人）、郝可权（蕲春县人）、冯大树（崇阳县人）等。另外还有些同志的姓名已无可查考。这些同志出身于贫苦的家庭，本身成为失业的知识分子，正如当时流行的口语，均乃投笔从戎。这批失业知识分子起初还是想从这个途径出洋留学（清吏张之洞曾在军队中挑选了几个知识分子，送往日本学习陆军），或升入本省的陆军学校，后来因接触革命思潮，便感觉到握有武器可成为发难的基础。还有些同志，先抱有革命思想，再投入军队，做宣传联络的工作。此外，学界和新闻界的同志亦不少。武昌、汉口间革命风气，原自学界和新闻界开始。宗教界同志仅三四人。

日知会在几个月间曾开演讲会多次，有时放演电影或做物理、化学的试验。文华书院（是圣公会所设的一所中等学校）中的教师张纯一（汉阳县人）、余日章等，均参加上述的文化活动。张具有革命思想，多择星期六或星期日下午举行讲演会，每每延至初夜。到会人数，逐渐加多。演说内容，初系说明时势，暗示有革命的必要，以后就坦直宣传革命，词义激昂，有时声泪俱下，很能吸引听众。讲演会的内容辗转传播至军队和学校中，不免走漏风声，为清吏所注视，因之会中同志多主慎重，遂少开会。延至光绪三十二年二月（1906 年 3 月）始开成立会，到会会员 100 余人。当时在武汉的革命同志，实不止此数。以后更少开会，看报人数亦少。静庵在表面上渐成为忠实教徒，实际上更努力推进革命工作。

日知会虽成为当时革命同志们的联络中心，但并未成为一个组织完整的革命团体，对于革命同志并未建立一个领导关系，同志们各以私人友谊及同乡关系结合为小团体。如汉川梁耀汉系陆军预备学校学生，在校里及各营里联络不少同志，又与亲戚黄警亚等捐出私财，设立明新公学及群治社；黄冈熊子贞、刘子通、何季达、何子植、邱介甫、张润身、钟粟成、李协丞等，分别设立讲习社和学社（当时的学社就是公寓，便于学生寄宿和各地进步人士来往）；何子植等并与武汉下游一带的哥老会和黄州水师营的士兵通联络；麻城余诚、天门李长龄、信阳李亚东等设立东游预备科及江汉中学；钟祥彭养光、赵鹏飞（炮队士兵）设立安群公益社；张聘安（张为黄梅商人，未当兵）、梅鼎州、钟剑林投营当兵，又合设集贤学社；枝江时功璧在武昌城内散发革命书籍；荆门季雨霖在新军第三十一标第三营为督队官，与同县李楚翘、廖汇川、张佩绅、徐祝平等相结合，张等并在襄河一带联络哥老会；沔阳张难先在仙桃镇设立集成学校，对乡镇青年传播革命思想；黄冈吴贡三在县城内设立私塾，著有《孔孟心肝》《作新民》《破梦雷》等书，他的外甥殷子衡在团风办阅报社。又如汉口孙武早年就参加过唐才常所组织的自立军，又参加过科学补习所，往来日本、东京和长江各埠，广通声气，在汉口地区具有社会基础。除这些人外，还有些小型活动，因为缺乏记载，不能备举。同志中绝大多数都是家境贫困，在所实现的一些活动中常苦经费无着，大部分出自借贷，不能作持久打算，以致发生间歇现象。但同志们并不以此为虑，仍热忱为革命工作，使革命迅速地走上高潮。就重点说，在新军2万人中，倾向革命的已达1/10[①]；就一般说，社会民众已听惯了革命言论，

① 湖北新军一镇、一混成协，一般估计为1500人左右。倾向革命的或者要多一点。

不像从前那样地畏避，至于仇视革命、硬做对头的人，已经成为少数了。

在武汉革命同志们组织日知会的时候，孙中山先生在日本东京成立了同盟会。武汉的革命同志一致推崇中山先生，并认同盟会为全国革命运动的总汇。但彼此间尚未达到统一组织或从属关系。

光绪三十二年（1906 年）7 月间，同盟会总部通知日知会，谓法兰西政府有意帮助我国革命，并派有军官长期联络，将赴长江各埠考察，应予接待。刘静庵密约一些同志在武昌圣公会开会，欢迎法国军官欧吉罗，宾主都有演说，打破几月来不常开会的沉寂。后此事为清吏所侦知，更急于阴谋加害。

有些湖南、四川的同志因往来于同盟会总部所在地日本东京，经过武汉时必来访问日知会。有些同志们注重哥老会，不惜投身其中，引以为革命的力量，甚至于倚为主力，如湖南的姜守旦、成邦杰等皆是。光绪三十二年十月（1906 年 11 月），姜守旦、成邦杰等约到一些哥老会的同志在浏阳、萍乡的乡镇间起义，聚众近 2 万人，因为缺乏武器，短时期内归于溃败。湖北清吏根据湖南的来文，张贴悬有赏格的布告，缉捕刘家运（被称为湖北全省会首）、姜守旦、黄庆武（黄兴的别名，指称为湖南“匪目”）①、朱子龙等共 15 人。在姜等尚未发动的前期，同盟会总部已派胡瑛、朱子龙、梁钟汉（耀汉的亲兄）3 人来武汉布置响应。瑛等到后，

① 黄庆武，原名轸，字厪午。光绪三十年（1904 年）长沙起事失败，匿居美教堂圣公会。会长黄吉亭护送至汉，临别嘱黄抵沪时，电告署一“兴”字，即知平安。后即以兴名。此处庆武，当系取其音。

静庵密约少数重要分子到汉阳伯牙台同瑛等讨论，讨论中都对经费问题无法解决。适有奸人郭尧阶（与张难先同县，张早劝刘不可轻信）声言六合锑矿公司经理刘小霖愿助银10万元，众信以为实。哪知郭早向清吏告密，第一日晚间捕朱子龙、梁钟汉于汉阳；第二日刘小霖设宴于胡瑛所住的名利栈（汉口），胡被捕；隔数日，警探等搜查日知会（这时胡兰亭已他调，刘藩侯接充牧师）无所得，刘静庵避至黄陂县乡村后被捕；续捕季雨霖、李亚东、张难先（仙桃镇）、吴贡三（黄冈县城）、殷子衡（团风镇）共9人。这是丙午、丁未年间（1906年底至1907年初）的事。刘静庵、吴贡三、殷子衡、李亚东经过严刑讯问，其余的人亦受尽迫胁，均能表现坚贞，毫无牵引。静庵因教会中人尽情营救得免死，被判终身监禁，至辛亥年五月（1911年6月）病死狱中。其余8人亦因会内外同志分途营救，得从轻减；胡瑛被判永远监禁；吴贡三被判监禁15年；殷子衡被判监禁10年；李亚东被判监禁5年；梁钟汉被判监禁3年；朱子龙尚未定判，于丁未年（1907年）4月间病死狱中；张难先在狱4个月，因病保释；季雨霖在狱未及1年，亦被保释。辛亥年八月（1911年10月）武汉“光复”，胡瑛等5人出狱，瑛佐詹大悲组织汉口军政分府，旋受任鄂军都督府外交部部长（后来袁世凯背叛民国，瑛首先附逆）；吴贡三联络黄州府属8县绅民，响应义师；殷子衡自汉口归，相助规划；李亚东经同志们推任汉阳府知府；梁钟汉经本县（汉川）同志们推任总司令，亲来武汉请示；季雨霖自外省归，受任为安、襄、郧、荆招讨使；张难先佐季草创成军，略定荆、襄一带。

日知会在刘静庵被捕后无形解散，武昌、汉口间革命运动转入低潮。直至光绪三十四年（1908 年），原来潜伏在军队中和新投入军队中的同志们，又开始进行组织工作，其中复经演变发展，直到首义的前夕[1]。

（选自全国政协文史和学习委员会编《亲历辛亥革命》，中国文史出版社 2010 年 12 月第 1 版）

① 日知会故址在武昌崇福山街旧文华图书馆学校内，中有张难先、殷子衡、梁钟汉、吴昆、欧阳瑞骅等所立石碑。

记安庆岳王会

常恒芳*

1903年，桐城李光炯在湖南创办旅湘公学，借以掩护革命工作；后来因环境恶劣，在湘待不下去，乃于1904年搬回芜湖，改称安徽公学。当时所聘教员都是主张革命的，最有名的要算刘师培，他是在上海因革命事泄，化名跑到芜湖来的。还有陈独秀等也在里面任教。因为里面一般人都主张革命，于是就由柏烈武、陈独秀等发起组织“岳王会”，意思是崇拜岳王精忠报国的精神。柏烈武原为秀才，后学于武学堂，这时在里面教体操。陈独秀原留学日本，回来后除教书外，还办有一份旬刊《安徽俗话报》，用语体文鼓吹革命运动。

我那时是该校师范班学生，而且年龄比较大，因此也参加了这

* 常恒芳：时任沪军参谋，后任南京国民政府监察院监察委员。

个组织。当时参加组织的还有武备学堂的部分军人。整个组织大概共有 30 多人。所订章则，主要内容不外为反清。我们将章则拟好后，字句中还夹杂许多不相干的话进去，使人家看不出，以防泄露。第一次开会在芜湖，用烧香宣读誓约的形式，并在芜湖租了两间房子，作为联络据点。我们通信的时候都用假名字，例如当时有个姓孙的叫孙天一，刘光汉改名叫金少甫。刘当时不过 20 岁左右，他在学校教历史和伦理学，还参加《国粹学报》。到了寒假，大家都要回家了，推举我留在芜湖负责。后来邓绳侯在安庆办了一所尚志学校，要我到那里去担任训导主任，我也就去了。我到安庆去是负有发展革命组织使命的。这时第一期武备学校训练已结束，第二期又在乡里招了一批兵，各县也有许多读书人都参加了，其中还有许多熟人。他们的革命热情都很高，教职员中有些都是从日本学师范学体育回来的，也在我们那里教书，于是我们成立了岳王会安庆分部。这时柏烈武在南京也联络了一些人成立了岳王会南京分部。岳王会总会仍设在芜湖，由陈独秀当会长，南京柏烈武为分部长，安庆分部长就是我。安庆仅有二三十人，我们感到人数太少，力量不够，因此又成立了一个外围组织叫“维新会”，老三营的人大概都参加了。这年秋天，清政府决定在总督所在地成立一镇，由于干部不够，乃在安庆举办干部训练班，人员由绿营里挑选，好的可以当头目，作为新军的干部。我感到要革命非有武力不行，看见有这样的一个机会，也想进去。但是我不是绿营里的人，没有被挑选的资格，因此找了督练公所中有两个从南京柏烈武那里来的教练官，请他们把我保送到训练班。这个训练班分五个队，每个队里都有我们的同志。我入训练班后，虽然是学员，但因为我是岳王会的安庆分部长，仍然可以对岳王会的同志起领导作用。那时像迎江寺宝塔里和大观亭后面松树林，都是我们开会的地方。

丁未年下学期，我们毕业了。我考第二，照规定前 3 名都可以当排长，我也就当上了排长。我们成立的是骑兵营。当时骑兵比步兵要难，因为要负前线侦探等责任，所以我们里面的骑兵，都是从步兵里挑选好的来充任的。那时军队不准住民房，所以我们只得住在安庆东门外殷公祠。

当时有浙江人徐锡麟任警察训练所所长，岳王会里有个石人俊，和徐相识，被徐请去任教。石人俊的武术很好，听说他在日本读书的时候，日本有个大力士，在日本国内几乎是没有敌手的，有一次与石比武，居然为石所败，石的声誉因此愈高。那时我们的军队共有步、炮、骑 3 营，徐常请我们这些营长们吃饭，意思是在联络感情，到必要时可以帮助他。有一个星期日，警察学校行毕业典礼。我刚走到街上，就听说警察学校放了炸弹，抚台受了伤。我知道这事发生以后政府一定要搜查的，我赶快跑到尚志去打招呼，要那里的同志好做准备。这样一来，耽误了时间，城门闭了，不能出城。这时徐带了学生到军械局去抢子弹，但因为不能开锁，弄了多半天，被巡防队包围上了。他的两个学生，一个当时被打死，另一个和徐一齐被捕了。徐被挖心惨死。这天大雨，我因没有便衣，不能出城。后来借到了布鞋便衣，才由北门溜出去，回到本队。

我们队里有位孙师武，与我曾在训练班同学。他因不满杜春林，想偷枪杀他，但没有成功。后来他想了个点子，说是恩铭托梦给他，要是替他复仇，非杀杜春林不可。他又造了一封假信，扮着卖鸡蛋的样子，混进了抚台衙门，因为举止慌张被捕，假辫子也弄掉了。

他见了恩铭的夫人，恩铭夫人听说他想为恩铭复仇，便说这是好人，要优待，只把他关起来，未杀他。这样一来，我队里的人都害怕要受牵连。因此我便辞了职，因为我走了，要是出了任何事，大家便可以向我头上推，不会再连累别人。这时是暑天，我就跑到怀远去，在粹华学校当教员。下半年薛哲被派到炮兵营当管带，写信要我回省会，我未答应。

第二年，沿江一带新军在太湖会操，同志们认为机会到了，又计划要干。但是新军中我们的同志职务都很低，最大的也只是个营长。薛哲也是个营长，而且同志们认为他胆子小，不能够领导，乃推熊成基为总司令。起义发动以后，没有子弹。原商议好举火为号，可是城防队先把守了城门，薛哲到时不能打开城门。城内的同志都被捕了。熊成基跑到怀远。在这期间，安庆方面并无其他组织，其主力全为岳王会的人。我也得到一个亲戚的帮助，赴日本留学。自从我离开了安庆以后，岳王会也就关了门，只有维新会还活动。陈独秀在恩铭被刺事件发生后，也跑到日本去了。

（选自全国政协文史资料研究委员会编《辛亥革命回忆录》第4集，中国文史出版社2012年6月第2版）

辛亥革命运动中的共进会

潘公复 *

共进会为实行革命之团体，在湖北始于光绪三十四年（1908 年）春，为孙武由日本回武昌后邀同邓玉麟、吴肖韩、汪玉[①]、潘公复等同志筹组成立。秘密会址设立在武昌吴肖韩家中，当时因经费困难，临时些小费用均取之于吴。孙等以前均为日知会同志，先是光绪三十二年（1906 年）日知会因法国人欧吉罗在会大肆演说，为湖北巡警道侦探郭尧阶侦知告密，刘静庵、朱子龙、李亚东等同志被捕入狱，并访缉孙武甚急。孙间道逃往东北，得东北同志资助，东

* 潘公复：时为湖北新军第八镇第十六协第三十一标士兵，后任鄂军政府秘书。新中国成立后，任湖北省人民政府参事室参事。

① 吴肖韩，安徽庐江人。其父任湖北游击，遂家武昌。汪玉为肖韩妻，于革命维护备至。据作者谈：吴夫妇赁屋以居，因同志常就其宅开会，同屋旗籍某询汪以革命党事，汪反问："何谓革命党？"其人不得结果而罢。

渡日本。适值川、粤、闽、赣、湘、鄂等省留学界激进分子，共同主张回国在内地推行革命运动，联合组成团体，取名曰共进会。分省推举负责人主持进行，刘公被选为鄂省负责人，以孙武为其副。是年，孙受刘公及居正、彭汉遗等同志委托，回省商筹革命事宜，于是奠定了共进会在鄂的基础。当时认为非有充实的武装力量，革命很难成功，乃决定从军中士兵入手，次及学界，再及其他同情人士。为恐疏漏，致蹈日知会覆辙，因采取慎重缓进的办法。从开始以至起义前的3年期间，在湖北新军各标、营中散播了大量的革命种子。

在辛亥起义前的两年中，孙等与湘、粤两省共进会负责同志时有联系。湘焦达峰同志、杨晋康同志等曾数次来鄂交流经验，彼此报告情况，时见鄂会经费太绌，曾竭力设法协助。最后商定由武昌发难，湖南响应，再号召各省反正的步骤。宣统元年（1909年）夏，林侃（闽）、黄复生（川）、王飞（粤）等同志因闻清大臣端方等取道汉口出洋，暗携地雷一枚来鄂，准备炸之于江岸车站。此数位同志居留吴宅数日，复闻端方出洋事作罢，乃将地雷铁壳及炸药电线交鄂保存而去。

是年秋间，鄂官厅因鉴于京山刘英同志所属会党在襄河中游暴动[①]，以为武汉潜匿革命党人甚多，侦防极严，会中同志的行动大受影响，不得不暂行停顿。为避官吏耳目，吴、汪走粤访亲，邓走江苏，孙、潘二人亦随赴广州分访陈兆民及聂荆接洽一切。滞留至冬尽春初，始先后回到武昌，将秘密会址改设汉口法租界汉昌里，仍继续进行革命活动；并措资开设同兴酒楼于武昌黄土坡，由邓负经理责任，暗中

① 《知之录·刘英传》，仅谓结纳会党甚众。邓玉麟《革命史略》亦未谈及刘英所属会党暴动之事。仅《孙武传》谓鄂第三镇刘英部龚世英、刘伯旗暴动被杀。

与左、右旗军人取得联络，推行颇为顺利，唯因资金不足，支持数月后即行闭歇。但军中同志日渐增多，至辛亥年春，群情思动。是时刘公由日本回襄阳养病已历数月，孙武、邓玉麟、彭楚藩诸人见情势日迫，公推潘公复回乡促刘携款来省，实现以前在日诺言，免误事机。

刘于夏初随潘至省，觅居于雄楚楼某号，与杨玉如同寓。经孙等将一切详情说明，刘家汇款5000金适至，遂出5000元作会务需用。至是会中用度稍裕，即在武昌、汉口两地增设秘密机关，总机关部则设于汉口俄租界宝善里，由邓玉麟通知各标、营加紧活动。学界及其他入会人士，因之日众，后又委托居正、杨玉如赴沪密购手枪若干装置沙发椅中，由杨先行带回汉口，储藏备用。[①] 秋初，文学社与共进会干部同志等认为两团体亟应合作，以充实和扩大革命力量。经孙武、陈孝芬等与蒋翊武、刘复基同志等商妥，即召集各干部开联合大会，首由孙武宣布合作要义及协商经过，继即建议推蒋翊武为临时总司令（应为总指挥）。孙自愿为参谋长。大家表示合作诚意，文学社与共进会之合作于是告成。

武昌革命运动自刘公到省后，日趋加速。迨经过炮队第八标退役士兵汪锡九、王天保等在农历八月初三与在营同志饯别欢饮，排长刘某干涉，愤激闹事以后，外界即传说革命党将在农历八月十五起事。风声所播，鄂中官吏颇为震惊，唯无法探知实情，只好故作镇静，其恐惧心理实日甚一日，设一旦革命爆发，彼辈弃职潜逃已成必然之势。斯时宝善里总部及武昌小朝街张廷辅寓、胭脂巷胡祖舜寓均赶制炸弹。不料八月十八日上午，孙武在宝善里调合炸药失

① 所购手枪，起义后始由居正等置沙发中带回。杨玉如回汉不久，即转赴京山。此处所记有误。

慎爆炸，面受重伤，幸丁立中同志当以长衣蒙孙首，急送日本同仁医院，请徐风梧同志为之裹伤施救。[①] 因医院往来人多，不便藏匿，当由丁、徐二同志车送德租界公和里黄同志住宅匿居，由徐日往换药。当炸药爆炸之时，室内外烟雾迷漫，四邻大骇，奔告俄捕。捕房即派巡捕入室搜查，见室中无人，仅将所有文件、印信、名册、旗帜及前存之地雷铁壳、白色炸药和电线等件抄去。临行，见户外有人窥视，即带往捕房，讯知一为孙武姐丈刘燮卿，一为刘公之弟刘同，随即一并引渡于关道署（江汉关道）。刘同在清吏威讯之下，将所知武汉机关地点供出。以上情形，为汪性唐同志探悉，驰告孙武。适邓玉麟亦至，孙嘱邓速通知武昌各机关同志及各标、营代表，于本晚12时以炮队炮声为号，同时起事，否则名册已入清吏手中，全体同志性命必难保全。邓返武昌时已在下午，经通知各机关同志之后，已万家灯火矣。因沿途戒严，再往炮标时已将近12点钟，营门已闭，无法通知。因此，本晚发难一举，竟成画饼。

是晚，有数同志相约于11时在小朝街机关部听候邓的回音，刘复基为该机关主持人，常川在内。潘公复先时至，与刘坐谈刻许，刘忽瞿然对潘说道："我料此处万分危险，今晚会将发生意外，你无须在此呆等，可速往巡道岭学社，那里地区稍偏，比较安全，听见枪炮声再出外行动不迟。"潘云："我辈革命，若存畏避，何能成功？"刘曰："不然，孙武重伤，邓玉麟往各营，均属危险之事，前途难测。我辈当此环境，固不可畏避，但为继续革命计，必不可聚在一处，让仇敌一网打尽。"语时态度严肃，并推潘下楼，潘始

① 李春萱自谓，由彼送往医院就医。邓玉麟所述无徐风梧。已函询江西丁立中先生证实。

离去。其时不过10时许，其他同志均尚未至。[①]

潘至同兴学社与赵学诗和衣静卧以待，不料通夜毫无动静。延至十九日清晨，潘踱至舍外，则见警察多人由巡道岭坡上下来，潘知事不妙，佯装无事，上坡之后，侧首回望，则学社门首立一警士，余已入内。潘当赶往小朝街探视情形，见有警士两人守门，听一警士说："革命党好凶，在楼上丢了个炸弹下来，因在楼梯中间爆炸，反伤了他们自己的一人（刘复基），其余跑上屋，但未逃脱，内中还有一个宪兵（彭楚藩）。"至是，潘又转道进入长街，则人言纷纷，说："总督衙门外已杀了三个革命党。"（彭、刘、杨三烈士）事后乃知彭、刘、杨与其他同志均系十八日夜在小朝街被捕，杨系送炸药在中途投弹受伤被捕。是时潘拟由汉阳门过江探孙，并告知所闻所见，哪知汉阳门紧闭，至10时许才开放通行。至汉见孙，得悉邓于清晨渡汉告知昨夜未能发难的原因，邓又已衔命往武昌各处通知，今晚12时改由工程第八营发难，各标、营响应，炮队第八标则整队拖炮由中和门入城，合攻瑞澂、张彪，并已专派汪性唐往炮队与姜明经或张文鼎接洽，李春萱已同邓往武昌。孙又云："三位同志虽已被杀，他们革命的责任已尽了，惜未能见革命成功，大是恨事！今晚一举，当可向三烈士告慰，你我今晚可静听好消息耳。"

（选自全国政协文史和学习委员会编《亲历辛亥革命》，中国文史出版社2010年12月第1版）

① 龚霞初《武昌两日记》及据此记以成其他各书，均谓是时蒋翊武等均候于此。潘先生语编者："他们或系后到的。"所述刘复基对同志爱护之切，可补刘传不足。

共进会从成立到武昌起义前夕的活动

李白贞 *

一　东京共进会的成立及其活动

（一）东京共进会的成立

孙中山先生于光绪三十一年（1905 年）秋到日本东京创立同盟会后，各省留日学生由于爱国心切，听到倡议革命运动，莫不踊跃参加。

清廷在同盟会成立后大为震惊，令驻日使馆对中国留学生的行动严加注意；同时要求日本政府协助取缔和迅速驱逐孙中山出境。日本政府便突然办了丰盛的酒宴，为孙中山“饯行”，借以迫使他

* 李白贞：时任湖北军政府理财部催提委员兼总监处参议。
新中国成立后，任武汉市政协委员，武汉市文史研究馆馆员。

离日。孙中山处在这样的情况下，当然不能再在日本居留下去，于光绪三十三年（1907 年 3 月）将同盟会会务交给黄兴、胡汉民等继续进行，自己就到广州和南洋各地活动。

当时革命运动的开展偏重在华南方面，对长江流域则未遑经营，并且是用和缓手段，希望侨胞捐纳经费，维持会务，逐渐推动形势，稳步前进。因此，一般急进的党人对于这种情况，颇有不甘忍耐下去之势。这样，在同盟会内部就无形中埋下了分立门户的根子。自从孙中山先生离日以后，同盟会内缓进和急进两种主张的不同，很快呈现为组织上分化的趋势。士官学校中国留日学生李书城、朱绶光、耿伯钊、张华甫、范绩熙、何成濬、李烈钧、阎锡山、黄郛、张凤翙等 10 人组织“丈夫团”。又有同盟会庶务干事刘揆一等拟将同盟会本部改组，联合各省忠实同志先组织“联合会”，集中人力分途进行，但名称尚未决定。

至1907 年3 月，由刘揆一邀集各省同志开谈话会，征求意见，当时一致赞同，公推云南吕志伊为临时主席，素有声誉于会党的张伯祥为副主席，约定5 天后正式开会。及期，吕志伊忽躲避不到，到会的会员以吕失信，会议遂告流产，内中张伯祥更是愤愤不平。在散会的归途中张与邓文翚、彭汉遗商量另行结合同志，别图进展，就于某日会于神田区四川舒祖勋寓处。这天到会的有湖南焦达峰、陈作新，江西邓文翚、安徽方潜等数十人，都一致赞成采用“共进会”名义建立革命机构，公推舒祖勋、邓文翚两人起草宣言和章程。数天后，在清风亭开成立大会，凡是中国留日学生赞成这个组织的均可随时参加，参加的计有湖北刘公、居正、杨时杰、刘英、刘铁、宋镇华、彭汉遗、袁麟阁、冯振冀、郑江灏、冯亚佛、李基鸿、张次青、李国骥、张公道、许汉武、彭惠群、王炳楚、向寿荫、李寿泉、罗杰、董祖椿，四川吴永槾、吴文叔、何枢垣、王正雅、张知竞、翟蓬仙、雷桂臣、熊克武、秦蒞生、贵晓辉、何其义、晏祥五、陈宗棠、周滔荪、李香山、胡香白、刘锡华、李策安、余竟成、李肇甫、薛晋贤、唐敖、谭毅公、张治祥、喻培伦、郑襄臣，湖南覃振、杨晋康、潘鼎新、钟剑秋、黄小山，江西彭素民、黄格鸥、汤增壁、曾小岩、邹怀渊、卢式楷、文群，浙江傅亦僧、陶成章、张恭、龚味莼、金鼎、王军，广东聂荆、熊越山、陈兆民、夏重民、孙光庭、黄霄九，广西谭嗣黄、刘玉山、黄镕、邓鸥肇，云南王五、赵声、张大义、乔宣斋、杨鸿昌、杜恒甫，安徽孙作舟、方汉臣等共计100余人，公推张伯祥为会长，其他职务，各推会员担任。

共进会的会址先在居正、罗杰寓所，后又迁至青山区华群学会。工作先从团结会党入手，再联合军学各界，以厚声势。会章宗旨一如同盟会，唯“平均地权”改为“平均人权”。

（二）共进会的宣言

共进会成立时发表了宣言。

原文如下：

呜呼！吾同胞苦于祖国沦亡，呻吟于异族专制之下，垂三百年矣。以四百兆黄帝子孙神明华胄之多，而屈辱于区区五百万腥膻之鞑虏，其可耻可哀，为古今天下笑，孰有过于此者？凡有血气，皆当奋起，以雪累世深仇。此共进会今日成立的原因及其宗旨意义之所在也。

共进会者，合各派共进于革命之途，以推翻清廷政权、光复旧物为目的，其事甚光荣，其功甚伟大，其责任甚艰巨也。吾同胞甘心恭顺，愿认仇贼作父，则亦已矣；若不然者，当应抚胸自问，犹有热血，则杀我祖宗者，即在眼前，当必愤火中烧，应该挥刀直前，以图报复。昔时有齐桓公复百世之仇，宿恨方消；伍子胥鞭平王之骨，英雄吐气，吾同胞其念之哉！今日之事，无论男女老幼，不论士农工商，以迄江湖卖技之流，军旅荷戈之士，皆宜负弩前驱，灭此朝食。太平天国讨满檄文有云："忍令上国衣冠，沦于夷狄；相率中原豪杰，还我河山。"何其壮也。功虽未竟，亦其杰矣。我共进会当继承其志，以竟其未竟之功，然后可以上对祖宗，下垂后人，以齿于圆颅方趾之俦，皇天后土，实鉴期言，弟兄袍泽，有如此约。

当时还规定了革命军旗的式样，用大红色为底布，由中间辐射出来9个黑色锐角，每个锐角内外两端，各有一黄色圆星，内外各9个共18个，以表示18省人民团结和铁血的革命精神。辛亥年阳历10月10日高高地升起在武昌蛇山、黄鹤楼前的就是这面旗子。此后湖北和全国各军队都用它来做军旗，到西南护法战争以后，这面18星的军旗就被废弃不用了。

（三）共进会的扩大组织和准备开展国内活动

共进会于1907年在日本东京正式成立后，规模日见扩大，原有会址感到不敷应用，不久，就在青山麻布区赁得一屋，名华群合作舍，为共进会本部会址。对内再扩大组织，对外则加紧联络，会员日有增加，进展一日千里，有超过同盟会的趋势。这时黄兴同志看到共进会的发展形势，也在牛込区租赁一屋，组织了"勤学社"，内部由宋教仁、谭人凤、刘揆一、吴寿天诸同志负责。所有同盟会一切事务都由勤学社来主持，向共进会猛进直追，形成了同盟会和共进会两个革命团体的并肩竞进。同盟会历史悠久，资格较老，且有声望极高的孙中山先生为总理，号召力强，又在南洋募得雄厚的经费，支持会务，种种优越条件，为共进会所望尘莫及。但是在共进会方面，党员们都能埋头苦干、自力更生、艰苦工作的精神实在同盟会会员之上，所以工作的进展能事事站在同盟会前头。

共进会会长张伯祥素抱急进主义，决定先行回国，试探国情民气的动向，领导组织机构，发展国内革命力量。留在东京的共进会积极扩大组织，经大会通过，改推邓文翚继任会长，加推居正任参谋、彭素民任文牍、何庆云任交通部部长、潘鼎新任党务部部长、孙武任参议部部长、袁麟阁任理财部部长、陈兆民任调查部部长、温尔烈任纠察部部长。内部组织分工既定，各有专责，积极进行革命事业。

又考虑到将来全国各省革命同时发动，也必须先期计划组织领导机关负责人员，以免各树一帜，不相统一，力量分散，被敌人乘间各个击溃。于是推定聂荆为广东都督、刘玉山为广西都督、邓文翚为江西都督、焦达峰为湖南都督、刘公为湖北都督、何其义为四川都督、孙作舟为安徽都督、傅亦憎为江苏都督、罗洁为河南都督，准备将来回国潜归各省组织群众，建立领导机构，负责指挥革命活动，其他各省未定的，待日后补提。

共进会在邓文翚任第二届会长期间，做出了不少重要的革命事业，后因麻布区的本部地点窄小，不敷应用，再迁到大森体育会，以便扩大活动。

二　湖北共进会的成立及其活动

（一）湖北共进会的成立及其吸收会党秘组五镇军队

光绪三十四年（1908 年），东京共进会会长邓文翚因事回国，通过大会决议，公推刘公纵任第三届会长。同年冬月，孙武、焦达峰、彭汉遗亦先后回国，根据东京共进会决议的革命运动方略和多头进展的方针，各归本省秘密活动。

孙武等到达汉口后，湖北的同志如邓玉麟、查光佛、黄申芗、刘英、宋镇华、袁菊山、郑南溪、钟南亭、李白贞、刘燮卿、吴肖韩、汪性唐、刘玉堂等集会欢迎，详询东京共进会组织和经过情况及现在进行活动的方针任务，都一致热心拥护，志愿坚持到底，不达目的不止。最后决定先行成立共进会湖北分会，以便号召，共策进行，积极准备，筹划经费。这时同志们都以为革命运动已经有了基础，精神愉快万分，分头联络长江南北会党，以充实革命力量。

同时在日本东京的陆军学会会员张翚飞、吴祉贞、任本昭、蒋作宾、刘一清、黎本唐、石星川、姜明经、杜锡钧、夏占奎、王占海等人皆表同情于共进会，约定先后回国，协助进行。他们本来都是同盟会会员，希望湖北共进会早日成立，共襄大举。这时焦达峰以湖北方面已有头绪，就回到长沙进行组织湖南共进会，和湖北共进会互相策应，携手并进。

湖北共进会在未经正式成立以前，先建立下列 4 个通讯机关：

1. 汉口河街新大方栈，派刘玉堂负责；
2. 汉口一码头湖北日报馆，派郑南溪负责；

3. 汉口汉兴里73号，由刘夔卿负责；

4. 武昌磨子桥，由吴肖韩、潘善伯负责。

在外埠的又有下列4处：

1. 上海公学曹忠恕同志；

2. 岳州高等小学彭蠡同志；

3. 长沙太平街同福公栈经理××；

4. 宜昌潘级升同志家中。

又假汉口新大方栈，召集会员刘铁、邓玉麟、彭汉遗、江树之、谢石钦、丁笏堂、李白贞、潘行一、潘善伯、黄申芗、郭复臣、方建霏、刘明华、牛权、涂耀枢、姜明经、石星川、叶于兰、李德安、周复生、吕惠群、李复权、汪钰等会议，决议各自负责，分途联络群众，征求会员，为湖北共进会打好基础。

又派黄申芗、刘玉堂等吸收会党组织，秘密编成5镇军队，每镇以一副督统率领之。兹将副督统及驻扎地点列下：

第一镇副督统袁菊山，驻扎襄、樊一带；

第二镇副督统刘英，驻扎德安、安陆一带；

第三镇副督统刘玉堂，驻扎汉口；

第四镇副督统黄申芗，驻扎兴国、大冶一带；

第五镇副督统刘汉一，驻黄州。

以上5镇军队，内部编制，由副督统各自处理，正督统一职由孙武担任，总部设在汉口鸿顺里34号，不过武器暂时不能完全配备，只好待将来陆续设法补充。

（二）初期军事暴动的失败与5镇的停止活动

宣统元年（1909年）4月，清廷令端方由南京调往北京，传闻将转汉口乘车北上。同盟会会员曹忠恕、喻培瑞、黄复生及女会员但断、陈璧君等从上海来汉口，谋在途中暗杀。孙武认为得计，予以协助，并派女同志李复权、汪钰共襄其事，令喻、黄两同志预埋地雷于刘家庙车站附近，陈、李、汪3人各怀炸弹，在要路口守候，布置就绪，只等狡兔入网。不料端方早有戒备，临时变更路线，改乘兵轮出海道北上，此计竟归落空，曹、喻诸同志只好空手返回上海。从这一点可见当时清朝官员，已成惊弓之鸟了。

同年6月中旬，焦达峰来汉，住鸿顺里孙武寓处，共商进行办法，但苦于经费支绌，束手无策。这时适有焦达峰的同乡布商周海方、刘肯堂从浏阳贩到夏布多件，孙武因需款紧急，采用从前在奉天假买洋参故事，和焦商量尽买其布，约一个月交款，由焦作保。时天气已交新秋，夏布成为过时之货，极难转售，暂时质押钱350文，解决了燃眉之急。等到交款到期，不能应付，只好向布商说明内中实在情形。万想不到周、刘两布商十分同意革命，自愿把全部布款捐献作革命经费，并且请求加入共进会，担任联系浏阳会党工作，就同焦达峰同返湖南。

7月中旬，焦达峰电告孙武说明湖南第二、第三两镇副督统潘平界等部属焦逸仙举行暴动，为清朝官员擒杀，且将有株连的危险，嘱早为防范。

不一月，刘英亦电孙武，报告所统的第二镇有部下龙世英、刘伯奇不受约束，擅自暴动，亦为清朝官方枪杀。又第四镇黄申芗派专人来报，管带柯玉山暴动失败，全镇已经解散。

又驻汉口的第三镇副督统刘玉堂密报：汉口巡警道探得孙武回汉，倡立共进会，联络会党，大举造反，已派军警侦探密布罗网，伺机捕捉。孙武以为此事只须提高警惕，严加防范，即可保持安全；当前最重要的问题是在各镇会党弟兄意气用事，不从命令，以致相继失败，长此以往，势必全部覆没，急需改弦更张，别图良法；于是毅然下令5镇军队立即停止活动，另候处理。

（三）争取新军，以武汉为起义基地

湖北共进会在成立后短短的几个月中，确是做了不少工作，不过限于经费，不能大胆去干，尤其是武力方面，更感艰难。依靠会党组织可称已归失败，只有从运动新军入手，利用敌人的实力，转而为革命的劲旅，这样借矛夺盾的方法确是上策。但是运动新军，专靠少数几个军官还无济于事，因为军队的基本力量在士兵，如能深入行伍，晓以大义，激发士兵的爱国思想，使其加入我革命团体，一旦革命爆发，胜利可以操券而待。并且军官都由上级派来，一般当兵的没有升任的希望，即使升迁，也只有极少数人，并且充其量至多到排长地位，绝大多数的士兵只能终身充当士兵，这种不满的思想，都已埋藏在每个士兵的脑海中间。如能利用这一情况，进行宣传，必定容易深入，收到极大效果。于是决定采用这道门路，直向步、马、炮、工、辎各标营士兵普遍深入宣传。因为新军大部集中在武昌，就在武昌黄土坡开设同兴酒楼，由邓玉麟担任经理，为吸收新军士兵加入革命团体的地下机构。每有一人参加入党，就在流水簿上书名记收洋一元。这个办法，果然发生了极大的效果。

同时广东聂荆来电说：广西南宁刘玉山进行成绩极好，请孙武约焦达峰往助。孙武当即电焦，焦辞不去，孙武就和潘公复及汪钰于9月15日首途，10月初到达广东，面晤聂荆，决定以广西为发难起点，以新会党人占领三水作响应，并派温德臣、刘玉山到梧州联系。不料才到达南宁时，广西已全部失败，机构瓦解。因此广东方面，当然就不敢轻易发动。

这时，吴肖韩由汉口来到广东，知道两广已归失败，还是湖北较有把握，孙武就和吴肖韩及潘、汪两同志乘轮由上海转回汉口。这时汉口巡警道被人弹劾去职，伥鬼已除，更可放胆进行革命工作。

孙武自广东回汉以后，决定以武汉为革命发动基地，号召长江上下游南北同志密切联合，互相呼应。因为经济困难，进展上不无阻碍，拟向南洋华侨筹募，由孙武先到上海联系。适上海公学曹忠恕行将回蜀，孙武就和他切实联系，约定将来不论谁先发难，都要迅速给予有力响应。复到南京和胡朗生、苏良斌等联系，了解双方进展状况。又到江西与邓文翚、詹中汉等讨论革命进行办法和如何互相配合。邓文翚表示对于湖北方面经济问题愿竭力帮助，孙武因此变更计划，不去南洋，返回武汉，积极部署会务。他看到两广新败，宁、赣进行都很迟缓，恐在短时期内难成大事，湖北再不自振作，争取首先发难，这屡颠不覆的清朝政府将永无被推翻的一日了。就召集全体同志会议，决议加强以下各处总部联络机关，加紧联系，缜密通信，使会务迅速进展：

1. 汉口汉昌里144号刘燮卿。

2. 汉口如寿里88号钟雨亭。

3. 汉口歆生路荣昌照相馆李白贞。

4. 汉口歆生路大成印刷公司丁笏堂。
5. 武昌黄土坡 ×× 号李新愚。
6. 汉口萧家巷 11 号吴肖韩。
7. 汉口河街新大方栈刘玉堂。

此外，更派人到长沙焦达峰处协助湖南发展工作，作为发难时的指臂之助。一面分函外地各同志，如岳州潘平界、宜昌潘级升、襄阳刘升、京山刘英、北京吴禄贞，奉天任本昭、周斌、张华飞、陈锦章、李德安，长春徐竹平、黎本唐，四川吴香地、重庆何起义诸同志，告以本着过去经验，对于各会党只可采取联合，不可依为心腹；必须运用现代新军坚订盟约，加紧秘密编制，推举代表，互通声息，以形成牵一发而动全身的形势，一气串联，互起作用。结果，各处都赞同这样办。

湖北共进会自从改向新军进行宣传争取各营同志以来，会务的发展很像开了一条大路，前来加盟的络绎不绝。这种新的形势为将来起义深深地打下了稳固的基础。兹将各军指挥代表人开列如下：第一军李成模、第二军江庆材、第三军萧国宝、第四军高尚志、第五军丁景梁、第六军陈孝芬（以上 6 军本拟编为正式军队，后来因为仓促起事，不及实现）。

宣统三年（1911 年）2 月，香港同盟会谭人凤来汉，由孙武陪同往武昌府监狱会晤胡瑛，讨论革命发难地点。胡瑛说：根据中国大势，湖北不能发难，因为受制太多，敌人调兵，朝发夕至，不能作持久抵抗。谭人凤也说：湖北四面受敌，不是首义之地，主张由广州开始发难；并说：现在已经布置妥善，将于四月初一举义，希望湖北同志立予响应。

孙武独谓革命事业有时代不同，过去是运动士官时代，结果感到他们腐化消极，不足与谋；纵而是联合会党时代，又感到思想不纯，桀骜不驯，不能用命；现在是运用新军士兵时代，武昌是新军集中地点，自从发动以来成效显著，已经到了成熟时期，武昌已经打下了稳固的基础，所以不能不重视武昌。以兵力而论，将来发难，当然非从武昌入手不可。并且自从张之洞督鄂以来，在武汉建立了钢铁厂、兵工厂、火药厂、造币厂等等，已经几十年，很有成绩，武汉可称械精饷足之区，武器的供应不用顾虑。所以就武器供应而论，将来发难，也以武汉为上。武汉是水陆交通中心。江南有湘、赣的呼应灵通、粮秣运输的便利；江北有武胜关险要可守，足以扼抗北来敌军；东南半壁，传檄可定。就地势而论，亦以武汉发难为当。此外瑞澂当道，主张铁路收归国有，同载泽表里为奸，国人恨之入骨，反满情绪十分高涨，几乎人人欲得而甘心，我们革命，全省人民都可为我帮助。所以将来一旦发难，就民情而论，又以武汉为宜。兵力、武器、地势、人情，这4个优越条件，决不是濒海的广州所可比拟的。

孙武这番议论，使胡、谭心悦诚服，谭临行时留银百元付孙暂作经费，并表示此后缓急还可竭诚相助。

（四）湘鄂党人定约互应，湖北共进会确定各部分工

当时，湖南饥民的抢米风潮日益扩大，湖北革命党人跃跃欲试，密电石城邓玉麟、关中钱云生和襄阳潘公复从速回汉，讨论紧急措施，并有新军各代表蔡济民、马骥云、张振武、王季立、徐万年、高尚志、彭楚藩、陈镇华、叶于兰、姜明经参加讨论。这时，焦达峰、杨晋康、谢介僧、谭人凤等也从湖南来汉，参加了这次会议，都以为革命高潮已经到了发动起义的边沿，应急速充分准备，以应形势发展。孙武说：今日这会首先要加订盟约，互相誓守。以战守而论，

湘鄂唇齿相关，不论谁先发难，北军南下，必向武胜关进兵，朝发可以夕至，我们如没有联合盟约信守，各顾自己，是自取灭亡。如长沙先发难，武汉立即响应；武汉先发难，长沙也要立即响应，不是这样，革命终究不会成功的。焦达峰也大声地说：如长沙先发难，武汉迟迟不应，那么10天以后，我就引兵先攻武汉。在座的湖北同志都齐声答应。从此两湖同志各遵守诺言，团结一致。焦达峰回长沙后，也依湖北共进会的办法积极争取新军，策划革命。

湖北方面的起义已日益迫近，这时萧麦三、张伯祥、王飞等由四川来会，意在帮助武汉倡举义旗，大有箭在弦上之势。不过经济仍旧接济不上，连每次开会的茶水也几至不能供应。除了叶于兰捐助20元外，其他同志都是心有余而力不足，但是他们并未向困难低头。他们把共进会内部工作分配开来，使各守专责，筹划进行。

总务部	正部长	孙　武	副部长	刘　公	
内务部	正部长	刘　公	副部长	居　正	
参议部	正部长	蔡济民	副部长	杨玉如	
军务部	正部长	蒋翊武	副部长	高尚志	
外交部	正部长	谭人凤	副部长	刘尧澄	
财政部	正部长	张振武	副部长	李春萱	
调查部	正部长	邓玉麟	副部长	彭楚藩	
交通部	正部长	丁立中	副部长	王炳楚	
总参议	钟雨亭	李白贞	刘爕卿	李新愚	张廷辅
	徐建明	杜武库	吴醒汉	陈镇藩	吴楚诚
	彭寿松	黄中钻	刘长庚	萧国宝	王宪章

	王文锦	刘　英	刘　铁	宋镇毕	王华国	
	杨赞廷	李宝良	杨王鹏	钱芸生	徐万年	
	胡玉斋	张斗枢	唐牺支	陈人杰	林　晓	
	陈宏浩	徐移山	蔡大辅	黄元吉	陈　磊	
秘书处	谢石钦	邢伯谦				
书　记	邢伯谦	黄　榘	苏成章	袁汉南	罗秉襄	黄久斌
军需处	梅宝玑	赵学诗	赵魁元			
司令处	马骥云	李赐生				
司　刑	潘公复	汪性唐				
司　勋	牟鸿勋	钟雨亭				

自从各部通过会议推定负责人以后，各负专责，直接进行办理，如有牵涉两部或两部以上的，由会议解决之。

各标营代表则分为标代表、营代表、总代表等，共进会开会时由总代表出席，听取报告决议各案，再密向营代表转达，营代表再向连排密告，使全体皆知。各代表名列如下：

第二十九混成协代表	蔡济民	杜武库	杨选青	夏一鸣
	马　骥	万鸿階		
第一营代表	张吉夫			
第二营代表	吴学斌			
第三营代表	陈人杰			
第三十标代表	杨宏胜	周楚材	蔡汉卿	王鹤年
	艾良臣	梅青福	张富国	张廷辅

第一营代表	王宪章　谢超武　谢涌泉　萧国宝　罗良骥
第二营代表	方殿甲
第三营代表	周清林
第三十一标代表	李绍白　吴之诚　陈镇藩　汪亚兰　殷占魁　李建中
第一营代表	周世忠　曾省三
第二营代表	丁升阶　黄元吉
第三营代表	田支亮　李忠义
第三十二标代表	李成模　陈子龙
参　议	刘雄亚　向海潜
第一营代表	洪春廷　曾尚武　单道康　李华模
第二营代表	白汉臣　朱黄强
第三营代表	饶世友
第四十一标代表	（两营出差）邱世成
参　议	刘尧澄　李忠义　丁锦良　唐牺支　李抱良　杨王鹏　蔡大辅
炮队第八标代表	陈天寅　孟华臣
参　议　徐万年	蔡蓬莱　蔡汉卿
第一营（开宜昌）代表	唐牺支　吴楚蓁　陈国桢　黄驾白
第二营代表	蔡汉卿　陈子龙　黄继汉　饶升甫
第三营代表	孟华臣
马队第十一营代表	江炳灵　陈孝芬
马队第八标代表	沙金海　张钰芳　彭起衡　赵楚屏

工程第八营代表	徐兆宾　雷振声　熊秉坤　方　兴　金兆龙　罗炳顺　马　荣　吕中秋　徐少斌　程定国　林振邦　任止亮　舒继武
混成协工辎炮总代表	钱芸生
参　议	胡玉斋
辎重营代表	张五美　李鹏升
宪兵营代表	彭楚藩
第四十二标代表	祝制六　张哲夫　刘化欧　王赞承　丘文彬　黄振中　林翼支　胡玉珍
测绘学堂代表	方　兴
参　议	朱次章　李翊东
陆军中学代表	吴国梁　谢　复　雷　洪　席正铭　王天培　邓汉祥
陆军特别学堂代表	李乃武　胡干城　向汉谟　胡杰三（前期毕业学生，散在各营）
工业学堂代表	陈　磊　赵师梅
各小团体代表	陈树声　赵学魁　谢石钦　费　榘
两湖师范代表	谢石钦　牟鸿勋　邢伯谦　苏成章　陈鸿诰　梅宝玑　蔡寄欧　姜笛生

1910年，刘公因病自日本回国，在襄阳家中养病，未和各方面联系。1911年5月，孙武等以湖北革命运动已进入高潮，唯经费极感困难，派潘公复到襄阳去迎刘公迅速来汉主持大计，以利进行。潘即日首途

到刘公家中，报告湖北革命运动的情况和经济问题，并代表孙武及全体同志欢迎刘到汉口负责主持。刘公就和潘公复同到武昌，住雄楚楼10号杨玉如家中。孙武即召集同志开会欢迎。首先由孙武报告革命运动经过和同志们在经济严重压迫下始终不因困难而灰心，奔走活动一切尚称顺利的情况；并说现在已到万事都备、只少东风的时候了，从前在东京时曾推刘公为湖北都督，眼前就要实现了。

刘公以旧病新愈，只作了简单的答谢。不及半月，刘公家中汇来了白银5000两，是刘公的父亲令他进京捐纳道台用的。事为杨玉如闻知，密告孙武，孙云暂看动静，如果他不肯捐给组织，再设法激劝他。彭楚藩听了，就想用刘公在京任共进会会长时所印的各种秘密文件来要挟刘公。他随即向杨玉如把这些文件要来，以备应用。

在一个星期天的晚上，楚藩全副宪兵服装，拿着这些文件来访刘公，正色对刘公说："现在新军中革命组织已经做好充分准备，行将发难，只苦于经济困难，不能及时发动，闻君汇来白银5000两，北上捐官，想不是君的本意，如能把此款乐助为发动革命之用，其代价何止一个虚衔道台。否则我将持此证据告发，则君将捐得的红顶，先要戴在我的头上了。"

刘公拂袖而起，说："我本不想做官，曾在会议上当众说过，老弟怎么这样怀疑，还说这样话呢？"就将银票交楚藩代交孙武。武即偕诸同志向刘公道歉，请以革命为重，楚藩鲁莽，幸勿介意。于是先向道胜银行支洋5000元作革命运动经费，余数退给刘公。是晚，彭楚藩、孙武、邓玉麟、李春萱、杨玉如等在刘公处密商发难计划，都以为准备工作已经相当成熟，当以先下手为强；不过和文学社同是革命团体，尚有隔阂，急应先行消除，以归统一。

三　共进会与文学社的联合行动

（一）共进会与文学社商谈合作的第一次会议

这时，武汉的革命枪口瞄准着清朝政府，随时可以发射；但是共进会和文学社这两个革命团体却缺乏密切配合，因而急需改变这种状况。原来文学社的发展对象专在新军，他们以为一旦举义，就可拔赵帜而易汉帜，因此不乐于和外界合作。双方为了都要完成自己的任务，彼此难免发生些不愉快的事情。如马队同志本已加入文学社，而在共进会开会时，他们又派章裕昆、黄维汉两人参加。杨玉如出志愿书两份请两人填写，黄维汉即握笔照填，章裕昆则不填而去。章归队后，还报告大众，指责黄维汉单独填写共进会志愿书，破坏团体行动，这得黄维汉写信给共进会取消所填志愿书。共进会会员陈孝芬因此和章裕昆反复辩难，后经刘尧澄出面调停才止。1911 年 4 月初，蔡济民、查光佛、梅宝玑、牟鸿勋、陈磊等在文学社和共进会两个革命团体中间积极往返奔走，多方斡旋，使得两个团体同意推举代表，互相协商。双方于农历四月初四（5 月 2 日）在长湖堤西街 8 号龚霞初同志家中开会，初步交换意见，文学社派王守愚、刘尧澄、蔡大辅出席，共进会推杨玉如、杨时杰、李春萱出席。先就武汉革命进行方策和利害广泛会谈，彼此目的无甚悬殊。谈到两党合并问题时，因为初次接洽，都带几分客气。杨、李说：我们两个团体本来是异途同归，现在正是要同归的时候，不能再异途了，只要双方在原则上同意合作，一切问题都可以从长计议。刘、王等也说：我们两个团体都是以排除满人为革命宗旨，本来是一致的，合则两美，离则两伤，譬如风雨同舟，大家都能和衷共济，就能到达目的地，而且我们个人并不争权力和地位，只要目标既归一致，还有什么不可以商量呢？到了紧急时候，双方提出要做的事件应当不分彼此，尽先去办。不过双方在征求各标营会员工作中必须避免摩擦，万不可互争党员，只要能够接受革命主义的同志，都是革命党员，不必分某社某会的畛域。

这次初步协商，双方所提意见都能征得对方同意，可称圆满。共进会代表还提出两个团体合并后的组织问题，但因为会议时间过长，问题过多，一时不能解决。并且两个团体各有历史，各有组织，必须经过双方酝酿一个时期，才能作进一步的讨论。尤其是领袖人选，更不是轻易可以解决的，不能操之过急，所以要留在日后再谈。

文学社和共进会的离合，关系革命前途的成败，这种认识逐渐明确以后，两个团体已经进到互助合作的新阶段，并有再进一步从组织上合并的趋势。这也是瑞澂等一班清朝官吏对革命党人使用高压威胁从反面所促成的，这两个革命团体被逼得只有共患难、共生死、共抵抗，才能生存，完成这个艰巨的革命任务。

（二）共进会与文学社的合并

7 月 22 日，两个革命团体举行第二次会议，讨论合并问题。双方重要会员全都出席，公推刘公为临时主席，蔡大辅为记录。孙武首先发言说：湖北革命运动已有 10 余年的历史，在最近三四年中完全由我们文学社和共进会两个团体担负起这个艰巨的任务，幸赖我们全体同志共同努力，互相谅解，进行出生入死的冒险工作，才能获得今日的成就。现在已经做到要摊牌的时候了，我们已由被动转为主动，向敌人进攻了。两个月以来，在军队的同志屡次催促我们早日发动；我们因为湖北地处全国腹地，四面都有受敌人威胁的可能，发动革命说是生路，也可以成为死路，我们必须计出万全，一旦起义，就只许成功，不许失败，万不可冒险作孤注一掷之计。现在所筹备的秘密工作已经相当成熟，决定就要动手，只有两个团体连成一气，集中力量，同向敌人进攻，才能得到胜利。如果甲方进攻，乙方袖手不动；乙方进攻，甲方观望不前，这样就不独不能成功，必定同归于尽。我们今日这个大会，希望两个团体在胜败存亡千钧一发的紧要关头，在两个团体的离合和利害问题上，切实讨论。

刘尧澄说：尧卿兄所谈一切，可称老到精细，本人极表同情。文学社和共进会的工作与命运本来是分不开的。我们向来是合作的，不过从前的合作是消极地合作，今后要积极地合作。现在革命形势已如箭在弦上，有不得不发之势。本人建议，我们到了与清朝政府短兵相接、你死我活的时候，应该把文学社、共进会名义暂时搁置不用，大家都以革命党人的身份和清朝政府拼个死活，事成则卿，事败则烹，希望全体同志群策群力，铤险以赴，再不要存着门户之见，多所顾虑了。

刘公接着发言：尧卿、尧澄两同志的建议，本人极表同情。现在是我们和满洲胡虏搏斗的时候，首先要把我们的战斗阵线统一起来。我们都是湖北的革命党人，都是以一定要推倒清朝政府为目的，有敌就无我，有我就无敌。我们革命是整个的，以前所有某社某会名义，今天是总结束的时候了，可以说已经成为历史上的名词了，应一律不用，正可表示革命战线实在完全统一了，这点极为重要。本人更有建议，不但是团体界限化除，就是从前所预拟的个人负责名义也是过时无效的东西，都应一概废除，重新改选。如本人在东京共进会时蒙大家预推为湖北都督，刘聃为副都督，今刘聃不在此地，我不能代表他；本人的都督名义，今天我当众位同志面前决定取消，我自量不才，万不能胜任起义时的领导责任。

蒋翊武也起立发言：仲文和孙、刘两同志的建议都是切合实际，极其可贵的，本人深表同情。我是文学社的社长，现在团体界限既经化除，本人正社长名义愿即时取消，以党人资格同大家共同努力。

王宪章也发言说：我和蒋同志的态度是一致的，我文学社副社长名义亦愿立即取消；两个团体合并为一，一切重要事情，都应取决于会议。

杨玉如也接着说：从今天起废除了团体名义，我们湖北革命阵营的力量才是真正统一了。统一以后，必须推举一人负总司令或主帅的责任，以免群龙无首，临敌慌张。

孙武最后说：我们今天这会开得极好，真是英雄气概，有公无私，总座一席，再待日后会议推定不迟。

文学社和共进会决定实行合并以后，双方又酝酿了几天，交换意见，详细讨论，决定原则，推孙武、刘尧澄两同志起稿。关于总部的各部组织的负责人员，暂行推定如下：

总理部	正总理	刘　公			
军务部	正部长	孙　武	副部长	蒋翊武	
参谋部	正部长	蔡济民	副部长	徐达明	
内务部	正部长	杨时杰	副部长	杨玉如	
外交部	正部长	宋教仁	副部长	居　正	刘复生
理财部	正部长	张振武	副部长	李春萱	
交通部	正部长	丁立中	副部长	杨宏胜	
部　员	陈人杰	钱芸生			
调查部	正部长	邓玉麟	副部长	彭楚藩	

部　员	陈鸿诰	赵士龙	徐移山	蔡大辅		
参　议	杜武库	张廷辅	吴醒汉	吴芸城	吴炳楚	彭寿松
	黄中钻	刘长庚	肖国宝	王宪章	林　晓	徐万年
	黄元吉	王文锦	宋华臣	刘　英	刘　铁	高尚志
秘书处	谢石钦	邢伯谦	费　榘	苏成章		
会计处	梅宝玑	赵师梅	赵学诗	张汉仆		
庶务处	李白贞	刘燮卿	刘玉堂	钟雨亭		
军械处	熊秉坤					
司　令	马骥云	李赐生				
司　勋	牟鸿勋	汪性唐				
司　书	黄元斌	袁汉南	罗炳襄			

按上列记载，对照他书颇有出入，因为这是临时性质，常有更调和增加所致。由此可见，当时革命党人对于军事、政治没有个人权利思想，随时遵令支配。及到首义以后，一班站在前面的同志更没有任何自私自利的野心妄想，因此黎元洪、汤化龙等旧军阀旧政客得以顺利地一跃而登高位，篡夺革命果实，反过来残杀革命党人，这也是当时革命党人失去警惕所造成的。

（三）南湖炮队的失事与总部的迁往汉口

1911年农历七月间，湖北革命党人以为发难日期已经迫在眉睫，公推杨玉如、居正带款1000元到上海，托陈英士购买手枪，备起义时应用，并具函约黄兴、宋教仁来汉协助。两同志到达上海，在民立报馆晤陈英士、宋教仁，报告湖北进行革命运动情况极为顺利，并托代购手枪。陈英士欣然答应即为代办。次日在陈英士寓所召开秘密会议，南京、山西、陕西、云南、四川、广东、广西的驻上海代表都来参加。他们听到居正报告湖北革命运动进行经过及长江一带形势，都精神振奋，对湖北同志的工作稳着先鞭表示钦敬。并派吕天民同志持函赴香港向黄兴劝驾，促他早日起程到汉口，共襄大举。宋教仁也表示愿与居、杨同来。

不料，此时陷在武昌狱中的同盟会负责人胡瑛因为一贯主张要在广州发难，不愿意湖北走在他的前头，托岑楼发一信致宋教仁，极力说湖北不能起义，亦无力起义，竭力破坏。因此陈、宋对居、杨二人发生怀疑，购买手枪亦迟迟不办，使居、杨二人滞留上海，不得返汉。这时他们还不知道胡瑛对湖北革命的进展迅速而发生嫉妒从中破坏的一段内幕。

同时，武昌地方又发生了一起不幸事件。在农历八月初三（9月24日），南湖炮队八标三营左队正目梅青福、兵士汪锡久请假离营，孟华臣、赵梦屏等设馔饯行，由于饮酒过多，乘着醉意，狂呼怒吼；有某排长出面干涉，激动众怒，陡起冲突。孟、赵诸人拖炮轰击，想乘此机会起义，不料炮针早卸，弹库封锁，又因事先未经联络，毫无准备，无人附和，不能成事。管带姜明经见事态严重，电告司令部飞调马队前来弹压。孟华臣等见事已不济，就四散脱逃。

这时孙武等正在马脂巷和各标营代表开会决定农历中秋发难，闻此消息，会后即嘱炮队代表徐万年、蔡汉卿回营妥为处理。幸张彪未予深究，仅归罪于肇事诸人中的霍殿臣一人，用“酗酒滋事”罪名开除军籍了事。

孟华臣在暴动时手臂受伤，事败后来汉口见邓玉麟、胡祖舜，责备共进会进行迟缓，不早日定期发难，徒然迁延时日，致南湖发动遭到失败，言下愤愤不平。邓玉麟等只得用婉言劝慰，告以居、杨赴上海购枪未回，以致延期，好在现已决定在中秋起义，为日无多，希望暂时忍耐。孟华臣才怏怏而去。这次南湖炮队事件的失败，当然不能归罪于总部；但是从这一事件可以看到革命党人渴望起义的热潮确已高到不可遏止的程度了。

南湖炮队暴动后，总督瑞澂知道武汉革命运动已经波及新军，防范更加严密，下令全城分段搜查，企图一网打尽。刘公看到情势日益紧张，而杨玉如等因购枪逗留上海，久久未回，又不能提前发难；加以南湖炮队暴动更是不可掩饰的事实，设若秘密全部泄露，闭城搜索，革命党人将都成为釜底游鱼；于是就化装携眷秘密渡江，迁入汉口歆生路荣昌照相馆内，作为临时办公处，继续筹划发难前应有的准备工作。

十三日，果然有军警突入雄楚楼 10 号捕捉刘公。这时仅杨玉如的妻子吴静玉一人在家，知道事关革命，恐难逃生命，一面勉强出来应付军警，一面暗服硝镪水自尽。军警虽扑了个空，毫无所得，而吴静玉却牺牲了。

（四）制旗印，造炸弹，筹立中华银行

刘公在迁到汉口的次日，就召集各部负责同志开紧急会议。刘公首先发言：南湖暴动和孟华臣的责难，足以表示本会同志希望发难的迫切，我们应迎头赶上，不可久久拖延，坐失时机。近日武昌戒严，搜捕党人，局势日益紧张，迟则恐生他变。起义时应行准备事件，务须从速赶办；前经东京共进会预拟的国旗图样和大都督印钤更应早日制就，以备应用。会上决议以李白贞既长美术，又懂化学，一并交他办理。

李白贞接受了这两项任务，就在党人所设的机关文艺俱乐部密室把国旗图样放大画好，购买了红、黄、黑 3 种色布，照图裁剪粘贴，交他的夫人陈氏缝就。唯刊刻印钤工作比较复杂困难，决定采用酸性液烂铜方法刻制。当即在长堤街买得 5 寸见方紫铜片一块，打磨光洁，反写“中华民国鄂军政府大都督之印”13 字，投入 42 度浓硝酸中，反复数次，使明显成文，再用刀加工刊刻修整，装上木柄，经过五天才告完成。但因工具不够，李在用洋刀刨光时候用力过猛，将左手大指划破，殷红的鲜血染在洁白的木柄上。李就索性将木柄全部涂上红漆，不但掩盖了斑斑血迹，而且更觉美观。

八月五日早上，邓丙三同志来见刘公，报告武昌戒严情况比以前更是紧张，巡逻队不断地在街上往返梭巡，各城门都加派岗警，尤其是汉阳门搜查更严，行人出入都须摸腰搜身，多所留难，才准放行。据说某日早晨有河南人手拿纸包的 3 个馍馍进城，不耐岗警搜查的麻烦，气得把馍馍就地一掷，岗警疑是炸弹，一哄而散，挑水夫、人力车及来往行人也慌作一团。岗警因许久不见炸弹爆炸，才敢返回岗位。这班岗警吓得如此丧魂失魄，可发一笑。但是我们为了慎重起见，即将南湖炮队交通改为取道汉阳转白沙洲。

李白贞制成的大都督印钤经刘公、孙武等多人传观，都十分赞美，向李白贞多方慰劳，并全体鼓掌，预祝革命成功。

同日，各部负责同志继续在荣昌照相馆楼上开会，讨论居正、杨玉如购买手枪久久不回一事。大家认为发难日期已经决定，万不能再事拖延，手枪恐不能及时应用，必须加紧多制炸弹，以应急需。但是鉴于前次邵虎和高楚观在配药时曾发生危险，应改推专人负责，应用原料如何设法采购，也急应解决。

丁笏堂提议：李白贞同志忠实细心可靠，且懂得化学，和西药房熟悉，可以负责。李白贞答称：西药原料虽懂得一些，药房也并没有禁止出售，采购无大困难，但全部原料不便在一家药房由一人购买，须再推一可靠的同志分途采购，以免被人生疑识破；对于制造炸弹实是外行，恐难胜任。结果，加推李白贞的内弟陈叔琴同志帮同采办原料，孙武负责帮助制造炸弹。于是李、陈两同志就分途购买镪水、酒精、黑铅、铁片及大量罐头、香烟空罐，储存文艺俱乐部密室，慎重试制。先制成一个，由邓玉麟秘密带到武昌洪山背后试放，浓烟弥漫，爆炸力量极强，将地面炸成一个很大的深坑，效果甚好，于是就加速如法赶制，每天可以装成 20 个到 30 个，交邓玉麟、杨宏胜转运武昌，在各处分贮，以备发难时需用。

八月七日继续开会，讨论湖北金融问题，是否需要设立银行以济军需，并统制金融。大家认为应预先筹划，以免临渴掘井。但因金融问题十分复杂，以李白贞久在商业场中，就请他提出建议，以备采纳。李建议设立中华银行，以湖北官钱局为基础，以官钱局的全部资本财产作为中华银行的固定基金，刘公等全体赞同，就推李白贞、李春萱、丁立中 3 人会同筹划进行。

（五）发难的展期

总督瑞澂根据各处迭次密报，知道新军各标营士兵多有受革命党人所运动的，就把新军四散调开，以为这样就可以使他们失去团结机会，力量分散，难成大事，可以获得暂时苟安，然后再行设法妥为处理，不留痕迹地来消除这场“祸害”。瑞澂将马队八营调往襄阳，十一标一营调往宜昌。临行时，马队八营代表陈孝芬、张裕昆等向刘尧澄请示办法。刘明知这是瑞澂的诡计，但这时确是无法挽救，只好叫他们先行随军开拔，十五日如果能发动起义，再行通知。尧澄又去和十一标一营代表唐牺支等联系，嘱咐他们等待武昌起义时就在宜昌发动响应。孙武又召集各标营代表开了一次会议，决定调往外县同志听到武昌起义，就在所驻地点发动，不赶回武昌，免得同志们悬心，好放胆前去。一面和留在武昌的新军加紧联系，积极准备，及期发动。所以接连几天来，如邓玉麟的同兴酒楼以及开一天、怒春园、招鹤楼、杏春园、江汉春等处，络绎不绝地挤满了三五成群的新军士兵和学生。这种突然异样的现象，当然瞒不了督署所派出来的便衣警探们的眼睛。并且四处传说孙文派他的弟弟孙武到武汉在八月中秋日“造反”。吓得瑞澂慌张无措，立即下令新军各标营军官收集士兵的子弹，严密注意士兵行动。这一措施，确是给予革命党人起义以很大阻力。同时黄兴由香港来密电，极力主张武汉万不要提前发难，因为各省机关还没有打通一气，湖北一省恐难支持，必须推迟到九月初旬，约同11省同时起义，才是上策。

武汉革命党人的领导方面看到黄兴电文及当前敌人的充分戒备情况，认为即使如期发难，胜利实无把握，为了慎重保存实力起见，决定展期发动，并立即通知各标营代表嘱同志们暂时忍耐，听候命令，万勿轻动，做无代价的牺牲。果然到了中秋那天，全城特别戒严，各处加派双岗，枪上插上刺刀，枪膛推上子弹，一班一班的巡逻队不断来往巡查。城门虽没有全部封闭，但也只开得半面，行人出入都要受到军警的搜查。城内百姓胆小的天还没黑，就把大门紧闭，免得受无谓的惊恐。八月十五日一年一度的月圆佳节，完全被严重的军事恐怖侵夺去了。

（六）宝善里总部的败露

八月十三日夜，汉口狂风骤雨，歆生路荣昌照相馆楼上有窃贼从窗口潜入，进各房间搜索。李白贞从睡梦中惊醒大呼“捉贼”，起身出追，窃贼仓皇从隔壁晒台逃去。大家亦同时起身，燃灯检查。除了笏堂卧房外，其他各房间都箱翻箧倒，农物散乱满地，而一无损失。人家怀疑这窃贼另有目的，所欲得的并不在衣物资财，当是敌人派来的密探，不是寻常的窃贼。回忆前一日《夏报》曾载“汉口某某照相馆是革命党的巢穴”一段新闻，可称暗暗相合。丁笏堂、邓玉麟等都以为然。这次虽没有受祸，但都感到此处绝不能再继续居住，最好迁往租界，较为安全。天亮后各人就分途出发向租界寻找房屋。

午后 2 时，丁笏堂回来说：俄租界宝善里有 14 号和 1 号两栋空房，很是合用，租金不贵，但必须要殷实铺保，才肯出租。孙武和刘公商议，铺保一节只有李白贞最为适宜，他开设照相馆，又是本会同志。大众一致同意，交丁笏堂和李白贞两人负责办理。当时李白贞明知作保是一件危险事情，然而义不容辞，就满口答应下来。八月十五日，就把总部从歆生路迁到宝善里 14 号，刘公夫妇迁入 1 号屋内。从此各处党代表都到宝善里 14 号来接洽工作或领受命令。

十八日上午，孙武在楼上后面小房内装制炸弹。他手拿一个才装上药的炸弹，对大家说：“用这个炸弹把瑞澂、张彪、铁忠 3 个王八蛋一起炸死就好了。”说完随手向桌上一放，不料用力过重，炸弹立即爆发，楼窗玻璃都被震破，浓烟弥漫全楼。多数人夺门逃避。李春萱急奔上楼，见孙武满面流血，昏倒在地，立即脱下长衫把他头脸裹住，扶出后门，车送同仁医院徐凤梧处救治。丁笏堂和未走的同志急将制炸弹的各种药料运出，并将室内硝烟消灭，唯锁在柜内的旗帜、印铃、名册、文件、财物，因时间仓促，不及携走。当时浓烟从窗户、屋顶冒出，四邻大呼救火。俄捕四处奔集，夺门而入，即将前后门监守，向楼上下各处搜查，更用斧把大柜砍开，所有各物，搜洗一空，并将未逃出的刘燮卿带走。又因同里 1 号刘公住所同为丁笏堂承租，李白贞作保，且系同日迁来，所以刘公妾刘一和弟刘同亦被捕去，由俄捕房转洋务公所候审，再引渡武昌。这时俄租界即宣布戒严，不许行人往来，一般好事者都被阻在街边路口，探听消息。

丁笏堂从宝善里逃出，就急奔至歆生路见李白贞，连喘带说，告以宝善里败露经过，并说："现在俄捕正在捉拿承租人和担保人，你赶快逃避，免遭毒手。"说毕，即将他的行李衣物雇车送往中西旅馆去了。

李白贞闻讯后，为了要看个究竟，便化装到宝善里总部门口探看，见有俄捕监守，禁止出入，并听说捉去 10 余人，内中还有一个女人，其他都无从探悉。又到洋务公所和夏口厅两处，也得不到确实消息，只好转回家中。李料知此事总是凶多吉少，就收拾细软，全家从后门走出，到亲戚家躲避。李自己则转到鸿顺里孙武寓处探视，知道孙武伤势虽重，尚无生命之忧，但旗帜等件还须负责赶紧重做，以备起义应用。

（七）蒋翊武回武昌，仓促下令起义

汉口炸弹失慎事件发生的当日，蒋翊武由岳州回到武昌，和蔡大辅同来小朝街机关部。刘尧澄告诉他，现在军队中我们有联系的人数，已到达十分之九，都摩拳擦掌，常来催促我们，好像一天也等不得，但黄兴来电主张延迟到九月初和 11 省同时起义。翊武沉吟了半晌说："克强是从谨慎一面去做，自然百无一失，我们受清朝的荼毒已经 200 多年，这半个月的时间，就受不了吗？"尧澄认为应当把代表们找来，商量一下才好。当即派人分头通知。

代表们陆续到齐后，蒋翊武很婉转地报告了黄兴电报的用意。

各代表齐声说：“外面谣言很大，若不及早起事，怕生意外。”翊武说：“兄弟并不是不想早日起事，就是怕外面没有救援，岂不徒劳无功，还请各位考虑。”各代表知道负责人抱着谨慎主张，只好答道：“既是这样，只好设法延迟几天，但是外面风声不好，设有变故，又将如何对付呢？”翊武说：“如有危险，兄弟自有对待方法，请各位放心。”各代表才慢慢散去。

代表们刚刚散去，邢伯谦慌慌张张地跑来，开口就说：“不好了，宝善里的机关部失事了！”并将经过情形说了一遍。大家都很伤心，沉默了良久。刘尧澄说：“事到如今，一不做，二不休，就在今夜起事吧！”这时邓玉麟来了，也说：“好得很，就是这样做，翊武！你是军务部部长，赶快发令吧！所有同志都是这样主张。”翊武就连忙发出命令，派人分送各标营，定于当晚发动。

共进会从成立到武昌起义前夕的活动，约如上述。

（选自全国政协文史资料研究委员会编《辛亥革命回忆录》第1集，中国文史出版社2012年6月第2版）

辛亥革命与海外洪门

赵　昱*

一　海外洪门的发展

明亡后，明末志士兴起义师，反抗清朝压迫，屡败屡起，直至清康熙年间，因大势已去，无可为力，乃创洪门会社，以从事秘密反清活动。

洪门会社发展得很大。洪门又别名三合会、三点会，在广东方面称洪顺堂，福建方面称青莲堂。

洪秀全、杨秀清起义师于金田，曾有许多洪门义士参加。太平天国失败后，太平军余部为避免清军迫害，纷走海外，此为洪

* 赵昱：曾协助孙中山为革命筹款，后任上海致公堂总理。新中国成立后，任第二届全国政协委员。

门在海外发展之嚆矢。相传平南王黄德滋赴澳洲（澳洲大金山Bendigo，现尚存平南王手创之义兴公司会所），辅王杨辅清（杨秀清之弟）赴美。

自太平军余部逃亡海外后，华侨逐渐增多，加以清朝统治者政治腐败，对人民的压迫和剥削日深，农民破产者日众，许多人像卖猪仔一样，出洋谋生，于是华侨人数遽增。华侨出国谋生或者卖身去做劳工，在矿主及庄园主残酷剥削之下劳动，备受摧残。他们在国内已有了一番血泪史，侨居国外，又受尽帝国主义的欺侮，所以爱国情绪热烈，对于推翻清朝统治的革命，甚表同情。

洪门会社以“反清复汉”为口号，又以“联卫共济、手足相助、患难相顾”为常规，很容易得到华侨的共鸣，因而参加者日众。同时，团体也发展得很快，对外名称多采用义兴公司，含“以义兴复中国”之意。但会社名称并不一律，亦有其他种种别名。美洲方面洪门会社多称致公堂，后来致公堂分支为秉公堂、合胜堂、协胜堂、萃胜堂、萃英堂等。在纽约一带有安良堂，是由司徒美堂、阮本万等人创立的。檀香山除致公堂外，还有国安会馆。

海外华侨十有八九加入洪门，所以洪门在海外势力甚盛。

二　保皇会在美洲的活动

戊戌政变后，康有为、梁启超逃亡海外，组织“保救大清光绪皇帝会”。他们为便于进行保皇活动，设法打进洪门组织。己亥年（1899年），梁启超赴檀香山，在国安会馆加入洪门，由邓玉钦大佬做主盟人，钟兆养做介绍人。梁入洪门后，即首先在檀香山发展保皇会。同年，康有为、梁启超到加拿大和美国活动，在两地发展保皇会甚速。至辛丑年（1901 年），康、梁党徒欧榘甲（欧自称曾在国内加入洪门）运动美国金山大埠致公总堂创立《大同日报》，鼓吹改良政治。后欧因攻击孙中山先生，反对革命，为致公堂所斥逐，改任刘成禺为主笔。梁启超宣称保皇会的宗旨是“外称保皇，内实革命”，所以赚得许多洪门人士相信，跟从者日众。保皇会发展迅速，对于同盟会的工作阻力甚大。

康有为、梁启超在海外何以能将保皇会发展得如此之速呢？其中尚有一番原因。康诈称在出京时，曾奉光绪帝密诏“保护朕躬”；其徒更张扬其词，谓将来太后死后还政光绪时，康先生便可回朝做宰相了。人多信而入其彀中。康、梁借此骗款不少。骗款办法为巧立名目，声称办银行、办实业；骗得款项，群朋分之。卒因分赃不均，发生内讧，徐勤指使何其武暗杀在海外招股之刘士骥。于是华侨憬然有悟，不再受康、梁之骗。

三　兴中会与同盟会在美洲的发展

孙中山先生于甲午年（1894 年）得其兄孙眉先生之帮助，在檀香山创立兴中会。丙申年（1896 年）正月，孙中山先生又赴檀。六月，到美国旧金山，发展兴中会。当时中山先生因未参加洪门，在美国运动成效不大，参加者甚少，只有邝华泰博士、陈翰芬牧师等 6 人加入。这是陈翰芬牧师告诉我的。

癸卯年（1903 年），孙中山先生再度抵檀香山。他觉得在多次国内革命活动中，都有许多洪门有力量人士参加，因而革命活动如火如荼；但因海外华侨十有八九皆洪门中人，而他自己不是洪门中人，虽竭力宣传，终属见外，相从者少。他深感自己必须加入洪门，方能鼓动洪门中人赞助革命，所以在再度抵檀时，于国安会馆由钟兆养介绍，彭福大佬主盟，加入了洪门，并被封为“洪棍”（“棍”即先锋，故洪门中人皆称孙中山先生为孙大哥）。同年十二月，孙中山先生由檀赴美，因康、梁党徒勾结移民局官员从中作梗，不得登岸，被困于木屋。这时中山先生因已入洪门，故致公堂视为围内兄弟，即由金山大埠致公总堂大佬（盟长）黄三德、英文书记唐琼昌为之雇请律师，向美京华盛顿申诉，终得登岸。

孙中山先生同黄三德周游各埠，倡导革命，提倡洪门重新注册，想以收注册费用来发展，但收效不大，仅筹了一些旅费，数目不多，因当时保皇会势力很盛。

己酉年（1909 年）孙中山先生第三次赴美，由欧洲先到纽约，华侨赵公璧、李铁夫、吴朝晋、陈永惠等表示欢迎，并加入同盟会。继而抵芝加哥，得到华侨萧雨滋牧师及梅乔林等的欢迎，遂在芝城创立同盟会。12 月 28 日至旧金山，李是男（李早年回港加入同盟会）、黄伯耀欢迎于车站，因环境艰难，此次只有黄伯耀、黄芸苏、温雄飞等人加入同盟会。

我于 1906 年赴美，半工半读，因睹国事蜩螗，愤外侮频凌，乃于 1908 年在卜技利组织求是学社，研究国是，社员有工人和学生三四十人。曾恭请中山先生演讲，中山先生向社员阐明革命救国之理，听者十分感动。乃由中山先生做介绍人及主盟人，介绍我和周叙五、邓盛煜、邝辉、伍进、邓荣等 10 余人加入同盟会。

庚戌年（1910 年）正月十八，旧金山同盟会成立，有张霭蕴、黄超五、雷祝三、李萁、刘日初、刘鞠可、许炯黎、黄富、邝林（佐治）等四五十人加入。孙中山先生委我和黄芸苏等为主盟人。中山先生回日本后，由我和雷祝三、黄芸苏、张霭蕴等周游各埠宣传革命，从者日众。美国西部各埠发展甚速，故金山大埠同盟会支部遂成为南北美洲总支部。美国东部方面，纽约、芝加哥同盟会诸同志亦努力发展，各埠同盟会相继成立。同盟会初成立时，对外名称为少年学社。我和黄芸苏、张霭蕴、许炯黎、黄富等于每星期晚向群众作露天演讲，鼓吹革命，工作推动甚快。

庚戌春夏间，加拿大温哥华致公堂创办《大汉日报》以宣传革命，收效颇大。

四　三月二十九日之役美洲筹款情形

辛亥年（1911 年）正月初二，孙中山先生抵加拿大温哥华。他鉴于起义屡次失败，皆因此起彼落，未能同时并举，以致牺牲者众，损失甚大，遂努力筹集巨款，拟在粤进行大举。

中山先生在加拿大时到处演讲，灌输革命思想，听者感奋。时全加致公总堂在域多利埠。域城致公总堂盟长马延远感于中山先生之号召，对赞助革命、筹募军饷一事甚表赞同，并将公产抵押，借款筹饷，以为之倡。一时各地致公堂多相继抵押公产，借款筹饷。由于马延远的带动，洪门中人捐输者甚众。域城致公总堂公产抵押于银行，筹得港币 3 万元。温哥华致公堂公产抵押港币 1 万元。都朗度致公堂亦将公堂公产抵押得港币 1 万元。孙中山先生偕谭义大佬（加拿大东部致公堂盟长）、李汝大佬（加拿大中部致公堂盟长）

由加拿大西部起，历各埠而至加拿大东部，沿途向各致公堂演讲，宣传革命，捐输者亦甚众，共筹得港币 3 万余元。连前共筹得港币 8 万余元汇港。三月二十九日之役，用款共约 1 万元，而加拿大致公堂所汇之款约占其半。

美国同盟会方面，汇港币约 2 万元。美国巴士杰致公堂汇港币 800 元，均汇港接济。

广州三月二十九日之役不幸失败，殉难烈士，慷慨捐躯，感动全国，使革命浪潮日益汹涌澎湃，海外华侨捐输亦更加积极。

赵声对此役失败非常痛心愤激，在未死之前，曾致函孙中山先生，报告三月二十九日之役经过，悲恸万分，并谓恐怕不能再见面云（中山先生曾将赵声原函给我看过）。

温雄飞曾对我说，据当时在港的皖籍老同盟会员谈，是役后，赵声认为胡毅生擅自解散战斗队伍，影响革命，按纪律应处死。但以胡汉民袒庇其弟，多方回护，终未受处分。有一晚，赵声在胡汉民家中食粥，回寓后，腹中剧痛，旋即毙命。有许多老同志怀疑赵乃胡氏兄弟所毒毙。

孙中山先生见三月二十九日之役失败，牺牲同志甚众，乃奋起赴各地宣传。辛亥年夏间重游金山大埠，在丽婵戏院大开演讲会，竭力鼓吹革命。又亲到美西各埠葛仑、士得顿等华侨农场，向侨胞演讲革命，我亦陪同前往，晚间同宿于农场木屋中。我和刘鞠可睡在中山先生床边之地板上，以做护卫。中山先生赤心为国，至诚动人，侨胞大为感奋，纷纷加入同盟会。

五　洪门筹饷局与辛亥革命

辛亥年夏间，中山先生见同盟会与致公堂双方意见不甚融洽，认为对筹饷大有障碍，遂运动致公堂与同盟会合作。致公堂方面要求同盟会会员一律加入洪门，中山先生便介绍黄芸苏、赵昱、张霭蕴、李是男、黄伯耀、刘鞠可等与所有在美国的同盟会会员都加入致公堂。双方合作后，革命事业推进甚速。

五月二十二日，在孙中山先生的推动下，致公堂与同盟会共商筹饷事，组织洪门筹饷局，对外名称为国民救济局，黄三德为监督，朱三进为总办，唐琼昌、黄伯耀为西文书记，黄任贤、刘鞠可为中文书记，李是男为会计。发行金公债，券面有 10 元、100 元两种，由中华革命党总理孙文及中华革命军筹饷局会计李公侠（李是男）签名盖章；规定凡捐款 5 元以上者给以两倍币值债券，即以 10 元券给之。洪门筹饷局设于金山大埠致公总堂内。

六月二十六日，洪门筹饷局公推孙中山、黄芸苏、赵昱、张霭蕴四同志为游埠筹饷专员，孙、黄担任北路，赵、张担任南路。七月初二出发，沿途演讲，到处劝捐，成绩斐然。

孙中山先生抵盐湖城时，接黄兴由港发来的密电。当时因密电码本置于行李箱中，已运去典化城（Denver），中山先生即赶赴典化，从行李箱中找到密码本，将电文译出。电文大意是居正抵港，向孙报告武昌即将起义。中山先生接电后彻夜不眠，研究形势，考虑再三，拟翌晨复电黄兴，待筹集巨款，各方配合后再大举事。次日晨阅西报，知武昌已举义。孙中山先生遂拍电至圣路易城，催我和张霭蕴速筹旅费。我和张乃急赴芝加哥筹得 5000 元，直往纽约，在亚灵顿旅馆见到中山先生。中山先生留我和黄芸苏、张霭蕴同寓数天，谈及武昌起义后种种事情。中山先生在纽约劝勉诸弟兄努力筹款，随即携朱卓文经欧洲归国。筹饷局亦陆续汇旅费与中山先生。而我和张霭蕴即回旧金山，我则准备回国效力。

九月间，芝加哥同盟会萧雨滋、梅乔林、梅光培建议购买飞机，以充军用。经筹饷局核准，至十月初旬，购买寇缔司式（Gutis）飞机 6 架，聘请威尔霍士（Wilcox）为飞机师，年俸 1 万美元。芝加哥同盟会会员李绮庵、余夔志愿从军，学习飞行。十月下旬，我偕飞机师威尔霍士夫妇及李绮庵、余夔回国。十一月十二日抵沪时，中山先生派人乘战舰迎接。

飞机队归国，对革命战争虽无甚帮助，但对促成共和，其功匪鲜。威尔霍士飞机师自谓飞行经验丰富，但奉母命，不得凌空飞行，只能教练。老师尚且如此，学生学习成绩自然可知。但据唐绍仪对我说："革命党飞机队抵沪后，袁世凯亦获情报。袁乃据以入奏帝后，故作危言耸听，谓革命党飞机队已抵沪，声称倘不即议共和，行将轰炸皇城。一时寡妇孤儿，意为之夺，乃决定退位。故飞机队对促成共和，其功不少。"

孙中山先生于十一月十三日（中华民国元年 1 月 1 日）由沪赴南京，就临时大总统职。

十月，洪门筹饷局办理结束，派冯自由回国，携未发行之金公债余券缴交孙中山先生。计筹饷历时三月，共筹得 144000 美元。中南美洲致公堂均有捐款，尤以墨西哥致公堂为多。

武汉首义，各省陆续响应，海外人心大为振奋。虽筹饷局已告结束，但各处洪门弟兄及同盟会会员仍努力捐输，影响各界华侨，亦纷纷输将。有一人捐几百元者，有一人捐几千元者，甚至一人捐几万元者。所捐款项有汇至南京总统府者，有汇至上海军政府者，亦有汇至福建军政府者，有汇广东军政府者。是次海外各地华侨，万众一心，争相捐输，空前踊跃。

当中山先生倡导革命之初，筚路蓝缕，艰苦备尝，即一饭一宿，亦常见拒于人。当此困难之际，华侨中毁家纾难、投笔从戎者，大有人在。革命军兴，华侨捐输，靡役不与；每次举义失败，不为之气馁，反益增国难家仇之感，捐输益形积极。故中山先生缅怀往昔，不禁感慨系之，喟然叹曰："华侨乃革命之母也！"

（选自全国政协文史资料研究委员会编《辛亥革命回忆录》第6集，中国文史出版社2012年6月第2版）

在西贡堤岸三次会见孙中山先生

陈　良*

一

孙中山先生一开始革命活动就重视海外华侨的热心爱国，认为对祖国革命事业是会起很大鼓舞支持作用的。自从光绪三十一年（1905年）秋间同盟会在日本成立后不久，孙中山先生和黎仲实等几位同志由日本到南洋一带进行革命活动，筹组同盟分会，道经西贡堤岸找曾锡周、周观臣（广东东莞人，都是老华侨）。周少时很穷，他到安南是和一位亲戚借了一份水脚来的，性情豪迈，广结革命志士，当时在西贡堤岸两地商场中颇有名望，可惜在辛亥革命前已去世。孙中山早

* 陈良：时为留日学生，后任南京国民政府财政部次长兼田粮署署长，上海市市长。

年认识他们，由于对革命的看法一致，成了莫逆之交，每到安南西贡堤岸，必到他们两人处做客。周观臣与我是小同乡（在外埠邻县都是很亲密的），亲如兄弟。第一次我们见孙中山是由周观臣约定的，地点是在周观臣的家中。我们初次所谈，偏重于西贡堤岸两地华侨情况，包括商业、生活、两地的华侨社团组织等。孙中山的谈锋很健，谈笑自若，对事物很乐观，对两地的华侨情况比我知道得还多。他甚同情华侨的处境，称赞华侨的爱国观念，欣赏南洋一带的洪门会党组织，说他很想多了解华侨情况，准备在此多留几天。

我第二次遇见孙中山是在距第一次会面后两周的晚上，地点在裕华公司楼上。在一个不大的客厅里挤着 20 多人，有黄景南、陈伟南、黎仲实（黎是随孙中山来的）、李亦愚、李卓峰、周观臣、关唐、李晓初等，都是一些孙中山先生旧相识和少数新相识的知名华侨，亦有一些洪门会党的头领人物，如瑞庐的王芝甫、胞怀堂的李亚洪等。孙中山指出清廷腐败、丧权辱国，列强正在企图瓜分中国；并介绍国内的革命风起云涌，说要挽救中国的危亡，非驱除鞑虏，建立民国不可；斥责保皇党的君主立宪主张是救不了中国的，号召救国救民，人人有责。在座各人听了大受感动。后来，由周观臣提议认捐以支持革命，即席认捐的人很踊跃。当晚认捐总数约得 12000 元。认捐人中以黄景南为最突出，他一个人认捐 3000 元。他是一个做小生意的小商贩，收入不大，平日节吃省穿，手头上只积有数千元，这一次就捐献 3000 元。人家问他："你平日不肯多花一文钱，为什么今天这样慷慨呢？"他回答说："没有祖国，我们华侨就永远受人欺负！"他从唐山（华侨称中国为唐山）到安南时除了随身的衣服外，一无所有的，后来勤工俭用，积蓄了数千元，用以对祖国革命的热心支持，在当时安南的华侨中起了很大的鼓舞作用。

我第三次会见孙中山，是在堤岸平而美获街 304 号昌记楼上。这次，孙中山对我们指示了今后在西贡堤岸的革命宣传活动怎样进行问题、如何筹款募捐支持革命问题、对洪门会党合并统一问题等，指示得很详细。他说我们活动须秘密进行，以避免法国殖民统治者干涉和保皇党的破坏。他说：洪门会党本来就是反清廷的明朝遗老组织起来的，今天应当恢复原来反清宗旨，为反清建立民国事业做出贡献，并决定就在昌记刘易初处作为临时的通信处和活动地点。

西贡堤岸两地的洪门会党在未统一合并前有 20 余个之多，各立堂号，用字头识别。如胞怀堂、瑞庐、“和”字头、“洪”字头、“诚”字头等。各自招收党徒，扩大会党本身势力，有时不择手段，强迫他人加入。有些人加入会党不是出于自愿，而是被迫参加的，俗名叫“被踢入围”，宗旨很不纯，各成小集团。参加都须经一次加盟手续，多在晚间举行，有誓词，有暗语。各会党间互相排斥，有时因争利而聚众打架。初由唐山来西贡堤岸的华侨，尤其做苦力的华工小贩大多数被迫参加会党。经过孙中山建议，合并了一部分洪门会党以后，对革命事业做出了很多贡献，成了同盟会在西贡堤岸革命活动的外围组织，变为负有革命任务的秘密政治团体了。其中安南籍的革命志士参加的人也不少。后来，西贡堤岸秘密组织华侨义勇队参加钦、防、河口诸役，有安南籍志士多人参加，是通过洪门会党关系来的。有一次反对法国殖民统治当局抽剥华侨人身税，也是通过合并后的会党做有计划地进行的。法国殖民当局对华侨非常虐待，凡华侨在安南每年需缴纳人身税，这种苛税，为其他外埠之所无，法殖民当局有意为难中国人。华侨缴纳人身税后，当局给回证据，这张证据叫“身税纸”。华侨必须将“身税纸”随身携带，以备随时在车上船上或道路上被突击检查，如无，则被拘留罚款，如三次被检查都没有“身税纸”时，则被扣押递解回香港或唐山。华侨对此不堪其扰，非常愤怒！有两次对殖民当局检查队进行反抗，拒绝检查，夺去他们的枪，殴打检查队员。这是洪门会党在同盟会的指导下对帝国主义做了两次强硬的反抗。

二

同盟会成立之前，西贡堤岸两地甚至整个安南有不少华侨受到保皇党改良主义思想的影响是很深的，因康有为及其党羽到过西贡多次活动，散布他们的反动思想。因此，当时华侨的思想上以为保皇党也是救中国的；康有为也是革命家，不管帝制还是共和制，只要祖国强盛，可使华侨免受外人欺凌就行；康有为的君主立宪如能把中国转弱为强，君主立宪也是好的。以上是当时华侨思想的普遍现象。同盟会成立以后，才加强宣传孙中山先生的思想，在当地华侨中，有比较深刻的印象。下面是当时我们同盟会所做的具体的革命活动：凡在华侨各阶层有影响的社团组织、娱乐场所、酒楼茶馆、戏院，甚至花会（也叫字花，是西贡堤岸两地一般居民所爱好的一种赌博）场所，都利用为革命宣传的场所。有些是秘密进行的，有些是公开进行的，经常利用华侨在饭后或晚间余暇自由聚集于社团会所进行闲谈时，就谈论祖国的情况，宣传革命。也在公开活动场所进行秘密宣传。例如，以革命刊物、新闻消息的传递，利用花会设站和带票人做通风报信的宣传工作等。后来被殖民当局侦知，便将花会列为禁例。但我们革命的会党和社团又不时利用吉庆戏院公演民族剧目，有好几次粤剧名演员扎脚胜、声架罗、公爷创先后到西贡堤岸演出历史剧目《梁红玉》《十二金牌害岳飞》《戚继光》等剧，以激发华侨的民族观念和爱国心而献身于祖国革命事业。光绪三十二年（1906 年）冬，广东南路钦州农民不满清廷官吏的严重压榨，群情激愤。周观臣从当地人士梁某那里得知此事后，即电告孙中山。孙先生派黄兴来西贡商议其事，结果，立即派出同志潜入农民队伍中，鼓动农民起来，实行反清的暴动。黄兴等一面请求孙中山向日本购置械弹，一面在西贡就地设法筹购。法国殖民当局平时对安南控制极严，尤其防范武装暴动，购运枪械不是容易的事。后来，总算由马培生、曾锡周等通过捷和洋行经理诡称为保护矿场之用，购得长短枪 20 余支，作为矿山的自卫工具，偷运至鸿基，再由鸿基用驳载（安南的一种船叫驳载）运煤至钦州，将枪械藏于煤炭中，偷运至钦县附近。马培生、曾锡周等在西贡法国银行供职，在华侨中颇负盛誉，他经办这次偷运械弹事为西贡殖民当局侦知，但偷运行进中转折趋避，动作神速莫测，未被当局搜获真凭实据。但已惹起殖民当局注意和怀疑，以后就不可能再购运了。

三

西贡堤岸两地华侨对孙中山是非常尊敬和热爱的。有一次，有人在宜心茶居中伤诋毁孙中山，说什么“孙大炮如何如何”。在邻座饮茶的人与他争辩到面红耳赤，终致动武，互相殴打起来，直至将那胡说八道的人摈出茶居之外。由此可见，华侨对孙先生的维护和爱戴的热忱。

光绪三十三年（1907 年），在钦、防农民革命暴动后，孙中山就更加重视安南毗邻我国优越的地理位置条件，且更加感到华侨高度的革命热情，对反清的革命大业会带来更多的便利，因此，将同盟会领导起义总机构设于河内，并亲自指挥毗邻安南的中国各省边区农民武装，起义活动此伏彼起，不断进行反清斗争。在这期间，孙中山不时亲到西贡堤岸两地策动组织华侨回国，以加强和壮大国内革命武装斗争的队伍，同时筹募巨款以支援国内的革命斗争。据我所知，孙先生到西贡必住在曾锡周的家里，而当地华侨对孙先生是积极热心支持的。我还记得有一次，孙中山在西贡一个秘密集会上演讲，群情激发，当天晚上就募集到 35000 元。我记得他在演讲中提到“凡捐助革命的款项，都会有偿还的，决定在革命成功建立军政府后，可以加倍给予偿还，并给以实业、矿山、铁路等开发的优先权利，希望同人踊跃捐输，以支援革命大业……”等语。

忆自同盟会开始在这两地活动以后，西贡堤岸华侨通过洪门会党的发动，先后自愿请缨回国参加反清的革命武装斗争的就有 40 多人，多数是华侨工人、小贩，也有老华侨的子弟，并有安南籍的革命志士 6 人，因年湮日久，虽未能忆其姓名，唯事不可不记。

（陈宏樟　整理）

（选自广东省政协文史资料研究委员会编《孙中山与辛亥革命史料专辑》，广东人民出版社 1981 年 8 月第 1 版）

庚子惠州三洲田起义访问录

张友仁 *

我们为了搜集1900年庚子惠州三洲田起义史料，曾进行了两次调查访问，一次在惠阳县，一次在保安县。访问的老人很多，他们所谈的情况有些不同于过去的记载。现在把他们口述的笔录整理出来，我个人当时的见闻也附录在后面。兹先将访问的老人姓名、年龄和住址介绍如次：

廖毓秀：76岁，惠阳三洲新迁地方。

戴焕扬：77岁，深圳沙湾厦村。

袁仁昌：86岁，宝安县政协委员，住坪山圩。

---

* 张友仁：时任北伐军总司令部秘书。
新中国成立后，任第三、四届全国政协委员，广东省人大代表，广东省文史研究馆副馆长。

罗国荣：惠州镇隆老医生。

杨　璿：75岁，惠阳县城。

杨文光：70岁，惠阳上杨围人，移居惠州镇。

叶承源：60岁，清举人叶蓉煌侄，惠阳镇，原住大山下。

张寿宜：77岁，惠阳平潭人民公社养老院。

魏来发：71岁，惠阳樟树潭敬老院。

邱火乾、曹老、黎水、何本：惠阳县多祝敬老院。

蔡心遐：72岁，多祝人，现在中学任教师。

杨衍秀：81岁，多祝人民公社。

杨纯修：67岁，平山人民公社。

毛　冬：79岁，平山人民公社医务所老医生，当过清归善县丞的卫兵。

梁镜球：惠州中学毕业生，辛亥革命老人。

宋少梅：70岁，新圩医生。

黄水发：具体不详。

一　三洲田发难，攻进沙湾、镇隆

廖毓秀：庚子年起义之前，我就见到两个不识面的青年人来到大围开店仔，后来才知道一个面庞方中带圆、双眉硬直的是郑士良；一个面黑而麻的是黄远香，化名叫作黄大福。他们借开店仔为名，搞革命是实。店仔里常有人来来往往，开秘密会。那时我15岁，在私塾读书，因为好奇，曾进店仔里去看过，他们也不阻挡。闰八月十三晚，大寨一时热闹非常，马兰头的五间烂基地就是他们起义祭旗的地方，人来人往，十分紧张。那夜月明如昼，我看到岭冈顶上竖起大红旗，刀光剑影，闪闪夺目。黄远香红布包头，身上挂着大红绣球，威风凛凛，前后约有六七百人簇拥着他。祭旗后，他们下山分两路进发，东边一路从金龟洞出禾冈，打新圩，直扑镇隆；在那里和清军接火，把清军打得大败，死伤甚多，起义军也死了两个人。西路从横冈出沙湾攻兰花庙，清军闻风便逃。深圳清军曾来救援，但也被打得大败。

戴焕扬：兰花庙驻有清军四五十人，是官仓蔡总、龙潭蔡茂青所带领的。闰八月十四大清早，我在冈边放牛，忽然一声枪响，村背坳顶缺口的山路上拥出一队红布缠头的人冲将下来。听得他们边跑边大声呼喊："大家莫慌，我们是来捉四由哥的。"我们谁也不懂"四由哥"是什么人，横竖与自己无关，心里不害怕，就站开来看。红头军跑到半山，驻兰花庙的清军慌成一团。这时庙正西又冲来一队红头军，清军前后受敌，来不及发枪，便落荒而逃。不料从落麻石板山又冲下来一队红头军，拦腰一截，清军被三面包围，登时就给打死10多人。沙湾清军接到兰花庙的消息，立时派兵驰援。红头军奋勇迎击，被打死了两个兄弟，遗尸一在田边，一在庙后。但红头军这时陆续赶到300多人，奋勇冲击，杀得清军泅河夺路而逃，向深圳方向蹿去。他们在过河时，又被打死一个。红头军缴获10多支快枪，就乘胜向横冈进击。

袁仁昌：三洲田大寨所在是个很肥沃的盆地，往西北翻过打鼓岭，走山路落到平原，就是碧岭。碧岭和三洲田大寨都是姓廖人家，约有八十来户三四百人，自从起义失败之后，给清政府杀的杀、逃的逃，连大寨也给烧过几次。老围廖观秀、碧岭廖庆发都是被清政府杀害的。

罗国荣：庚子三洲田起义是闰中秋的前一夕。约在八月尾，林海山从香港来到三洲田住了半个月，很是忙碌。到了祭旗之后，就分两路出发：一路攻沙湾兰花庙；一路打从金龟洞山路出新圩，这一路是林海山率领，有咸水枪300多支，我就在这一队。当晚（闰八月十四）在新圩造饭，准备明天去摸镇隆，把较次的枪械编为先行部队，好枪压后随行。在新圩住了一夜，十五日早饭后出发。约行四五里许，大队传来探报消息，说敌人已派队前来，着我们赶速攀上山坳，择要冲设伏，准备迎头痛击。我们按照命令布置停妥之后，天已断黑，清军果然来到坳顶。我们就一声“杀呀”，把他们打得东逃西窜，打死十来个人，缴了他们的枪械，捕杀了他们一个连长（即哨弁花翎补用游击严宝泰）。我们旗开得胜，就在夜间占领了镇隆。十六日早，在镇隆早饭后进到麻溪，没有发现敌踪，又连夜行军，天才放亮（十七日），到达了永湖。过了两天，我们又到距永湖10里的上杨围。当时上杨已经被我们兄弟占领了，很热闹，为首的是杨发。他们见到我们到了，就杀猪摆酒，开会欢迎。那里的绅士缩头缩脑，不敢过问。再过两天，有人报告清军莫善积带兵前来，已给我们在菱子园打败了，缴获他们百多支枪。

叶承源：我的伯父叶蓉煌，光绪二十三年举人。三洲田起义失败后，他做惠州中学堂监督，思想有了转变。他曾对我说过，当三洲田起义时，他做了一件最不应做的事。他说，那年约在闰八月中秋日早上，镇隆有人来报告，新圩到了一帮造反的人，大约有几十个，枪支不好，看样子快要到镇隆来，要他快去飞报官府。他就据以飞报惠州陆路提督邓万林和惠州知府沈传义及归善知县郑业崇。邓当即派哨官严某率领一哨100余人到镇隆。因时已入夜，清兵不敢立即扎上佛子凹险要的地方。他很焦急，认为佛子凹是个必争之地，主张先行占据。哨官不相信他的话，不肯上凹。他就去找到牛子坑张姓大商人的儿子等人，请求他们做向导引官兵上凹。严哨官只好带兵开进佛子凹。哪知凹上树林中已有许多人埋伏。一阵乱枪打来，当场打死官兵数十人，严哨官被捉杀死，顶好的枪弹都被缴去。当时我伯父大吃一惊，怕担当不起这个责任，不料沈府倒保举他水晶顶戴。

二　平潭、黄沙洋二次大捷和多祝失败

张寿宜：庚子闰八月十六（友仁按：应是二十日）我在鸦鹊地家里，听说七脚发到了良井。十六、十七（应是二十、二十一）住了两夜就过白芒花，那时已有1000多人，枪甚靓，归杨发统带。十八（应是二十二）我因事上平山，传闻有红头来，乡人纷纷拖男带女逃避，我也躲进了一间当铺，但并没有见到红头来平山。我立刻赶回家。次日早晨，见红头由鹤地过河，冲向新圩，约有40多支快枪。我在河边站立处距离新圩里把路，看得清楚。清军莫善积部先到达新圩，等待红头来。哪知道红头过河的人早已埋伏在茇子（番石榴）园的莽丛里了，于是就在茇子园打起仗来。从鹤地刚要过河的红头人多，看到茇子园已接火，就从东边沿江岸飞跑到鸡公石、樟树潭，穿过皮子寮渡江到平潭，包围清军。莫善积知道红头兜他的屁股，就转向平潭。适红头渡河赶到，莫不敢停留，拔队便跑。红头追上去，俘获了他的一个哨官，砍了3个人头。红头占领了新圩，没有住宿，

随即过梁化进多祝，沿途秩序很好，没有骚扰人民。红头兄弟死了一个姓何的，是西山月人。

魏来发：新圩之役，我在樟树潭，村人竖起红旗欢迎红头，老老少少聚在村前观看。红头皆便衣，过渡的 40 多人。到刚出太阳的时候，就在茇子园打起来。只见红头沿河向清兵追击，樟树潭这边又沿岸包抄上去，加上村里的人又摇着红旗欢迎红头。清官军人数虽较多，但隔江一望，看到红头比他们还要多，只得夺路撤退，被打死或淹死的有 100 多人。

宋少梅：庚子那年，我住在新圩，闰八月二十二日那天是新圩的圩期。赶圩的人还未上集的时候，纷传“红头贼”来。我和家人一起随着大众走避。有人说三点会打从白芒花经鹤地来了。正在这时，忽然听得哔哔剥剥的枪声愈来愈密，原来清军喜字营先已入了平潭，出到茇子园就遇着三点会过河冲杀而来。他们枪好人强，清军不是敌手，抵挡不住，只得边战边走。又见到对岸还有千多人追击过来，清军更着了慌，就沿河岸窜退，死伤很多。县丞杜左堂也被擒去做生公，听说后来给他当上了文书。三点会这边也死了一个当丫头的人。三点会乘胜追到平潭煮朝食。后来清军派了吴祥达率领大队人马前来反攻。

蔡心遐：庚子闰八月黄沙洋之役，起义军是于二十六日早攻入的。那时清军只有一哨兵守多祝（约几十名），一听说起义军来，怕多祝难以抵挡，即退守黄沙洋。黄沙洋乡居民有郑、萧、杨三姓，萧、杨两大姓素不和睦，清兵不得不联萧、杨两姓和郑姓来共同抵抗义军。萧、杨两姓耆绅也在表面上暂释旧嫌，和官府合力防御。可是杨姓一位廪保杨冠军早与革命党取得联系，约定内应。当起义军进攻黄沙洋时，差不多整天相持不下，到深夜时杨冠军叫他的族人开西边的闸门迎接起义军，围内清军腹背受敌。到天亮，乡就被攻破了。守乡的清军全数被歼，萧姓丁壮死了几十人，萧族绅士萧心如就是在这一役被打死的。清军既败，惠州震动，统领吴祥达就从海丰赶程赴援。二十七日，吴率队反攻，在洋口正面派一哨绕黄沙洋迤下的沙洲尾堵截。这时候起义军受到优势清军压力，战斗达到高峰，终以弹尽势蹙，向赤石方面退却。下午3时许，清军夺得黄沙洋，占据了多祝圩。义军退却时，有两个日本人被清军杀死，杨冠军服鸦片烟膏殉难。

黄水发：庚子八月中秋后，红头军由良井分路进军：一路经白芒花在鹤地渡河，到新圩茇子园；一路经樟树潭逼鹤湖。两路都先到平山河河边。抵鹤地的一部分红头军迅速渡河，绕过新圩，埋伏在茇子园的蔗林中。红头军大部分还未过河，而埋伏在蔗林的那一部分就已和清军打起来了。一排排火力直打得清军招架不住，打死很多人，尸骸满地，还捉了两个生公。清军急忙撤退。红头军还未渡过河的，就沿着河边推进，继续渡河，由鹤湖沿梁化之北扑向仙洞，向平潭一线做了一个大包围。清军不知红头军有多少人，看见形势不佳，就拼命向平潭方向逃窜。

杨衍秀：庚子闰八月红头军起义时，我在多祝圩。二十六日红头军攻入黄沙洋，有2000多人，100多支洋枪。十三约（地名）来参加的有百多人，其中有崩冈下寮山圩的谢德、大埔的周亚祥（绰号天子祥）、大和的卢百良（当大哥）、黄沙洋的杨新才（当时磨豆腐）等，声势浩大。驻多祝的清军不过50多人，一听说红头军来，就退入黄沙洋。红头军探知实情，就把黄沙洋包围起来。乡内清军有百余人，红头军有了内应，一鼓便打了进去。攻下黄沙洋之后，就进入多祝。当时我见到天子祥头插雉鸡尾，胸挂绣球，很像做戏的打扮。红头军都是头缠红布，腰缠红带，裤头插着一支红旗子，裤脚一边卷高，一边放低，十分神气。他们进圩时，全圩安宁，并没有骚扰。次日（二十七日），清军吴祥达骑着白马，率大队来攻。红头军迎头痛击，在沙洲尾的坝上大战一场。清兵抵挡不住，吹号收兵。到了下午，吴祥达得到了增援，打了两个钟头，打得很惊人。红头军因弹少无援，打不下去，就一声“水急，松人”，向距两里路远的双金退去，黄沙洋又为清军占领。事后举行清乡，杨姓多被勒索。杨贤辅的家被抄，他家里的白银被用箩筐抬去。

曹　老：红头军曾打入多祝，住了一夜。我见过杨亚发，他胸挂红绣球，骑着细细的马在巡街。第二日，吴祥达带了大队人马来反攻，在洋口接仗，打得很激烈。头一仗就打死清军 30 多人，伤的不少。当时我父亲曹老山给吴祥达叫去当救护，还把清军的伤兵抬到我家里医治。我父亲见打得这样激烈，伤兵续有抬来，就把伤兵移到别处去上药。第三天，吴祥达来要伤兵，喝问：“我的兵哪里去了？”态度凶恶。我就给他说明去处，并斟茶接待，他才点头说我父亲做事妥当。

邱火乾：己亥年我在多祝圩卖生果，对面就是吴祥达的衙门，那里的兵勇没有规矩，随意取食我的柑橘不给钱，我不敢抵抗。不久吴祥达叫我去当差，我就去了。但有一次他拿花红单叫我带路捉人，单上有猪肉店的卢百良、做小猪贩的陈龙标、三点会员陈亚发、造脚（意谓好动的英俊人物）曾亚老和长江来的沈木桂等。我心想，和他们无仇无怨，带了路会被他们寻仇，就决计不给他带路。庚子闰八月间，吴祥达原带有两营人驻扎海丰。十八日下午在汕尾接到一封火烧三角的告急信，说惠州城池快失陷了，催即发兵援救。二十日，我跟吴祥达从海丰出发，日夜兼程行到埔心，二十一日 3 点钟到了多祝。吴命令即转船下惠州，一路顺水。二十三日过平山，下午到了马安，当晚赶到惠州城，才知道城里并没有“贼”。于是又回到马安住了一夜。二十四日早拔队上平潭，二十六日夜到了崩冈，赶程往多祝。二十七日早天才发亮时分，在洋口就遭遇红头军黄远香部队 300 多人拦途截击。吴立即散开部队迎战，却挡不住红头军以逸待劳的一击。这一仗，吴输了，一营死了几十人，有的逃跑了，剩下只有 10 多人。可是吴祥达还不死心，再整顿他所有兵马 1000 多人，加强枪炮的力量，又来接战。吴率队才到江边，就被红头军枪手一枪射死了他的坐马。他换过了马，边战边走。这一仗打得十分激烈，自早上战到下午未申刻，双方死伤不少。后来红头军势渐疲弱，收队由黄沙洋退向赤石去了。事后听说，当我们从多祝乘船直下惠州城那天（即二十二日），知县郑业崇曾带了百多名兵在新圩进攻红头，被红头军打败了。

毛　冬：庚子年我当归善县左堂（即县丞）杜凤梧的护兵，那时我才 19 岁。闰八月中秋节前后，传说三洲田造反的事。这个消息吓得惠州知府沈传义立刻下令闭城，一面在乡间招募新兵 100 多人编为一营，即靖字营勇。这些所谓营勇，身穿红背心，头戴竹夹帽，腰间插两把烂鬼单刀，还驮着鸦片烟枪，都是肩骨头高耸过耳的病夫。靖字营房派由刘邦盛的义子杜左堂管带，我当帮带。二十一日早奉命出发，我穿幼蓝衫裤，黑布包头，背上插一把刀，拿着枪，骑上马，领着 30 多人先行，杜左堂骑黄色马随在后头。从县城南门出发，到平潭歇了一夜。次日（二十二日）向平山进发，离平潭很远就到鹤湖村边，经过一个茇子树很多的园里，看见东南边一片密麻麻的蔗林。不提防就从蔗林那里打来一阵乱枪，大家登时手忙脚乱，知道已陷入埋伏圈里，又不知“贼军”有多少人，便急向后退。但后头又有“贼军”截击，后来的营队和我们又联不起来，就给打成四截，纷纷乱窜。我们这一队的许多人都被迫跳下河里，企图泅过对岸。河水虽不深，但在惊慌之中，淹死的不少。当时我还拿着枪站在河边，只见杜左堂在水里载浮载沉，我便急忙撇马丢枪，一跃跳到江心，泅入水底，出死力用膊头托着他，推到近岸，他才有气无力地爬上岸边。于是我又一个回身，泅到一处人少的地方上岸。不料把头浮出水面的一刹那，突然有人抓住我的辫子把我拖上了岸，捆缚起来。我便浑身湿淋淋地做了俘虏，被拉去平潭。第二天到了梁化圩。第三天（即二十四日），起义军在梁化圩拜斗开会。会场上有粉红旗子，也有写上青天白日的；白日实在是个大红日，平时看到的“贼军”是执红旗的。开会后，天色已晚。入夜，我们这批俘虏被提到一处地方，听得有人大声叫道：“梦的站到右边去，醒的站左。”登即有人走动。我看看走向左边的只有两人，右边的人就多了。我不解什么是醒什么是梦，就向人多的那边站过去。哪知道所谓“梦的”是不服从的意思，一概要杀头的。正在这生死关头，眼前忽闪出一个拿着大马刀的彪形大汉站在面前。他揪着我的辫子往后一提。我退了几步，看见这人大眼浓眉，面长色赤，却没有凶恶神气。他看了一会儿，抽起大马刀猛地一砍，手起刀落，原来他砍的是缚住我的绳索。我双手松开了，站立起来。那人便说：“跟我来。”从此，我就给他背挑行李。在梁化，我见过黄大福。他身材高大，手指如香蕉那么粗。他是个耕田佬，那时当了大元帅。我也见过黄耀廷和郑士良。黄耀廷即黄远香，约二十八九岁。郑士良直眉，方圆脸孔，身躯肥大，着官纱长衫。这些人都很温和。但在梁化一直没有见过杜左堂。二十五日，我随队伍到了崩冈围，和同行的住在赵姓的书房。那个大汉叫我不要挑行李，并给我一支枪，当他的护兵。这时我才知道他是钟和，范和冈人，别字作梅，担任右先锋。二十六日一早，向黄沙洋进攻，过午才攻进乡里，杀了很多敌人，乘胜进占多祝。二十七日凌晨，紧张的战斗就开始布置了，听说吴祥达就要到来。我谨慎地伺候着钟和。不久，吴祥达的大兵果然拥来。我站在山冈边观看，没有去交锋。只看见一个人用枪向吴军射击很出力，可是不久就被敌人打死了。那时我还跟着钟和。后来吴祥达的增援队伍开到，大家就走散了。我不见钟和，跟着一些退却的行了一夜。走到埔心附近的横坑，忽遇到清军用排枪打来。大家慌忙躲避，我被挤落坑底。入夜，我缓缓爬上大路，月黑无光，见路上边静悄悄地睡着一排人，我也疲倦极了，怕惊醒他们，也就悄悄地挨近他们躺下，一会子便睡着了。一觉醒来，天已微明，才看见身旁睡的一排人都是没有头的，共有 17 个，我的身上也染了斑斑的血迹。我心慌意乱地向前瞎走，走到萎埔，又遇着钟和等多人，就跟同他们走回大山径。走到一处地方，像是平政或黄埔，有民团杀鸡招待。我们一行带的 10 多支枪都交给他们收管。随即回到范和围，住在钟和家中。钟和的兄弟钟合也住在家里。记得住了 20 多天，有一天钟和说要去香港，给了我 10 块白银，叫我回家。我就回到了惠州。

杨纯修：我知道杨冠军一些事。杨冠军是个廪生，和林海山相好，早就有“造反”的思想。他听到郑士良到了梁化，即写信约起义军进攻黄沙洋。这封信落到被起义军俘获后在军中充当文书的杜左堂手里。杜左堂就是刘邦盛的义子杜凤梧。他和黄耀廷相识，在新圩之役被生擒投降后，由耀堂委派他掌管笔墨。他收到冠军的信时还给带信的 20 元。起义失败后，杜凤梧回到吴祥达部队中，指证杨冠军“通匪”。冠军逃走不了，只好食鸦片烟膏自杀。我也认识盐灶背的黄海，他是做“海贼”的，民国 19 年（1930 年）我还见过他。黄沙洋之役，他和吴祥达对过垒。他很轻视吴祥达，常说他带着 11 支枪在洋口跟吴祥达对仗，就打得吴部七零八落，狼狈不堪。

再说黄沙洋一役，闰八月间，黄远香率领农民起义军由梁化进攻多祝。多祝所驻清军一连放弃多祝，退入黄沙洋乡，与该乡萧、杨、郑各大族固守待援。萧姓族绅萧慕颜说，萧杨两姓素来不睦，恐杨姓靠不住。清军哨官遂召集三姓族长在本乡关帝庙开会，敲锣打鼓，起誓摒除旧怨，共保本乡，并决定杨姓负责守乡西，萧郑二姓守东南西三面。哪知杨冠军早与红头军有联络，并为黄远香做内应。他的密信由两个人带到梁化，黄远香还着令杜凤梧赏带信的人各 20 元。

闰八月二十六日进攻黄沙乡，激战一整天，到深夜杨冠军果开西门引红头军入境。清兵和萧郑二姓壮丁前后受敌，全部被歼，萧慕颜之子萧汝均阵亡，慕颜逃到平山。二十七日，清军统领吴祥达再增援，与起义军战于多祝属之洋口。起义军弹尽援绝，被打败了。林海山和黄远香等绕道赤石至马鬃港入海丰。杨冠军自杀，后被清军发棺枭首。

杨　璿：我于 15 岁时因闻有“反贼乱”，就于闰八月由归善县城迁回老家上杨围居住。十三日（友仁按：应是十九日）晚，归国华侨杨发突然鸣锣召集乡人开大会欢迎起义军。大会在村旁沙岭顶小山上的平顶沙举行，到会的有千余人，我也到场了。杨发穿长衫，胸前结着红绣球。当晚杀猪八头，备酒数十坛，大家痛饮一夜。次日，编成队伍，约五六百人，杨发当队长，出发白芒花、平潭。二十七日，黄沙洋大捷，后又失败，转进三多祝，杨发战死。

杨文光：杨发很能跳远，一跳能过 7 块菜地，所以被叫作“七脚发”。他的兄弟银鬼在起义军管财政。杨发手下有数百人，枪百余支。他与起义军已有联络，先由良井出白芒花，进平潭。他在上杨围一夜之间即召集到五六百人，后来发展到二三千人，大受各村的欢迎，声势浩大，威胁到惠州城。当时刘邦盛接到情报，即调兵勇前往截击，却不料被起义军歼灭于茇子园。刘邦盛败退时，起义军并不知惠州空虚的实况，如果乘胜奋勇一冲，惠城唾手可得，形势就不同了。

三　惠州、归善两城的情况

上边所录的都是在起义军活动地区亲眼见到、亲耳闻到或亲自参加过的老者们所口述的极为可靠的资料。现在把当时惠州、归善两城的情况追述如下，其中一部分是辛亥革命老人梁镜球的回忆，一部分是我自己的回忆。

梁镜球：庚子年间，孙中山先生命郑士良在三洲田集合洪门弟兄组织武装起义，推翻清廷。郑以黄远香为统兵大元帅，何松副之。起义军发动后立即向新圩（东莞属）的佛子凹清驻军进攻，仅遇小抵抗，一下子便扫清，获枪支 10 余支。清哨官严宝泰当场被打死，其所率全哨兵勇，除打死者外全被俘虏，辫发尽被剪去。不数日，起义军人数增到千余，声势益大，惠城震动。广东全省陆路提督邓万林时驻惠州城，慌张失措，惠州知府沈传义、归善知县郑业崇尤为惊惶，下令将城门关闭，堆置沙包，加上板闸，并急电广州请兵。社会一般人奔走相告，呼起义军为“反贼乱”。闰八月中旬某晚，明月当空，忽然全城鼎沸，闾里交呼，惊相传告说：“贼兵已抵城下来了。”保长则逐户命令健壮男女担运石头堆置城墙上，以备投掷起义军。这样扰攘了半夜。及至天明，遥望飞鹅岭天险毫无动静，人们亦渐散去。但城内有一群人乱擂大鼓，不知何意。有人说昨夜系惊营，并非“贼”至云云。就在那夜间，惠州府召集两城绅商会议，强迫殷富居民捐军糈，我家也被派定白银20两。又闻前一日擒获“贼首”，故情形稍为安定。当时谣言迭起，城门关闭，壮汉出入城内外则用巨绳作梯上下，谣言就是这些人从城外回城后传开的。又有人把义军告示抄回传阅，我尚记得有“堂堂中国，岁岁来朝”“逆我者死，顺我者昌”这样几句话。两广总督德寿闻惠州危急，调水师提督何长清及防务统兵官莫善积率所部集中惠州，又特派前驻惠州陆路提督刘邦盛为统兵（友仁按：查刘当时已卸任提督，当上军务会办），先在惠州招募新兵，实行会剿。约在20日前，刘邦盛已在附城各乡募集新兵数千，匆匆率领由西江进发。闻那时起义军在平山一带往来游弋，又距城30里之良井乡已有绿林杨发等拜台，大集弟兄数百人加入活动。东江下游距城40里之青塘乡则有梁慕光为首领，暗集附近洪门兄弟，杀猪宰牛，准备攻占隔江相距八九里的博罗县城。二十二日平潭一役，起义军大捷，事后传说，孙中山曾密令郑士良、张慕光等各率队前往福建厦门接收军械。因此，义军就必须从多祝出海陆丰，经潮汕挺进厦门。当义军部队抵达平山圩时，据探报清兵水陆大队沿江而来。于是曾捷夫、林海山带同日本人山田良政等乘夜勘踏地形，看到平潭近河地面蔗林丛密，一望无际，估计清兵必由此经过，当即决定在蔗林设伏，以便一举而歼灭之。二十二日晚，清兵大队果然扰攘而过，其先头部队为莫善积所领的喜字营，跟着是刘邦盛的新兵，后队为何长清的水师。蔗林埋伏的义军候喜字营官兵过尽，突然发枪猛射。那些新募的清兵还不知散开，一时争相溃窜。但蔗田前临大河，无路可逃，溃兵纷纷弃械跃入河中，企图侥幸泅过对岸逃生，溺死很多。提督刘邦盛仓皇逃回惠城。归善县丞杜凤梧在溃退中为义军所掳（杜籍浙江，夙嗜鸦片，佐杂班出身，俗称叩头虫）。义军在这一役获得大捷后，军威大振，人数益众，便向三多祝前进。义军在多祝驻营时，通知居民不必闭户，必须在门前点一灯为标志，取其“复明”之意。正在这个时候，忽传到孙中山先生密令说，日人中六代购军械，因故不能接应，虽到厦门亦无法得到补给，不若暂行分散潜伏。于是各洪门首领率部分散。适清兵吴祥达带大队围攻，就在多祝、洋口地面混战竟日。义军已无斗志，分别撤退，日人山田良政于纷乱中牺牲。但吴祥达还不知道义军准备退却，反以为自己兵力单薄，连忙收队到平山宿营，到了次日，才知道义军已经分散。因此，吴祥达在清政府领了大功，以一个在街市卖武出身的刽子手竟升为陆路提督。当他回到惠城时，乘一匹黄鬃马，头缠黑带，身穿紧身黑衫裤，腰悬大刀，足穿草履，一群衣衫褴褛的兵勇前呼后拥地招摇过街，一班城绅之流还在门前摆列香烛欢迎。

张友仁：闰中秋那天上午，城内风声不好，街头巷尾，尤其商店老板们都表露惊惶的神色，三五成群地谈论着“反贼乱”的事。刚用过早饭，忽传陆路提督邓万林、知府沈传义、归善知县郑业崇下令把府县两城城门立即紧闭。一时城里扰扰攘攘，奔走相告说："镇隆一带反贼乱了，火速上城。"有的边叫边挨户催促丁壮出动，有的打点东西，有的呼儿唤女，也有的拿起木棒或练武用的大关刀。真是一片城池鼎沸、大难临头的景象。这日下午，就从县署传出镇隆佛子凹兵败的消息。

闰八月十七日大清早，有三栋乡民进城，据说三栋还没有"贼"到，只是十五日那天，麻溪村父老们正在商议如何抵抗"贼兵"的时候，"贼队"就到了，约莫有二三百人。村人慌慌张张，乱叫乱跑。又忽然听得村里发出一声土炮，"贼队"挥动旗子，立即四下散开。过了一会儿，"贼队"见村里并没有什么动静，就安然地入了村。他们入村之后，并没有发生伤害人畜和抢劫的事情，又向东北方向去了。事过之后，村人纷纷谈论，都说从来没有听过这样的"反贼乱"。后来有人传说，闰中秋那晚佛子凹官兵被三点会打死100多人，夺去好多枪等。然而，城里人还都在半信半疑，而"贼军"确也没有来攻城，人心也就渐渐归于平静。官府却遣兵调将，忙着布防，还在提督衙门口设下两门开花炮。刘邦盛在这时做军务会办，忙着招新兵，又命令守备、都司等加紧调齐那身兼商人的绿营练兵来集中训练，而一班青年则被迫随时上城防守。绅士们如梁蔼人、任晓山、廖玉如等10多个人则都奉着官府的命令，在"大只梁"（协镇梁义忠）、郑业崇的直接领导下，领到了些火绳枪、粉药、子弹等，在府城文昌宫里搞团练，又要民间练习备战。在这样的风声鹤唳之中又忙了一日夜。

城内兵单力薄，而军情探报又不灵通、不准确，因而虚惊自扰的情形就日有几次。被闭在城内的老百姓，除了出城进城有些麻烦之外，别的倒也没有什么两样。但是，当大家知道上杨围等乡村人都“从贼”的消息时感到十分惊异。

二十日早,刘邦盛就从城里的懒汉和失业的人们中招得百多人，编成了邓万林的立捷军。同时，喜字营、哲字营、熊字营、靖字营等共有 2000 多人，都分发到附城直到马安一带驻扎。

到了二十一日早上，我跑到四牌楼十字街一望，见提督衙门没有什么动静，回到家里，只见隔壁陈家祠集合有一部分新兵，连同担架夫役等，零零落落，约有百多人，在待命出发。询知这些兵，就是这两天知府沈传义募集的土勇，编入靖字营的。他们有些穿着一种胸前背后各贴着一块圆形白布、上书黑色“勇”字的布背心，头戴竹夹帽，足穿快马草鞋，腰间系着一把锈刀和一杆烟枪，一副十足的鬼怪相。队伍里面有一个骑着黄马、身穿京青缎袍的高大军官，就是归善县左堂杜凤梧。他是刘邦盛的义子，看样子是个管带。随着他后头的约 30 多人，出大东门，过浮桥，往县城一路而去。

隔了一天，街上传道官兵大败，狼狈不堪，才知道他们在平潭吃了败仗。

二十二日午后，就有几个败兵陆续回来。我便问一个记不起他的姓名而又很面熟的人。他说：“在平潭蔗林里面遇着贼兵，不知他们多少人。我们被打死的和跌入平潭江中的好多。杜凤梧攒了圈子了（即投降的意思）。”

这时，街谈巷议，纷纷传说三合会党人打新安城、打海丰城、打博罗城、打和平城的消息，满城风雨，却没有什么很惊慌的景象。倒是官方震动，各衙门都乱哄哄的，忙着发电报。后来知道总督德寿奏保的莫善积正在得手之际，忽有四围乡人助匪，以致撤退。又听说陶模奏报刘邦盛措置乖方，几误大局。报纸的宣传，则说在永湖大战，正进围惠州城。而香港报纸又称起义军在距城 20 里的马安诱杀清兵等。真是传说纷纭。其实，那时官方是心中无数的，“反贼”究竟多少不知道，到了哪里也不明了。平潭一带助“贼”的却有好多人，而且平潭一带打了仗以后，还是安然无事，一般人都感到非常奇怪。这时，团练局招牌还是挂着，可是那些绅士们似乎没有什么紧张的样子，也没有编练团丁。在一般人心目中，官府的威信似乎减少好多了。

到了二十四日，吴祥达带了几百人进城，不知是从何处开来的，到了晚上又突然开到城外马安等地方去了。隔了两天，就有捷报说打散“会匪”了，四城贴有紧急布告多张。二十八日，吴祥达又带兵回来，团练局就传知水东街一带商店大放爆竹，欢迎吴营，一时官方气焰似乎又高了起来，不像日前那么颓丧了。到底起义军是如何失败的，却得不到一些真实情况。听说多祝有廪生杨冠军参加，其人下落怎样，也不知道。

过了些时日，我还念念不忘于当时听来的一种传说：

当起义军到上杨围的时候，乡中杨发领着全乡的人开大会欢迎，大张宴会。当地绅士们不但不立即走报官府，连讥弹反对的表示也没有。这却颇为奇怪。因为上杨围是归善县所谓衣冠巨族、素有文化的一个乡村，对于“造反”这样大逆不道的事为什么乡人敢于开大会欢迎，连那些绅士也竟然表示默契呢？这可使我对这次所谓“反贼乱”产生了很大的怀疑。后来才认识到，这是由于起义军军纪良好，而且三合会会党声势浩大，四处联络，和清军对比，很容易分出优劣，使一般人相信腐败的清朝是可以打倒的，起义军是可以成功的。这也说明了这次起义虽然没有成功，而对于启发人们来对革命的认识，是起了绝大的作用的。

后来我还曾和几位在当时有过亲身见闻的致公党党员谈起过这件事。何存波（今年 79 岁，已死）说，他在庚子年闰八月二十五日于乡间随同三合会会员约 10 人奉会中命令去参加起义，才到多祝起义军已撤走，因而各归乡里。不久，因怕人查究，就往南洋去了。他又说，起义军和吴祥达部作战支持了大半日，后因没有子弹才撤走。起义军走了几小时之后，吴军才知道，但还不敢进入村里，他才得安然回乡。又据罗桐（75 岁）说，当时他在白芒花圩听见“贼乱”，回到乡中（思茅龙村），闻得起义军在圩中关帝庙住过，在白芒花没有打过仗。

因为我感到过去关于三洲田起义的记载多不实在，就约同何博、秦咢生两人到各有关地方进行了调查访问，得到了许多如上所举的真实材料。这些材料，有助于了解和研究这次起义的真实情况。所有一切已见于前人记载的资料，皆未附入，并此注明。

（选自全国政协文史资料研究委员会编《辛亥革命回忆录》第 2 集，中国文史出版社 2012 年 6 月第 2 版）

丙午萍醴起义记

陈春生 *

丙午年十月十九日，革命军起义于江西之萍乡。军兴不过一月，而张之洞、端方、岑春煊、吴重熹等诛戮革命党人，及冤杀平民累万，惨烈极矣。

是役起义之原因，实缘马福益同志为清吏所杀。马同志生于湘潭之碧水湾。少时读王船山遗集，引起其革命思想。及张之洞、俞廉三等歼戮此邦俊秀，如傅良弼、何来保诸烈士，遂唤起中国东南半部之舆论。知革命为人道之至大事业。其时马福益方为小兵官，与其同党豪俊组织一小队，为矿山防守兵，驻扎萍乡，常往来长沙诸郡邑，日与乡中游学海外之士研究革命方法；秘密联结扬子江上

---

* 陈春生：时主《中国日报》笔政。

下游同党，立革命军纪十条，如不杀人、不扰商市、不惊远客等，纯乎人道主义者也。乙巳年冬，马福益为端方所捕，施以酷刑，然后杀之。同志既抱哀思，又负后死者之责，因于日本东京市大开追悼会，刊布其革命军纪十条，流行者数十万册。耳目最近之湘楚人士，愈大感动，诸同志遂就其计划素定之萍乡为正式之革命行动。

是役革党起义地方，为湖南之浏阳、醴陵、江西之萍乡三地，人数约有3万。其起事之动机，则因是年中国中部凶荒。江西南部、湖北西部、湖南北部及四川东南部，即扬子江上流沿岸，皆陷于饥馑。该地工人因受米贵减工之打击，遂由萍乡矿工首先发难，四处徒党起而应之。此次起事，原非奉同盟会东京本部之命令，如刘道一、蔡绍南之返湖南，鼓吹革命，亦不过出于个人之热心行动，非有系统之一定计划也。中山先生与黄克强同志闻萍醴起事，始先后分遣胡瑛、宁调元、孙毓筠、杨卓林、段书云、权道涵、禹之谟、李发根、廖德璠诸同志入苏、皖、赣、湘、鄂各省运动军界，以图响应，无如事机不密，为汉奸所破坏。刘道一在衡山闻萍醴起义，驰往长沙，为清吏捕获，斩首于浏阳门外。胡瑛被逮于汉皋（判监禁终身），孙毓筠、段书云、权道涵等被逮于南京（均判监禁终身）；杨卓林被逮于苏州（直供认革命党不讳，即被斩首），赵声督师往萍乡，未至而事已败；柏文蔚几为端方所杀，东走满洲；范传甲等在安庆布置亦归失败。是役也，吾党中英俊死者数十人，诚可痛惜也。

当举事时，革军之行动，极有节制。以如此举动文明之军队，故各地居民，不特不生嫌怨，反多表同情焉。计党军分三大股：在萍乡起义者多煤矿工人；在醴陵起义者多防营兵勇；在浏阳起义者多洪福齐天即洪江会党。每股约万人，以浏阳一股为主力，督师者为龚春台同志。浏阳党军于二十二日、二十三日发难于文家市、牛石岭、永和市、红绫铺、官庄等处，占领南街市、西乡、潭塘、高址、官眼、大光洞诸地。与萍乡上栗市、案山关等处党军相策应。驻萍乡、浏阳、醴陵等处湘军屡为党军所败。于是党势如风发泉涌，蔓延至醴陵、九溪、衡山、宜春、万载诸地。苏、赣、湘、鄂各疆吏大为震动，立即飞符召兵出而应敌。清军之最先出马者，为袁州而来之兵，计 16000 人，袁州府城几为之一空。后此则是江督端方之援军，命统制徐绍桢统率，计步兵一联队、骑兵一小队、炮兵一中队、工兵一小队、辎重兵一小队。湖广总督张之洞亦派来湖北新军步兵四大队及炮兵一中队。此即日前参与大操之新式陆军，为陆军中最精锐之兵。计清军总数不下 5 万人。屡有败贼斩获千余名之报告，多由官吏之虚报军情所致，清军盖屡为革军所败也。

至革军之所以始胜而终败者，查革命战略，本拨分 3 路进兵：一据浏阳、醴陵，进攻湘垣；一据萍乡之安源路矿为根据地；一由宜春、万载东出瑞昌、南昌诸郡以进取江南。及萍乡一军先期发难，浏阳、醴陵继之。其指挥军队者皆会党渠魁，未有军事学识，故发难后虽能击败清军，而不能占据县城；且枪法虽工，而人自为战。清军则素有训练。故党军终非其敌。最可惜者，清军如徐绍桢所统之江南新军，其中多存革命思想，如赵声（伯先）、倪映典等，阴为党军效力；而党军未经训练，散漫无常，虽欲与之互通消息，亦无门径可寻，殊失千载一时之机会。

当党军起义之初，不数日而集众数万人，蔓延数县之地，清廷恐惧，派江西按察使秦炳直节制 3 省之兵相机剿办。乃党军株守萍浏醴三县，不能进攻，卒被清军合围猛攻；党军首领肖克昌、龚春台、蔡绍南等，或被捕杀，或为马革裹尸。党军渐以解体，终为清军所扫荡。是役起事声势之大，为从前革命诸役所无；而牺牲革党之众多，亦为从前所未有。计在江西被杀者为肖克昌、蔡绍南、陈年荀、胡友堂、田永山、叶其意、李明生、曾勇发、邓廷保、王景贤、王长发、熊明球、刘治昌、沈益古、王霭亭、郑琨、钟寿山、魏辉月、马月卿、廖甲凤、陈长友、沈嗣训、刘麻子、邓连发、周元祥、赖家逋、池茂才、林秋牙、何思明、张观兰、黄月谱、刘德华、袁连珍、吴盛发、张明才、胡文焱、刘家有、刘子宾、梁本山、王新古、张大响、况厚维、谭狗仔、姜守正、廖淑保、曾缃藻、欧阳培植、李淮卿、欧阳满、荣清松、李棠彬、张本裕、房兴全、欧阳景言等。在湖南被杀者为王永求、禹之谟、刘道一、龚春台、张四皮、邓玉林、陈显龙、汪月波、陈寿山、李世亿、瞿光文、彭茂春、钱星保等。在江苏被杀者为龙见田、曾斌、杨卓林、袁有升、江佑泉等。被监禁者，在江西为李昌年等；在湖南为陶承祉、宁调元、胡春、李福斋、任智诚、张宝卿、王易、宋运汉、凌瑞勤、张近维、魏永秋、刘其仁、僧同学、张近云、秦树汉、刘洪彬、刘云棠、张近棠、张近洸、张承湖、黎春燠、卢心渐、邓三、魏中友、吴发涌、秦增寿、袁蓝亭、赖家新、僧正侃、陈维煊、李栋彬、罗如嵩、谭松亭、孙家文、孙家惠、孙鸿均、李金友、李喜发、魏新发等；在湖北为朱子龙、胡瑛、刘家运、梁钟汉、刘贞一、吴子铨、殷子珩、曹玉英、谢九等；在江苏为孙毓筠、徐福荣、权道涵、段书云、李发根、廖德璠、傅义成、赵太周、江载春、黎贵和、黎贵兰等。在各省悬赏通缉者为喻桂林、姜守旦、龙定、李燮和、卢金标、陈绍庄、刘林生、柳际贞、郑先声、王胜、陈金宗、黄度武、刘震、黎兆梅等。是诚党祸株连之最巨者也。以上所录，于此次起义，已能举其大略，兹再将起事之详情缕述之（是役事迹，冯自由同志之开国前革命史已将大略记录，故本篇别开一格。将当日香港《中国日报》记录及由各方面采集之资料，详细排叙，不厌求详，虽间或近于琐屑，总求免于遗漏，期成信史而已）。

萍乡县大安里为哥老会邓海山起事之地。迨至事平，经前任赣抚德氏责成萍乡县令每年按季亲往偏僻村庄，巡视一次，为思患预防之计。久而久之，任该县者视为具文，遂不肯措意，以致此次麻石一带，聚集洪江会党，多至数千人，县令寂无所闻。及至十月二十一日，该党攻据上栗市（二十五日夜被清军占回），其势不可收拾，遂急电省吏请速派兵，而辗转数日，乱势益张。虽湘省派兵三营前往会攻，奈乱徒愈聚愈众，断非旬日可以歼灭。臬司秦炳直遵奉朝旨于二十九日督带常备军第一标第二营兵丁300人，合之各营，计一千三四百人，至赣协力攻剿。据萍乡官报先后拿获党首王霭亭、沈益古、程春生、张品祥等12名已就地斩首。

又宜春县阮令具禀大吏，略谓：前月二十三日夜三更时，浏阳文家市党聚千余人，蹿入慈化乡，焚烧袁绅房屋，延及黄圃巡检衙署。当会同该处警察局勇并绅商人等当时扑灭。革党即乘机抢毁警局杂物。原驻金瑞之巡防队左军后营赵哨弁旋亦调往合力攻捕，获党人李明生、熊明球两名，解送到县，当经提讯供认为乱不讳，严加看管云云。

中路巡防第三队抵浏阳后，即分第三哨驻防东乡古港。当由团甲报称：三口地方有革党数千，围绕黄姓团总房屋。该哨并率队驰往，适头目黄文山正在号召喊杀之际，清军分十个小队三面围攻，加以李弁生、盛闻信率兵从间道杀出，相持3点钟之久，毙革党百余名，革党即越山遁去。是夜，该两弁由三口赴攻，中途与永和市大股党徒相遇，被革党砍毙哨兵13名。党众拒守街口，清兵冲入，杀毙百余名，夺得抬枪数支。革党又从铺上抛掷大桶火药，烧伤先锋什勇宋家珍、向正超等共8名，向、宋两人因伤殒命。清兵遂将该党冲散，沿途追杀多名，并获枪械甚多。二十二日，南乡有大股革党号称10万，聚集金刚头一带，梁管带亲率一小队驰往截击。至牛头岭，值革党午餐，奋勇进攻，轰击逾时，革党即奔溃。追杀至枫求岭，又报南团危急，遂退守牛石岭。革党以清兵退，复趁势分路四扑，清兵亦分道抵御。适子弹告罄，转战至聂桥地方，各持空枪以刀刺相接。梁管带率队至，冲杀党众，党徒乱势稍减。一哨哨长又由山下进击，立毙骑马头目一名，党乃惊走。忽有大股包抄后路，清兵握驻南溜桥，相与鏖战。其时有巡防第七队徐管带由省率兵至，两面夹攻，毙革党多名，梁队子弹旋亦解至，合力冲击，先后共毙革党400余人。是夜，徐军分守东路，梁军守南路。扑城之革党，时来时去，天明始远去。此二十三日以前之情形也。

又闻二十三日，革党大股近逼浏城，几将乘虚闯入，适由省派往之巡防队驰抵城下，党股遂退踞对岸之焦矶岭。

二十四日，有常备军100余人在某处遇革党，至被革党围困。革党仅数十人，甫经接战，革党各持扁担，将常备军击败，夺去枪械甚多，常备军即已溃逃。省吏闻此警报，又陆续添派巡防队及常备军驰往助剿。

合计湘省常备军6营，已经开去5营，但未开出全队。

二十六日，复将炮队之机关炮二尊开去。二十七日，左右前三队队官亦拔队前往。

二十六日，西乡枨冲市聚革党1000余人，梁管带立派三哨官弁率兵分两路攻破要隘，夺获山炮一尊，抬枪10余支，枪伤头目，夺其马驴，后乃四出追击，革党即溃散。是役也，清军受伤者两人。

浏阳革党十月初聚焦上东张陈坊一带，约期十月十四日起事。责令会同该县防军黄管带前往攻剿，随于炭棚地方擒获党首王永求一名，并搜获洋枪、火药及学社票等件。旋闻有头等头目姜守旦伏于该县蓝家围，谋袭县城劫狱。责令仍会同黄管带直捣党营，即于詹家岭与党格斗。十九日，飞禀到省，请兵弹压。湘抚岑春煊先后拨派巡防队及常备军驰往攻剿。其时该党在乡间将三口王姓及永和团局民房焚毁数十处，杀毙团总多人，与省城派去之常备巡防各军迭次开仗，彼此互有胜负。二十三日，该党径扑浏阳县治。驻浏中路巡防第二队梁管带于是晨率队往攻，在县南距河十余里，与党接战，午后饥疲，子弹告罄，势将被围。巡防第七队徐管带于是日未刻由省抵浏，即渡河赴援，申刻驰抵战地，开枪猛击，鏖战至两三点钟，酉刻收队回县。该县向无城垣，即以梁军防南路，徐军防东西北三面。亥刻探闻党众由东路入攻，徐管带亲率弁勇前往抵拒。见该党枪炮隆隆，燃硝纵火，该队奋勇攻击，徐管带麾兵追击，擒缚党人8名，夺获抬枪、火炮、器械、号衣甚多。二十四日，天明，徐军斩革党祭旗，飞禀报捷。二十六日，该党又扑浏城，常备军续到与之迎击，革党始退去。二十七日，常备军又开去炮队。合计湘省常备军6个营，已经开去5个营。

当时沪商得电，云萍乡之役，起事时声势甚大，有众四五千人。

湖南与江西接壤，故蔓延至浏阳、醴陵、九溪、衡山等处。除江西巡抚派兵外，湘抚亦派兵三中队往攻。但乱势披猖，大败清兵于安乐地方。所有萍乡矿夫，亦与该党联络一气，是以乱势更张。矿主盛宣怀电致鄂督张之洞，嘱其多派兵卒前往，故张之洞特派步炮队八营往援。

萍乡附近之乱势更为猛烈，蔓延醴陵及湘江口。江西南昌派兵两队往萍乡攻革党，距南昌城15华里，为乱党所败。萍乡只有兵100名，乡勇300名。此400名之中，唯40名为知县之护兵，带有毛瑟枪，其余但有前膛枪，而革党有2000余人均携新式枪。该党之枪，在两年内从美洲及南洋群岛私运来者。所有萍乡矿工，一律停工，与革党联合。鄂督亦派步兵二营、炮兵一营往醴陵，与江西兵会合攻剿。

萍乡革党多系大股，传系革命党孙绍南为主谋。湘军到醴陵后，旋往萍乡拘获通党矿工一名，工人大噪。袁统领坦督带驻袁州府城之兵赶到萍乡，与党军接战，获一胜仗，党军进至宜春县境（萍乡系袁州府属县，宜春即府城附郭首县）。清吏派李协统督率常备军一标各营，于二十八日起行前往，臬司秦炳直亦定于二十九日前往萍乡督办进攻事宜。

湘省派出各军有3营到醴陵，以一营攻麻石党军之根据地，一营攻后当会，留一营驻醴陵为两路后援。

二十七日，清军机大臣奉朝旨，着派江西臬司秦炳直节制3省各军驰往扰乱地方，相机剿办。革党共有数万，其主力则在浏阳之南。其由萍乡通万载之路，为革军所踞。袁协统坦在萍乡攻党数次，毙敌数百人，乱势稍衰（南昌二十九日电）。

萍醴革党蔓延甚广，其志愿不小，所过之处并不骚扰，唯以军械、粮食及白布而已。所劫杀者皆系办团之绅董，并到处张贴革命示文。

汉口十月三十日电云：鄂督又派第三十二标全军及驻汉铁路营勇，于今日（即三十日）起程赴湘，助攻革党。然革党已聚众至2万余人，军中有过山炮，有八十八年德国快枪，指挥员亦具有规则。革党计分3股：一股系革命新军，自醴陵起事；一股系洪福齐天（即洪江会余党），自浏阳起事；一股系煤厂工匠，自萍乡起事。每股有万余人，联合一处，声势甚大。吉安巡防军袁统领与党接战，阵亡兵丁多人。二十六日三更时专电至省，请派大兵。

萍乡革党势颇猖獗，闻当地清兵有小挫之信。江督端方电奏派第三十四标标统艾忠琦率全标兵士往援。计有步兵3营、炮兵一队（野战炮、过山炮各4尊）、工兵一队、马兵一排、辎重兵一排。此标为江南征兵中之稍优者，故令赴敌，更以徐统制绍桢为司令官。

初三日，武昌报告云：有由湘省来者云：萍乡之乱颇大，有不可收拾之势。鄂省所派头队营勇行至该处与党开仗不甚得利，并闻革党所用洋枪、洋炮均极坚利。故张之洞连日拟添兵队开赴防次。又传言浏阳县已失守，县官不知去向。江督端方接有密旨，饬令派兵会攻萍乱。即奏派陆军第九镇统制徐绍桢率领新军混成一支队，即日开差赴赣；唯因仓促之间，兵轮不敷调遣，乃先派步队一营，于前月二十八日乘坐南洋“江元”兵轮赴浔。又电调“江永”商轮于三十日抵宁，装运步兵一营、辎重兵一营、骑兵一排、工兵一队，于三十日薄暮往九江。尚有步兵一营、炮兵一队，专候“江元”兵轮自浔回宁。徐军统即亲率出发，大经在初四初五之间成行，全队共 2000 人左右。至上级、中级、下级各将校，有 100 余名，各兵均拟到浔后乘坐民船，用小轮拖带至袁州府，然后遵陆前进驰赴南昌，再自南昌由陆路开往萍乡。

二十九日，协统俞道率队到浏。浏阳之乱，经常备军与巡防各队及黄金洞局勇合力堵攻，将姜守旦、龚春台等各巨魁歼毙后，浏醴等处地方渐就安谧。此其攻办详情也。又经常备军李管带于军邑四乡分兵扼要驻扎，搜索余党，先后拿获解办之党，以百数十计。

赣抚接萍乡电云：乱势猖獗，二十八日又派常备一标，标统刘槐森督带常备一标一营二营兵勇五六百人，于辰刻起程由陆路进发。

十八日，醴陵知县有公文告急，该抚立派驻扎北门外火药局防军百人中挑 50 人赴援。

据道路传言，阖乡戒严。有见革党装束者，其号褂上大书“汉兵”字样，其旗上大书“革命”等字样。

二十四日，醴陵电告，请将炮队营全数开赴醴陵云云。因前日仅开一营，故有此电，岂料又万分危急。前日开往醴陵常备军百人，行至中途，大半均携军械逃去。

二十五日，醴陵电告，常备军与党徒略战便败，前派赴浏阳截堵之兵亦逃散，现正派一标一营哨赴战。

萍乡会党初起约 6000 人，后增至 1 万余人，其中半系本地流民，半系各处会党，云集响应，猖獗异常。闻赣抚吴重熹屡次派兵及鄂督张之洞所派之兵，未能得手。

助攻萍乡会党之鄂军头队方到萍乡，尚未憩息，会党即来攻扑，致有不利。

江南派往攻乱之新军，其中炮兵一队，所携日本速射快炮 6 尊，已于第三期开差时，由“江新”商轮运浔转运前敌。江督又发所购之丹国快炮2尊，饬令交由运送军械之兵轮续运行营，以资应用，闻此炮之射力甚猛。江南派赴萍乡之混成一支队2500人，于二十八日抵浔，督带官为徐绍桢。计是时清军剿乱者，鄂省之新式军队2000人，炮兵一大队，江省之新军2000人，及南昌之江西军3500人，其外有长沙军队并诸地旧式军队，统计已达1万人。

浏阳乱事起，自东乡醴陵土党多至鹿口等处，浏阳土党与常备军交战，常备军因火药告罄，遂致失败。

浏阳乱势猖獗异常，号衣、旗帜、器械具备，四处张贴之示，倡言革命。且党中颇有纪律，严禁奸淫，除谷米、银钱、布匹之外，丝毫不准抢取。当月半前后，县城危急异常。现清兵拟厚兵力于西、南两乡，预防其攻省城，节节向东北抄攻。

两江混成一支队，全行抵赣。徐统制当即饬管带姜国梁督带所部全营于十一日先行拔队，取道瑞州高安，直达萍乡助攻。

当萍事之起也，省吏闻报，于即日拨派巡防队一旗，驰往攻剿。其时革党在该县金刚头地方聚众起事，均以白巾裹头，并出有告示两道，以周姓、吕姓为渠魁，略称“扫清保洋，劫富济贫”等语。内有一示，文意颇称通顺。时将三口地方王姓并永和市团局民房烧毁数十处，杀毙团总人数多名。

二十一日，醴陵县亦有电报到省，谓：该县革党在神福、官寮两处盘踞抗拒，已经拿获党目陈显龙等5名，一并杀之。现在势甚猖獗，请速派兵往攻云云。湘抚一面添派常备军及巡防队分赴两县攻剿；一面传集司道筹商至四小时之久，佥称湘省兵力单薄，亟须电商鄂督，由湖北拨常备军数营，赴湘助攻。

万载县贺令拿获张荣永、王长发、罗明田、郭毛狗、曾文和等5名。唯王认供不讳，业已杀之，余均管押待质。蔡绍南改名蔡立中在逃未获，通饬查缉。头目郭荣发（百总）、房兴泉（红旗）、胡荣德、刘兴良、金万年等均已就擒，供认不讳。各营哨及清乡团练获党送究者甚众，而供词闪烁不能即行定夺。现由秦臬拟定章程，非证据确实者不办，以免波累。萍乡、宜春一带，刻下乱势已杀。

鄂省拿获革党朱子龙。查朱原名成，字松平，沙市人，曾出洋学陆军。在武昌与枝江石某设补习所，平日与沔阳州人郭尧阶交最善。郭平日在汉口挥霍过巨，曾取日信行洋棉纱500包，无款可付，正在万分无奈之际，忽官场悬赏缉党有“朱之龙”之名，郭遂报告于督捕营哨弁李庆生。而朱被逮矣，又供出汉川人梁镇堂，即梁忠汉，匿迹汉阳；胡英，即胡金吾，又名胡精一，匿迹汉口名利栈，遂一一就获。朱、胡、梁三人分羁臬、府、县三监。连日提讯，俱极严密。但供党首王胜，现在安庆，孙文曾于夏间亲到汉口云云。

刘家运者，即张之洞出示所谓湖北全省党首也，悬赏未获。前日督署接得北洋密电，谓刘家运匿迹鄂垣高家巷圣公会堂，鄂督当派警察局员弁及督捕营冯少竹在会堂对面卖玉器之张瞎子家中，将刘之父与叔一并拿交江夏县监禁。教堂之内，未便入搜。次早，忽有某教士带领3人乘舆渡江而去，究不知为谁，各员弁既未盘查，亦未截拿。但刘号静阶，向开日知会阅书报社，曾在某统领营中办文案。识者颇多，因赏格中大书刘家运，人初不知即刘静阶也。

闻义宁州金沛田，前因拿获逸党毛锦贤，据供头目姜守旦现寓湖北省城某客栈，其行踪甚为秘密，外人无从侦悉，或乘4人大轿，前后均有护勇；或身着号衣，充作军人，变幻异常，使人难认等情。该州业已录供禀请上司察核，并请密电鄂督，密行缉拿，毋使漏网云。

鄂省拿获长江党首刘家运之父与叔一案，闻警局探得刘家运确在花园山圣公会教堂内，因不便入教堂捕人，乃禀请鄂督照会该管领事。一面派张彪、冯少竹于上月二十九日4点钟专带营兵干捕四五百名，将教堂围住，入内将刘搜出，并搜获名册四巨本，多系学界中人，刻已解送督辕审讯。闻该党在鄂垣已有数年之久，前曾充某营队官，或云什长，嗣因事斥革，招引徒党，日日演说，故手下不下一二万人。但其名系刘敬庵，非刘家运，故此次悬赏缉拿，刘日伏鄂省，人尚有不知其为长江之巨党者，可云周密已。

武汉地方连日捕获之革命党刘家运、朱子龙、梁仲诚、胡精一、孙鸿钧等7人。初一晚10点钟，武昌府赵楚江会同鄂督特派之督审委员郑保琛，及江夏县夏口厅各员，将各党提至武昌府衙门五福堂审讯一次，至4点钟之久，并未用刑，仍行分别监押。闻有某管带据供同党，因此被捕。此次萍醴之乱，清兵、革党交战大小共24役，报称革党死者共1000余人，其实党人死者不过十之六七，余皆冤杀平民。

此次起事有党首名李金奇，李死之后，其妻手抱木柱横立阵前，称为和姑娘。又有秀姑娘，欲以空拳敌清兵。闻其后革党颇有入距浏阳约百余里之平江县属天平山云。

此次革党起事之际，实欠缺军械，幸夺得地方团防局之枪二三千支。然以区区数千支枪，而敌赣、湘、鄂等各省之军，相持匝月，交战20余次，革党之强悍可知。想此役之后，与各省军界，必大有影响云。

闻上栗之役，党人为兵所毙，有将遗体破腹，去其肝胆后，就河边洗涤，烹而食之，亦残忍矣。

（选自江西省政协文史资料研究委员会编《江西文史资料选辑第 39 辑·辛亥革命在江西》，江西人民出版社 1991 年 10 月第 1 版）

徐锡麟安庆起义纪实

凌孔彰*

徐锡麟[①]，字伯荪，浙江绍兴人，清光绪三十一年（1905年）东渡日本留学，最初拟进日本陆军联队学习，未得许可，继又投考振武学校，因眼患近视不及格，最后乃改投警官学校。毕业回国后，即积极从事推翻清廷的革命活动。为了从统治阶级内部取得政权以加速革命进程，徐锡麟于1906年向清廷出资捐得道员，分发安徽试用。同时，并利用人事关系请他的表叔俞廉三写信给

* 凌孔彰：时为安徽巡警学堂学生。
新中国成立后，任安徽省文史研究馆馆员。

① 徐锡麟于清光绪三十二年（1906年）任安徽省巡警学堂会办，我是这个学堂的学生，与他有师生关系。我自从入学堂学习，后来又追随徐锡麟发难，直到起义失败同时被执为止，经常追随徐锡麟左右，对于他平日言行比较了解，回想当年情景，历历如在目前。这篇短稿，只能说是徐锡麟一生为了推翻清朝、“光复”中华的革命事迹中局部的局部，是本着如实反映情况的目的，根据当时事实经过加以叙述的。但是，事情毕竟已经过去了几十年，当时又失于记载，现在仅凭思索回忆，挂漏舛错之处在所难免，希望采集徐锡麟革命史料的同志以及革命前辈和旧日同学们予以补充修正。

安徽巡抚恩铭，托他加以照顾（俞廉三曾做过山西巡抚，恩铭当时在山西任知府，和俞廉三有师生关系）。徐锡麟来到安徽后，一方面由于有俞廉三介绍的关系，另一方面也由于他精明干练，因而深得恩铭信任。

徐锡麟分发到安庆之初，恩铭委任为陆军小学堂会办的职务。但是，这个学堂的学生绝大多数是十几岁的青年，一时不易策动。因此，徐锡麟考虑如果要在安徽建立革命活动基地，必须设法掌握安徽巡警学堂。因为这个学堂已经有少数思想进步的学生在内进行革命活动，他们配备的武器也比较好，每个学生都发有九响毛瑟枪一支，这些条件对于将来进行武装起义是极为有利的。因此徐锡麟就极力与恩铭周旋，并从其他方面积极活动。他表叔俞廉三这时又写了一封信给恩铭，嘱托他对徐锡麟“务加重用”。不久，徐锡麟就被任命为安徽巡警学堂会办并兼任安徽巡警处会办，因而他的由清廷统治者内部掌握武装力量的计划，取得初步成功。

徐锡麟就任巡警学堂会办后，就积极向学生开展宣传革命工作，同时联系和培养倾向革命的进步学生，经常利用课余时间找学生谈话，采取三五人谈心或个别交谈方式，向学生讲解国内外形势和国家民族的危机和前途等问题，启发学生，使他们认识到推翻清朝统治的必要。他的救国热情使学生们深受感动，师生之间的关系也就日渐亲切了。

徐锡麟在巡警学堂期间，最厌恶臬台世善（旗人）。世善兼任巡警学堂总办和巡警处总办，为人阴险恶毒，对徐锡麟非常歧视，遇事掣肘刁难，是他在安庆进行革命工作的一个大障碍。不久，世善得暴病死了，徐锡麟积极活动，企图取得臬台职务，掌握更大的权力来扩大革命运动。但是，恩铭没有同意，而奏调另一个旗人首道毓秀升任了臬台。

徐锡麟对于在安庆地区进行革命起义有周密的考虑和筹划。当时安徽巡警学堂的学生分为甲、乙两班，每班招收学生200人，训练3个月为一期，甲班毕业后再开始训练乙班。徐锡麟原计划在甲班学生训练期满后，把这批毕业学生分发到各军警机关工作，从事秘密活动，联系和发展革命力量，准备待机起义；等到乙班学生训练期满时，再利用举行毕业典礼的机会发难。不料当甲班学生尚未训练期满时，清政府两江总督端方在南京捕获了一个革命党人，这个党人被端方利诱后变节，并受命来安徽秘密刺探革命活动。他向端方报告说：安庆有个革命党首领姓徐，是浙江人，但没有说明所担任的职务。端方得到这个情报后，就电告恩铭注意防拿。当时恩铭并不怀疑端方电报中所指的徐某就是徐锡麟，还把端方的电报交给他，要他注意。徐锡麟见到电报后，怀疑自己进行革命活动的秘密已被泄露，感到处境危险，回到学堂后就决定提前起义，先发制人，同时秘密写信给在日本的革命机关，请求速派熟练的炮科人员和政治宣传人员来安徽协助。大约在一个月后，就由日本派来陈伯平、马子畦两人，他们到安庆后都住在徐锡麟家里，共同策划起义工作。除此以外，徐锡麟还考虑到一旦起义，如果仅仅依靠巡警学堂200多名师生的力量是不够的，必须争取驻在安庆由汉人领导的军队起来参加，才能摧毁清政府抚、道各级统治机构并镇压少数军队反抗。当时驻在安庆的军队计有陆军第六十一标，标统为汉人；第六十二标，标统为旗人。第六十一标经过徐锡麟的宣传、联络，标统已同意参加革命起义，所有管带也都愿意接受徐锡麟的领导。我还记得有一天晚间，徐锡麟邀请这个标的许多军官到安庆对江大渡口芦苇滩里秘密集会，歃血为盟，齐喝雄鸡血酒，誓愿同心同德推翻清朝，参加起义，永不背叛。

与此同时，安徽大吏对于革命党人的活动已严加防范，事机急迫，不容迟疑等待。徐锡麟就在与第六十一标订盟后几天，报告安徽巡抚恩铭，订于农历五月二十八日举行巡警学堂甲班学生毕业典礼，并秘密布置，准备在这个时候实施起义。恰好五月二十八日这一天是恩铭总文案张次山的母亲80寿辰，恩铭和张次山是结盟兄弟，这一天要到张家去拜寿，不能主持巡警学堂甲班学生的毕业典礼，经改期于五月二十六日举行。五月二十五日，起义的前一天，徐锡麟召集了少数学生讲话，我还记得他讲话的大意是："明天是本会办带领全体同学起义救国之日，师生都要同心协力，患难与共……同学有难，本会办当披发缨冠而救；本会办有难，诸同学也应当披发缨冠而救……"因为徐锡麟说的是浙江土话，许多学生都没有全部听懂。二十六日上午5点钟，徐锡麟吹哨子召集全体学生在雨操场集合（雨操场是用瓦在操场上盖的一个棚子，阴雨天可以出操），并向学生们做了简单训话。上午8点钟左右，清政府大员如抚、藩、臬、道以及陆军第六十一标、第六十二标标统和其他机关的观礼来宾陆续来到，徐锡麟身穿黑羽纱警官制服，在学堂大门口迎接。当恩铭到达时，还含笑向徐锡麟说："徐道台今日戎装，颇有气概。"徐锡麟当即回答说："今天是甲班学生毕业大典，大帅又亲自莅临阅操，应该这样穿着，以示隆重。"一面他就陪着恩铭等人进入学堂内休息。

徐锡麟发难的步骤，原来准备先请恩铭吃酒，然后阅操，即乘间起义，将反动官吏一网打尽。不料巡警处的收支员顾松（旗人）暗地里报告臬台毓秀说：“徐道台不是好人，请转禀大帅不要在这里吃酒。”毓秀立即就密报了恩铭。恩铭听了不敢在学堂内久留，就对徐锡麟说：“我今天身体不舒服，酒不吃了。”徐锡麟当即机警地意识到起义机密可能被泄露，但仍然不动声色地向恩铭说：“大帅既然不吃酒，那就请到礼堂行过毕业典礼再走吧！”恩铭当时也就答应了。

这时学生已经齐集在雨操场，徐锡麟引导着恩铭和藩、臬、道等官员来到雨操场礼堂，按阶级顺序站在上面东边。操场上教员发出口令，学生队伍向前走，准备进入礼堂向抚台行礼。正当队伍开步走的时候，我看见陈伯平忽然从礼堂窗内抛出一个东西，当时没有看清是什么。紧接着徐锡麟一低头在靴筒内取出手枪，左右手各拿一支，对准恩铭射击。恩铭身上中弹很多，倒在地上，但还没有死，由他的侍从文武巡捕把他抢救出来，抬上轿子走了。藩台冯煦没有行动，还呆呆地站在礼堂上不知所措，徐锡麟当即把他推开说：“冯大人你快走，不关你的事。”冯煦这才若有所悟地急急忙忙地跑出了礼堂。徐锡麟提着手枪又去追寻臬台毓秀，不想毓秀已乘礼堂混乱时逃走了。这时徐锡麟已经知道旗人顾松破坏了起义，气愤已极，就对学生说：“既没有捉到毓秀，必须杀死顾松！”正好顾松还在学堂前厅没有逃脱，被徐锡麟抓住，问他：“是怎样探听得革命党人的秘密的？”顾松这时已吓得面如土色，回答说：“日本方面平口给会办来的信都是用胶水封口的，有几次来信因胶水受潮退性，封口裂开了，我就偷偷地看了，因而知道会办是革命党，但我并没有报告过抚台和臬台。今天因为我看到会办气势严肃，有些不对，为了防备出事，才向臬台报告会办不是好人，请抚台注意。”徐锡麟听了，长叹一声，随即举枪打死了顾松，同时吹哨子集合学生，发给子弹后，亲自率领前往军械所，并向学生们指示说：“军械所里面有弹药，首先要占领它。”

大家到达军械所不久，安庆巡防营统领刘利贞来了，但他没有带军队。徐锡麟对刘说；“你是汉人，我们推翻清朝统治者是民族革命，你应当协助，现在请你到电报局去监视电报机，不准人向外发电报，起义成功之后，你自然有大官做。”刘答应着走了。同时，徐锡麟派学生蓝昆林送信给第六十一标标统，请他把队伍带进城来领子弹，共同起义。当刘利贞走后不久，驻在城内的第六十一标管带丁忽清率领一个营部队到了军械所，因为清政府怕新军倾向革命，士兵背的都是空枪，没有配发子弹。徐锡麟当即指示丁忽清说：“你们稍等一下，马上发给子弹。”但是向军械所取子弹却遇到了困难，原来军械所的总办看见徐锡麟带着队伍来到，就悄悄地把库房钥匙带着从后门溜走了。由于弹药库都是地下室，进口的上面盖着很厚的钢板，并且用大洋锁锁着，异常坚固，仓促间无法打开，只有西边的库房还没有锁，里面放有大炮6门，炮弹若干箱。当由陈伯平和几个学生拉出一门大炮架在军械所后厅。因为这个后厅地势比较高，可以观察到抚台衙门和北门城楼。陈伯平随手取了一发炮弹装进炮膛，向徐锡麟说：“现在形势危急，我们要用炮弹先把抚台衙门打掉，摧毁了敌人发号施令的机关，然后再轰击北门城楼，把城墙打开缺口，使我们的军队可以进出。”徐锡麟马上加以制止，并说：“这样做就会玉石俱焚，与革命宗旨不合，我们纵能成功，老百姓必然要糜烂不堪。”因而坚决不准开炮。

这时外面已枪声大作，巡防营统领刘利贞这个坏蛋背叛了自己的诺言，出卖了革命，带领着部队包围了军械所，向徐锡麟率领的学生队伍猛烈进攻。徐锡麟当即指挥学生向外还击，坚持了 5 个小时，子弹已经打光，陈伯平又在奋勇击敌中首先中弹牺牲。原先派往第六十一标联络的蓝昆林由于反动统治者紧闭各城门，并断绝交通，禁止行人往来，以致无法把信送出去。所外敌人刘利贞所率领的巡防营发觉了起义军已经弹尽援绝，就乘机上刺刀发起冲锋，冲进了军械所。徐锡麟和马子畦以及参加起义的学生都被反动军队俘虏，并立即押送到督练公所审讯。震动大江南北的安庆第一次起义就这样被反动统治者镇压下去了！

徐锡麟等被押送到督练公所后，安徽反动大员立即组织军法会审，主持审讯的是冯煦（恩铭被杀后，由冯煦代理巡抚职务）。徐锡麟受审时侃侃而谈，供词很长，其中有很多为当时安徽各界人士所传诵。例如冯煦问徐锡麟说："恩抚台待你很好，你为什么要谋害他？"徐锡麟说："恩铭待我很好，这只是个人私恩，而我杀恩铭是排满公理。"又说"我自从参加革命以来，即视死如归，今天之死，只是我徐锡麟一个人，以后还有千百个徐锡麟起来革命。"供毕，即趋赴抚台衙门东辕门（现在安庆新光电影院大门前坡子下面）从容就义。烈士被害前，恩铭的儿子曾要求冯煦援张文祥刺马新贻例子，先将徐锡麟剜心而后斩首。冯煦内心感激徐锡麟把他放走没有杀他，同时也感到革命势力日益扩大，有所顾忌，因此，他暗示监斩者先将徐锡麟杀死，以后才剜心。与徐锡麟同时被害的，还有马子畦烈士。

徐锡麟的遗体当时葬于安庆城北马山，到辛亥革命后的第二年才改葬于杭州西湖。当年徐锡麟所领导的安庆起义虽然失败了，但清朝的寿命也只维持了短短的4年，徐锡麟的凛然大节，永垂不朽！

（选自全国政协文史资料研究委员会编《辛亥革命回忆录》第4集，中国文史出版社2012年6月第2版）

熊成基安庆起义的回忆

杨士道*

清光绪三十四年戊申年（1908年）农历十月二十六日，熊成基烈士在安庆领导新军马炮两营起义，到现在已经53年了。那时熊任新军炮营右队队官，我是炮队中一个班长，跟着他参加了起义。因为时间过久，起义经过，已记忆不清，现在只就想得起来的谈一谈。

熊成基，字味根，系江苏扬州府甘泉县人，寄居我省芜湖。他在少年时候就有大志，喜兵事，曾对人说："大丈夫不能为国家出力，是很可耻的，于今国势衰弱，受列强欺侮，只有从军学武，才能强国雪耻。"那个时候，清政府正在编练新军，改革军政，在各省设立各种军事学堂，培养新军干部，熊就投入安徽练军武备学堂学习。

* 杨士道：时为安徽安庆新军炮营右队正目（班长）。

不久，武备学堂停办，他又到南京考入炮兵速成学堂；在炮兵学堂毕业后，来皖投效，被任为炮营队官。他起先在省城武备学堂学习的时候，结识了一些革命志士，如同学柏文蔚、郑芳荪等，陆军常备营范传甲、张劲夫等，共同组织了一个秘密革命团体，名为“岳王会”，与芜湖、南京的“岳王会”互通声气，从事军运，在新军士兵和各军事学堂中散发《猛回头》《警世钟》等革命读物，并利用各种机会，不断鼓吹兴汉排满，新军中多数下级官佐和士兵都受了他们的影响，倾向革命。

丁未年（1907年），徐锡麟在安庆起义，枪杀安徽抚台恩铭，事前与新军中革命党人本有联系，因为临时改期，新军来不及响应，以致失败。熊与范传甲等非常愤慨，决心要继承死难烈士遗志，在安庆再次起义。这时革命党人倪映典正从南京调来安庆担任骑兵营管带，由于他掌握了一个营兵力，并在群众中有较高的声望，大家就公推他为首领，策划于是年农历除夕发难，占领安庆。不料机事不密，为安徽抚台朱家宝所侦知，倪以嫌疑被撤职，起义计划没有实现。

次年秋，清政府下令南洋各镇新军于十月间在安徽太湖举行会操，预定两江总督端方为检阅大臣，朱家宝亦率领安徽新军第三十一混成协前往参加。安庆新军中的革命党人得知这一情况后，遂集议于三祖寺杨氏试馆（党人设秘密机关于试馆内，由范传甲主持），决定在太湖秋操时发动起义。当即推定熊成基为总指挥，又推第六十一标三营管带（姓名已忘）指挥全协，第六十二标二营管带薛哲为副指挥，工程营以范传甲任指挥，炮营则由熊负责。他们议定在太湖起义后，即将端方、朱家宝等拘禁起来，然后全军攻打安庆，夺取火药库，再进兵皖北各县，与当地的革命党人配合，这样便有较大的力量直捣清廷巢穴北京。他们事先对太湖秋操的军队也做了估计，认为人数虽有数万人，但大都有枪无弹，只要革命党人枪声一响，就会纷纷归顺。因此，他们一方面派范传甲往南京，与第九镇官兵预先联络；另一方面指定人员与参加会操的新军中革命党人取得联系，策动起义。但是，这时安庆新军不稳情况，清政府陆军部已有所闻，遂电知皖抚说，新军第三十一混成协新近成立，训练没有纯熟，不必开赴太湖会操，并一律禁发枪械。这样，安庆新军中的革命党人就未能前去太湖，秋操起义的计划也就被破坏了。

虽然如此，革命党人起义决心并未消失，因即改变计划，以熊成基等所掌握的马炮营为主力，在安庆首先发难，俟攻下安庆后，再协助在太湖的同志策动参加会操的新军响应。正当此时，清光绪皇帝和西太后那拉氏先后逝世，人心惶惶，熊成基、范传甲等认为时机很好，分头与新军中的同志联系，告以起义打算，大家都表示赞成。于是就于十月二十六日邀集起义部队代表在杨氏试馆举行会议，制定起义计划。参加这次会议的有熊成基、范传甲、张劲夫、薛哲、薛子祥、田激扬、廖盘贞、洪承点、程芸萱、李朝栋等 10 余人。会上公推熊为起义军总司令，并决定于是日晚间由马炮营 1000 余人在城外起事，薛哲等在城内率队接应。熊根据会上决议，发布了作战密令 13 条。散会后，大家即分别回营，按照计划进行布置。晚间 9 时，驻在玉虹门外和北门外的马营（骑兵营）举火为号，同时发动。马营的革命党人张烈、田激扬、周正锋等将马营管带李玉青包围于楼上，劝其投降。李不从，张烈等冲到楼上，用马刀砍去。李因善于拳术，虽然受伤，仍在张烈的刀下越窗逃走。张烈等遂率领马营全体人马离营，开往城北。与此同时，炮营在熊成基的直接发动下，正目张鸿尧、士兵黄节等用炮栓击毙管带陈昌镛，也率领全营官兵开赴城北。马营和炮营会师后，即驰赴菱湖嘴（离北门5里）子弹库。守库正目范传国系范传甲的胞弟，见起义军来到，开门迎入。起义军取得子弹后，遂折回北门，放火烧了北门外测绘学堂的步兵营房。该营士兵平时已接受了革命宣传，也就参加了起义军的行列。至此，城外已无敌军，熊便督率所有兵力攻城。炮兵据原有炮兵营阵地及迎江寺高地发炮轰击抚署和督练公所，步兵攻击城东北角，骑兵与辎重队则攻击城西北角，预备爬城而入。

安徽抚台朱家宝本已前去太湖，得到光绪帝和那拉氏死讯后，立即返回省城，加强对革命党人的防范。熊成基等在炮营开始行动的时候，该营左队队官徐召伯秘密逃入城内报告，朱就严令紧闭各城门，调兵防守。新军第二标二营管带薛哲所部驻在北城脚下百花亭，按照发难计划，他是负责开门迎接城外起义军的。不意薛哲临阵畏缩，动作迟缓，未能按时发动，执行任务。等到他听见城外枪声密集，才带领部下100余人冲至北门时，朱家宝已派巡防营加强防守。薛为了个人的生命安全，更踌躇不前。这时朱家宝又率队来到，薛就率部回营，不敢向朱开火。范传甲的任务系率领工程队在城内接应，因为该队官长监视极严，营房关帝庙的大门被封锁，他们又有枪无弹，冲不出来。范无奈，准备在营房放火，以便乘机冲出，但是点火多次，均为反动的队官发觉扑灭。直到次日下午2时，他才乘隙逃出营外，赶到杨氏试馆机关部，向同志黄如波探听消息。黄告以起义军伤亡很重，难以攻入城内，劝他易服出走，免生意外。范悲愤交集，坚不同意，他对黄说："我已准备牺牲，要革命就不怕流血。”随即转回关帝庙营房，打算发动部分同志接应起义军攻城。清军协统余大鸿此时已侦知范传甲系革命党首脑之一，密谋内应，但以起义军攻城甚急，不敢轻易杀害。为了便于监视范的行动，立即下令调他到协本部充任卫队。范在此孤掌难鸣的形势下，仍未稍退缩，当天下午跟随余大鸿出巡，行至饮马塘附近时，他认为机会不可错过，举枪向余袭击，不幸被余的卫队发觉，枪声未响，即被拘捕。此外，讲武堂内的革命党人张劲夫当起义军攻城时，准备率领一批同志冲出接应，由于没有武器，在军官的监视下，也未能冲出来。

城内接应失败，城外起义军虽奋勇攻城，终以弹药不足，炮弹又无引火线，不能充分发挥战斗力，屡次猛扑，均被击退。碇泊江心的清军兵舰又发炮轰击，起义军阵地被摧毁，伤亡很重，并且朱家宝所调援军已迫城郊。起义军内外受敌，难以支持，迫不得已，于次日下午 10 时分兵两路，突围出走。一路由熊成基率领，经集贤关向北，准备进抵合肥一带，联合淮颍之间同志，再图大举。途中他们与清军姜桂题所部打了几仗，部队颇有死伤，冲到合肥城时，检点人数已不足 100 人。这时，起义军中不断出现叛徒，难以维持，成基乃潜离队伍，辗转逃往日本。他走后，部队也就自行解散了。另一路由程芸萱率领，也是由安庆直奔合肥，与清军江防营混战结果，所剩不足 40 人，几天后也星散了。

我省连续两次举义，清政府受到很大震动，这时就指使皖省疆吏进行了大搜捕、大屠杀。革命党人范传甲、张劲夫、田激扬、李朝栋、周正举、胡文彬、张星五、张志功、刘志贤、易桂安等均遭杀戮临阵畏缩、没有参加实际战斗的薛哲，也被枭首示众。此外，被牵连受害的党人、士兵以及进步学生等，全省达300人。我是当时侥幸漏网者之一。

过了3年，辛亥革命爆发，全国“光复”，皖人搜集范传甲、张劲夫、李朝栋、薛哲、张星五、胡文彬、周正举、刘志贤等8人遗骸与暗杀出洋考察宪政五大臣的吴樾烈士灵柩，同葬于安庆西门外平山头。孙中山先生亲题“皖江九烈士墓碑”，张云屏为作墓表，柏文蔚书石，纪其事。

九烈士的英名永垂不朽。

（选自全国政协文史资料研究委员会编《辛亥革命回忆录》第4集，中国文史出版社2012年6月第2版）

镇南关起义回忆录

梁烈亚 *

1907 年农历十月二十六日子时光景，在孙中山先生的领导下，一批革命党人，其中有越南、菲律宾、印度、印度尼西亚、日本、法国籍的党人以及爱国华侨，由越南边境疾进国境之险要关隘镇南关，占领了镇北、镇中、镇南 3 个重要的国防要塞炮台，举行起义。这就是震动中外的镇南关起义。

孙中山先生翌日酉时左右，也由越南河内来到镇北炮台。这是孙中山先生领导革命历次起义中亲历战地的一次。我那时在做交通联络的通讯工作，这天适在镇北台上，因此与许多其他同志一起见了孙中山先生。现将在此役中所见所闻写出来，供中国近代史研究

* 梁烈亚：时任湘桂北伐联军参议，后任北伐军总政治部政治监察。新中国成立后，任广西壮族自治区文史研究馆馆员，上海市文史研究馆馆员。

做参考。如有遗漏差错，希望有参加此役者匡正。

一　起义前革命党人在各方面的活动

1903年冬季，清朝的两广总督岑春煊因与广西督军苏元春有隙，借故奏革苏官。所有苏所统率之部队如毅新营、熙字营、镇南营，一概拨归陆荣廷，与原有的建字营合编为荣字10个营队（4000人左右），统由陆统带。这10个营队仍分别驻扎在凭祥、镇南关、水口关、平而关一带的边防要地。

在苏元春的营队里，当时还有一些官兵曾参与1882年抗法之役。他们对清政府向法帝乞和，签订屈辱条约，本甚愤慨，这次又因苏元春撤职充军，更感不满。

1907年，孙中山先生离开日本，偕胡汉民、汪精卫、黎仲实等去新加坡，转越南西贡（汪精卫留东新岛），再到河内（黄兴随后也到），特设机关于甘必大街61号。他嘱华侨党人杨寿彭、黄隆生、刘岐山等开设日新茶楼，与海防之如意酒楼及云田书塾，分别同义安、南定各地华侨革命党人来往，并作为通讯联络机关。通过党人的活动，革命队伍日益发展，有不少清军官兵参加同盟会。如苏元春的旧部毅新营管带梁蓝泉、刘永福的旧部队长梁亚珠（广西南宁杨美村人，抗清勇猛，屡受重伤不死，头颈都有伤疤，故号称疤颈梁。他与越南抗法的爱国游击首领黄花标友善）、冯子材的旧部何伍，以及在龙济光边防军任哨官的韦云卿（南宁人，壮族，后来又参加广州三月二十九日起义成仁，为七十二烈士之一），分别由党人王和顺、关仁甫、梁植堂、曾汝景、黄明堂之介绍，加入同盟会，并先后谒见孙中山先生。

那时，陆荣廷已得岑春煊提拔，奏升为右江镇总兵，兼荣字营统领。陆的统领部设在凭祥。帮统陈炳焜驻在镇南关附近的隘口。陈的直属部队帮带黄福廷的营本部设在镇南关。黄的直属部队的哨官李福南（绰号李矮仔）和姚子安的队伍则驻扎在镇北、镇中、镇南等的险要炮台。当时每营辖有 5 个哨（中、前、后、左、右），每哨约 80 余人。

曾汝景，广西靖西人，壮族。陆荣廷"反骨"投清时，驻扎过靖西，曾、陆二人由此相识。后曾氏留学日本习法政，由其同学马同（即马君武，与曾在桂林体用学堂同窗）和邓家彦两人介绍，谒见孙中山先生，参加了同盟会。曾汝景毕业回国，受庄蕴宽之聘任龙州法政学堂监督，暗中奉孙中山先生之命，宣传革命，召集同志。他又重新与陆荣廷秘密往来，策动陆氏反清，在镇南关、龙川一带驱走龙济光，共图大事。陆答以龙济光所部驻龙州之兵力甚厚，不易动手；如在镇南关起义，愿作响应。曾氏尝据此以报告孙中山先生。后来曾氏在法政学堂的言语行动为龙所注意，龙氏将有所图，庄蕴宽将此项消息转告曾氏，曾遂辞职，潜到河内。

关仁甫与李佑卿二人跟驻扎镇南关的黄福廷有旧，遂由越南入关与黄联系。黄一口答应：如革命军在龙州起义，当即行归附。关仁甫又一人秘密赴龙州运动边防军统领的总教官易世隆、龙州厅衙里的幕僚陈晓峰，担任游说驻龙州的军队，作为起义之内应。不幸易、陈二同志竟被敌探捕杀，成了镇南关起义前之烈士。关仁甫闻风避返越南，途中遇着法帝之巡逻兵，疑其是越南返法的革命党员（越南光复会会员），押返监狱，后得华侨联保，才获释放。

农士达，广西宁明州人壮族。广东广雅书院学生，又在广东将弁学堂毕业，回到龙州，任广西边防军教导团的教官，也奉孙中山先生之命进行龙州起义活动。他升任学兵营管带后，时常用壮族语暗与学兵谈革命（学兵多数是壮族），被龙济光发觉，予以免职，不许逗留龙州，乃入越南参加革命。

孙中山先生策动军人革命之计划，一向注意在下级官兵中争取同情者，以便一旦发动，作为战斗的主要力量。当时驻守镇南关最险要、最坚固的镇北、镇中、镇南3个炮台的哨官李福南和姚子安，都是梁蓝泉、梁亚珠的旧部，下级官兵亦是两梁昔日的队伍，李佑卿也与李、姚所部军官多数相识。孙中山先生遂令两梁与李佑卿一起入关，同他们秘密商议。李福南因早具反清反帝之志向，即欣然加入同盟会。守台的官兵亦踊跃随从，誓同生死，只有姚子安态度暧昧，故不与联系，但其部下则已秘密与革命军结盟了。

孙中山先生接到这个消息，非常兴奋，亲到文登、文渊，交给两梁、李佑卿、黄明堂等一宗款项，嘱先发给守台官兵每名20元至40元，作为起义的准备金。同时，黄明堂、何伍、李佑卿、刘梅卿、李辉堂等已先期住在越南靠近镇南关的同登、文渊、那良、那模等地，各自召集所联络的同志听候行动。梁亚珠也暗中召集黑旗军余部在大沟村准备一切。李福南又时常派出守台之官兵，借口出关到文渊、同登购买日用杂物，与党人互通声气。

孙中山先生重视以宣传为摧毁敌人之利器，在镇南关起义以前即派出邓睿臣、林高等数人入关，假扮为讲圣谕专员。此种“专员”是专门演讲清廷“圣旨”的奴才，可以仗势四处乱走，官厅不得干涉。他们有时又冒名充军佬（清代以广西为边远地区，以之作充军之地带），也可以到处乱钻，府县衙门不敢与之计较。他们或扮作小贩，往来出没于镇南关、凭祥、宁明等地的村庄圩市，与农民群众接近，一有机会便宣传革命道理，甚受群众欢迎。所以后来镇南关起义时，有的农民投入革命军，有的为革命军传递消息，帮助运输。

此外，孙中山先生又派出同志多人沿着左江主流与支流两岸，向疍民（即船家，水上人）宣传革命。内容大要是：他们原是明室朱姓后裔，被清廷放逐而改姓沦为疍民，在政治上受到压迫，永远不许应试、做官。这些同志还揭露清廷卖国殃民的罪状，并将孙中山先生主张建立民国、平均地权等思想进行宣传，意在激励疍家参加革命，不为清军运输军饷。

二　王、黄、关、梁在扬美之集议

王和顺在孙中山先生亲到文登、文渊视察并见了李福田后，便积极与黄兴、胡汉民等重新制订起义的行动计划。约略如下：

1. 分水陆两路进军，水路由龙州、太平至三江口；陆路由凭祥、宁明、上思至宣化属的迁龙司、大塘，会合十万大山、钦州各地的民军，袭取南宁。中途各地区由梁植堂（化名相貌四，运输工人出身，在三点会任堂值事，会众呼为值堂，遂以植堂为名，与王、黄、梁为兄弟）、黄简初（罗阳司官）、韦云卿等召集民军响应。

2. 取得南宁后，即建立中华国民军“军政府”，以孙中山、黄兴为正副大元帅，宣告中外，并行使军券。

3. 在南宁、武鸣、上林、贵县、太平、果化、平马、隆安、钦、廉等地广招民兵入伍，扩大武装力量。

4. 由南宁分兵袭取桂林、梧州，入湖南、江西、广东，与各省革命军会合，推翻清廷，建立民国。

议定，当即电召在香港的田桐、谭人凤、何克夫、谭剑英、黎仲实等到河内，做种种准备。

上项计划的关键，是在取得南宁。为此，黄兴偕同王和顺、黄明堂、关仁甫，梁蓝泉又于九月下旬携带款项到左江下游的扬美村（在三江口上游，扼左、右江三角水陆交通），在梁亚珠、梁植堂家召集进袭南宁路线上的各地同志，如黄简初、杜少庭、许四功、黄百良、陆醒、李十、蓝其宣等十数人商议，要在新宁（扶南）、隆安、上思，绥渌、永康等地，集合往日壬寅、癸卯大起义之役的旧部，由梁植堂、梁亚珠、王简初、刘辉廷、杜少庭指挥，有新旧枪 600 余支，为主要民兵，任务是扰乱清兵，等候镇南关、龙州方面之革命军开到，即出来响应，占领南宁。

三　黄明堂改任南军都督

孙中山先生原以王和顺任南军都督，起义前又派黄明堂为副都督，同负策划龙州、镇南关起义之责。

壬寅年、癸卯年（1902—1903 年），王和顺曾与梁植堂、闵云培、韦五嫂、唐弟等同陆亚发（即萱化发）、苏亚八、欧四、白毛七等在南宁、柳州等地区组织农民举行大起义，称大明天国军，屡挫清军，占领了许多府县城池，声势浩大。清廷极为震惊，深恐再酿成太平天国之局势，遂令 7 省防军作四面八方的围剿，陆荣廷亦带兵为清廷卖力求功。陆亚发、王和顺、白毛七、梁植堂、韦五嫂等亦四出游击，击退清军。陆亚发不幸被擒，临危不屈，在桂林惨遭岑春煊挖出心肝，在法场上当着大众与陆荣廷、龙济光、黄忠浩（清廷驻防湘省之军官）等喝酒啖饮。王和顺、梁植堂、韦五嫂、闵云培闻此噩耗，悲愤万分，遂与农民军全力出击，在隆安之马鞍山把陆荣廷昔日之上司和拜把兄弟、清廷悍将马盛治击毙，消灭其所部清军千余人。1907 年 7 月，王和顺、刘辉廷、李辉堂、唐浦珠等在防城起义。陆荣廷又带队到防城与王等为敌，可是，王等已退入十万大山。由于这些历史，王、刘、梁 3 人与陆氏结下了深仇。此时，党人正在争取陆荣廷，而陆的真实态度又尚未暴露，故王和顺认为自己如继续当南军都督，怕不利于争取，因向孙中山先生恳请辞去南军都督之职。

中山先生采纳其意，乃改派黄明堂、李佑卿为南军正、副都督，另派王和顺为中华国民军前军第一司令，负进袭平而关、水口关、考利隘之责。外界不明底蕴，说是王与李佑卿所部有不妥协情况，才有这样的变更，并非事实。李当时所召集的同志仅 60 余人，有枪支者只一半，而王在防城起义进攻灵山不支，带上十万大山的队伍则有 500 余的人枪。彼此力量大小悬殊，自不致因与李部不协而小题大做也。

四　革命军占领炮台

镇南关附近各炮台均建筑在山顶上面，用大石块砌成，山路陡峭，易守难攻，故革命军用“内应外合”之计来收占领之功。守炮台之官兵早已暗投革命，只候龙州方面有成，即行起义。那时，有些兵士领得孙中山先生发给的起义准备金后，便用来在龙州市上购买平日喜爱的龙州大刀（著名的龙州刀，钢质特好，是一种背厚口薄、锋刃锐利异常之佩刀。中法之役，法敌死于此刀之下者甚众），因而惹起龙济光之怀疑。事为梁蓝泉、梁亚珠侦悉，深恐龙氏为此加强控制，更动守台官兵，于是与黄明堂、李福南急向孙中山先生请准，于任何有利之时日，得随时确定发动日期，以免失去机局。

正巧李福南得到情报，知道守镇北炮台的哨官姚子安决定于二十六日子时举行起义，于二十四日起派人分至越南之文登、文渊、那模、那浪、大沟村等地约定黄明堂、李佑卿、关仁甫、盘公仪按照时间入关上台。二十五日下午 4 时，姚氏离去后，李福南、梁蓝泉、梁亚珠等就先上镇北炮台做好准备。黄、李、关等人亦如约率领在越南境内等候参加起义的同志，计有铁路、商店、工厂员工和做小贩之华侨，以及书塾门徒、学校师生等爱国分子 300 多人，同国内失地农民、失业的手工业工人、苦力工人 100 余人。另外，由盘公仪率领一部分人，张云田率领云田书塾门徒林焕廷等 20 余人（编成敢死队，后归黄明堂指挥），还有菲律宾独立党彭亚约来的菲岛同志 30 余人，总计共有 500 余人。他们携来有比制的荷包枪，法制的七响针，德制的木壳枪、无烟枪、毛瑟枪、锁头枪，以及炸药、鱼眼灯、大光灯等各种作战用具，先行会合于越南卜滨，然后分别进入国境的弄怀、弄尧。他们行近炮台时，梁蓝泉已在路上迎接。大约在二十六日子时，第一队首先占领了镇北炮台，其余由梁亚珠、关仁甫、李佑卿分别率领上了镇中、镇南两炮台。到了曙光初照，清兵望见革命旗帜在高空飘扬，才知道镇南关最险要的三座炮台已落在革命军之手。当时，我们还看见镇中、镇南炮台与镇北炮台的旗手互相打旗语同庆胜利，喜悦兴奋的情绪特别高涨，不禁欢呼起来。

镇南关的镇北炮台地势最高，亦最峻险，可称为各台的首领。它的武器装备计有德国造的十五生的口径要塞重炮 1 门、七生的半野炮 4 门、七生的加农炮 1 门、四响连发机关炮 1 门，此外还有臼炮 6 尊、重机枪 4 挺、步枪 100 余支、炮弹数千发、步枪子弹无数。

起义以前，梁蓝泉、梁亚珠等原已约定驻镇南关的营长黄福廷于起义时率部反正。但候至午时，尚未见黄氏有何动作，故梁派出梁锡彩、吴有新与士兵数人携带革命旗帜和军饷，直向镇南关黄之营本部交给黄氏，促使其起义。讵料黄氏已受陈炳焜收买，竟将梁、吴和士兵 7 人杀害，更以革命军之秘密报告陈炳焜转达陆荣廷。是晚近黄昏时，有马骝山的炮台（比镇北炮台小）派人潜来镇北炮台表示反正。黄明堂即派大队人员前往接收，竖旗起义，张云田率领他的敢死队首先进入镇北。

五　孙中山先生由越入关和回越的经过

孙中山先生在河内接到黄明堂、李佑卿、李福廷等的起义电讯，喜悦非常，便于翌日（二十七日）晨偕同黄兴（黄改名张守正）、胡汉民、胡毅生、何克夫、杨寿彭、谭剑英、谭人凤、张焕池、黄隆生、农士达和日本友人池享吉、法国友人狄氏等 20 余人起程入关。关仁甫、韦云卿前往文渊迎接，大约在下午 6 时来到镇北炮台，受到革命军列队鼓乐欢迎。孙中山先生与同来的同志趋前和革命军官兵一一握手，随即向全队做简略的讲话。大意是说感谢大家此次奋勇起义。我们将同全国同胞一起把清朝推翻，建立新的富强的共和国。

那时四万万同胞都成为国家的主人翁，享受独立自由之幸福，外国人不敢再欺侮我们。孙中山先生还鼓励大家说："同志们！我们就要指向南宁、广州，北出长江，和全国同胞打到北京去！革命军是救国救民的军队，是最得民心的军队，到处都有人民来帮助。贼军必败，我们必胜！兄弟此次入关，是和大家一起奋斗，把革命进行到底！"孙先生讲话的态度和蔼可亲，所说的话使我们听得入耳，记得入心，因此全台气氛极为热烈。

第二日一早，孙中山先生与同志们又先后到镇中、镇南炮台联欢，也对官兵讲了话，旋即命人将带来的饷械交给黄明堂、李福南等将领收用，嗣后便带同一班革命军官出台下山到附近山地视察地形。在行进途中，孙先生在农家访问，并在某姓民家邀请农民共进午餐。有些小孩误认孙中山先生与随从同志们是"老番"（即外国人）。孙先生乃用两广白话向一群小孩说："我们都是中国人，是来推翻清朝皇帝和打'老番'的。"孩子们就亲热地靠拢来。孙先生还叫农民们上炮台去看看。在下午2点左右，孙先生一行人才回到镇北炮台。

不久，清军由大连城方面发来一炮（试探炮），因当时有些人由台肚（即炮台下面的地窖）到台上观看，因而受轻伤者5人。孙先生用望远镜观察后，即令炮手还一炮，击中镇南关的大营。法国友人得到孙先生的许可，再加发一炮，也击中大连城渠沥的敌营（后来据了解，是陈炳焜、曹少奎打先锋的营地），敌炮遂哑然不敢回答。

天刚黑的时候，孙中山先生接到陆荣廷的来信，说他往日由反清而投清乃出于不得已，故时思反正，惜无机缘。今得尊座由越入关领导，亲自指挥，爱敬莫名，一俟准备完毕，即投拜麾下，恭听指挥等语。革命党人见此疑信参半。有的同志则认为陆荣廷曾在日本东京加入过同盟会，因而对此信以为真。有的同志说，陆荣廷这“契弟”（广东骂人的话）是个“反骨仔”，醉心名利，丧尽良心，不知杀害多少同盟会的兄弟，哪能来和我们一起革命，不要上他的当。我当时是附和后一说的，更不相信陆氏曾加入过同盟会。因为王和顺和我父亲梁植堂原是陆荣廷的对头人，但王、梁早已加入了同盟会，陆氏如果是同盟会会员，为什么还要坚决与之为敌呢？后来到了辛亥革命时，我才知道陆荣廷加入同盟会投机的始末，正为他以前入三合会反骨一样。当时孙中山先生对陆的来信，亦没有具体表示。

翌晨，忽有陈炳焜部200余人向炮台冲来，为炮台下面守卫同志喝止，并对敌人喊话说：我们都是同胞兄弟，同胞兄弟不打同胞兄弟，我们欢迎你们兄弟一起革命，推翻清政府等语。敌军也回话说，我们大家不要打，我们回去起义等语，随即退去。孙中山先生对此情况，又疑是陆荣廷有意归降的样子。旋又接到附近热心农民数人（与孙中山先生见过面的）之紧急报告说：陆荣廷自凭祥带来三营兵，已在大青山、小青山、凤尾山、摩沙等要地与龙觐光所部会合，将行围攻，并由陈炳焜、黄福廷、曾少奎担任打前锋等语。这样大家才认识到敌人在早晨之动作是来窥探虚实的。午刻，接到越南刘岐山同志急信说：“运来的大宗粮食、枪支、子弹，在文登被法军扣留，交涉无效。”孙中山先生料到革命军必须与龙军展开大战，如缺乏粮械补充，必有困难，乃于是日下午5时与胡汉民、黄兴、黄隆生及日、法同志暂时出关回越，向法军力行交涉妥当后，再回炮台继续作战，并留下胡毅生、谭剑英、何克夫等数人在炮台上与黄明堂、梁蓝泉等同志商议作战的计划。

六 革命军坚守炮台

清廷接到革命军占领镇南关炮台起义之消息后，即急电两广总督张人骏、广西巡抚张鸣岐，限令龙济光、陆荣廷务必于一周内收复炮台，否则便将陈炳焜、黄福廷处斩，陆、龙褫职解京论罪。陆荣廷奉电后，忧惧万分，又轻视革命军的力量，遂于二十八日夜间7时，亲自督战，派陈炳焜、黄福廷、曾少辉为先锋，用大炮密集轰击，配合竹梯队、马刀队、药包队等向炮台冲锋。清军以为革命军不堪一击，但进攻了两夜一日，不但被革命军击退，并反被革命军依靠农民的指引，占领了镇北炮台后面的重要据点弄尧屯。这一战役，清兵曾作肉搏冲锋先后六次，被杀死、杀伤200余人。黄福廷的大腿也受了重伤。陆荣廷以首次与革命军交战即遭惨败，更以所部兵士在作战时不愿开枪，投奔革命军的竟有30余人，因而心神惶惧，竟至向隘口伏波庙祈祷求佑。

龙济光前因怀疑陆荣廷与革命军有来往，特派龙觐光、萧顺洪带领队伍二营到南关闸一带驻扎，用意在观察监视陆荣廷之行动，后来看到陆亲自到炮台前督战（二十八、二十九日夜间），卖力非常，疑心始释。龙乃自带亲兵营急来同陆合力作战，并重新拟定作战计划，意图于占领3个炮台外围要地摩沙、弄尧、溪沥等地后，即先向镇南炮台进攻；在取得镇南炮台后，再进攻镇中、镇北两炮台。可是，当清军进攻南台时，便被镇北炮台居高临下用大小火炮配合南台轰击。清军被迫由下向上冲击，由于无处掩蔽，死伤甚多，狼狈逃下。这是清军第二次所吃的败仗。

陆、龙两次惨败，益恐违误清廷的限令，因又纠合残部，与新增援军共5000余人，在3个炮台附近之马骝山、四方岭、隘口、凤尾山、尖山、大青山、小青山等山上架设各种大炮。龙济光、龙觐光、萧顺洪由大、小青山方面，陆荣廷、谭浩明由弄尧、摩沙方面，陈炳焜、曾广义、林少斌由兴山方面，还有一些土豪劣绅之乡团，共同对3个炮台作三面包围（另一面靠近越南，清军素怕洋人，恐惹起交涉，不敢在这方面作战），用各种大炮、机枪密集火力攻击。革命军奋勇战斗，也用大小炮、机枪齐向3面清军猛轰密射。清军曾屡次冲近炮台，但只见来多少即死多少。清军此次在十一月初二、初三、初四几日间，被革命军反击，共计死伤了400余人。清军军官死伤者也不少，但只自认有古景邦、黄瑞兴、马朝甫等受伤，其实还有陈炳焜、曾少辉、曾顺洪也各受了轻重伤。

七　革命军出关赴越

双方交战至十一月初三，革命军因食粮与水已将告竭，本想于初四早离台入越，但全军为了要使龙、陆误限受处分，都主张愿忍饥渴再打两三天。可是，到了初四，水已尽，又值冬季雨少，无从得水，而粮械弹药亦已不济，十万大山之援军又难以急速到达，认为全军牺牲亦无裨益于大局，遂决定于初五半夜出关入越。

当革命军决定离台的时候，有些同志由于对龙、陆两贼怀着深恨，曾主张将定时的炸药配好留下，把炮台上的一切设备炸毁，以免再供敌人使用。后经大众认为我们革命军是革专制政体的命，不应把国防重要设备毁坏，所以没有实施这个计划。革命军毫无声息地离台后，清军尚于是日早晨向台上数次开炮，见台上没有回击，到了中午，才用小队前进试探，小心翼翼地一步一步爬上了炮台。

十一月初七，两广总督和广西巡抚会衔奏报克复镇南关，夸大其词地说：“龙济光、陆荣廷于前线督战七昼夜，初四申刻（有意提前一天以便邀功），陈炳焜跃登石垒，手砍中台匪纛，匪队纷驰垒南逃溃”等语。这一报告，乃是天大假话，其实革命军离台时，已将北台、中台的革命旗帜收去，只有南台一面尚未收下，后由何伍小徒弟冯细自告奋勇，奔上炮台收旗而回。他的智勇，大受全军赞扬。

革命军到了越南那模、那浪、文渊、大沟村一带，旋即集合于燕子山，沿途受到国内外农民的帮助，孙中山先生亦派黄隆生携来粮食、款项向各同志慰劳。大约休息了 3 天，这数百名英勇之革命军，有的随盘公仪所带的越南同志深入越南村庄，进行游击，后来去参加了云南河口之役。有的则至河内、海防，或在文登、谅山等地，听候孙中山先生的命令，待机继续革命。革命军在此次起义斗争中成仁的计有梁群学、张云田、黎荣伍、农叔、祝称、梁锡采、吴有新、向大义、邓雨霖等 20 余人，受轻伤、重伤的 60 余人。

八　孙中山先生被迫离越

黄明堂、李福南、梁蓝泉、梁亚珠、李佑卿、关仁甫、何伍、盘公仪、韦云卿等到了河内，向孙中山先生报告守台离台之经过。孙先生对他们慰勉有加，略谓：此次起义，我们以少数同志占领了 3 个炮台，与龙、陆数千人奋战七八天，已经显示了我们革命军人的大无畏精神。此次革命，还有外国的革命同志同我们在一起。从表面看，好似我们遭受了失败，其实胜利仍属于我们。因为此次起义已震撼了清王朝，中国专制政体不久一定会被我们革命党推翻。我们革命是合乎世界潮流，顺应全国人民期望的，所以一定会成功。我们要乘此胜利声威，继续不断地革命，这就是我们今后的责任。孙先生讲完话以后，还同他们到日新茶楼吃饭。

清廷对孙中山先生在河内领导中国革命，忧惧难安，便向法国驻北京公使交涉，把孙先生逐出越南境外。法国政府允其所请，通知越南法国总督不许孙先生再居留河内，孙先生不得已，于 1908 年农历二月去新加坡。临行时，孙先生再向在越的同志们说明：中国革命经过此次镇南关起义，已深入国内外同胞的心里，为四万万人心所向，革命胜利快到了，希望各同志继续前进。

这之后，黄兴率领越南华侨，包括镇南关起义的和新加入的党人共 300 余人，于 1908 年农历二月二十五日在钦州马笃山起义。王和顺、黄明堂、关仁甫、梁植堂等于是年农历四月初一在云南河口起义。

九　清廷之清乡大残杀

从 1895 年陆皓东、邓荫南、丘四、朱贵全在广州起义起到 1907 年之镇南关起义，12 年间，由孙中山先生领导的起义前后达 6 次。清王朝面临末日，拼命作垂死挣扎。在镇南关起义之革命军出关入越以后，清廷即令广西巡抚实行清乡大屠杀，妄图以恐怖残杀手段来消灭革命力量。陆荣廷、龙济光、丁槐乘此机会对镇南关附近的隘口、弄怀、弄尧、渠黎等地村屯之英雄农民，有投入革命军的，为革命军运输粮食和水的，或为革命军通信息的，都要加以屠杀，更要铲村。当地农民闻讯后，纷纷避往越南，但他们的茅屋均遭烧光捣毁。

先是，驻在南宁的丁槐曾奉清廷命令派兵驰援围攻镇南关之清兵。当丁部船只正在开上龙州时，曾被梁植堂与黄简初率领榨油榨蔗、运输工人和昔日参加壬寅、癸卯两役之起义人员，以及罗阳司之民丁200余人，在三江口附近之鸡笼山、那左、狮子门、老口渡等处，乘夜截击，打沉兵船三艘，并占领三江口关帝庙之炮台，缴了守台官兵之枪械。故至此时，丁槐对上述地区也实行铲村。农民虽已逃避邻村，但留下的家园则尽被烧毁。清廷用此种残暴的手段，自以为可以吓倒农民，其实是自挖坟墓。

广西数百万壮族人民受反动统治和帝国主义之压迫侵略，不甘屈服。在镇南关起义前后，就有许多壮族子弟加入革命军，从事壮烈的斗争。之后，壮族人民对此役讴歌不断。在文艺创作里出现了描写镇南关起义军英雄事迹的《攻打石顶山的故事》，用优美的语言、无限的热情，歌颂起义军勇敢机智的战斗事迹。同时，对于追求利禄、残害革命同志、投降清廷之反骨的陆荣廷，则以朴素的歌谣《广西贼头陆荣廷》来加以挞伐。

十　孙中山先生建议建立纪念碑

1921年十月下旬，孙中山先生亲率在粤之粤军、湘军、滇军、黔军、赣军取道广西入湘北伐，曾由梧州转上南宁，劝导陈炯明要坚信革命真理。时马君武任广西省长，黄明堂任粤军第四路司令官，我任南宁县长。某夜（二十七日或二十八日），我和胡汉民、邓家彦、黄明堂、马君武等 5 人与孙中山先生晤谈。在谈了一些有关北伐和广西军政等事之后，孙先生又谈及镇南关起义革命军以少胜多之英雄事迹，并提议要在起义处建立一座纪念碑，以志纪念。当时指定黄明堂、马君武和我 3 人负此责任。

但是时，镇南关附近一带尚有陆荣廷的残部谭浩澄、谭浩清时常出没，还待肃清，因而不能前往开工建筑。孙中山先生在离邕到达桂林时，即在丽泽门外蒋翼武就义处建立一座纪念碑，并亲自书题曰“开国元勋蒋翼武先生就义处”。这座纪念碑于新中国成立后经人民政府加工整修，现仍巍然屹立。镇南关起义纪念碑，则因无机会建立。至今回忆，犹以辜负了孙中山先生的委任而感到遗憾不已。

1980 年 3 月修订

（选自全国政协文史资料研究委员会编《辛亥革命回忆录》第 7 集，中国文史出版社 2012 年 6 月第 2 版）

镇南关起义实地见闻

〔日〕池亨吉*

孙中山先生序①

良友池君近以书来言：著《支那革命实见记》已成，嘱予为序。余虽未见其所著，然以君之为人决之，而知其书必足以传世也。君

* 池亨吉：日本作家，曾任孙中山秘书。

① 本文是摘录日人池亨吉所著《支那革命实见记》一书有关镇南关起义部分。池亨吉乃当年孙中山先生邀去参加中国革命战争者。孙中山先生之所以邀请池亨吉参加中国革命战争，据池亨吉的自述，是希望有一位公正的外国人，以观战者的身份，将中国革命战争的亲自所见所闻，自始至终毫无遗漏地写下来，使革命志士不为天下所误解。池亨吉接受这个邀请，曾先后参加潮州黄岗革命起义和镇南关革命起义。镇南关革命起义爆发，占领镇南、镇中、镇北三炮台的第三天，孙中山先生偕黄兴、胡汉民、胡毅生、卢仲琳、张翼枢、法国退职炮兵士尉狄氏及池亨吉诸人，从越南河内驰赴战地，在越南同登站下火车，步行抵国土那模村，连夜登镇南关炮台亲自指挥作战。池亨吉如实地记载这次革命起义的实际情况，是这次革命起义参加诸人所仅有的回忆录。原书出版于1911年，现已绝版。1927年曾有中文译本出版于上海一家名“上海三民公司”的小书店，流传不广。历年来关于汇编辛亥革命史料各书都没有将本书收入。现特根据中文译本摘录其有关镇南关起义部分。中文译本的译文殊不佳，但无法找到日文原本核对，只得沿用。但文句不通者酌予修改。译文中有数处人名地名译错者，亦根据其他史料改正。原书卷首有孙中山先生序文，现仍保留于文前。

优于文学，操行高洁，能卓然自立，以才名闻于时。顾君平日尚公理，重实行，不拘泥于流俗之功名。见有戾于人道反于正义者，辄奋然思扫除之。其抱负英侠如是，故能决弃其平生际遇，而与吾党之士共勠力，以从事于支那革命。艰苦危险，处之恬如也。客岁吾党将有事潮州，君毅然以身赴之，思大与裨助。造潮事一起即蹶，君郁郁不得展其志。暮秋造余所居，相与讨论擘画天下事。及我军占领镇南关，余驰往督师。余自乙未广州失败以来，历十有四年，至是始得履故国之土地，与将士宣力行阵间。而君亦于斯时与余偕行，冒锋镝，犯矢石，同志咸感其义。今君以其亲历者著之于书，余知君必能明揭吾党得失利钝之迹，以示天下也。尤企君不徒叙述吾党得意之事而已，必详举其困厄与失败之原因，俾吾党之士，得以自儆。抑亦将使天下之人，恤其孤厄而为之助焉。客岁以来，吾党凡五举事矣，潮州之军不旋踵而蹶，惠州继起，视前为劲；至于钦廉则又进矣，镇南关之役其势倍于钦廉；最近河口之师则又足掩前者。由斯而言，吾党经一次失败，即多一次进步。然则失败者进步之原因也。盖失败而隳然气尽其不攘落者几希矣。唯失败之后，谨慎戒惧，集思补过，折而愈劲，道阻且长，期以必达，则党力庶有充实之时。历观前事，足以气壮，此固吾党之士所宜以自策励。即池君作书之本旨亦不外是。故书此以质池君，并以质读池君之书者。

戊申六月孙文逸仙拜撰

1907年12月1日，广西革命军大张旗鼓，在那模村一带鼓动当地的游勇，夺获广西和越南交界的镇南关。此即欧洲人呼为第二旅顺口的要塞。因此以寒满洲政府之胆。这仅仅是旬余日以前的事，此日在天将薄暮的时候，我和黄兴及胡毅生等在楼上的一室，相互地围着桌子，尽心地痛论镇南关运动的情况。偶然楼下有声音唤着我们。那唤我们的人就是屡次为孙氏秘书参谋的胡汉民，我们听着他的声音，就下楼迎入会客室的大厅中去。只见围着当中的圆桌子，留居越南的三四位广东志士围着孙氏；另外有一位不识姓氏的客人对着他们坐。我由孙氏的介绍，才知他是云南省开化府人，姓张，三合会的头目。其远远赶来的原因，是代表云南一带的革命派要受孙的统领指挥，和广西革命相呼应而立刻举事。

在此事以前，去年四五月的时候，广东省汕头及黄岗发生了一种滑稽的举动。属于孙逸仙麾下的革命军失败以后，即得到全世界的讪笑和不信任。孙党即日陷于苦境，到处是嗟怨，万事都不顺手而愈焦急，并且最失态的，就是妨碍最后胜利的内讧也激发起来了。因广东省罗定州的策划，惠州七女湖的密谋，潮州海丰的企图，自某国秘密输入的军械，一切皆成画饼；徒然耗万金如掷入无底的洞里去。那时的情形，余等外人对其愚昧无能实不胜的叹惜。此时徐锡麟杀安徽巡抚恩铭一件事，和黄兴、胡毅生二人冒险到钦廉去做敢死的运动，结果打破了城，尚称差强人意。虽然也因军饷缺乏和后无援助，暂行卷旗息鼓，那是没法的事了。黄兴回到河内，和我在香港分别后 9 个月又重握手，那是 10 月 29 日的事情，后来 11 月 7 日胡毅生也回来了。

山穷水尽疑无路，柳暗花明又一村。处万难之境而不知倦怠，自拟为拿破仑的孙逸仙氏，此时又拉了王和顺一位豪杰来了。即以攻击镇南关的大事托他。王君年龄 37 岁，躯干伟大，且其容貌又颇魁梧，常出没于诸山之跨两广之间者，交结所谓天下豪杰之士，已有七八年，与官吏对抗，不知凡几，这样的具有《水浒传》的实例，而以之为一道光明，一缕命脉……当时我有巴调一绝曰：

回天霸业大成难，异国秋风落月寒。
半夜高楼愁不寝，一声胡笛海漫漫。

濒于残灯明灭之境，负党众之热望，敢于倾必死的境地的王和顺之起行，远在11月10日的拂晓，离开河内，有40里的路程，我们期待着最迟当在本日晚刻可以由目的地拍个安全的电报来，可是不幸的电报却代它而来了！就是那日午后王君到了最终站的同登地方，因想要立刻到目的地那模村去，即从文烟想越过国境的时候，忽被法国守备指为携带武器而拘禁起来了。于是后来的二三日，专事搭救王君，同时孙氏的痛心与辛苦，尤其是言语所难以说得出的。幸而后来王君即安然被释，始于15日辛辛苦苦地越过了国境，翌日即有电报来说："一切准备皆已成功，机会亦已成熟，即拟于18日晚上起事，万一有障碍，则20日夜暮即当，击镇南关的要塞而攻之。"意气激越，大家都因之奋发。这样一来，如像牛步那样而来的18日到了，使人辗转反侧、坐卧不安，这夜就过去了。翌日早起，都先候第一声的捷报，然而别无消息，这日就过去了。现在只有这一夜，怎样过去，翌晨等快报吧，几乎全是这样的心理，烦闷不堪。不料20日的黄昏，悄悄然王和顺忽地归来了。说：生病！呜呼，这是什么一回事啊？！本来期望太大，因此失望也不禁觉得大了。有人容赦他有疾病，只是失之宽忍。又有人要面责他，骂他是鉴于第二个旅顺口的镇南关天险，自馁而思推诿的畏缩病。然而我们可得看破他的真正实情，不要忘记有玩弄计谋的人在其间，因为王和顺是广西人，所以广西人的那模村游勇头目拘于常习而服从他，但要他们听从使唤，明明是不够的。初时不过装着服从他的命令，使王君为主，当然孙逸仙接触之后，见到机会已经成熟，各人就只望树立自己的战功，急于打算利害，突然间在事业未成而排斥王和顺了。

在北方，经过越南的国境，在那模村一带的游勇自居将领者有黄明堂、何伍、李辉鉴。如果撇开王和顺而诱以目前的利益，要他们起来，那是如探囊取物，很容易的事。先怂恿他们，使之袭取镇南关要塞，另驱流浪在越南的广东人，使王和顺将之，破其临邻塞水口关。倘两处均能成功，翌日进军，即日占领凭祥小都会，更进军而溯龙潭，则二日内即可占据龙州城邑。如此则有革命历史的太平府与殷富绝匹的南宁大都会，只有如临风的杨柳而克定了。此时当以近乎西方国境的老街为根据，密檄云南诸豪杰使之来援，待机会成熟，立即袭击河口。乘天下狼狈之时，即拥风魔岭的天险，而屠蒙自城邑。若此时总督锡良闻乱而亲征，则或出通海，或下建水，一举出奇兵以扰昆明。必须乘其虚，勿失机会，直使部下笃劳而勿事屠杀。只要请他们悬军二月，坚持努力，看着在东方，广东潮州之地有陈涌波、许雪秋二首领锐张巨眼，不是有人在候望机会的到来吗？惠州七女湖的壮丁 3000 人，不是有人在挥刀而叹复生吗？近者游说钦廉二州的官兵反正，黄兴不是已经有了成就吗？而在长沙一带还有含恨千载死不瞑目之马福益的余党，不是也在卧薪尝胆、等待复仇时机的到来吗？还有，请再看山西、山东、四川、贵州等省的剽悍，安徽、江西的强勇；其他南方潜伏各地的哥老会、三合会等，或者是旬日后起事，或者在一月后响应，至迟在二月前后，就要蜂起，一起喊“倒满兴汉”，甚至唱起他们的《马赛曲》，比之打破“巴士底监狱”的法国革命健儿更有几千万倍的活力。如斯，天下之事就此定局了。

以上是当日孙氏等对云南远客张某谈话的主要内容。谈完之后，主客都感慨了一会儿，只感到难言而悲怆之气弥漫于人间，这样一来，肃然的参谋本部忽就复为繁忙的事务室了。有人鼓簧谈论军规军律；有人绞尽脑汁做檄文的草案；有人盘算着得地，分配武器与军饷。各事各人不遗余力地进行。就中还有人就担当印刷檄文，非常忙碌。

先提一下河内诸报纸的记载，然后再详述我的见闻。

1907 年 12 月 5 日河内的《东京日报》载（原文是法文）：

本月 2 日午前 6 时，恰当朝起的时候，镇南关（即第二旅顺口）要塞驻屯的官兵，为中国革命军所袭击。经过猛烈的射击以后，左方第一炮台即行陷落，继破第二炮台。革命军的青白红的彩旗，忽然飘扬于其上了。第三炮台虽暂时支持于官兵之手，但也遭到同样的境遇而陷落了。当日午后 2 时，其上即竖有革命旗。据传云：驻屯镇南关本营的官兵，已反正投入革命军去了。

其后特派员所发的报告如下：

约有百十名的革命党员，在二三日前潜伏于文烟、谅山等地，即于本月 2 日，攻破所明国境诸地而向镇南关去。该处守备的官兵八十名，即对之扫射；不久即撤入要塞以内。有地方义勇兵一小队，埋伏于弄桴近旁，另有一小队伏于布海。任中国税关长兼国境巡逻长的吴喻扬，自行指挥巡逻队而拥至那模村的前面，因欲遮断革命党员向河内去的退路。但吴氏的军略，因越南领土内的同登及那郭所屯驻的军队（法兵九十名）武装弹压，严防违犯国境，故全归泡影。革命党员即突进与凭祥相距不远的犬庄，其目的似欲即刻夺取凭祥小市。官兵集合满族义勇兵一大队的援助而成四大队，拟行包围革命军，但亦困难而归泡影。总之，此次革命军有如“一般”的革命军，瞩望他方的援助过大，少壮志锐，有急于实行其主义之弊。又大将虽多，士卒太少，也是他们的缺点。

12 月 6 日河内《东京独立新闻》记载（原文是法文）：

以前许多异样的清国人，常常意欲超越国境而向广西方面前进，那是不容易的事。然而果于 12 月 1 日涌起了一个大骚动。自该夜半至翌日拂晓，中国革命军的一团，忽然在那模村附近发现，直下镇南关的本营而临山巅的第三个要塞（有中国兵二十八名与一中尉守备）而夺取之。该所的守备兵等，皆即降服。独该中尉尚不敢反正，故即褫夺其官服而放之于同登；反叛者对之非但不加危害，且赏其勇而允其归于谅山居宅，从此革命军的旗帜即飘扬而竖立于三个要塞之上了。及后至 3 日早 10 时顷，小射击之声不绝，这是革命军所据的山巅要塞，与镇南关之东西官兵根据地的小要塞间，互相往来。该日 10 时，进军喇叭即鸣于山上，同时四十余名的革命党员，即以进攻本营为目标而从塞门出来，然而虽经数次猛烈的射击，与七生半野炮的掩护，还不能达到目的。少时即撤退至要塞以内。革命军约有一百五十人至二百人之谱，从同登到镇南关，沿路有多数的中国人和约有八九名日本人（池亨吉注：实际上日本人即我一人，其他为孙逸仙、黄兴及留日学生某某等）。或驱汗马，或乘骡车，见其疾走而过。他们是在一时半到达的火车从河内急行而来的，似乎皆视此举为大事。但同时在广西一面，如无暴动发现就很困难了。到了3日夕过，次日就报有官兵百五十人到达，同时风说革命党员在谅山保管有巨额的钱财。盖该地的某住民等，当同登法军务官兼义勇团司令官的康飞氏率领骑马义勇兵数名，于2日视察镇南关时，见革命党员等即对之表示最敬礼之故。革命党的首领等在同登膳毕后，休息时，对法国的士兵都极和善，观其所交换的名片，知以前皆居住于河内者，彼等对于法国，毫无敌意。

12月5日《海防报知》记载（原文法文）：

在上星期日夜10时起，当夜半的时候，近同登国境的镇南关被中国革命军所夺，今尚执于彼等手中。此次袭击经过筹划，该地所有的新旧大炮，乃被彼等夺获。接近镇南关的凭祥（车行约需30小时之距离）有从龙州派来的官兵集结……初，革命军的小队乘夜暗之深进迫要塞，因无严重的警戒，故仅一小时的活动，事即告成。官兵放弃要塞而退入山下的本营，虽有大胆试加抵抗，但悉横死于地上。革命军实不损一卒。翌晨破晓，革命军旗即竖立于塞上高处了。2日凭祥司令官即遣斥候队由山上发射十二生的“克虏伯炮”，以示威吓而使之溃走。余辈对革命军此处之长处，不得不示信服；彼等要求大炮，就得到了。而清政府的官兵，因其苛酷的长官的压迫，急于想要恢复要塞，因此之故，反致立刻弃此根据地而至于撤退。

总之，凡此事实证明，彼等革命党员并非强盗，也不是单想反抗广西一省。又不是想来骚乱之际抢劫。彼等决不是排外党，观彼等公布的檄文中："凡有害及外国人者处极刑。"这一项看来，则可明了彼等也并非像普通人所想象的野蛮人。都是受过高等教育，吸着文明之新空气的善良爱国之志士也。

总而言之，镇南关的事变并非容易的事，所以可以不必问其成功如何，可以视为在南中国举行的革命运动的真的血祭，这虽还是初次，但和过去各方面所蜂起的暴动，面目完全不同，孙逸仙也初次上阵，亲自参加，站在头阵，执着司令旗，所以这次镇南关战役，实在是中国革命的分水岭。其左所流着的，可以称之为过去的革命准备时代；其右所流着的，乃是将来的革命实行时代，或者可以毫不踌躇称为革命的胜利时代。

张某怀着满腹豪快悲怆的计谋忽地回云南去之后，孙氏立即派遣李某、毗某去那模村访黄明堂、何伍、李辉鉴，委托彼等担负攻镇南关之任。果然，他们 3 人只要求王和顺不来参加为条件而欣然允诺了。如此，11 月 29 日早，即有密电来云：决于 12 月 1 日的晚上起事。后来到了那日，因为有鉴于从前对王和顺的失望，所以丝毫没有什么感动，只不过大家互相祈望他们成功而已。可是在各人的胸襟中总不能安定；在厅堂里会见了，忽然散开了。散开后又忽然聚拢来。没有一个人能够安静着的。当日我因为游戏时从高处跌下，伤了左肩，感到非常疼痛，所以早就独自走到楼上寝室去睡了。当夜阑更深万籁俱寂的时候，突然有人走近我的睡床，伸首到蚊帐里来看我。我一回头望去，不觉讶然，因为想不到原来就是孙逸仙氏。

我一见孙逸仙氏，即慢慢地起身，孙氏即急行制止我。在他天生温和的面上莞尔微笑地问我道：“你睡着了吗？”我只以为孙氏是来慰问我伤痛的，所以不大能够对他说我睡不着，更兼左肩非常疼痛，话也说不出。而孙氏却又破颜一笑地说：“唉，你也尚且如此，我实在睡不着。我一生的命运就在今夕了。几年的辛苦，如果在这方面成功，那就是将来发展的端绪了。一想到这里，我时时刻刻心里有如听着镇南关方面的炮声。虽然要想睡，又怎能睡得着？”我到现在还不能一掬孙氏的衷情，不过坚执着他的手。不一会儿，邻床又声如雷起，叹道：“谁能睡得着呢？”就突然起了身来，原来这是目光炯炯的胡毅生。在邻室又有人应声说：“谁能睡得着呢？”就走了出来，原来是黄兴氏。那时已经将近 3 点钟，窗外也听到晨鸡啼声。12 月 1 日的夜，就是如此地过去了。

翌晨，2 日早上将近 9 点的时候，我因为发热，几乎处于昏睡的状态，忽然被黄兴摇了起来，报道：“快哉快哉！占领镇南关的电报来了！”说完就一声不响地走下楼去了。后来胡汉民也来了，胡毅生也来了，黎仲实也来了，大家对于这件事很有味道地讲来讲去，楼下也很嘈杂地时时听到喊“万岁”的声音。不一会儿，孙氏来了。孙氏现在是急于医国的人，并且也学过欧美的医术，得有博士学位，久在香山服务医业，很有经验。他先给我诊视病状，然后徐徐地对我说道：“君呀！请为庆祝，镇南关胜利的电报，已经来第三次了。形势极佳，我们明天早上就要离开此地投军去了。只是因为你有病不能同去，真是可惜。”我一听这句话，就觉得不能忍耐，我岂不可做一个中国革命的目击人吗？这一次千载一时的机会，应当极力争取的。我就叫道：“不，请你带我同去，我纵使失去生命，还是以失此机会为可惜的！”孙氏的眼光真辉耀，他实在是知我的人。孙氏去后，来的是执洋服业在越南的革命笃志家甄某。因为要预备军服军帽，所以急急地要来检查我们的身长。我早不能安卧床上，就强鼓病躯到楼下。一走到事务室，只看见大桌子上灿烂的金银物品堆积如山，这就是大家闻知胜报而一时送来的。

于是，对在西贡的安南总督处，要送一张恳笃的布告者，对河内一带的官民，宣布没有什么敌视。各地的同志处，又要发捷报。那里要什么，这里要什么，大家左奔右跑，各人匆匆忙忙，像要修理出一条路来似的。各人只是欣欣然，操作不倦，实实在在这一天就此过去了。

翌朝，乃12月3日，午前4时大家会集于食堂，共斟离开酒……6时到河内停车场，孙逸仙、黄兴、胡汉民、胡毅生和我之外，另有从者二人，再有法国退职炮兵大尉狄氏男爵与湖南志士枢某及四川志士霖某，也加入同行。不久，即乘火车过红河桥……须臾间，晓霭模糊之中，河内就此不见了。同行者之勇气与火车之速力并增而昂急，凛冽之晓风彻骨。幸而一辆客车，只为我们同行诸人所占有，因之彼此得以互相纵谈横语，毫不寂寞，与我并膝的孙逸仙氏几乎被疑为疯狂的人，不错，原来他此年的3月中，即航新加坡到日本，就此暗迹潜身于河内以来，北京政府的密探，时或悬赏20万元，以求其首级，或以云南一省为报酬，要求法国政府加以逮捕，因此在过去的240有余日间，彼即幽居隐所，足不出门。因运动不足，而发生剧烈的胃弱症，一时几危危乎成为所谓丧家之犬。可是而今追逐于大丈夫得意之望，突破八面稻麻之重围，疾驰于荒漠的大原野之中，于新鲜之晓气中恣意呼吸，对于他，真可说是苏生复活了。

其沉默寡言的性癖，也忽然随时一变，至于忘却自己而变为噬舌多辩的人了。我是深深体谅他的。孙氏说：“我只有一个夙望，就是入中华帝国最南角的镇南关，悬军万里，旌旗当当，贯通中华帝国的中部，而出中华帝国最北角的山海关。一出山海关，即可送却爱新觉罗帝的末路了。盖战破满洲或彼遁窜，非脱出此重关门不可，今此夙望的前半行将告成，其后半的成就，尚不知在于何日。唉！尚不知将于何日！”痛快淋漓说完，就哈哈地笑了一番。我就回头去看在我前面的狄男爵，将孙氏所说的夙望全部代为翻译。狄男爵本也纯粹的法国革命的儿孙，剽轻真挚的快男子，不禁为之大呼三声“快哉”！同人诸人大家都为之绝倒，复又连呼“万岁”！如此不知火车什么时候到了谅山。我也自行兴奋，忘却身体有病。

我们一行到了谅山。适当正午，因火车正点，在此站虽没有一点钟的空间，但恰好从同登地方来的列车，因同时在此处停留，我们就可借此探听目的地附近所有的流言传说，说是怎样怎样。虽然都是没有根据的风闻，然后总结一句，则众口一词，皆曰革命党胜利和尚在继续战斗，这是没有什么可疑的了。

当日，即 12 月 3 日午后 2 时，我们一行就平平安安地到了越西铁路最终点的同登车站，由此徒步约行 20 分钟，即到文烟镇，走入叫南和的一家农家里去了。

我们诸人走入南和之家的时候，高耸的文烟镇的山上，有如蒸罐那样沸腾起来了。其底里虽然没有热，但是革命党首领来了。日本大人来了的声音，忽然将此悠闲的小天地震动了。唉！可羡哉，文烟镇啊！有意地坐在那里，成为东亚的小瑞士，它横卧广西越南的国境，广袤的别一天地，清朝也不能犯它，法国也不能犯它，民皆朴实，乐于独立自由和平，真是天生成的自由乡。

后来那模村的将卒数人跑过来迎接我们诸人，先报告镇南关的战况，进而即成为中国人所特有的久议不决。从他们的话听来，镇南关的本营现在还有陆荣廷带领官兵死守着。革命军占领其直上在山顶的3个要塞，时时以步枪相交射。清军是等待龙州方面的援军开到，革命军则引颈等自河内方面孙氏诸人到来。

这时门内门外聚集着许多乡人，实在不能制止他们不动，因为没有客室，就以屋上置物处为议场。但是久议不决，我就眺望挂在正面壁上“万事胜意、财如川来”的匾额，又联想到中国人的本质了。隔了半个多钟头，狄男爵就坐在石臼上预备咬饼干吃。

后来我提出了一个计策，胡汉民就先严厉地喊道：“快前进去啊！必须在日没之前先达山巅，如果能够借着残阳，即以十二生的大炮对准连射数炮。如果今天不去，天下的事就难定了啊！”“迟疑就是失败之母，超越亚尔波斯山而图意大利者，就是拿破仑式啊！中途长议，徒费时间，这在法国兵法上是没有听见过的。”说这话的人就是狄男爵，他要求我赶速译告孙氏。

我本知孙氏是醉心在拿破仑式的，因此就将这话对他说。看啊，结果比触电还快呢！就起身预备骑马，预备着的马车也就调了来。于是孙逸仙、黄兴、狄男爵、胡毅生和我五人乘马，其他人都乘马车，各自挥鞭向那模村出发了。这时，我抚马背，即吟一绝，借供一笑：

感来意气不论功，魂梦忽惊征马中。
漠漠东亚云万叠，铁鞭叱咤厉天风。

在此诸人中，最能骑马者为孙氏，次为狄男爵，我甚比不及，常落最后。

骑行约 20 分钟，在沿途的右方，见有尖插云表的奇峰，高出海面约 3000 余尺，在 1884 年清法战役时，法国原以 1 万精兵尚不能夺得（故欧洲人即名以为第二旅顺的镇南关要塞是也）。现在却有鲜丽无比的三色革命旗与无数军旗，勇武地飘扬于塞上。夹于群峰之间，沿羊肠小道的凭祥街驰去，将左折即欲入那模的捷径之时，忽在隔山隐隐闻有一发炮声。我即飞马先登而至孙氏之侧，这是我有生以来初次闻得战场上的第一炮声。孙氏喜色满面，我也同样，报以微笑。大家挥囊取表观之，时正 1907 年 12 月 3 日上午 4 时 20 分。

再骑行约 40 余分钟，到达那模山村，入勇长何伍的隐室。10 分钟后马车队也到了。于是杀鸡烹煮，第一，只将一日未食的空腹填饱，于是在屋内拥着豆油灯又照例地开始犹豫不决起来。屋外另有数十个村党游勇集着，围着辉耀的燎火，喧扰不休。在我看来都是奇异的，所以目不转睛地注意着。先凝视立在我们面前的何伍，他的年龄 40 左右，身长而瘦，颧骨尤觉突起，眼如蛇眠，牙齿因食槟榔甚为污秽，颜色苍白，四肢髗髊，其声亦细弱，宛如处女，头缠黑布，其端卷成各种结，数个隆起，在污垢之旧村布粗服上，带有数十发弹药与连发小枪，背负新式的“码子枪”，右手携有 5 尺余长的新马刀，如果没有读过《水浒传》或《三国志》的人，实在描摹不出的。

不一会儿，何伍的父亲出来了。他一手推开何伍，喋喋不休地讲着巧击镇南关的始末情形，不断地赞赏何伍的功劳。然而后来即单刀直入地请求道：“请将尊允的赏赐拿出来！”孙氏就回顾着我，将其意思用英语告诉我，并命现赏他 200 金。因为我们在河内动身的早上，有一位志愿的人送来 500 两。然而诸人的行李早已整理好，因之就放在我的行囊里。一接到孙氏的命令，我就一面窃笑着，将它立刻堆在面前，突然“很好的，很好的”喜声就传屋子内外了。

既出那模村向山寨去，已天暗不辨咫尺，以若干枯芦结成一束作为数十个火把，游勇的壮丁们即以之照着前进，同行者正为 60 人，所谓衔枚肃肃。下凭祥街道约半里许，由此即左折而入山崖的间道。岩石磊块，荆棘丛生，步行之难，莫可名状。约行 1 时许，约有枪声 3 发掠头而过，破此沉夜。此乃敌方的哨兵见火把而射来的。先登的何伍即反身一声号令，将火把尽灭。于是步行愈艰，我们只能匍匐而行，留心着唯恐跌落于山谷之间，但仍努力渐进而已。

夜 9 时整，达第三塞之石门，同时距 300 间之第一塞上，即响起嘹亮悲壮的军乐。我们就由那模党的一个领袖黄明堂迎入要塞内。先自相互祝福，少时即入寝，本来就不希望备有寝床，至此得板数方，一同搭卧其上。我虽疲劳达到极点，但旁边有一个负重伤的游勇，苦痛之声，终宵不绝，更兼在此高山之夜，焚柴草以御寒，以致烟气充满塞内，不能成眠。

翌晨，乃 12 月 4 日的破晓，敌方即一起射击过来，我们就立刻跃起，先去检查炮台的内部，所有之物是克虏伯巨炮一门、4 连发机关炮一门、半野战炮 4 门，另有旧炮数门和各种炮弹数千发。这就是镇南台镇中台及镇北台三堡垒平均的设备。我们所在的镇北台，其构造的巩固超过其他二台。

上午 7 时整，即揭开克虏伯的炮门，以第一弹打至 4000 米处的敌人堡垒，鸣动山岳，使周围之官兵皆为之惊倒战栗。炮弹打着正鹄，立刻死伤60余名敌人。第二天文烟镇上就得到这个消息，由此自8时起，将一切炮门开放，交相射击，以示威力。期敌降服。果然不出一小时而敌将陆荣廷之密书就由一粗野的樵妇送来了。这是陆氏因鉴于和目前的以步枪相射击之情势大异，对于操纵大炮的秘术尤为惊倒，故而匆匆息旗乞和，于是即中止炮击，诸首领也集合议事了。

我此时立于城墙之上，恣意纵览雄大的远景。在高出海面3000尺的高处作三要塞，其经费须2000余万两，且在兹天险，始知有此第二旅顺口的名称了。我一连俯瞰重垒的千山万岳，四山蒙蒙，含着微雨，其风景之佳，尤非笔墨所能尽述。

敌将陆荣廷送来的密书我不能把它的全文发表，今节其大要，借供诸君参考。

荣廷等现虽为清朝的官兵，但决非要自行操洁，我等曩时亦为广西游勇之长，而反抗清政府，常迫官军不让一步。凡此事实，当为君等所记忆，然知时运不济，故假装为我汉民族仇敌之客帝之忠义者，本无意于官禄，而贪安宁，故在兹岁月中，衷心怏怏，愧对日月。尚祈君等鉴谅。今回见君等之起事，虽以为无力，但在君等之后，有如孙逸仙者之大豪杰策划一切，彼暗袭太平天国的战术，在此辽远的国境，衅开战端，先得普天下之人心，然后再图北京城，我等闻此，以前之视君等为无力之轻视尽冰释矣。尤其今朝才受到猛烈的炮声，是即认为孙统领亲自临军，极操纵之妙算。愿与共事，今知机会已到，我等愿投君等之麾下。我一身之进退不足惜，只我的部下六百名，如未蒙允诺，将以何面见对之？敢问君等亦能同加收录乎？如蒙允诺，则俟得确据后，当决去就矣。因明日自凭祥方面有五百援军开来，明后日又有自龙州二千大兵开来，事急矣，祈君等自重。

孙逸仙氏即与那模党的首领热心商议，终于迎合黄明堂的意见，决定由那模党以现在的弹药于此山塞坚守5日，孙氏今夕乘夜下山驰回河内，筹划巨额军饷赶早再来大举。又决定暗与陆荣廷交睦，俟机会成熟，一举而冲龙州的城邑。于是急草复信，仍托其密使樵妇送至陆氏的阵营。

12月5日上午6时40分，我们自同登出发向河内去。正午到谅山站停车一小时，与河内开来的列车相交车的忽有一人大呼“万岁”而走入我们的客车里来。原来这是杨某，在河内的同志中首屈一指的人。他因欲慰问我们，所以在到镇南关的途中，带有很丰富的美味佳肴和一箱香槟酒，于是就开了一个庆祝大会，看看倒空的香槟酒已有数瓶，我们诸人中最能饮酒的，要算轻剽的狄男爵了。后来开车时迫，杨氏就去其目的地，我们要到河内的参谋本部去，就各自南北分别了。离开谅山，天在下雨，而长亭短亭各自无恙。在当日上灯时分到了河内站。

某次的6日至9日夜，其间4日的苦心，我也不欲说，不，实在不能说！至9日夜接到电报，说被3000官兵所包围，粮食已绝，因此得弃山塞而退却。此役革命军死1人，重轻伤4人；敌方则死200余人，伤者无算。于是百事皆休矣，预定计划的第一部，就此失败……

总之，预定行动的第一部，已归失败，其第二部的攻击水口关，

第三部的云南革命军蜂起，在势亦不得不中止了。然而暂时却不能尽情披露，还要假装镇静，因此还盼望云南方面的活动，不知如何了。后来到了 12 月 15 日，一点也没有什么快报接到，我们就想事情也无望了。我就决定不做革命的参观者了。翌朝 16 日即匆匆离开河内，出海防港，而孤独萧萧，独倚在东风万里的归船中了。后来，不久，孙逸仙氏也被逐出越南的隐所了。

（选自全国政协文史和学习委员会编《辛亥革命亲历记》，中国文史出版社 2001 年 10 月第 1 版）

河口之役见闻录

马竹髯[*]

引　言

清光绪三十四年戊申年（1908年），我读书于南湖之高等小学堂。首夏某日之晨，正教员兼堂长王继林先生方授讲经课，忽见大绅杜子学遽登坛与王耳语，即辍讲同去，学生犹坐席上以待。俄而传令站班，群趋校门外路旁，皆窃窃私语，猜测何事？久未成列。迨体操教员杨培着操衣（当时尚无制服之称）而出，杜绅即斥杨失仪，促令易装。杨急返宿舍换长袍马褂，学长刘镕鑫乃整队以俟。杨率学生列于西；正教员、稽查委员随诸绅立于东。久之，始见关道增

* 马竹髯：时为云南两级师范学校学生，后任南京国民政府云南省通志委员会编纂委员，蒙自县文献委员会副主任。

厚（满洲人）、县官叶大林及文武官吏数人，在10多名差官围护中步行而来。杜等打千恭迎，杨培及学生动作参差，秩序甚乱，官绅蜂拥入堂，学生仍鹄立门外。杨乃央一哨弁，教以仪注，诸官出时，行礼较为一致。官弁走后，堂长遂宣示即日停课。学生各自返回（当时学生皆住校），在家温习。

停课原因，虽未说明，但是从眼见道台头戴红缨大帽珊瑚顶、孔雀翎，身穿藏青军机褂、枣红开气袍、薄底缎靴，非复平昔章甫舆盖；其余武官，则着镶边得胜褂，下系战裙，足踏快靴，翎顶辉煌，亦不骑马。随弁皆武装佩刀，如临大敌，也就可以猜想得出几分了。

一　混乱情况

当我回到家中时，乡约戴祥，正沿门按户，抽丁站城，南北两城门已闭，仅留东西二门半掩以通往来，且有多名营兵及差役守卫。居民纷纷将家小搬进城内，形状惊慌；守城兵役，乘机刁难，对青年妇女借口搜检，恣意戏侮，以索贿赂；尤以商民及乡间迁入者，苛索更甚。所有迁入人口，各依亲族，数已不少，继续而来者，无地栖息，都借住在各姓宗祠之内。城内共有13所家庙，屋宇皆极宽敞，顷刻住满；乡兵入城，则分住于各寺庙。逢春岭（纳更司、犒吾卡土司）乡兵，由龙裕光率前锋先到，住于马氏祠及春和酒房。一时军民聚集，村民不敢入城。附郭菜圃，产蔬食尽。米肉之价激增几至十倍（上米每升一角余，涨至一元余，肉价亦涨至五六角一斤）。虽经当局于考棚内成立台站，而营兵于照领供应之外，仍向市面与人民挤购，动辄斗殴。人心惶惶，不可终日。旋见巡防营兵次第开拔，各路援兵又陆续开到，省城又调新军来助，及将土主庙、药王庙、鹿死寺腾给驻扎。土司兵、新军相继出发后，市集渐复，人民生活所需，颇易购求，城厢稍有秩序。而军笳频闻，犹一夕数惊，在此期间，典史杨大忠每日早晚巡视城廓，竟股慄不能举步，由两役搀扶而行。其畏葸之状，以视平日嚣张之气焰，顿觉悬殊，路人无不睨而笑之。此则当时目睹表面情况也。

而后清军战胜之消息频频传来，民心渐渐安定，匝月之间，风波即告平息，我等遂即复学。间或闻人窃窃谈此役战事片断，皆曰："游勇造反，官军戡乱。"事后三月，县衙忽将一粤籍小贩邓广马枭首，谓系河口革命余党，记得是日为农历七月十四，我入市购祭品，为同学数人拉往观刑，见刽子手连砍两刀之后，颈犹未断，即将刀推拽如拉锯，该犯痛苦之状、呻吟之声，惨不忍睹，更不忍闻。遂于官吏残酷之行为，印象极深，时发不平之鸣。先七兄戒曰："官场搜获三点会滚单（当时尚无党籍或黑名单之称），凡绅衿之喜交游者（俗称斯文光棍），悉列名其中，将来不知株连几许，尔宜慎言，勿贾祸也。"于是口虽缄默，而内心实耿耿，至今犹有余悸焉。

二　正确认识

越二年（清宣统二年庚戌年，1910 年），校中新聘一史地教员汪彦洋（字探源，四川人）到蒙，时时以种族大义灌输于学生，并以革命先烈照片及著作等暗借学生阅读。始知革命意义及河口革命以前党人迭次失败经过。其时曾在清军方面参战之弁兵犹有存者，大多在市上做小商贩。汪命同学访问彼等，将所谈事迹回校复述。

我因记忆稍强，错漏较少，所以汪特别鼓励我去访问，因而思想上有了革命的萌芽。辛亥革命及护国运动以后，致力于文艺史地之学，从事搜集文献，所得资料渐多。1919 年以后，参与地方修志，曾在大事记中，于此役记述较详，但仅根据昔年记录及清吏部分文电，于党人方面资料，所得不多。后见邹鲁所编《中国国民党史稿》出版，复将党方之策划及行动结合改写，留待删定，20 余年来，续有补充，兹复重加整理，以应史料之征。

三　事前策动

1908 年，同盟会中人分赴各地活动，孙中山先生及黄兴等分赴南洋、西贡各埠；胡汉民赴越南河内，集合同志，相机行动，谋取河口，进图蒙自，以窥全滇。先与三点会头领关仁辅（弗成）联结。仁辅出没滇越边境，为四大头领之一。癸卯之役，仅以身免。后在越被逮，清吏要求引渡，法人不允。释出后，犹时与内地帮会中人互通声气，相倚为重；会党人于上年先后在钦、廉、防城及镇南关（今友谊关）起义失败，退至越南燕子大山。其首领王和顺、黄明堂（东城）、张德卿等，至河内与汉民密商，将大山之众分 100 余人，各携武器，潜入边境（俗称小朝）散处各汛地；其余二三百人，大部充作滇越铁路工人，与营兵、苦力（当时路工之称）混处，阴相结纳。河口原驻巡防兵四营，副督办王正藩自统二营，以守备熊通（达卿）、李美为督队官，余二营管带为黄体良（元贞）、岑德贵，几经联络，体良允为内应，熊通愿杀正藩自效。时路警初创，系以巡防兵黎国英一哨扩编，继任管带蔡正钧，行更暴戾，为众所恶，警兵亦多与党人通款。散居越边境武装之众，渐次来集，行动益亟，所谋渐泄。正藩大恐，张惶密报，并称瘴病辞职。滇省官吏得报大惊，电令黄岑两营调省换防，并诱捕住在法界指挥之黎仲实等 8 人，诬以劫案，酷刑逼供。同时谣言四起，风鹤频惊。商人纷纷迁避；殷实者多赴河内，其次迁徙于蒙自者亦复不少。

四　革命爆发

汉民以事机紧迫，催王、黄、关迅速发难，遂于清光绪三十四年戊申三月二十九（1908 年 4 月 29 日）夜间 2 时，率党人联结黄营之两哨举兵。一时枪声大作，驻山顶之兵，亦鸣枪遥应，警察则杀蔡以迎革军；是时驻山腰、那扒之兵，闻声而至；体良驻山顶之两哨，亦反戈随之来会。遂同攻汛营。汛官某逃至王处告变，正藩及踞督办署为死守待援之计。农历四月初一 9 时，革军围攻督办署，正藩躬督所部力战，而营兵多与党人有约，放枪无的，射击皆不能命中。革军节节进逼，正藩左右支吾，顾此失彼，自知大势已去，乃于午后 4 时约降，革党疑之，遣王廷槐率两兵偕一法商往晤。语相忤，正藩遽挥刀防廷槐，枪击一兵，熊通急举铳射杀正藩，李、岑逃去，所部尽降，军势大振。汉民立电中山告捷，乞筹资 10 万元，粮械各半接济。于是群推辅臣为都督，议进取；佥以举事之初，实力未厚，不宜分散。唯有全军北向，于铁路沿线招致工人，收容巡兵，迅速进取蒙自以作根据；西连个旧砂丁及建临滚龙（当时帮会名称），共图大举；则东面开（化）广（南）兵民，素通声气，可以传檄而定；又以南溪上游，驻有李兰亭、黄茂兰两营，体良折函招之，后果相率来附，部署略定，于四月三日（5 月 2 日）午，祭旗出师，沿路裹胁达数千人，号称万众。

五　清廷张皇

当正藩既死、河口初下之时，蒙自关税务司柯必达（法国人）、法领事白鼎业即电总税务司及驻北京法公使。彼等立转清廷之总理衙门，遽以上奏，一声迅雷，举朝震惊；军机处传旨，一面将云贵总督锡良交部议处，以及临安开广兵备道增厚、开化镇白金柱等摘顶留任，责以恢复，并派金柱总统前敌各路之兵先进；一面电饬赴京引见之云南藩司刘春霖，中途折回，驰赴前线总统诸路之兵，迅图恢复。同时电饬广西巡抚严防边界，必要时出境会攻，及电川黔两省，整兵待命赴援。又在法使恫吓之下，竟求法使代电该国由越出兵夹击；并电驻法公使刘式训向法政府乞师，作一网打尽以顾眼前之计，竟未虑及拒虎进狼之后果。

滇省官吏素溺宴安，粉饰太平，一旦消息传来，张皇失措。而清廷切责之严旨，亦电驰而至。锡良急召司道会商：以督辕文案贺宗章为南防营务处提调，星夜驰赴蒙自会商关道增厚调度。适增电请调临安府知府王正雅至前军督战。锡良首虑巩固后方，以策安全，于四月初五（5 月 4 日）派粮道方宏纶为后路统领；并促开化镇白金柱率所部先行。一面饬沿铁路之巡防各营及蛮耗之水师护商等营，死守待援。至四月初七（5 月 6 日）始明令委王正雅为中路统领，贺宗章为西路统领，并听关道增厚调遣。次日刊发关防，电饬分赴前线。调派略定，锡良乃将院务交藩司沈炳堃代拆代行；遂带印出征，进驻通海（距省城约300里，距河口800余里），就秀山涌金寺之清凉台以设行营。其内部组织及诸路军务布置如次：

行　辕

总办行营兵备处并总理行营文案云南按察使司魏景桐——所属大小文案朱勋等10余人。

参议官调滇差遣江苏候补道赵上达

三品衔补用道王赓虞

三品衔候补知府杨福璋及许德芬、高培焜、黄宝贤等总执法官兼稽查事务陆军协统内阁中书陈宦参议以下，随员若干人，均见议叙单中。

中　路

统领中路各营兼带游击第一营临安府知府王正雅（号子彬），统10个营。

督带李德泳副将帮带陈万林都司

管带杨光宸都司（驻倮姑）王洪顺守备

王桂安马云山千总

谢逢春千总（驻芷村）赵勋泰云骑尉

邓云广临安团练　刘沛连千总

武成彦

余未详

东　路

总统前敌各军，兼东路统领开化镇总兵白金柱（号载廷），统新旧各营共40个营（包括新募5000人）。

坐营林春荣参将衔游击

管带王××（名失传）帮带白映庚千总

李××军功蒋振彪

陆××马朝先

撒××李廷蔚

马发林驻古林箐

胡　兴补用游击，督带新募千余人

赛家斌候选知县，督带二营

陈先沅护理开化府，南防副营务处，分统4个营

金殿举武生，新募保卫队管带

姜含章巡检、增募

马云山

周顺兴

张××

督带马文仲驻马白（今马关）

西　路

统领西路蛮河各营，兼带新军第一营，南防营务处提调贺宗章（号竺生）统9个营

管带马廷芳都司（原驻新安所）帮带以下未详

柯树勋县丞，蛮耗水师营（兼保阿白段铁路）

宋魏龙都司，以下3营均系巡防营

马文星都司（原驻蒙自）

张鼎甲（即张耀庭）都司（原驻大庄），督带两营，先已拨一营归中路指挥

曾国桢（号和亭）报捐同知衔，蛮耗护商营

桂　良　个旧保厂营

李荫秾　补用同知，蒙自电报局委员，新募二营

新军营官周国祥　候选知县（原驻蒙自）

督队官杜正才　队官王大潜、熊鸿钧

土司乡兵龙裕光　补用知府，统率犒吾卡·王布田等处土练四个营，主力集于蛮板渡待命

增调新军炮兵赵金鉴　补用直隶州，代理陆军标统。

营官彭毓崇

督队官沈秉忠队官孔坚锐

李名山

步队营官伍祥祯

督队官余骧腾队官巴我顺

赵遐寿

后　路

统领后路铁道上、中两段巡防各营，兼新军营，云南粮储道方宏纶　统五个巡防营，新军营

管带驻云南府、呈贡沿线，管带姓名未详

绍　谟　驻宜良

张树桢　驻路南禄丰村

甄得胜　驻弥勒拉里黑

速国相　驻阿迷（今开远）。

新军未详。

以上4路兵力，先已调动巡防营兵及团练、土司乡兵60余营，临时增募者数营，增调新军步炮3个营以上，合计新旧兵70余营，人数至10万有余；奖赏银在10万两以上。亦可见当日清廷之震惊，滇吏之惶恐矣。

六　战争经过

孙中山先生得汉民电后，即电遣黄兴先赴前线指挥。四月初六（5月5日）晚兴由先安抵河内，迨转赴河口时，前锋已告失利。而中山筹措接济之资，亦不应手；加以转运维艰，势难坐待，清军复蜂拥而至，数逾十倍，遂不得不作全师而退之谋，转向越桂边境移动。以视发难之初，士气之锐，盖有间矣。第在此浃月生战斗期中，其人其事，有足纪者，爰分别述之：

中　路

河口既定，全军北进；四月初三（5月2日）夜抵南溪，当地有驻兵一哨迎降。阿白塞之一营闻之，西退新街，仁辅乃率400余人蹑追，清兵登山纵火而遁，西路报捷，和顺、明堂之师，节节攻下要隘多处。四月初五（5月4日）德卿游兵先已突入七十八启罗之地，招茂兰残部来归。探闻白金柱率胡兴等4营之兵，经八寨而西；东路受胁，德卿遂分兵往援，于四月十一日（5月10日）袭古林箐以牵掣之。王、黄凭白河（74千米）而陈，时王正雅率自募邓云广一营亲临前线，联合先遣之巡防谢逢春、李德泳两营，登山据险，层层进逼，四月十一日（5月10日）黎明接触，鏖战竟日。革军以少敌众，渐渐不支，且战且退，正雅麾兵力追。四月十二日（5

月 11 日）三岔河（51 千米）复不守，革军退扎打拉山（43 千米），凭险自固。四月十四日（5 月 13 日）尽力反扑，肉搏两昼夜，战斗猛烈。适东路白金柱所部古林箐之某营越岭横出助战，和顺腹背受敌，势必反顾；后以熊通选锐驰援南溪，影响士气，不得已退至老范寨（44 千米），恃打拉山为犄角，图坚壁死守。四月十七日（5 月 16 日）清军复增加兵力进逼，王桂安更募善泅者过河夹击，杨光宸营逼攻桥头，明堂阵亡。桥头为老范寨附近最要之地。明堂素称骁勇善战，上年镇南关（今友谊关）之役，当先冲锋，连夺关外右辅山炮台 3 座，军中号为无敌。猛将既折，要隘复失，老范寨旋亦不守。乃遍山虚张旗帜，潜师后撤，清军瞻顾未敢直攻，越日始搜索而进。至四月二十四日（5 月 23 日）方达泥巴黑，适东路陈先沅率金（殿举）、周（顺轩）两营来助，将泥巴黑攻下；次日会攻车河地（29 千米），相持两日，革军知西路失利；白部近迫南溪，熊通亦战殁。遂弃粮秣全部东走。经新房寨，白部某营不能御，遂入越境。而赵金鉴已通电于四月二十七（5 月 26 日）收复河口，清军始知敌垒已空，急趋而南，王、白始相继会师。

西　路

当税务司及法领电告河口失陷之夕，锡良以贺宗章曾于光绪二十九年癸卯年（1903 年）戡平蛮河游勇，应叙道员，曾被前督丁振铎所扼，仅予开去县缺，即补同知，愤而去滇。近甫电调回省，现任督署文案；用其谋以偏师争蛮耗，顺流而下，凭坝洒以规复河口，与中路奇正相呼应，较易得手。遂以宗章为南防营务处提调，先行驰赴蒙自，会商关道增厚处理，比至，即拨巡防四营及原驻蛮耗之水师、护商两营，归贺指挥，又命电报局局长李荫秾临时招募二营，并调个旧保厂之桂良一营统隶之；蛮耗兵力原薄，增厚先已派二马（廷芳、文星）率巡防两营次第增援；议以新军混成协（协统陈宧）所属周国祥一营为助，周营在蒙训练，未免见猎心喜，颇欲自试，而又畏惧烟瘴，不敢轻举，犹豫未决，宗章力怂恿之，遂攘臂前去；派遣略就，统领犹未登程，而革军已进薄蛮耗矣。

戊申年四月初四（5 月 3 日）关仁辅率精锐 400 余人，合招降之众，沿河疾趋，连下坝洒、田房、南屏、龙脖、新街诸据点，直抵蛮耗。四月初八（5 月 7 日）猛扑柯树勋营，时马廷芳一营已先到达，与柯（树勋）曾（国桢）分任守御，见革军主力集中攻柯，俱作壁上观而不敢出援；柯部奋力苦战，互有伤亡，相持过午，关负伤，军小却；适周国祥新军驰至，内外夹击，革军阵容遂乱，掩旗退入山谷，天色已暝，柯请乘锐疾追，周虞山径险峻，不允，收兵入市，周即宿于曾之营路。明日，整队并进，甫 10 余里即得关部屯宿之处，闻其伤在左膀，初不甚重，已全部南走袭取王布田（今金平县），相去已远，遂不深追，各率所部折回蛮耗。国祥忽诘柯云："当战斗中，尔部右哨长刘某（忘其名）与革军通话，趣秘诛之，以清反侧。"柯谓："彼皆粤人，今之吴越，昔曾同舟，阵前相呼，本不足怪，自难禁其交言；矧已全哨归队，未露叛迹，若遽加诛戮，反滋士卒疑惧。大敌当前，为渊驱鱼，未免失策。"周坚持不听。柯请具状保其无他，以俟统领到时处理，亦不之许；竟于是夜以点名发饷为名，诱而杀之。全哨弁兵 50 余人，无一幸免，血流街面成渠。周之贪功立威，颟顸如此，实国桢阴嗾之也。

初，宗章之出也，锡良原委以南防营务处提调，将倚之指挥前锋诸军；第临开广固有兵备道任分巡之责，不能不使之就商，而增厚在初则属意于临安知府王正雅，正雅尝以剿办滇、桂边境游勇军务膺巴图鲁勇号，先已来蒙，宗章至，而军机处命白金柱领东路以总统前敌之电亦至。因相议：正雅统中路，宗章统西路，均遥受金柱节制，请决于锡帅四月初七（5 月 6 日）锡始明令委派。复电到蒙，王、贺乃各赴前线，宗章于四月十五日（5 月 14 日）抵蛮耗，已在周、柯获胜之后，各营固守汛地待命；会锡良增调炮兵彭毓崇、步兵伍祥祯两营，由代理标统赵金鉴率领驰至，与宗章议进取；改以张鼎甲部专负蛮地防守之责，柯、曾各率所部，向导新军，水陆并进，二马、桂良继之，并令宋魏龙部收复新街，龙裕光士兵直趋王布田（今金平），其沿红河而下之炮、步新军暨巡防营兵，于四月二十一日（5 月 20 日）闻新街得手，遂贾勇而前，次日复龙膊，节向南屏、田房推进，沿途皆小有接触，革军且战且退，四月二十三日（5 月 22 日）克南屏。

辅臣既率所部南走王布田，北与临、个之联系亦中断，西路指挥无人。和顺恃明堂才勇，足以抵御中路，遂挑选劲兵 300 余人，偕王宝才、王文波等及坝洒之众，亲赴田房拒战，集全力以作死守之计，势颇振。清军探闻田房为革军主力所在，亦整饬队伍，令柯、曾各简精锐百人为前驱，以金鉴亲率周、伍两营，各配山炮为中权，廷芳一营为后劲，是日午初，将抵田房村口，革军先据左右两山险要，以数百人猛扑金鉴中军，激战甚烈；经柯、曾两营奋功左山，周营前右两队仰攻右山，肉搏而前，猛斗两时，革军退入村内，右翼跟追入村，仍分周、柯、曾各营队，抢扎各山险要，炮兵亦凭左山射击助势，革军坚守险隘，舍死抗拒。复鏖战两时，阵毙洋装党人一员，和顺亦受枪伤，乃由村后左山退去，沿途遂据山险还击，清军不敢深入，相距10 余里，始从容撤走。

清军既复田房，四月二十五日（5 月 24 日）始进取小龙膊，至则仅遗残余剩食，革军早已离去。四月二十六日（5 月 25 日）进薄坝洒，亦仅空垒，更推进至蔓莪宿营。四月二十七日（5 月 26 日）进入河口，革军先已撤走，大部向东，仅黄兴与少数党人退入越境，清军未敢越界穷追，东路亦未跟击。周国祥竟捕一残弱之人，指称为匪，当街诛之，剖腹摘心以示众；赵金鉴即由法国铁路通电报捷，而中、东两路，犹与革军相持于南溪与蚂蝗坡之间，迨革军东撤，金鉴报至，越二三日，正雅、先沅、金柱始先后抵河口，电召宗章商善后；宗章方督二马（廷芳、文星两营）搜索于老卡、田蓬诸处，迨龙裕光驰报："仁辅由王布田经三猛退入越边"；二马亦报各地肃清，宗章始至河口，而金柱因病笃，已先返开化矣。

东　路

开广镇总兵白金柱先以剿办滇桂边境游勇及靖临安功，晋总兵加提督衔，坐镇开化（今文山县），营伍素称众多，实不足额，河口事起，清廷遽以之统领东路兼总统前敌，准添募 5000 人，合原部共 40 余营为主力，以当革军；于是由护理开化府陈先沅招募 3000 人，遽成四营，先后到达八寨，分遣进扼普元、水碓湾、大木湾 3 处，进规南溪，金柱以病剧留医，四月十一日（5 月 10 日），古林箐管带马发林告急，遣胡兴赴援，并力固守，四月十四日（5 月 13 日），革军猛扑水碓湾、大木湾未下；四月十五日（5 月 14 日）先沅饬姜含章营横越山岭而前，与中路之师遥相呼应。

四月二十一日（5 月 20 日），金柱及先沅同抵古林箐，命马文仲继进，克龙宝竹、瓦房，攻南溪（23 千米）之侧；胡兴亦克马革、谷拔等寨趋南溪，会同马部，环攻两日夜，熊通战殁，革军伤亡溺毙者甚众。

四月二十五日（5月24日）复大小南溪；先沅则先率保卫队金殿举、周顺轩两营助中路攻泥巴黑亦得手。两路会合，连复车河地（29千米），四月二十六日（5月25日）进迫蚂蝗坡，相持不下；南溪既失，退路中断，而金鉴已入河口报捷，革军乃化整为零，分趋僻径东撤，复聚集攻陷小坝子，管带荣绶败亡，乘势突安平（马白旧治），金柱急令马文仲督所带二营驰救，革军闻之，乃佯攻新店老卡（华汛地），诱清兵迂回，遂全军入越；相去已远，白部王营始至，越界追击，无可踪迹，疑法军窝留，遂围土马对汛法营，法军二圈官出而解释，高举白巾摇摆，王营千总宋某不知其意，竟开枪射击，毙二圈官及越兵6名，伤10余名，且掠越民牛马，致启交涉；后由清廷惩凶、赔偿、道歉了结。

七　所谓善后

锡良得金鉴捷电，即委许德芬任河口副督办，命陈宧同行，视察沿途营垒，复以东路小坝子、老卡、新店等处，曾为革军败退时所突攻，肘腋之间，在在堪虞，饬金柱整顿防汛、重申军令以弭后患。金柱在河口瘴病更剧，乃留胡兵率四个营驻防，已则舆疾巡视各要隘，力益惫，疾重，于六月初九驰返开化，次日遂卒，事闻，清廷予谥“忠果”，赐恤、给荫如例；即以李德泳署开化镇总兵，陈先沅补实开化府，王正雅接领白军为卉广边防统领，委贺宗章署临安府，兼临、个、三猛各营统领，调刘锐恒署临沅镇总兵，统领中路各营，未到以前，中路听宗章节制，此即事后对于南防部署之大概也。通海行营既撤，锡良回省，旋有移署东三省总督之命，复将印信交藩司护理，偕陈宧、周国祥北上；增厚亦赏头品顶戴升两淮盐运使，赴扬州履任，后继者为龚心湛，新任总督李经羲之私人也。

八　留日学生之响应

当河口消息传到日本，中国留学生均极鼓舞，继闻清廷密电驻法公使刘式训向法政府乞助，由越南出兵夹击革军。群情愤激，相约开大会于锦辉馆，到者 7000 余人，占全体留学生百分之七八十，一致向法政府提出警告，同时主张云南独立；滇籍学生约 150 人，以切身关系，奔走尤力，同盟会总会及各省分会，皆继续开会，议决迅速支援河口。

滇籍党人公推杨振鸿（秋帆）率领杨少甫（大理人）、李月梅（东川人）、张金三（陆良人）、段雄（思茅人）、张邦翰（镇雄人）赴河口参加革命，甫至香港，而河口军事已告失败，黄兴往西贡，其余党人复经越边退入桂境。时同盟会在港负责人为冯自由，招待秋帆等于中国日报社内，相与研议："河口既为清军所控制，前进无益。"检讨此次失败，由于军事人才缺乏，决仍东渡加紧军事锻炼，于是少甫等四人转回日本，秋帆赴仰光后入干崖，邦翰赴法国。

此段为云南文史馆员杨少甫向我亲述者，亦河口革命之逸闻也，故采集之。

九　法帝国主义者之捭阖

贺宗章《幻影谈》载："河口之役，革命党人出入河口四月余，法人原利用而暗助之。”邹鲁《中国国民党史稿》内，有胡汉民致孙中山先生长函，亦云：

1. 底波洋行私约，如得蒙自，伊有洋行在彼，军品可以任用（按蒙自实无底波洋行，显系侵略者之诓骗）；

2. 银行大班私语 ×× 云：若占蒙自消息到，有大好意相赠；

3. 法领事闻讯，即回蒙自，表示素来助党。

从如此点滴以观，是当日抱着侵略野心之法帝国主义者，一面和党人往来，伪言赞助，企图造成事件，以恫吓清廷，要挟官吏，不满欲望不止；即以上述法领事闻讯回蒙之事证之，其飞电北京立达清廷，将谓诚意助党乎？抑紧握机会，大有所歇乎？所谓“司马昭之心，路人皆知”者，固不待明智而始决者也。清廷一闻“革命”二字，便上下震恐，张皇失措，竟出“乞怜于敌”之下策，初由交涉司世增求法总领事转电越南总督共兵助剿，越督答以：“无专擅发兵之权，须得法国政府命令”；清廷遂使那桐亲向北京法公使乞师，一面电驻法公使刘式训直向法政府交涉。刘复电云：“法国要求利益，始肯出兵助剿。”其乘机操纵，既以危言怵之于先，复要利益勒之于后；迨革军败退，借口清兵误毙法尉及越兵事件，陈兵境上，跃跃欲试，竟提出种种苛求。如：

1. 罢黜锡良；

2. 处罚官吏；

3. 赔偿铁路损害；

4. 赔偿死者 20 万元；

5. 太原—西安铁路权；

6. 云南矿山采掘权。

清政府依违其间，当时中外报章，纷纷指责，法政府始自表示："我法国绝不背公法而从清政府之请，原清政府向我国借兵，此事不合公法，我法国亦不能漫然允之；我法国亦知中国人民，对于此事大不喜悦。"（《云南杂志》戊申年第 3 号第 130 页）如是种种，"掩耳盗铃"，固侵略者之惯技也。

十 军费一斑

《幻影谈》又谓："此次三路进攻，用兵七十余营，款费百万余。"其经费、饷项、粮秣、运输消耗诸项总支若干？已无从查考，今获督署五月十三日开化镇之照会所列，仅赏银一项，即达 10 万两以上，计"前解赴开化府三万两，提存蒙银二万两（按此二项似即军机处五日电'由度支部指拨'之款，包括有增募增饷一部在内），兵备道增厚赏给蛮耗之役五千两，古林箐战守三千两，三岔河二千两，克服田房二千两，南溪三千两，老卡、小坝子四千两，河口收复赏东路五千两、中路三千两、西路三千两，先到加一千两，推功又加二千两，清廷二十九日电恩赏二万两。"就此推算，综合正杂种种开支，宗章所记，殆非侈言也。

中山先生在南洋力筹 10 万元之饷械，即使有成，视清军所费，不过百分之几，何况所措无济，而人数又寡众悬殊，在在见绌，胜负之势，盖可定矣。然犹振臂一呼，奋勇直前，足使清吏胆落，举朝震惊，事虽不成，亦云壮矣。

十一　清廷之滥赏

锡良在通海，得金鉴、金柱等相继告捷之电，立即汇列出力之人，于四月三十日（5月29日）飞电入奏。清廷即于五月初三（6月1日）降旨照准。行辕随从诸人，固然近水楼台，首邀上赏；其在后方之关道增厚、知县叶大林等，各有升迁；即临阵殿后之白金柱，亦赏穿黄马褂、头品顶戴、换清字勇号（吉里杭阿巴图鲁），王正雅记名海关道，换雯隆武巴图鲁勇号，赵金鉴、胡兴则于夺回田房、南溪后，先赏巴图鲁（赵靖勇、胡捷勇称号），至是议叙，赵复超越二级（免补直隶州、知府）以道员留用，加二品衔；胡兴擢加总兵衔，免补参将，以副将尽先补用。贺宗章免补同知，以知府仍留省补用，并赏加盐运使衔。陈先沅俟补知府后，以道员在任候补并赏加三品衔。周国祥免选知县、直隶州，以知府尽先选用，并赏振勇巴图鲁勇号。李德泳补免副将，以总兵记名，并赏给锐勇巴图鲁勇号。龙裕光免补知府以道员分省并加二品衔。其余50余人（详见戊申五月各报刊），均得晋级优叙。足征清朝廷爵赏之滥，弥加反映当日畏惧革命之甚矣。

河口既平，无耻官吏，夤缘大府，列入保案，为升官发财计者，颇不乏人；乃有身在外省，或远在北京者，亦冒“在事出力”之名，上下相蒙，各报腾为笑柄；即就上述清廷上谕末段云：“已革花翎三品衔捐升四川试用道，前四川长寿县知县唐我圻，着开复原官衔翎，仍归原省补用，并免缴捐复银两。”夫以四川废员，忽然列入滇南保案，清廷竟予俞允，其间与锡良之关系如何？外人固无从得悉，报载竞奔之事，殆出有因；而清末吏治之滥污，亦于此可见矣。

十二　余　波

刘春霖，字雨三，于光绪二十五年至二十九年（1899—1903年）间，曾以蒙自关道，统领南防各营帮办大臣，提调三省（滇、桂、黔）会剿游勇军务，升任臬司，又以扑灭周云祥之众，升任滇藩，进京引见。河口事起，清廷以刘久历戎行，熟谙边情，急电沿途各省，阻其入观，促使折回云南总统南防诸路之师；取道黔桂入滇，未至之先，河口军事已告结束。春霖仍循广南、开化、八寨、河口、蛮耗经蒙自、临安回省，巡礼遗垒，凭吊战场，无非虚应故事。此马后钦差所过之处，徒劳人民沿户摆设香案，膜拜项礼，以及官绅弁兵，多几番迎送款待而已。由港返日之留学生，既抵东京，将在港检讨所得结论，向大会传达，群皆附和；当以士官生既受限制，人数太少，振武、成城两校，人亦无多。为加紧训练，迅速培成军事人才计，唯有组织专门之训练班，以期有济。于是租定东京湾大森体育场，聘请日本退役军官数人（其姓名人数，少甫已不记忆）为教授。经费由吕天民（军名志伊）、赵伸（字炽斋）向云南杂志社拨用。学员初极热心，纷纷向所肄学校请假参加，风雨无阻，第一期约一百二三十人（内有日人），3个月结业，成绩最优者70余人。后以经费支绌，未能继续。

两粤青壮志士先曾参加钦、廉、防城及镇南关诸役，事虽不成，气不稍馁，复来河口投入战斗，三岔河、老范寨、田房、南溪之战，皆奋不顾身，败退以后，旅居南洋群岛。至1917年云南乘护国胜利，派徐进、古公仪二人赴南洋联络，值讲武堂招收新生，华侨青壮从徐、古来滇学习军事之人甚多，当时称之为华侨班，其中有蒙鸿彪、赖德胜、李夷威、梁德芳等数人，尤喜与开、蒙学生接近，每逢休沐，辄相往来，共话当年。梁云："中路各战役，德芳曾偕两粤志士，奋勇前驱，清兵械弹既劣，射击尤拙，甫经接触，即向后奔退，无敢抗拒，连克村寨，势如破竹。自闻仁辅攻蛮耗负伤南走，德卿在古林箐受挫，军心已觉动摇，及至白河一战，清兵激增，以10倍之人数，倒压而来，革军虽奋勇苦战，原已寡众悬殊，且和顺西援田房，熊通后顾南溪，主力分散，而新附之巡防营兵，复首鼠两端，更深心腹之患，自明堂、达卿先后阵亡，影响更大，清兵三路进逼，革军彼此不能相顾，且战且退，遂告失败。我等迂回抵河内后，随黄兴转赴南洋，其余战士，关部退入越境，被法军缴械后送到新加坡，由中华公会介绍充当苦工；由新店撤退者，多数仍归燕子大山，后又潜入桂境。"德芳短小精悍，英勇敢战，军中皆称之为青年都督者也。事隔数年，每一谈及，张拳怒目，犹奕奕有英气，缪光宇时负笈省师，与李梁尤厚，亲闻其语，故补及之。

清政府一闻"革命"二字，即上下失措，调大兵，悬重赏，惶恐万状。而在党人方面，则藐焉视之，故意缩小事态，轻描淡写，反形封建王朝君臣之昏庸。如《云南》杂志第十号大事纪要，第四则云："革命党三十余人，共持七八支枪，袭攻河口，岑管带闻风而溃，王督办被该部兵勇所杀，王岑所率各营，均缴械投降，革命党遂占领河口。"又第七则云："革命党占领河口后，一切接济，殊觉不便，遂拔全队由滇、桂边界之白色一带而去。”其他报刊，照登清廷之上谕，或转载访员之消息，残民以邀滥赏者，固多浮而不实；其有意形容、调侃讽刺者，亦非真相也。

厥后御史某某联名奏参锡良“废弛边防于先，滥行保举于后，请旨惩罚”。清廷交部查办，锡良得讯，以法国责难，方感交涉棘手，边防善后，财力支绌，难以为继；而言官弹劾，复内怀不安，于是奏请查办，力求开缺，五上专折均予慰留。最后乃有总督东三省之命，遂不俟新督李经羲到滇，即将印务仍交藩司沈炳堃护理，扬长而去。

（选自云南省政协文史资料委员会编《云南文史资料选辑》第41辑，云南人民出版社1991年9月第1版）

辛亥广州之役前党人在日本购运军火的经过

王子骞*

庚戌年（1910年）十月十二日，同盟会总理孙中山集黄兴、赵声、胡汉民、孙眉及南洋各埠代表开秘密会议于庇能打铜街120号党部，决定在广州起义，并积极购运军火。日本东京方面最初负责购运军火者为黎仲实（广东人）。黎以人地不熟，诸多困难，一日遇喻培棣（字华卫，四川内江人）于途，告以此情。培棣密商之四川少数同志，都认为吴玉章同志年龄较长，阅历较多，且与日本民党素有联系，由他来主持一切，一定顺利。复转询湘、鄂、皖、苏、闽诸省负责同志，也认为吴最适当。于是就电请吴由岗山来东京（吴在岗山第六高等学校肄业）。

* 王子骞：曾任四川省参议员。
新中国成立后，任四川省文史研究馆馆员。

当己酉年（1909 年）熊克武、曾省斋、黄金鳌诸同志在广安起义失败后，大竹同志张懋隆（简亭）、萧德明（静轩）、曾宝森（子玉）相偕来日本避难。懋隆到东京不久，知道经过几次革命失败，党人意志消沉，党务极形废弛，乃约集同志慷慨表示，愿以全力整顿党务。从此以后，懋隆就天天奔走联络于各省同志之间，与湘、鄂、皖、苏、闽诸省同志联系尤密。在日同志莫不感其热诚，党中力量乃渐团结，声势日振。黄克强离东京后，其所任之庶务部部长一职原由刘揆一（湖南衡山县人）代理；其后揆一因事回国，众即推懋隆代理。他与萧德明、曾宝森、李功照和我共租一屋于小石川区骏河台町，榜其门曰"竹庐"（因我等皆大竹县人），地点僻静，极便于秘密会议，各省同志来此集会者日多，异常热闹。吴玉章来到东京后，诸同志即在竹庐集会，商讨军火购运工作。当时决定由玉章与日本民党接洽购买军火，并另觅一二所房屋，以供收藏及装运军火之用。这时清廷驻日公使侦察革命党甚严，党中败类亦有被公使馆收买充侦探的，故一切工作都决定以忠实可靠的同志担任；所租的屋子，不敢雇用日本下女，看屋烧饭皆由同志躬自担任。

由我们运送回国的军火，据我所知，前后共有五批，其中第二、第三两批是如何运送的已不能详忆。下面是其余三批的运送经过：

第一批军火的运送出了大岔子，使革命受到极大的影响。香港本为无税港口，来往旅客向不检查。一日，洪承点（醒黄，江苏扬州人）见上海金山船到时忽有检查之举，乃归报克强。克强据以电东京，令来者注意。但这一批军火已于电到前两日交湖南周来苏、首绍南护运出发。玉章接电后，以事关重要，派我由陆路赶至长崎等候。我从东京搭火车到神户，渡海换乘火车到长崎，候了一日，周、首两人所乘之船始到。我上船会见来苏，传达玉章指示，告以船到上海不进口，抵香港有人来接，设遇有非常情形，自有人应付，不必慌张，并交给他们200元，作为应变之需。万没想到周来苏胆小如鼠，船一过门司，他便沉不住气，把这批精良武器和子弹全部投入大海。及船抵港，他见平静无事，内心感到不安，扭捏地去见克强报告。洪承点、巴泽宪听了大怒，马上摸出手枪要打死来苏，为克强所阻。从此同志们便呼周来苏为“周丢海”。这个经过，是我到香港以后才知道的。这一批军火的损失，打乱了统筹部的预定计划（预定发难日期较三月二十九日为早）。

第四批军火运送时又出了岔子。因为由东京启程回国须在横滨上船，行李大多先交东京车站运往横滨。我们这次交运的其中装有军火的箱子，因箱小而量重，车站人员有些疑心，就故意将牌子挂错。到横滨站上我们提取行李时虽然找到我们的那只箱子并说明是东京车站挂错了牌子，但仍然受到站上刁难。他们要我们先说明内装何物，对验无讹，方允提走。幸得这次护运同志方声洞机警，答称行李是朋友托带的，他本人已先期回国，钥匙已带走，无法打开。声洞随即电告玉章，请速来设法。玉章即与我们赶到横滨。我们到横滨后，经过研究，先准备好与装有武器的皮箱式样相同的箱子，内实以重量相等之物，然后派陈策（勤宣）到领事馆找他熟识的文案，以声洞对车站上所说的箱子是友人托带、无法开启的理由为词，请领事馆写信给车站准予提出存在领事馆，同时准备好在中途“掉包”的方法。一切准备妥当后，陈策就到领事馆去找文案说明理由，请他写信，文案表示同意照办。可是当文案正在写信的时候，领事出来了，问明缘由，便不让他写。我们实在无法可想了，只好冒险让陈策跑到车站去相机行事。这时已经深夜，车站上其他旅客的行李全都提走了，只剩下我们那只箱子，由一个车站人员看着。陈策和颜悦色地同他商量了一阵，请他通融办理。他起初坚决不答应，后来意思似乎有点活动了。陈策看在眼中，就抓紧机会，边说好话，边提着箱子走了。

我们另外好几个人提着那个准备“掉包”的箱子，在由车站到领事馆的路上等了许久；正在着急的时候，忽见玉章等笑容满面地提着那只箱子回来了。我们问明了经过，大家也都十分高兴。这批军火后来仍由声洞护送，总算平安抵港，完成了护运任务。

第五批军火由曾宝森、陈可钧（福建人）和我 3 人护运。我们都穿着敞领西装，乘坐一艘 6000 多吨的德国大海轮，绕道朝鲜，经大连、青岛、上海而抵香港。过上海，往晤淡春谷（宅旸，巴县人，负上海、东京两地四川党人的联系工作）、陈其美。抵港，洪承点、黄一欧（克强之子）乘小火轮来接。可钧由其同乡引往林文住处，宝森和我住铜锣湾 4 号楼房。我到后不久，克强至。我们向他报告一切经过后，即申请留粤参加起义。克强说，总部初本规定，凡在日本各大学和高等专科留学的同志护运工作完成后，仍回日本继续深造，哪知他们来了以后，个个都不愿再回日本读书了。他同意我们参加起义的请求后，随即取出港币 200 元送给宝森和我，并说，进入省城还有些日子，可以在港到各处玩玩。我们因为身上的钱还没用完，没有收这笔钱。

大约是三月二十二三日，宝森和我潜入广州省城。将行之前，我们两人都写了遗书寄回家中。抵省城后，住莲塘街某号但懋辛等川籍同志的住所。除喻培伦另住一处制造炸弹甚忙未见面外，其余都见着，知川籍同志已编为攻打总督衙门的一队，由熊克武统率。稍后一二日，克武偕我等往珠江沿岸及观音山等处侦察地形，并绘略图。登观音阁看形势后，克武说："我们需要来一个'时迁火烧翠云楼'。"到了二十七日，标记、符号、枪械已发下，如何编队，如何出击，也做了演习。同志们知道起义在即，人人精神奋发，都在盼望确定的日期。

二十八日上午，懋辛匆匆自外回来，传达统筹部命令说，消息已泄，刻已决定改期发难，省外同志立刻向港澳撤退，促宝森和我立刻动身。我们于当夜抵港，至铜锣湾4号楼房。谭人凤老同志在楼上纳凉，看见我们回来，就大声问："回来做啥？"我们告以改期。他说，省城又有电来，催促已返港澳同志星夜回省。我们听完，转身就跑，因为要赶搭夜班上省轮船，一刻不容迟缓。及登船，看见玉章、德基也在船上。他们说，最末一批军火已由他们两人送到，并说赵声、胡汉民、宋教仁等都上了这条船。这条船的大餐间头等舱位几乎都是同志们占着。天气热，人人心中有事，哪能入睡。深夜，玉章尚在伏案拟写檄文。赵声等未出房门一步，用黑纱罩着电灯，促膝密谈。

天微明，船达黄埔，我听到远处有枪炮声，往告玉章等，他们都出立船舷注听。移时，又见到江面浅水兵轮往来如梭，情形大异平时。船抵码头，则见洋员带着清朝官员及武弁上船。这时船上已传开革命党闹事、四城紧闭的消息。初有一切客人不许上岸之说，随又宣布大餐间头等舱客人允许上岸（大约是清朝官吏认为革命党不过是江洋大盗之类，没资格乘坐大餐间头等舱的缘故）。我们的同志就趁此时上了岸。有些人进入长堤一带的大旅馆。我和宝森、德基几位相熟同志上岸后，曾到过两处城门侦察，见城门紧闭，市容热闹如故，听不见什么枪炮声。我们想到河南有机关部，应往探察，就“过海”（当地人呼过河为过海）到河南。德基见机关部内尚有炸弹，就要拿去攻城，经我们劝阻始罢。我们虽然非常焦急，但实在想不出好办法，只好把炸弹及药料等沉入井底，重要文件由本地同志携走另藏。我们过海回到长堤，踱来踱去，挨近返港轮船快要开动时就登轮返港。

我们抵港后，顿觉铜锣湾 4 号楼房呈现出一幅凄凉景象。我们这些外江佬因语言不通，吃喝都发生不少困难。有一位归自南洋的少年同志看出我们的困难，常常为我们舀开水，自己拿钱买面包点心，打着手势让我们吃喝。他的姓名已记忆不起来，但他对同志的热情，至今还留在我的心中。几天内，省城消息陆续传来，知道同志死难的为数甚多。四川喻培伦、秦炳、饶国梁已殉难，克武、懋辛的情形还不清楚。李郁生（蔚如，四川涪陵县人）、陈其美等赶来起义，不及参加，在港相遇。不数日，克武脱险来港。萧德明亦自越南来。头年冬天留日学生因英军侵犯片马，在同盟会的策动下，组织了一个国民救国会，举出代表各回指定地区，运动官民反英，暗中进行革命活动，萧即是其中之一人。他原拟取道越南入滇回川，经过越南时被法国殖民当局拘留多日，释放后来港，拟取道长江回川。他初以为同志们已在广州全部殉难，不意在马路上撞着我和宝森，惊喜若狂，几乎跌下车来，把马路上的行人都惊呆了。

某夜，谭人凤老同志召开秘密会议，说明这次失败完全是由于陈敬波（广东商人）卖党，泄露消息所致。他说，不杀此贼，实难消恨。大家都表示赞成，但由谁担任行事，还未决定。有人主张抽签决定。承点起立，把胸膛一拍，说：“这事由我一人担任，我因办理秘密运购，和陈贼交往多。我设法通知他，说我们要继续干，要他帮忙，他必然肯会我。只要他肯见面，我自有下手处。”决定后，承点对我说：“死是不怕的，如万一干不了又死不了，茫茫大地，何处是我安身立命之处？”我即答云：“可到东京去，住处和用度我完全负责。后天就有船开，我把你的船票一起买下，船开时，你如不来，我们就认为你已死，我和宝森也不再呆等。”到开船那天，船已拔锚启碇，承点才匆匆赶到，用吊绳吊上了船。船出了海峡，他才悄悄地讲出当时杀陈贼的经过：他约陈相会于九龙乡间某同志家中，晚饭后，同往田间散步，趁陈不备，抽出匕首，把陈刺死。他因衣服沾了血迹，不敢回到原处，又另觅一同志家藏匿过夜；第二天一早换好衣裤，才赶来上船。我们抵上海后，晤淡春谷、陈其美。其美当晚约在妓院吃酒，席间尽是同志。其美说：“事情虽是失败，但卖党的陈敬波被党人暗杀的消息已传到上海，真使人快意，惟不知下手的是谁？”我把承点一指说：“就是这位洪同志。”大家皆欢呼，喝了不少的酒。

我们抵东京时，天尚未大明。我把懋隆从床上叫醒，见他两眼红肿异常。他说：“自从失败消息传来，不知存者还有几人，得不到确信。多少人都是经我策动而担任护运工作的，只见其去，不见其返，我岂能不感到悲痛。”说时泪流满面。承点住在竹庐，经常与长江流域同志密取联系，有暇则专心读书写字。不久，玉章、克武及各省许多同志来到东京，并未因失败而丧失斗志，都纷纷做归国准备。端午节日，大家想到快要分散，何如趁此佳节痛饮一场，就或当或卖，凑了些钱，在维新号买了 30 余斤重的一坛绍酒，又在四川餐馆买了很多热菜。竹庐同志也买了不少的鸡鸭鱼肉，大家各尽所能，动手做起来。我们把报纸铺在草席上，摆下大碗大盘的各种肴馔，团团坐了20人左右，大吃大喝，一大坛酒剩下不过三五斤。承点说：“一拳豁了定输赢，输了的把酒一气喝完，多痛快。”熊越山（广东人，后为黎元洪诱杀）说：“我们两个对豁。”承点说：“输了不吃怎样？”越山说：“不吃是乌龟王八。”他们两人一拳之下，越山输了，抱着坛子就喝。大家去挡，越山不听，说：“我宁肯醉死，不能当乌龟王八。”他咕嘟咕嘟地一气把酒喝完，顿时血脉贲张，几乎爆裂。大家吓慌了，立刻分途跑出去购买冰块，把他全身镇在冰里，这才脱离了危险。越山这种举动虽然太过分了，但也足以表现出当年党人的豪迈气概。

玉章回东京后，因以前所购军火尚有余欠未清，而新败之后，总部筹款一时又难望汇到，就向同志们说，事虽失败，但以后还要干，仍不能不要日本民党帮忙，我们不好失了信用，希望各省同志量力捐助，了清余欠。各省同志在捐款中，表现好的诚然不少，但也有说出“事前既未参与，事后也无捐款义务”之类的闲话的。四川同志却有突出的表现，从无一人说过什么闲话，拿得出钱的很快拿了出来；一时拿不出钱的，就连手表、衣履、书籍之类，也进了质店（当铺），凑款捐献。这件事表现了当年四川同志的团结精神，同时也是对玉章同志充分信任和敬重的表示。

（选自全国政协文史资料研究委员会编《辛亥革命回忆录》第1集，中国文史出版社2012年6月第2版）

广州起义亲历记

熊克武*

辛亥年（1911 年）三月二十九日广州起义，是孙中山先生领导的革命中规模最大、牺牲最多的一次。这次失败也是最后一次的失败，不过半年，武昌起义就成功了。

自乙未年到庚戌年（1895—1910 年），孙中山先生领导的革命已失败 9 次，而各省单独策动的地方举义不下数十次之多，也被残酷地镇压下去。从这些不断的血的教训中，同志们逐渐意识到：这种彼起此伏、各不相谋的军事行动，力量分散，不能给敌人以沉重的打击，反而牺牲了不少的优秀同志，消耗了革命的实力，实非善

* 熊克武：时任蜀军北伐总司令，蜀军第一师师长。
新中国成立后，任西南军政委员会副主席，第一届全国政协委员，第一至三届全国人大常委会委员，民革中央副主席。

策。东京同盟会总部和各省支部更进而主张集中全党力量，发动一次大规模的武装革命，一举颠覆清朝政府。于是孙中山先生电约黄兴、赵声、胡汉民等各地代表，会议于南洋槟榔屿，决定在广州大举。而主要的是钱的问题，因为必须筹得数十万元的巨款，才能购买大批军械，召集多数同志，组织大规模的起义。这个向华侨募款的重任，只有由孙中山先生自己担负起来。当年筹款的方式，一般是到华侨多的地方举行讲演会，爱国侨胞总是尽其所有地把身上的铜圆、毫洋、银圆和票子掏出来捐献。这常常给革命党人以很大的鼓励。

起义的军事计划：

（一）从日本、南洋及内地党员中征选骨干（后称“先锋”）800人，分为八路，首先发难，作为领导先锋，并配合新军占领广州；

（二）联络番禺、南海、顺德、惠州等地民军，同时起义；

（三）派员分赴江苏、浙江、安徽、湖南、湖北、广西等省运动军队反正，及时响应；

（四）占领广州后，即由黄兴统一军出湖南攻湖北，赵声统一军出江西攻南京。

正如孙中山先生所说：“集各省革命党之精英，与彼虏为最后之一搏。”（《孙文学说》第八章《有志竟成》）

辛亥前一年（1910年）的秋天，吴玉章、但懋辛、井勿幕和我由上海同伴到香港，与港、粤同志共同策划广州起义问题。我们得知一切都在积极准备，正等待海外筹款的最后结果，以便具体规划购械多少和召集骨干的确实人数，就可决定起义规模的大小。以各有新任务，吴玉章、但懋辛、井勿幕和我分别先后回东京或上海。临行前，黄兴问我们，四川可以出多少人。我们计算了之后说：四川几次起义失败，不少同志逃往云南，交通又不便，如果时间长的话，200人没有问题；时间若短，大约可以凑四五十人。我到上海后，即函告川、滇同志积极准备，款到就动身来沪集中，要是能够自筹路费先来那就更好。事务安排妥当，我和但懋辛又由上海来到香港，负责联络各地往来香港同志的工作。我们和黄兴住跑马地35号，后来主持起义的总机关统筹部就设在这里。辛亥革命成功后，广东省政府曾与香港政府交涉，保留这幢有革命历史的房子以为纪念，结果如何，我就不清楚了。

那时候的革命主要是靠炸弹作武器，因为枪弹只能向国外购买，困难甚多，运输危险，价钱又贵，而炸弹杀伤力大，运带方便，造价也便宜。喻培伦（云纪）是日本千叶医学校的学生，对于制造炸弹已相当有经验，总部就将这个艰险的重任交给他。喻培伦不幸在广州起义中英勇地牺牲了，他是七十二烈士之一。关于喻培伦在广州起义前的革命活动，吴玉章同志的《从甲午战争前后到辛亥革命前后的回忆》中已有较详的记载，并称誉他为民族英雄。在广州起义中，我和喻培伦始终在一起工作，应该补述他这一段的革命事迹，以尽战友的责任。尤其是当他因身受重伤、弹尽力竭而被俘后，在清吏严讯口供时，他声色俱厉地说："要杀就杀，科学是杀不绝的，革命党是杀不尽的！"这是何等壮烈的英雄气概！

由于在东京不可能进行爆炸试验，喻培伦特地来到香港，在当时还没有开发的九龙海边荒滩上找到个试验的地点。喻这次试验的成绩很好，特别值得介绍的，就是他想出了用安全火柴做炸弹导火绳头子的办法，克服了过去不易燃着的大缺点。因此，在这次广州的武装斗争中，几乎个个炸弹都发挥了作用，给怕死的清军以很大的威胁。

统筹部于辛亥年一月成立于香港，推黄兴为部长，赵声为副部长，总揽全局，下设8课，分工负责办事。一月底，黄兴派李文甫、林直勉、喻培伦、但懋辛和我上广州，调查城内外地形、交通路线和重要机关地址，画成一张简图。李、林是广东人，道路熟悉，但和我学过军事，喻则因广州房顶有可通行的走道，要勘定狙击清军的投弹地点，所以我们四人便被派去担任这个临时任务。广东水师提督李准是个极顽固凶恶的家伙，他是四川人，他的部下四川人很多。我们就抓住这一线索，通过同乡同志李天钧（广州东一区警察局巡官）、邹有章（河南警察局巡官）的关系，认识了水师营同乡王书记，探听了一些水师布防的情形。王书记又告诉我们，观音山炮台是旗人把守的，他们唯利是图，在炮台里卖茶，聚赌抽头。他便邀请我们去喝茶，看看广州市的风景。我们就利用游览的时机，分别检查了几门炮，发现炮虽然是旧式的，倒还可以射击。假使后来不改变作战计划，像这样腐败的守卫旗兵实不堪一击，而我们如果能迅速把炮台夺取过来，那将有多大的用处！

我们回香港报告情况后，我和喻培伦又来到广州，由于邹有章的帮忙，选租了一幢合用的民房，挂起但公馆的牌子，作为交通站和制造炸弹的地方。我们另外住在市内莲塘街吴公馆。喻开始日夜辛劳地制造炸弹，我有空就帮助碾炸药。个把月工夫，总计做了半磅、一磅、两磅重的炸弹300多个，分批偷运至吴公馆储藏。

三月十日开“发难会议”，议决三月十五日举事，旋以款械不能如期到达，改为三月二十九日。黄兴于三月二十五日到省，设立指挥部，进行作战布置。二十七日，两广总督张鸣岐调回巡防二营驻扎城外，胡毅生（负责购买和运送枪械的储备课课长）、陈炯明认为敌有戒备，应该慎重从事，坚主缓期。黄兴无可奈何，下令除负责的基干外，其余"先锋"约300人全部撤回港九。同志们闻讯均甚愤慨。喻培伦、林时爽即往见黄兴，痛陈利害说："花了海外华侨这么多的钱，南洋、日本、内地同志不远千里而来，于今中途缓期，万一不能再举，岂不成了个大骗局，堵塞了今后革命的道路？巡警就要搜查户口，人枪怎么办？难道束手待擒？革命总是要冒险的，何况还有成功的希望？即使失败，也可以为我们的牺牲做宣传，振奋人心。现在形势紧急，有进无退，万无缓期之理！"喻培伦且坚决表示："就是大家都走了，剩下我一个人，也要丢完了炸弹再说，生死成败，在所不计！"黄兴听了大为激动，决定集合同志数十人，杀张鸣岐以谢国人。二十八日，姚雨平（调度课课长，负责运动新旧军）、陈炯明报告，新调来的顺德三营，哨官中80%系同志。于是决定乘机起事，黄兴又最后确定二十九日下午5时半发难，并电报通知香港。香港方面，以时间来不及，留港的300余同志二十九日早班船实难以全部赶到，电请推迟一天。这样一再改期，一切部署都打乱了，更重要的是人数大减，不得不放弃8路进兵的计划，改为集中力量专打总督署，由黄兴亲率100余人攻督署前门，莲塘街的18人袭击督署后门。这也是擒贼先擒王之计。

二十九日早，黄兴因为还没有得到香港同志晚来一天的消息，派我和方声洞、林时爽去接船，把他们分批带进城内安顿。可是船到了，人却没有来，我就要方、林先进城报告情况。我怀着万一的希望，一直等到下午 4 时，才失望地赶回指挥部。进南门时，碰着林直勉戴黑眼镜坐着轿子出城,我想他这个时候这种打扮去干什么?接着又遇见陈炯明，因时间紧迫，要他带我走捷径去指挥部，他给我指点方向后又匆匆地出城了。当时我还以为林、陈二人另有特别任务，后来知道他们都做了逃兵。指挥部的同志看见我，几乎众口齐声地问："到了没有？"我看见同志们已全副武装，正在吃面包，候令出发，不能浇冷水，便简单地回答："我刚进城。"黄兴心里明白，便催我赶紧回吴公馆，准时出动。本来所有认识喻培伦的人，都反对他参加战斗，认为他应该留下来，把制造炸弹的本领教给别人，这对革命大有好处。但是无论谁劝他，他总是这几句话："啥子话！我为革命才学制炸弹，现在自己做了炸弹，大家都去，我倒不去，那不行。"有的同志还说："不少你一个人啊！"他却回答："我一个人比你们几个都强。"的确，论抛炸弹技术的熟练和准确，他比谁都高一筹。既然大家怎样也说服不了他，只好依他了。

我们正在准备时，忽然听到枪声响了。同志们一手拿短枪，一手拿大刀，炸弹装满了口袋，有的人脖子上还挂一筐子，飞步前进。喻培伦只用了两颗炸弹，就把督署后墙炸开一个大洞口。但懋辛首先冲进去，右臂中了一枪，但还是随着大家蜂拥而入。枪子与炸弹齐飞，杀得清兵警卫四散逃命。我们一直打到前门，黄兴的大队不见了，我们就和还没有走的广东同志数十人合为一队，直奔督练公所。

当我们一队行进到莲塘街北口，即与水师发生遭遇战。我们即分散于东西两边的店铺中，利用走廊的墙壁作掩护，阻击敌人。负伤的和不会开枪的就搬送炸弹，或代装子弹。喻培伦一个人攀登屋檐，等清军冲过来时，就猛投炸弹，连续打退了敌人的几次冲锋，敌死伤不少，再也不敢凶了。就这样在原阵地上彼此相持至半夜。因为众寡悬殊，看形势是不能再蛮打下去了，我们就商定分批退却，且战且走。原来约定用小喇叭通消息的暗号，因怕被敌人发现目标，不敢随便使用，因此同志间失去了联络，只有张梅生、饶国梁、秦炳、但懋辛、罗允、莫纪彭和我七人还在一起。我们一度商量，决计越城。在半路上遇着巡警队，打了一小仗。待到城墙边芦苇丛中摸索前进时，我们 7 个人又分散了。最后，只剩下我和但，发现城上也有兵防守，不时打冷枪，看来越城也不行了。我们人地生疏，语言不通，又值深更半夜，只有坐待天明，再想办法。天快亮时，我们二人躲进公共厕所里商量。我要但在厕所里等候，由我一个人出去看看情形，再打主意。不料我一走出去，就被往来不绝的巡逻队隔断，回不去了，因此又与但拆开了。我在极度疲劳与饥饿中走进一老百姓家。老乡当然看得出我是干什么的，他幸好能说普通话，让我坐下休息，叫我刷去满身的泥土，还弄些东西给我吃，至今我没有忘记他对我的热情。后来知道，黄兴等不少人都是在老百姓掩护下脱险的。

当天，我找到了李天钧巡官，请他派人送我到河南，邹有章巡官代我买好船票，我才回到香港。

此外，尚有可记的：黄兴曾报告说，广州起义共用银 1000 余元；其实这只是统筹部直接开支的数字，而其他方面直接间接用于起义的款项也大有可观。据我所知，福建同志数十人的公私费用完全是自己筹措的，四川同志的一部分用款是上海同志资助的，其他各省的情形亦大抵如此。又在东京购买的军火，留日学生出钱不少。尤其难得的是，东京同志有人拿官费折子去押款，有人向一个日本老太婆借高利贷，几年之后才还清。这些都表现了同志们对革命的高度热情。

在起义的准备期中，没有任务的同志多在家里下棋，练大刀。大家还想出了一个玩法，就是在墙上挂个小竹囊，用铜板投入，借此来练习投掷炸弹的准确，谁一次不中，就给他脸上画一笔，以资笑乐。尽管武装斗争是要冒生命危险的，可是谁也不把死当回事，泰然自得，生活很愉快，这种革命的乐观精神是值得敬仰的。

我还想起了一件事：前清把革命说成是“造反”，把革命党人叫作“土匪”。张鸣岐除将全部删改过的烈士供词和照片报清廷讨赏外，又精印成册，分送各国驻广州的领事馆，以夸耀他的“剿匪”之功。而外国人却从这些烈士的履历中，发现多数是留日学生和显贵世族的子弟，日本早稻田大学还为该校死难的中国留学生下半旗志哀。这样，外国人才认识到中国是在闹革命，从而揭穿了清廷的欺骗宣传。

（选自全国政协文史资料研究委员会编《辛亥革命回忆录》第1集，中国文史出版社2012年6月第2版）

黄花岗起义与炸毙凤山亲历记

陈其尤*

一　三月二十九日广州起义之役

辛亥年三月二十九日广州起义之役，七十二烈士殉难（实际不止此数，后经陆续查明补入史册的尚有多人）合葬于黄花岗，故亦称黄花岗之役。兹役是整个辛亥革命运动中的一个重要部分，也可以说是后来推翻清朝统治的武昌起义的前奏。此次惊天动地、英勇壮烈的起义虽然被清朝统治者残酷镇压下去，但从此大大激发了人民群众的革命意志，促进了我国民主革命高潮的到来。起义失败后，

* 陈其尤：时为广州博济医学堂学生，后任粤军总司令部机要秘书，中国人民政治协商会议第一届全体会议代表。
新中国成立后，任第一至四届全国政协常委，第一届全国人大代表，第二、三届全国人大常委会委员，致公党中央主席。

清廷两广总督张鸣岐在审讯这次起义攻打总督署被捕的革命党人的时候，看见他们临难不屈、戟指骂贼的革命精神，为之惊惶丧胆。故他在奏报清廷的所谓“广州乱党起事经过情况”的电文中，悲叹“人心如此，天意可知”（此电在民国成立后从清廷广州总督署档案中发现）。由此可见，此次起义动摇了清朝的统治。

我在辛亥前一年加入同盟会，暗号为恢字辈。革命党指派给我的任务，是与同乡陈潮（七十二烈士之一）等住在旗下街，担负在起义时放火焚烧旗人聚居的旗下街以扰乱敌人军心的任务。后来因清廷驻广州将军孚琦被暗杀，敌人加强戒备，我们因无眷属掩护，被巡警迫令迁出。组织上遂派我住到当时的总督署右旁、现在的中山纪念堂左边的莲塘街一处准备进攻总督署的据点。我和胡佩娘、何少卿两位女同志同住那里，以姊弟关系作为掩护。三月二十九日起义前数天，组织又调我到仙湖街始平书院看管一个秘密储藏军械炸弹的机关。当时因革命党准备起义风声泄露，甚至“乱党准备起事”的消息报纸亦有登载，情势甚紧，仙湖街始平书院一带突然有巡警日夜巡逻。始平书院是我们储藏军械的重要机关，我看到这种情况，立即到司后街陈炯明公馆向他报告。那天刚巧黄兴早上从香港秘密抵广州到炯明处，正在商谈起义之事，他们一起听取我的报告。我说现在起义尚无确期，万一巡警闯入书院搜查，不但事机泄露，全部军械被破获，整个起义亦将受到破坏，建议组织发给我处守卫人员（均为海陆丰的同乡，精壮的农民兄弟）利刃数柄，以便轮流在内门防守，如果巡警闯入搜查，则以利刃对付，把他们解决，不必开枪，以免惊动敌人。黄、陈二人同意我的建议。黄说他在小东营的公馆藏有利刃，嘱我待他回去后，随即去取。我们在陈炯明处同进早餐。黄离开不久，我即如约前往，黄兴嘱徐宗汉（当时黄兴的亲信助手，后来与黄结婚）从床底下拣出利刃八柄交给我。

广州起义原来预定在三月二十五日、二十八日或四月一日或更迟一些时间发难，后来临时改在三月二十九日起事，是因为当时形势突然变化，革命党准备起义的风声已传遍广州，我们的一些组织已被敌人破获；又因为当时策动省内驻军及巡警教练所学员到时反正响应起义的事机又被泄露，水师提督李准将他的亲信巡防营急从外地调回省城加强防御，以致原来答应到时响应起义的驻军和巡警教练所的学员发生动摇。由于上述形势的突变，同盟会就不得不改变原定的计划。虽然还有一些订购的军械及华侨捐款尚未到齐，但此时革命行动已到了如箭在弦、非发不可之势。黄兴认为与其束手待毙，不如提前起义，所以临时决定起义提前在三月二十九日下午5时30分实行。

当时起义队伍原拟分10路发动，在这10路之中，黄兴率领的主要一路担任攻总督署；陈炯明率领的一路担任攻存储大量枪械的巡警教练所，准备夺取枪械，并争取教练所学员反正，响应起义。我们这一路队伍多住在仙湖街始平书院。我和几个在广州读书的同乡同志因懂广州话并熟悉路径，故被选派为陈率领的这一路的先锋督队。起义前夕，发给我们到时缠在手臂作为标志的白毛巾一条，对时间用的钢壳手表一只，并决定在陈公馆出发时每一督队再发给手枪一支。三月二十九日清早，我们督队的人到司后街陈公馆听取最后指示。当时陈炯明宣布当天下午4点钟再到此处集合，带领队伍出发。我和另外两位督队的同志遂到总督署前卫边街一家饭馆吃午饭，在饭馆故意拖延时间。直到下午快到4点钟才同往陈公馆。岂料到达时，门户洞开，屋内空无一人；再进内宅，则见蚊帐、被盖、书报等狼藉满地。我们初时以为机关被破获，急急走出，打算由双门底逃出城外。出门后，即听到稀疏的枪声，我们不知底细，匆匆走到双门底转永汉路。此时城门关闭，不能出去，幸我平日熟悉路径，乃拐入广府中学宿舍青云书屋找姓卓的同乡处暂避，适卓外出，我也只得留下来。此时，旗下街已报火警（这是前面所说的我们所布置下的行动），火警钟声大作，全城行人绝迹，铺户都关上了门。翌日清早，一队巡警来到青云书屋搜查，才知道从昨晚起，他们即挨户搜查革命党人。巡警把我揪起搜查和盘问。我因留有辫子，同时白毛巾我早收藏起来，他们又不懂得我所佩戴的钢壳手表的用处，幸而得免于难。及至近午，我偷偷出外打探情况，看见永汉路城门半开，已有行人走动，守军对出城的人搜查盘问后可以放行。我在广州已失掉与陈炯明的联系，只得乘机出城，搭佛山夜船往香港，与同盟会领导机关联系。在船上，我遇到同盟会一位负责人姚雨平同志（现在任广东省参事室主任），他也是从广州逃出准备前往香港的。姚在我看管始平书院军械储藏所时，曾持黄兴的亲笔信向我提取军械，是我认识的人中之一[①]。我和姚在船上密谈后，才得悉昨天下午起义的一些情况。

原来，事前商定的十路同时起义，有的因为对起义时间有误会，未及时发难；有的因交通问题，未能及时赶到广州。而陈炯明临时没有率领队伍参加起义的原因，是陈认为事机既然泄露，情势突变，提前起义，不但攻打教练所必然失败，即全局亦无获

① 邹鲁在《中国国民党史稿》中说：“黄兴令陈其尤偕（姚雨平）往始平书院领取（枪支炸弹）。”实际上不是我偕同姚到始平书院，而是姚持黄兴亲笔信到始平书院向我领取枪支炸弹。

得成功的希望，不如改期发难，以保全实力，乃于起义前刻派马育航到黄兴处主张改期。但此时黄一切已准备就绪，并留下绝命书，正戎装待发，反对改期起义。他当时推开马育航，径自率领队伍向总督府进攻。陈炯明见改期不成，即逃出城外，躲藏于河南尾珠江水面一个同乡亚弁的盐船里。如上所说，我们在起义当天下午 4 点钟到陈公馆时他已离开，原来他是临阵脱逃了。三月二十九日广州起义失败之后，黄兴和胡汉民曾联名致南洋的同盟会机构报告起义经过，函中对陈炯明等在起义中表现不力的一些负责人，曾有所指责。

二　炸清将军凤山之役

辛亥革命前夕，国内封建势力的压迫剥削和帝国主义列强的疯狂侵略，大大激发了我国人民的革命思想。到辛亥这一年头，广州方面民气沸腾，革命情绪之高涨，几乎不可遏制。此时同盟会在香港的秘密统筹机关根据形势采取相应策略，决定狙击清廷大员，先除障碍，并寒敌胆，以壮大革命的声势。于是辛亥三月初十，有归国华侨温生才出于义愤，自发地枪杀了清廷驻广州将军孚琦（时孚琦从燕塘参观飞机表演后，归途经东门外）。接着不久，在闰六月十九日，双门底有陈敬岳、林冠慈等行刺水师提督李准之举。是役李仅受伤未死，陈烈士中弹而亡，林烈士被捕遇害。这两次壮举，加以三月二十九日黄花岗之役英勇悲壮的起义，极大地鼓舞了革命士气。两广总督张鸣岐坐卧不安，彷徨无措，奏请清廷续派将军来粤坐镇，企图以武力威吓革命党人和镇压日益高涨的革命运动。不久，清廷选派了军事上号称足智多谋的旗人凤山为驻广州将军。但发表多时，凤山慑于革命声势，踌躇不敢南下。经张鸣岐力促，凤山才配备了一班人马，于九月初三由北京经上海坐船到香港，然后转广州接任。

同盟会香港组织探悉凤山要来广州，早就决定要除掉他，遂指定我和李熙斌主持此事。其所以指定我们两人，是因李能制造炸弹，我则介绍了周惠普女士到时行刺。周是广州两粤医学堂的学生，长得高大强壮，富爱国热情，对帝国主义侵略和清廷的腐败十分愤慨。她知道我是革命党人，颇表倾慕，一再恳请我介绍她参加同盟会。我经过一个时期的了解观察，遂为介绍。有一天，她看见报载凤山将要来穗，向我自荐说：如果得到组织的信任，她愿意担任刺杀凤山的任务。我往香港向组织报告，得到许可，给我港币 250 元作活动费，指定李熙斌和我负责分头进行。李供应炸弹，我则和周联系并布置一切。我回到广州之后，和李熙斌密商，头一件要办的事是择地租屋，以备行事。当时将军衙门位于惠爱中路，历来清廷将军到任都是从长堤登岸，然后乘轿取道归德门转惠爱路入将军署。我们估计凤山仍必循此路线，不致变更，乃决定在归德门一带租屋，着手布置。但这一带商业汇集，租一间房子很不容易。我们找了多时仍无着落，感到非常焦急。后来看见归德门街当冲地点有一妇科西医李仁轩医馆，凑巧李仁轩又是周惠普的老师，我们情急智生，决定放弃租屋的计划，改为利用李仁轩医馆行事。我们准备到时由周用藤手篮携带炸弹到李的医馆，佯称偶尔路过，顺便拜访老师，在该医馆等候凤山经过，走出门口抛掷炸弹。此时一切计划已定，只候凤山到穗。在等候的期间里，我们 3 人经常到郊外沙河息鞭亭的地方密谈，并给她拍相片，存作纪念。一日，周惠普要求我在她牺牲之前带她到香港见见同盟会的领袖陈炯明等。我虽然知道这样做对保守机密不大适宜，但为了照顾她的热情，还是同意了这一要求，带她到香港。到港后，组织派一个代表接见她，对她加以鼓励安慰，嘱她好好听我的指导行事。当晚我们乘船回广州，周以不得领袖们亲自接见有些不快，我只好婉言加以说服。不数日，我接驻港组织密电，告知凤山已到港，准明早到穗。我即走访李熙斌做最后决策。李说炸弹已准备好，爆力甚强，并约定我和周惠普第二天早上到他的寓所取用。到时我们依照计划进行，预备下手。岂料此时凤山到广州后，为了防备革命党人袭击，突然改变向来惯例，不经归德门而取道偏僻的仓前街。狡猾的凤山虽然避开了我们这个伏击点，但当他经过仓前街的时候，被同志李沛基从一间租用的小铺子楼上滚下的巨大炸弹所炸毙，他的随从多人同时亦被炸丧命。事后，省城各报馆纷纷出版号外，并将凤山被炸得模糊一团的尸首附图刊出。这个消息马上轰动广东全省，爱国同胞拍掌称快。原来同盟会领导方面除了布置我们设在归德门的伏击点之外，同时还在仓前街布置了另一个伏击点，以策万全。为了保守机密，领导上事先没有告诉我们，所以我们两方面都互不知道。炸毙凤山的李沛基是黄兴先烈夫人徐宗汉的亲属，他的年纪比我还小，当时只有十七八岁。

九月十九日，总督张鸣岐出走，广东宣布独立，成立都督府，胡汉民、陈炯明先后任都督。当时因我们还年轻，为了培养后进，政府乃以有功民国的名义派送我们出国留学。我被派往日本，李沛基和李熙斌则被派往美国。后来，听说李沛基不幸在美国病逝，李熙斌回国后在岭南大学当教授。至于周惠普竟于民国后在广州遁入空门，削发为尼。当时我因去日本读书，一直没有和她见面通讯。直到新中国成立后，1952 年我在广州闻悉此事，曾特别去寻访过她一次。

（选自全国政协文史资料研究委员会编《辛亥革命回忆录》第 1 集，中国文史出版社 2012 年 6 月第 2 版）

黄花岗纪事

吴　适　林家泩*

一　起义前部署

黄花岗起义前，已爆发潮州、惠州、钦州、廉州、镇南关（今友谊关）、河口、安庆起义，以及广东新军起义，不幸均遭失败。此时，孙中山由美洲到南洋。1909 年 12 月 12 日，孙中山在槟榔屿举行革命党人会议，决定筹募经费，准备发动广州起义。同盟会在香港设立了起义的领导机关——统筹部，以黄兴为部长，赵声副之，并设机关部于广州，共 38 处，多用公馆名义，有的以一人而化名分住二三处者。总机关设于小东营，其运械多以丧葬嫁娶作伪装或假

* 吴适：时任福建都督府盐政都督。
新中国成立后，任福建省政协委员，福建省文史研究馆馆员。
林家泩：时为北京测绘学堂学生。

作肩抬礼物，瞒过敌人的耳目。

在军事方面，主要是运动新军防营和各路民军，并组织先锋（敢死队）。先锋原定为500人，后增为800人。新军由李济民、何振芬等分头进行活动。防营则注意吴宗雄所统的三营，由其哨官温带雄、陈辅臣负责联络。民军由朱执信、胡毅共同布置，如对番禺的李福林、南海的陆常、三水的陆南清、顺德的邓江等，均已运动成熟，约期响应。

各部统属的情况是：黄兴所部多闽、蜀、桂及南洋同志；赵声所部多苏、皖同志；徐维扬所部多北江同志；黄侠毅所部多东莞同志。而闽、苏、皖、蜀、南洋诸方面同志多先期集港，临时进省。至于广东同志则临时由附近各地集中到省。农历三月初十（4月8日）在广州总机关部举行发难会议，出席数十人，议决发难分10路进攻：

黄兴率闽省及南洋同志百人攻督署；

赵声率苏、皖同志百人攻水师行台；

徐维扬、莫纪彭率北江同志百人攻督练公所；

陈炯明、胡毅率东江同志及民军100余人，警戒旗界，并占领归德、大北两城楼；

黄侠毅、梁起率东莞同志100人，攻警察署、广中协署，兼守南大门；

姚雨平率所部100人，占领飞来庙（军械局），攻小北门迎新军进城；

李文甫率50人，攻旗界并石马槽军械局；

张六村率 50 人，占龙王庙；

洪承点率 50 人，占炮营；

罗仲霍率 50 人，破坏电信局。

另设放火队，先期潜入旗界，准备临时放火，扰乱敌人军心。大家推举赵声为总司令，黄兴副之，彼时谭人凤提议应先炸毙水师提督李准，督练公所及警察署二路无关紧要，可归并别路，以厚实力。黄兴以此系既定计划，勿再提异议，议遂决。

其时外省先锋队人员业已陆续到港，决定先期进省，黄兴于农历三月二十五日（4 月 23 日）入省主持一切，各路统领亦先后集省待命。其余近城的花县、南海、顺德和东门、河南各部，则令临时集合于省城。至于新军防营、民军、警察等方面，则由主持人先期予以密约。

军械弹药之储备，是起义前之要务，分头进行制造、购置与装运。初在香港自制炸弹，后因发难期近，移机关于广州甘家巷，负责制弹的有李应生、李沛基、庄六及徐宗汉（女）等。其后方声洞、喻云纪自日本回亦加入，仅制成 300 颗。另由东莞黄侠毅定制白刃 300 把运省。就外购运省，在日本由黎仲实司之，并由林文、林觉民、李恢、吴玉章、何天炯等运港，分批密运至广州；安南由何仲侠、黄焕司之；暹罗由胡毅司之；香港由陈子岳、李纪堂司之。湖南学生周来苏初由日本带回一批军械，行时吴玉章得黄兴电报“令来者注意”，意思是要提防被检查行李。吴即派人告周。不料船过门司时周忽然害怕，将械尽投海中，而船到港又无事，不得不另购补充，实力大受损失，此一大波折也。杨光汉乘“广大”轮由港运械抵省时，系用星洲带来之旧护照，海关检查员以逾期无效，不予放行。杨大窘，遂故装欲殴检查员，声势汹汹，西人关员前来询问，即捏告检查员毁照留难，乃得免检放行。其他运械方法，则临机应变，各显神通。或假冒婚丧仪礼，设计藏匿，或装于颜料罐头中。运抵大石街机关后，再分派各处，均凭黄兴具条向保管人领取应用。当时形势渐见紧张，农历三月初十（4 月 8 日）温生才刺杀了广州将军孚琦，吴镜运炸弹被破获，加上购运军械的困难，并且南洋募款亦早露风声。清吏加紧戒严，兵警日夕检查，道路关卡交通要冲，以致被嫌疑的住宅，皆所不免。

发难日期原定农历三月十五日（4 月 13 日），鉴此形势，必须展期，但此次起义是以新军为主干，据确讯新军二标将于下月初旬退伍，最迟不逾月底。黄兴来省后，留港党人原定分批继至，黄兴以风声过紧，电阻其来，何克夫则嘱李雁南将河南所部暂行解散，以避耳目。农历三月二十七日（4 月 25 日）两广总督张鸣岐及李准又调巡防二营到省，以三哨助守龙王庙，形势更见紧张。陈炯明、胡毅生均主暂缓，姚雨平初加反对，嗣得报新军二标枪械已被缴，姚又不敢坚持前说。黄兴见各部情形如此，认为改期即无异解散，决心自己去死拼李准，令赵声所部先返港，余部陆续退出，各部前后离省者约 300 余人。林文、喻培伦到黄兴处云敌方搜查户口命令已下，旦夕必实行，不但不能改期，非急速发难无以自救。黄即决定集合数十人专攻督署，先杀张鸣岐，议已决。农历三月二十八日（4 月 26 日）陈炯明、姚雨平到黄兴处报告新调省的巡防军内多有同志可做内应。于是便决定农历三月二十九日（4 月 27 日）发难，当晚又电港催促各同志来省，但港轮夜班已开，翌日早班只有一艘，遂决定朱教仁、何克夫、黄一欧及一部分同志先进省，其余赵声、胡汉民等人俟夜班行。陈炯明据港部请缓之电报，要求改期，便告胡毅生改期，胡乃阻止所部入城，适谭人凤由港到省，谓港中同志以延缓一天为请。黄兴顿足说："老先生不要乱我军心。"谭知无可推延，亦整装加入。下午 5 时半，由黄兴率队向两广督署进攻，诸路亦同时举义矣。

二　决战与失败

黄兴以各部未能按原计划进行，敌情且有变化，同志退出省城者亦多，一时尚未能集中，遂改 10 路为 4 路。

黄兴率队攻督署，分为两支：林文率队攻督署之卫队；何克夫率队攻督署之正门。

姚雨平率队攻小北门，占飞来庙，并接应防营及新军入城。

陈炯明率队攻巡警教练所。

胡毅生以 20 余人守大南门。

出发时黄兴率领数十人，身先士卒直抵两广督署，途遇警察，反抗者皆枪杀之。见卫队即扬手告之曰："我辈均中国人，来为中国人吐气，汝等赞成即举手。"卫队不悟，于是党人枪弹并发，首击毙卫队管带金振邦，直冲入二门。杜凤鸣、黄鹤书战死。黄兴、林文、朱执信、李文甫、严骥等分头搜索，不获一人，觅放火材料亦不可得。因清吏早有戒备，遂一同出署。其时死难于署内外者，有徐广滔、徐进炲、徐礼明、徐临端、曾日全等数人。及出至东辕门，适与李准调来之卫队相遇，林文向前招呼谓："我辈皆汉人，当同心勠力不用打。"不料言未毕，林文、林尹民、刘元栋均中弹死，黄兴亦中伤，右手两指垂断，其余死者尚有数人。但黄兴虽受伤，尚能发令，余部分 3 路退出：徐维扬所部出小北门，拟与新军接应；川闽及南洋同志往攻督练公所；黄兴自率方声洞、朱执信等 10 人出大南门，拟与防营接应。黄、方行最先，到双门底，适遇防营迎面来，方声洞见其无臂章，即举枪相向，首发毙其哨官温带雄。不悉温实党人最热心之同志，以致互相误杀，方亦战死，至为痛惜。时黄兴左右已无一人，乃以肩撞进一小洋货店，倚门从内还击，毙防兵数人后，转战他处，始易装脱险。

川、闽同志攻督练公所，到莲塘街适与喻培伦、莫纪彭会合，分头进击，卒以众寡不敌，力战一昼夜，因无援兵，阵亡者有徐培添、徐日培、徐容九、徐茂燎等。被捕不屈者有林觉民、喻培伦、陈与燊、陈更新等。受伤者有徐允潜、陈镇庐等。脱险又被捕于车站者有徐佩旒等 6 人。最后脱险者有黄兴、朱执信、何克夫、但懋辛、熊克武、黄以通、姚雨平、严骥、刘梅卿、黄一欧等数十人，都以计得脱。尚有被拘禁而“光复”后始释放者有吴适、黄顺基等数人。

黄兴攻督署败退后，诸路虽间有发动，亦均告失败。粤督张鸣岐电奏谓“革党均已扑灭，除当场击毙及生擒外，余正在闭城严搜中。新军已调驻城外，经该协官长密为防范，尚无骚动情事”等语。翌日又电北京军机处报告善后情形，并电各省报告安谧。

举义既败，清吏以党人多匿民间，乃肆行搜索，并下令港澳各轮尽泊白鹅潭，绕以兵舰，候检查后方得放行。三水、广九铁路均停开，下令拿无发辫者，颇有株连，而被拘讯之党人，则均视死如归，慷慨陈词，从容就义。即张鸣岐、李准辈亦为之太息。

查被拘者仅 29 人，另陈甫仁及严确廷二人则因运械被拘，实共

31人，而清吏电报则为43名。死难烈士中，颇多文弱书生，如陈与桑、李文甫等均毫无怯态。闽省同志死者，且多年少才美，奋不顾身。

起义失败后，党人益集矢于李准，皆欲得之而甘心。陈敬岳、林冠慈愿任暗杀之责，侦知李每日必于午后一二时由水师公所入城，遂决定林冠慈伺于城内，陈敬岳伺于城外，择8月13日（闰六月十九）实行，林冠慈在双门底，候李舆到时掷弹，伤李腰部，而林则中弹立亡。陈追踪至，亦被拘杀害。

李准被炸未死，党人尚欲图张鸣岐、龙济光，适清廷派凤山为广州将军，黄兴以凤山若来广州，殊有碍革命前途，应先炸凤山。便令李应生、李沛基见机进行。他们即于南关仓前街觅租一店，侦悉凤山已到码头准备登岸，遂尽摒店中诸人，轰然一声，凤山毙矣，而李则由店后脱险，邻舍多被波及，但无一死者。这是后来九月初四（10月25日）的事。

三　黄花碧血党人

党人死难后其数不可稽考，检收遗体仅72具，始丛葬于谘议局旷地，分成十数堆。未死党人潘达微商诸广仁堂另行择地安葬，经多方奔走始择定红花岗一地（广仁堂所捐献），位于沙河马路旁，葬后改名黄花岗，而名垂千古矣。

民国成立后，胡汉民、陈炯明等议就原址修建，乃以讨袁失败而搁置。1918年方声涛到粤，又提倡募修故墓，规模初具。成立革命审查委员会，由当日参加起义未死之党人组成，以郑重其事。后林森又向华侨募款以助其成，建纪功坊碑石及墓亭等，并扩大墓址，广植花木。

林森、胡汉民、邹鲁等又作文以纪其事。时 1923 年秋 9 月也。

烈士原不止72 人，尚有不知其姓名籍贯，而埋没不彰者。在七十二烈士中，以粤籍为最多，共41 人（花县占18 人）。闽籍次之，共19 人（闽侯9 人，连江9 人，长乐1 人）。桂籍共8 人。川、皖共4人。出身以工农为多，共25 人。知识分子次之，共22 人。其他25 人。

四　闽籍烈士简历

（一）林文

林文，号时爽，福建闽侯人。祖鸿年曾官云南巡抚。林文幼有大志，为人豪迈任侠，不早娶。15 岁随父宦浙，与林尹民友善，父旋卒。19 岁即东渡留学，初入成城学校，再进日本大学法科，并参加同盟会，孙中山先生深器重之。与黄兴、张继、胡汉民、赵声等交最契。曾任《民报》社经理，有著作署名“天讨”。吾乡在东京诸同志多唯君之命是听。比年奔走国事，多往返香港、南洋间。庚戌春，粤新军事败，君返东京，为日警所注意者累月。辛亥春得黄兴、赵声联书云：“事大有为，请偕同志来。”君喜甚，即偕同志 30 余人西行抵港，于二十五日晚同黄兴入粤垣部署一切。二十九日早，同志中尚有主暂缓一天者，君与喻培伦力争，议遂决。迄下午 5 时 30 分出发，君偕黄兴当先抵清总督署，即疾扑卫队，冲锋陷阵，锐不可当。及至署内，索总督张鸣岐不获。返至东辕门遇李准部下，欲招降反被枪中脑死。时年二十五，未婚，以堂侄若霖为嗣。

（二）方声洞

方声洞，字子明，福建闽侯人。性耿直，尚气节，重然诺，胆略过人，逢人痛论国事，力主须倾覆清政府。17 岁东渡入成城学校，旋以母丧归，思入武备学校，不果。在家创立书报阅览所，以宣传革命（君家在福州城北之外九彩园，有园亭池沼，宅颇广）。越二年再东渡，仍入原校肄业。因清廷预防革命，商请日政府，凡自费者不能学陆军。君遂改习医，考入千叶医专学校肄业，志在研求化学以制造炸弹。23 岁趁暑假返里完娶，未几即挈妇俱东，伉俪甚笃。孙中山在东京组织同盟会，君兄声涛暨一姐，两嫂并其妻均加入。在校任总代表，在同乡会则为议事部部长及归国代表，而于同盟会内又为福建支部长，以一人而兼四职，其才望可想而知。三月二日离东京赴港，预草家书。二十九入粤，同黄兴攻督署，转战至双门底，遇防营时，误会首击哨官温带雄，为巡防队环攻而死，时年二十六。妻王氏，子旭年。

绝笔书

父亲大人膝下，跪禀者：

此为儿最后亲笔之禀，此禀果到家，则儿已不在人世者久矣！儿死不足惜，第此次之事，未尝禀告大人，实为大罪，故临死特将其就死之原因为大人陈之。窃自满洲入关以来，凌辱我汉人无所不至。迄于今日，外患逼迫，瓜分之祸已在目前，满洲政府犹不愿实心改良政治，以图强盛，仅以预备立宪之空名，炫惑内外之观听，必欲断送汉人之土地于外人，然后始大快于其心。是以满政府一日不去，中国一日不免于危亡。故欲保存全国土地，必自驱满人始，此固人人所共知也。

儿蓄此志已久，抵以时未至，故隐忍未发。迩者海内外同志共谋起义以扑满政府，以救祖国，祖国之存亡在此一举。事败则中国不免于亡，四万万人皆死不特儿一人；如事成则四万万人皆生，儿虽死亦乐也。祇以大人爱儿者，故临死不敢不为禀告。但望大人以国事为心，勿伤儿之死则幸甚矣！夫男儿在世，不能建功立业，以强祖国，使同胞享幸福，虽奋斗而死亦大乐也。且为祖国而死，亦义所应尔也。

儿刻已廿有六岁矣，对于家庭本有应尽之责任，祇以国家不能保，则身家亦不能保。即以身家计，亦不能不于死中求生也。儿今日极力驱满，尽国家之责任者，亦即所以保卫身家也。他日革命成功，我家之人皆为中华新国民，而子孙万世亦可以长保无虞，则儿虽死亦瞑目于地下矣。惟从此以往，一切家事均不能为大人分忧，甚为抱憾。幸有涛（按：方声涛）兄及诸孙在，则儿或可稍安于地下也。惟祈大人得信后，切不可过于伤心，以碍福体，则儿罪更大矣，幸谅之。

兹附上致颖媳信一通，俟其到汉时面交，并祈得书时即遣人赴日本接其归国。因彼一人在东无人照料，种种不妥也，如能早归以尽子媳之职，或能轻不孝之罪。临死不尽所言，惟祈大人善保玉体，以慰儿于地下。旭孙将来长成，乞善导其爱国之精神，以为将来为国报仇也。临书不胜企祷之至。敬请万福钧安。儿声洞赴义前一日，禀于广州。

家中诸大人及诸兄弟、姐妹、诸嫂、诸侄儿女、诸亲戚统此告别。

（三）林觉民

林觉民，字意洞，号抖飞，又号天外生，福建闽侯人。幼嗣可山先生。君性慧，幼体弱善病，早丧母，未尝就外傅，年 14 考入全闽大学堂。性诙谐，涉口成趣，一座倾倒。校中数起风潮，君必与焉。总教习叶肖韩独爱其倜傥，尝优容之。间于城南魁辅里谢氏祠内，与同志创设阅书报所，以鼓吹革命，并为校外同志之集聚所。课余谈论时事，辄言中国非革命无以自强。好演说，语极动听。某晚在城内锦巷七星君庙参加爱国社演说，题为“挽救垂亡之中国”，说至沉痛时，痛哭流涕，拍案捶胸，闻者感动。适学校某学监在后窃听，归语其同侪曰：“亡清国者，必此辈也。”19 岁结婚，翌年从学校毕业，自费赴东留学，入庆应大学文科，专研哲学，尝著《原爱》。在东与林文、林尹民同居一处，均知名，时称为“三林”。尝对众言：“中国危殆至此，男儿死耳，奈何效新亭对泣耶？吾辈既以壮士自许，当仗剑而起，解决根本问题，则累卵之危庶可挽救。”闻者起敬。辛亥春粤谋大举，本拟派君回闽谋响应，乃抵港时为黄兴留佐戎机，旋受林文命，仍回闽召集同志，仅 10 日即返港，君父深为疑异。于是刘元栋、冯超骧、刘六符、吴适诸人相继到港，故是役闽人就义之多，仅次于粤。二十五晚偕林文及闽同志入粤，二十六晚闻林尹民等人已抵港，特偕陈更新来港导诸人入粤，是夜宿滨江楼，夜半草绝命书寄家。二十九早率全部闽人入粤，与林文辈会于城内。下午 5 时半进攻督署，君挥弹当先，直抵署内，空无一人，及出署遇防营受伤，力尽见获，时年仅 25。临讯时侃侃而谈，立书数千言，又在堂上演说，反喻清吏须洗心革面，革除暴政，建造共和。张（鸣岐）、李（准）为之咋舌。就义时识者无不流涕。其遗著尚有《驳康有为物质救国论》等篇，另有一告父书，一与其妻陈意映书，均为世人所传诵。

绝笔书一

父亲大人：

儿死矣，惟累大人吃苦，弟妹缺衣食耳。然大有补于全国同胞也，大罪乞恕之。

绝笔书二

意映卿卿如晤：

吾今以此书与汝永别矣！吾作此书时，尚是世中一人；汝看此书时，吾已成为阴间一鬼。吾作此书，泪珠和笔墨齐下，不能竟书而欲搁笔，又恐汝不察吾衷，谓吾忍舍汝而死，谓吾不知汝之不欲吾死也，故遂忍悲为汝言之。

吾至爱汝，即此爱汝一念，使吾勇于就死也。吾自遇汝以来，常愿天下有情人都成眷属；然遍地腥云，满街狼犬，称心快意，几家能彀？司马青衫，吾不能学太上之忘情也。语云：仁者“老吾老以及人之老，幼吾幼以及人之幼”。吾充吾爱汝之心，助天下人爱其所爱，所以敢先汝而死，不顾汝也。汝体吾此心，于啼泣之余，亦以天下人为念，当亦乐牺牲吾身与汝身之福利，为天下人谋永福也。汝其勿悲！

汝忆否？四五年前某夕，吾尝语曰：“与其使吾先死也，毋宁汝先吾而死。”汝初闻言而怒，后经吾婉解，虽不谓吾言为是，而亦无词相答。吾之意盖谓以汝之弱，必不能禁失吾之悲，吾先死留苦与汝，吾心不忍，故宁请汝先死，吾担悲也，嗟夫，谁知吾卒先汝而死乎？吾真真不能忘汝也！回忆后街之屋，入门穿廊，过前后厅，又三四折，有小厅，厅旁一室，为吾与汝双栖之所。初婚三四个月，适冬之望日前后，窗外疏梅筛月影，依稀掩映，吾与汝并肩携手，低低切切，何事不语？何情不诉？及今思之，空余泪痕。又回忆六七年前，吾之逃家复归也，汝泣告我："望今后有远行，必以告妾，妾愿随君行。"吾亦既许汝矣。前十余日回家，即欲乘便以此行之事语汝。及与汝相对，又不能启口，且以汝有身也，更恐不胜悲，故惟日日呼酒买醉。嗟夫，当时余心之悲，盖不能以寸管形容之。

吾诚愿与汝相守以死，第以今日事势观之，天灾可以死，盗贼可以死，瓜分之日可以死，奸官污吏虐民可以死，吾辈处今日之中国，国中无地无时不可以死。到那时使吾眼睁睁看汝死，或使汝眼睁睁看我死，吾能之乎？抑汝能之乎？即可不死，而离散不相见，徒使两地眼成穿而骨化石，试问古今来几曾见破镜能重圆？则较死为尤苦也。将奈之何？今日吾与汝幸双健。天下人不当死而死与不愿离而离者，不可数计。钟情如我辈者，能忍之乎？此吾所以敢率情就死不顾汝也。吾今死无余憾，国事成不成自有同志者在。依新已五岁，转眼成人，汝其善抚之，使其肖我。汝腹中之物，吾疑其女也。女必像汝，吾心甚慰。或又是男，则亦教其以父志为志，则我死后尚有二意洞在也，甚幸，甚幸！吾家后日当甚贫，贫无所苦，清净过日而已。

吾今与汝无言矣。吾居九泉之下遥闻汝哭声，当哭相和也。吾平日不信有鬼，今则又望其真有。今人又言心电感应有道，吾亦望其言是实，则吾之死，吾灵尚依依傍汝也，汝不必以无侣悲。

吾平生未尝以吾所志语汝，是吾不是处；然语之又恐汝日日为吾担忧。吾牺牲百死而不辞，而使汝担忧，的的非吾所忍。吾爱汝至，所以为汝谋者惟恐未尽。汝幸而偶我，又何不幸而生今日之中国！吾幸而得汝，又何不幸而生今日之中国！卒不忍独善其身。嗟夫！巾短情长，所未尽者，尚有万千，汝可以模拟得之。吾今不能见汝矣！汝不能舍吾，其时时于梦中得我乎！一恸！辛亥三月二十六夜四鼓，意洞手书。

家中诸母皆通文，有不解处，望请其指教，当尽吾意为幸。

（四）林尹民

林尹民，字靖庵，号无我，福建闽侯人。君生而丧母，少以孝悌闻，比长倜傥有大志。喜挥霍，素善饮。尝学少林拳，能尽其技。好畋猎，尝入山手格猛兽。少读《三国志》慕张桓武之为人，其气概可想见矣。伯父宦浙，招往读书，与林文同校，殊相得。课试每冠其曹，伯父深器重之。迨林文东渡，君悒悒不乐，伯父为代请君父，资其赴日留学，入成城学校，武艺冠其侪。23 岁卒业，寻考入第一高等学校医科，补官费，然非其素志也。尝太息曰："大丈夫生此世，当以铁骑五千，横行天下，驱逐胡虏，收复河山耳。"益研究兵书，淹通戎略，冀达其志。庚戌年夏间由林文介绍入同盟会，尝佩郑所南"愈久愈不变，愈不可为愈为"二语，以励吾人不可无此坚忍不拔、百折不挠之精神，亦以此自励。庚戌年冬，以父命旋里，欲为之娶妇，均设词婉却，盖早存许国之志。辛亥年春三月初始到东京，闻闽同志已有赴粤者，君喜甚。即偕同志数人任运械之责，二十六抵港，二十七早入粤，二十九晚驰攻督署，所向披靡，卒以飞弹中脑，血涌如注而亡。时年 25，未婚，以胞侄宣（兄肇民子）为嗣。

（五）陈与燊

陈与燊，字愈心，福建闽侯人。君少负气节，尚质朴，娴辞令，善文墨。年 13，肄业侯官高等小学校。校长黄鲁贻先生提倡革命，独器重之。因保送投考全闽高等学堂，同学丁维椿等四人获选。君尚作两艺，因文字含有革命口气，当道摈不取，君愤甚，谋革命益力。适“割闽易辽”之说起，福州同盟会桥南社、说报社等均举行演说宣传，城内独无机关，乃与林觉民、陈更新、冯超骧、蒋筠、姚耀宇、曾季友、刘通、严骥、施明、方汉范、蒋岱梁、林家浩等10 余人，组织爱国社于城内锦巷七星君庙，推蒋筠为社长。入社者甚众，多城内各学校之代表，及热心革命之同志。某日在观我小学校（蒋筠所创办），举行反对“割闽易辽”大会时，君提议多中肯要，举座鼓掌声若狂，而君名始大噪。寻投入报界掌笔政，欲以文学宣传革命，乃为清吏所封闭。年21 始东渡，入早稻田大学习法律，并参加同盟会。乡人同志中所作革命文字多出君手。清末盛宣怀假外资筑路以图利，君闻之大愤，谋刺之而不果。君擅长演说，各社团开会莫不延君，与林觉民齐名。林以诙谐称，君则以慷慨激烈动人。庚戌年拟创《天声》月刊，未付刊而中辍。辛亥年春君行将毕业，闻粤将大举，即先赴港，并偕王彦功赴台湾林熊祥处，募助军需。同志以君文弱，均力阻其入粤，君不听曰：“事苟不成，诸君尽死，我义难独生。”三月二十九早偕诸同志入粤，随战督署，君奋不顾身，所向披靡。出署后飞弹中左目犹力战，创重被获就义。临刑不屈，容色恬然。时年二十有四，未婚，以堂侄人庄为嗣。

（六）陈可钧

陈可钧，字希吾，又字少若，福建闽侯人。幼家贫，父母早故，依其姐。君气度娴雅，善理财，处事明敏，性慈蔼，早有为国捐躯之念，顾沉默不轻谈国事。开会时每当众论蜂起，君辄不置可否，人以其讷笑之。不知君固不尚空言，重实行。少肄业侯官小学，与陈与燊、陈更新最友善。后随伯父宦秦，入陕西大学，嗣东渡入日本弘文学院普通科毕业，赴试第一高等学校，录取后以体弱被黜，乃改入正则学校，专研泰西文学，兼习德语，时君方21也。庚戌岁拟赴德留学不果，乃致力革命，欲实行暗杀而未得其机。辛亥年春知粤将大举，乃于三月初离东赴港。抵港后以争先死难，勉励同乡诸同志。二十五晚即偕林文、林觉民、陈更新诸人入省，君独虑党人良莠不齐，恐机密泄露，清吏得以戒备，不料果有陈镜波（奸细）其人者。可钧对众言："事已至此，义无反顾，终当冒险行耳。"二十九晚同赴攻督署，力战被创，终被获。临讯时清吏谓之曰："尔白面书生，何以逆以自残？"君反叱之曰："尔等利禄熏心，岂以富贵可久恃耶？吾辈必有继起，而终成吾志者。"吏有愧色，越日同就义。时年方24，未婚，以堂侄毓琼（可淦子）为嗣。

（七）陈更新

陈更新，字铸三，又字耿星，福建闽侯人。早丧父母，孑然一身，处境良苦。少有志操，美丰姿，智略深沉，意气纵横，善击剑，好驰马谈兵。年11入侯官小学，与愈心（陈与燊）、希吾（陈可钧）结为刎颈交，每试必冠其曹。稍长读扬州、江阴诸记，便立志革命，乃密与与燊、希吾歃血为盟，而相誓曰："我辈所志，君若不为，我当杀君；我若不为，君当杀我。宗旨既定，盟誓既立，海枯石烂无改也。"年16，以全班第一毕业，寻即渡东入九段体育会，昼则习马术步操，夜则研究数学及英、日语文。毕业后以学费不继，弗克升学，旋里。奔走各社会间，与革命志士相结纳。任说报社、爱国社演说员，专以鼓吹革命为宗旨。嗣考入长门炮术学校，每试辄冠其曹。19岁始结婚，逾年生一子。嗣赴京就试，以最优等成绩授协军校。复旋闽，仅任某体育会教员，居恒郁郁不乐。辛亥年春拟访友桂林，适陈与燊抵港，电邀共商大计。抵港后，日与诸同志规划革命。二十九早偕与燊等进省，午后同攻督署，君奋勇当先，首毙卫队管带金振邦，敌军辟易。出署后林文、林尹民、冯超骧、刘元栋相继阵亡，君犹孤身独战，敌军至不敢近。至四月初二，已相持三昼夜，不眠不食，力竭被执。清吏以其美少年，颇有矜全意，君反厉声叱之曰："吾起义所以破醒同胞迷梦，杀身成仁，古有明训。"仰天大笑，赴市死，观者莫不叹惜。时年仅二十有二。君为党人中年最少者。

（八）冯超骧

冯超骧，字雨苍，又字郁庄，福建闽侯人。原籍南平。君状貌魁伟，善驰骋，好畋猎，力能御奔马。幼不羁，好与群儿嬉戏于旷野，而自为将指挥之，以为乐。尝率群儿擒一旗人，投之池沼之中。为人所不敢为之事，而有侠名。曾入邑庠，适庚子之乱，君愤朝政日非，外患日亟，遂绝意仕进，思习武以大有为。弱冠游金陵，入南洋水师学堂习海军，未卒业，因病旋闽，结纳革命同志，参加爱国社，任宣传工作，每以复汉灭清为己责。早娶，家素贫而无愠色。1906年正月元旦爱国社在钟山小学举行新年会时，君一人独任一席，浩亦在座尽醉狂欢，均呼革命口号而散。嗣偕陈更新入长门炮术学校，卒业后赴京复试，列第四名，授协学校。旋闽就职闽口炮台，才大位卑，深引为憾。或有嘲之者曰："举人与协军校何异，等伪号耳。"君曰："伪号之受，非不滋愧，顾纳履之耻，胯下之辱，古人尚为之，吾敢不忍辱而谋远大乎？”辛亥年春粤将举事，林觉民回闽招同志，君父病在床，为公忘私，决然往，父亦慰之。抵港后，三月二十五晚即偕林文等先入省布置。二十九晚同轰督署，君搏战尤烈，纵弹横射，敌阵崩乱，卒身被数创，终致阵亡。时年三十有二。妻陈氏，君死无出，以其甥为嗣。

（九）刘元栋

刘元栋，字钟群，福建闽侯人。少负奇气，多膂力，有胆略，善技击，性任侠，事无难易，均以身先。幼尝慕班超，与人论史别有见解。广交游，能折节下士。早从事革命，尝单身入荒僻地，运动会党，不避艰险。来依者皆推诚待之，多所资助，因是家日以贫，君殊不介意。适“割闽易辽”之说起，君潜入山召众，谋独立而事泄，乃出亡，沿途饥寒弗恤也。事寝又返省，深以不学为憾，乃入普通学堂肄业。未几以事罢学，遂献身社会谋公益事，如去毒社、救火会，君皆与焉。福州南台为商贾要冲，人烟稠密多火患，清吏漠视之。君首为消防队队长，遇警则立率多人驰援，必扑灭而后已，人咸德之。林觉民、陈与桑均与君为莫逆交，又研究暗杀术，庚戌年秋尝欲杀一公仇不果，深以为憾。辛亥年春林觉民旋里招募同志赴粤，君喜不自胜。乃率数人与林觉民先行，其余托吴适挈往。三月二十八日齐抵港，君喻之曰：“此地离家千里，退不可返。中国兴亡，在此一举，诸子其勉之。”二十九早君偕诸同志入粤，午后随攻督署，所向无敌。战方酣，适弹中额遽扑，血流满面，移时而绝，时年 27。

（十）刘六符

刘六符，一名锋，字肩宇，福建长乐人。诸兄均邑诸生，行循谨，独君少，任气好武，精拳善剑，读书警悟绝人，晓畅兵略，意气豪迈，不可一世。初入闽县小学，以时局危迫，外族侵凌，非铁血无以自存，遂决心习武，投考福州武备学堂、保定陆军学堂，皆不得入。寻父母诸兄相继卒，仅存寡嫂侄女，不忍累之，尽其家之所有以予嫂，而自食其力。常累日不食，饥寒不恤。偶得钱即沽酒，醉即痛斥时政。偶步西湖，寄慨诗文，署名“热啸”，盖取热血蕴于中，不得泄，而以啸出之也。时人以屈子拟之。久益贫困，假授徒以自给，嗣考入官立法政学堂。会讲武堂第三期招生，君考入，志始偿。不料讲武堂以经费支绌停办，不得已又入法政学堂。但志终在武，乃赴北京投考禁卫军，以为厕身行伍，亦可有为。但以外省人摈不取，君恨甚。于是游鄂过其友林薇孙家，闻福州编练新军有募兵讯，君大喜，急返闽考入。在营勤操练，不辞劳苦，与同伍中曲意联络，务得其欢。遂乘间以革命学说动人，人均为之感动。乃以马蹶伤臂，因伤重退伍就医，士卒均依依不舍。辛亥年三月粤将大举，同志自粤招之，不待创愈，即束装就道。于三月二十八抵港，二十九早入粤垣，午后同攻督署，力战被创就擒，与陈与燊、陈更新同就义，时年仅 25，未婚。

（十一）黄忠炳

黄忠炳，字赤中，福建连江人。少好学，因家贫改习农，农隙则入山采药，拔崖芦而不为苦。好拳术，长棍法。貌清俊，性忠实，处事任劳怨。戊申岁与黄克安、曾守辉等组光复会于透堡之棋盘堂，誓盟者 50 人。善烹饪，某岁清明祭扫，君于坟上集族人与同志，将祭余肴馔，亲自烹调，以饷大众。吴适亦在座，并同游附近之弥勒寺，各同志均有题诗以纪其事。君热心革命，每欲实行其志。光复会即当时革命同志集合之机关，盖取“光复”河山之意。辛亥年三月得粤大举信，即与曾守辉召集光复会同志 22 人行。三月二十九随攻督署，力战至翌晨，被执不屈死，时年45。

（十二）王灿登

王灿登，福建连江人。性坦率，好技击，常学黄忠炳之杖法与曾守辉之拳法。早入光复会。每论革命曰：“如山上滚石，不至平地不止，未知何日到平地时也。”得粤信甚喜，以年来所抱可以实行。抵粤后，三月二十九随攻督署，翌晨同黄忠炳、胡应昇等被执就义，终年36。

（十三）胡应昇

胡应昇，福建连江人。性浑厚，不与人较。少学泥水业，恒以工自给。加入光复会，即欲实行其志。辛亥年三月得粤信，知革命党将大举，喜不自胜，遂与吴济霖同行。三月二十九随攻督署，与黄忠炳、王灿登等同时被捕殉难，年40。

（十四）罗乃琳

罗乃琳，字万霖，福建连江人。平居寡言笑，不慕荣利，好读史，尝论中国学术不发达，误于汉宋诸儒。清末州县设自治会，有挽君入会者，君笑却之，以士各有志。加入光复会后，亟欲实行，辛亥年三月二十九抵粤，随攻督署，巷战死，年32。

（十五）陈清畴

陈清畴，福建连江人。好技击，空拳可敌数十人。其乡有抗清志士林国贤墓，君常引其事以喻乡人。入光复会后，辛亥年三月得粤信，喜随诸乡人赴粤。三月二十九随攻督署，巷战死，年30。

（十六）卓秋元

卓秋元，福建连江人。与兄孝元同入光复会。兄习举子业，秋元为武童生。其乡多猎射，秋元善拉弓，喜与兽斗，性英颖，热心革命。

辛亥年三月二十九抵粤，随攻督署，转战至军械局，中弹阵亡，时年30。

（十七）魏金龙、陈发炎、林西惠

魏金龙、陈发炎、林西惠，福建连江人。均光复会会员。金龙自幼一眼失明，但善放枪，人称独眼龙。陈发炎业农，早有革命思想。西惠初入练营，退伍后，与金龙游猎习枪法，已存心革命。辛亥年三月二十九均到粤，随攻督署，巷战死。金龙时年32，发炎31，西惠27。

（选自福建省政协文史资料编辑室编《福建文史资料》第6辑，福建人民出版社1981年8月第1版）

黄花岗起义亲历记

黄一欧*

一　新军起义失败

辛亥年（1911 年）农历三月二十九广州黄花岗起义，是同盟会集中全力、拼死决战、不计成败利钝的一次大规模的武装暴动。筹备最久，影响也最深远。

在这之前，1910 年农历春节广州新军起义。因事前缺乏周密准备，临时发动，孤立无援，结果归于失败，倪映典等不幸牺牲了。这次新军起义，是由同盟会南方支部策划的。先君克强（黄兴）先生于春节前不久自东京到香港，加强对南方支部的领导，主持起义

* 黄一欧：系黄兴之子，时为日本东斌学校学生，后任沪军副司令，南京国民政府立法院立法委员。新中国成立后，任湖南省政协副主席，第五届全国政协委员，民革中央委员。

筹备工作。到港后，发现人力、物力都很欠缺，于是写信给在东京的宫崎寅藏，告以革命军不日大起，人才缺乏，请他赶快召集各种军事人才（我猜想先君指的是日本退伍军人）前往香港助援。信中并要宫崎寅藏通知我先期去港，准备参加起义。我那时正在东京东斌学校学习，得到宫崎寅藏转告先君来信后，立即同定平伍一（日本退职炮兵大尉）一道束装启程。临走时，带去宫崎寅藏给先君的复信。记得到香港已是春节过后，新军起义以失败告终，在香港待了个把月，空跑一趟，无所作为。先君看到这一情况，要我暂回东京等待时机。临行前，交我一封给宫崎寅藏的信，谈到新军起义致败的经过，并说今后人心更加奋发，一有机会，即再举动，可望成功。

我在香港逗留期间，曾听到先君以及其他人谈起这次新军起义失败的经过：原先，同盟会在广州新军中发展组织很顺利，士兵、群众的反清革命情绪日益高涨；同盟会还派人去惠州运动会党响应起义，又策动广州附近的民军准备入城支援，在巡防营旧军里面也做了工作。南方支部估计大举起义的时机已到。于是一面打电报给在美国的中山先生，请他赶快筹款接济；一面电邀先君和赵声等来港主持一切。不料在农历除夕晚上，有两名新军士兵到广州城隍庙前一家刻字店刻印名片，与店主发生口角。过路巡警出面干涉，新军不听，军警相互殴打，巡警吹警笛集众，抓走新军拘留于警署。新军包围警署要人，冲突愈演愈烈。局面十分严重。倪映典匆忙去香港和先君、赵声商量，决定提前起义。当他于庚戌年正月初二从香港回到广州的时候，清廷调动水师和巡防营，计划镇压新军；新军士兵也磨拳擦掌准备干起来，倪映典在这种紧急情况下，只好挺身而出领导起义，不幸在战斗中中弹阵亡，一时指挥无人，又无后援，就仓皇败退了。先君对这次起义失败感到痛心，但并不灰心，在谈话中常对同志说：“不要紧，慢慢细细再来！”

二　槟榔屿会议与香港统筹部

新军起义失败后，中山先生在美国接连发电报、写信给先君，提议在广州再次发动起义。四月初五，先君在致中山先生信中陈述选择广州再次发难的具体意见。十月间，中山先生在英属槟榔屿召开秘密会议，先君应召由香港赴会，到会的还有赵声、邓泽如、孙眉以及南洋群岛各地和国内东南各省的代表。会上，决定积极筹募巨款，准备在广州举行武装起义，并计划占领广州后，由先君率一军出湖南，下湖北；赵声率一军出江西，趋南京。这是因为考虑到先君过去在湖南创办华兴会，有些群众基础；赵声曾任江宁督练公所参谋官、第三十三标标统，与新军感情融洽，时机一到，长江流域各省举兵响应，事可大定。槟榔屿会议在中山先生亲自主持下召开，可算是黄花岗起义的前奏。会后，先君同胡汉民、邓泽如等分赴南洋群岛各埠华侨中募款，年底回到香港，在跑马地35号成立统筹部，先君任部长，赵声副之，统筹部分设调度、储备、交通、秘书、编辑、出纳、调查、总务八课，课设课长，并分派专人去广州发动新军、巡防营及警察，联络番禺、南海、顺德、惠州等地会党和绿林豪杰。

香港统筹部成立后，东京同盟会本部的活动顿见活跃。起义需要储备军火，而华侨捐款已陆续寄到，有了买军火的钱，于是统筹部派遣同志出去购运枪支弹药。在当时情况下，采购军火不容易，买到手后秘密运到香港更困难。辛亥年春，我仍在东京东斌学校读书，寄居宫崎寅藏家里，也参与了购运军火的活动。约在农历正月底，通过宫崎寅藏的内弟前田九二四郎的介绍，向日本人仓地铃吉买到一批枪弹；买到之后又要我负责运往香港。我冒充宫崎龙介（宫崎寅藏长子），穿着和服，讲一口日语，同住在宫崎家里的日本浪人黾井一郎一道，将几十支手枪和万多发子弹装在4口皮箱内，搭一艘外国邮船运到香港，交给了统筹部。这个冒充日本人化名运军火的主意，是前田九二四郎想出来而为宫崎寅藏所认可的。在香港替统筹部接收这批军火的是广东人阿雷，矮小个子，他的名字我记不起了。

我在统筹部见到了先君，他见这批枪弹平安运到了，很是高兴。统筹部租的房子是一栋两层的公馆式房屋，我当晚就住在这里，同先君谈到深夜。他问到我在东京的读书和生活情况，同盟会东京本部的活动，以及宫崎寅藏、萱野长知等日本朋友的情况，我一一作了回答。在统筹部住了几天，先君要我搬到另外一个地方去住（房子在山腰中间，要坐吊车上去，具体地名记不起了）。因为统筹部忙于策划起义，每天进进出出的人很多。他们有的是来参加发难的“先锋”（敢死队），有的运送枪支弹药，也有领捐册送捐款的。统筹部各课人员并没有都住在机关内，但是每天来找先君研究问题的却不少。外来人员中以福建人居多，湖南人也不少，我碰见过李燮和、谭人凤等人。李燮和那时在荷属帮甲岛以教书为掩护，搞光复会的活动，同他一起来港的还有陈方度、柳聘农、胡国梁等。

当时，在香港本地买军火是比较困难的，英国人生怕推翻它的殖民地政府，查得很严。为筹备起义而购买武器，主要来源靠日本。有一次，统筹部分配我同阿雷去接应一批军火上岸，这批军火是湖南留日学生周来苏押运来的。我们乘汽艇出海，靠拢周所乘的海轮美国总统号，好容易在船上找到了他。周来苏十分尴尬地细声告诉100多支手枪和几千发子弹都被他丢到海里去了，身边一无所有。事情是这样发生的：香港是个自由港，不征入口税，轮船靠岸向不检查行李。有一天，洪承点看到上海金山船到港经过时却检查，他马上报告先君，先君便通知在东京发付军火的吴永珊（玉章）注意。吴于是派人赶到神户去，把周的船票换为头等舱位，因为头等舱的旅客不检查行李，而军火都是装作行李运送的。谁知周来苏胆小如鼠，怕得要死，在途中竟把所运的枪弹全部丢到海中。先君当时听到这个消息，感到非常气愤，埋怨周来苏太不沉着了。周来苏从此得到一个“周丢海”的绰号，在党人中声名狼藉，辛亥革命以后，也没有什么作为。

另外还接运过两次军火。一次是王子骞、陈可钧、曾宝森3人乘坐一艘德国的大海轮，从日本押运一批军火到了香港。统筹部得讯后，派我和洪承点乘小火轮去接。王子骞等把军火交给我们，平安地完成了护送任务。他们在统筹部见了先君，要求留下来参加起义。先君同意了他们的请求，后因一再改期发难，没有来得及赶上参加。王子骞是四川人，说得一口纯熟的日本话。事有凑巧，辛亥上海“光复”后成立沪军先锋队（一称沪军），洪承点和我任正、副司令，王子骞在司令部任一等参谋。另一次是同赵声之弟赵光（绰号“赵三麻子”）去接运上岸的，没有发生问题。

三　在巡警教练所

我在香港待了20来天。有一天，党人龚敬夫从他的亲戚那里打听到巡警教练所有几名缺额可补，先君认为这是一个好机会，进去以后，既可以借巡警的合法身份作掩护，做些发难必须的准备工作，又可以联络同志，发展组织，团结爱国志士，一旦发难，可为内应。于是决定，派我和陈方度、柳聘农、胡国梁四个人去广州应考。我们4个人中以陈方度的年岁较大，阅历较深。先君在我们动身去广州时当面交代：此去关系将来起义前途。一要戒骄戒躁，谦虚待人，好好联络同志，扩大影响；二要听从陈方度的调度，4个人步调一致，不要各搞一套，把力量分散了。我们到达广州后，马上去报名应考，可能是由于我在东京受过一些体育训练，陈方度他们在荷属南洋中华学校当教员，都有些基础知识，结果都考取了。但是巡警教练所规定新学员进所要有保证人，我们一时又找不到适合的人作保，延至三月初，才由周达夫（同盟会员，湘阴人，时任广州西关警察署长）、张通典（湘乡人，时任广东省巡警道衙门文案师爷，后在南京临时总统府任秘书）做保证人，办好进所手续。他们每人保两个人，周达夫担保我和胡国梁，因为胡也是湘阴人；张通典担保陈方度、柳聘农，因为陈是湘乡人。

当时教练所有学员200多人，分编两个队。我和柳聘农编在第一队，队官林某，广东人；陈方度、胡国梁编在第二队。学员每人发给步枪1支，有的是毛瑟枪，也有汉阳造，种类很杂。最初每人发子弹20排，计100发；自温生财刺毙孚琦事件发生后，外界风声很紧，巡警道衙门下令收缴子弹，开始缴80发，留20发，后来连这 20 发也收去了，只有队官平日信得过的极少数人，每人留 5 发子弹，准备应付非常事变。

我们进了教练所，最初感到陌生，慢慢就和同学们搞熟了，主要做了两件事：一是在同学中间暗地进行关于反清革命的宣传工作，有时还送些同盟会宣传革命的书报给同学们，一篇到手，竞相传阅，很能收些潜移默化之效；二是替在广州设立的秘密机关运输枪支弹药。当时为起义而临时设立的秘密机关有 30 多处，我们身穿巡警制服，手夹包袱，包袱内藏着手枪和子弹，送到指定的秘密机关。农历三月间的广州，气候已很暖和，我们夹着沉重的包袱，提心吊胆地穿街过巷，送到目的地常常是满身大汗了。虽然大家都是初到广州，语言难懂，路途不熟，因有本地人做向导，从来没有发生过问题。

这次广州起义，最初计划分十路进攻，临时改为 4 路，其中第 3 路是陈炯明攻巡警教练所，就是考虑到有我们在，可以里应外合，配合行动。

四　三月二十九之役

辛亥年三月初十，统筹部在香港跑马地召开重要会议。会议认为人力、物力大致准备就绪，起义时机已经成熟，预定十五日在广州发难，推举赵声与先君为发难的正、副总指挥。后因美洲及荷属南洋募款未到齐，温生财刺毙孚琦后广州清军戒备森严，想等他们防备稍松；加之周来苏运枪弹出了问题等原因，不能如期发难，决定延期到二十九日。二十五日，先君从香港动身到广州，临走前，给南洋华侨同志邓泽如和李源水等分别写了绝笔书。致邓泽如书云：

“事冗，未获时通音问，罪甚罪甚。本日亲赴阵地，誓身先士卒，努力杀贼，不敢有负诸贤之期望……”致李源水等4人书云：“事冗，无暇通候，罪过罪过。本日驰赴阵地，誓身先士卒，努力杀贼，书此以当绝笔。”两书落款处盖的两颗印章是“铲除世界一切障碍之使者”和“灭此朝食”。到广州后，设秘密机关部于越华街小东营5号，将原定的10路进攻计划改为4路，以适应新的情况。规定我们在教练所内组织力量，策应陈炯明的进攻。先君向陈方度做了交代，并每人发给手枪一支，以便举事。

二十九这天上午，陈方度去机关部有所接洽。午后2点，我们一起去见所长夏寿华（号思痛，益阳人）。陈方度对他讲了几句客套，就大谈反清革命的道理，并把手枪拿出来说：“我们就是革命党，今天下午5点半钟就要发难了。”夏寿华闻变不惊，态度从容，他对我们说了一番同情革命的话，并吩咐当差的去弄几碟下酒的菜，硬要留我们喝一杯酒。这时候，陈方度对我使个眼色，叫我跟着当差的到厨房里去，我马上领会到他的意思：出厨房后门不远就是巡警道衙门，如果当差的出去告密，那就性命难保了。等到下酒的菜肴准备好了，送到夏寿华的签押房，我们有克制地喝了一点酒，就赶往机关部听取最后指示，以便相机行动。我们一进机关部，就看到挤满了人，先君正在发布号令，人人整装待发。他没有和我们多讲什么话，只交代要赶快回到所里去，准备响应起义。于是，我们二话没说，又匆忙跑回教练所，等待陈炯明带人从外面进攻，我们作内应，一举占领之。我们在5点过后回到教练所，许久不见动静。大家心里干着急，但是势单力薄，又不敢随便轻举妄动，怕因小失大，影响全局。看看天色已晚，外面仍无动静，大家非常失望，感到怀疑、震惊。后来才知道，陈炯明对这次大举起义缺乏信心，认为攻打教练所必然失败，即全局也难成功。他不想如期行动，主张改期发难。当天下午，他告诉谭人凤，只集合了七八十人，并说先君掌握的人数也不满百，胡毅生、姚雨平都没准备好，绝不可贸然发动。他极力怂恿谭去小东营劝阻先君。谭人凤到小东营机关部，见劝阻不成，整装向先君要枪。先君给枪一支，他误触枪机走了火。先君连声说："先生不行，先生不行！"随即派人护送谭回陈炯明的住处。谭人凤回到陈的住处，只见有人拿着锁准备锁门，原来陈炯明在临起义时背信弃义，做了可耻的逃兵。熊克武后来回忆说，他在这天下午进南门时，遇见陈炯明匆匆地出城，还以为陈是负有特别任务出去的呢。

这次广州起义，临时由原定的10路改为4路进攻，结果姚雨平在枪支短缺的情况下故意要枪500支，存心刁难先君，起义发动后又藏着不敢出来；陈炯明担任攻巡警教练所，胡毅生负责守大南门，他们都于起义前逃出了广州城。先君当时不知道会发生这种情况，带了几十个人直攻督署，孤军冒险前进，最后招致失败，牺牲惨重，丛葬于黄花岗的革命先烈，有姓名可考的就有72人（据近人考证，已有80余人）。

起义的当天晚上，城门被清兵及巡警关闭，任何人不准出城，路上行人绝迹，军警挨户搜查革命党人，见到形迹可疑的人就揪住盘问，特别对没有辫子的和操外省口音的，盘查得更严。外界谣言，张鸣岐悬赏捉拿没辫子的革命党，每个赏洋500元。但懋辛、熊克武等几个四川同志跟俞云纪一道，从后门进攻总督衙门，失败后逃到城墙边芦苇丛中，第二天天亮时被巡逻清兵逮住了。但懋辛没有辫子，断定他是革命党，被关下狱，押解回籍，直到武昌起义后方释放出来。熊克武因还留有辫子，在老百姓的掩护下脱险了。

我在这次起义失败后的混乱中，只身跑到西关的周达夫家里躲起来。其时街上有巡逻队，在西关还驻扎有商团，他们是站在军警一边的。我头上没有辫子，又不能讲广东话，实在危险得很。因此，过了三四天戒严稍松时，便跑到香港去了。到香港后，住在湾仔日本医生三崎家里。这时向同志中打听，才知道先君已经先到两三天，并已动了手术，正在养伤。我找到了先君，父子相逢，死里逃生，真有隔世之感。先君当时的情绪很消沉，很少说话，也不愿见客，对这次起义损失惨重感到非常痛心。

关于广州三二九之役，有许多人写过回忆录，我看过的不多。最近从新中国成立后出版的一本辛亥革命资料上，看到了胡国梁过去所写的《辛亥广州起义别纪》一文，觉得他有些叙述跟事实大有出入。如谈到进巡警教练所当学员的，只有他和我以及柳聘农，竟没有提到一起进去的陈方度。陈是起骨干作用的局中人，而在胡国梁笔下却变成了向我们通风报信的局外人了。当天下午预定发难的关键时刻，我们4个人都在巡警教练所一起去见夏寿华，一起去小东营机关部，又一起跑回来等待陈炯明的进攻，而在这篇文章中，胡国梁却说，“黄克强带领了我和林时爽等这些同志一直向制台衙门冲入”。举这两个例子，可概其余。胡国梁还说起义失败后张鸣岐曾悬赏1万元捉拿他，我过去从来没有听说过这件事，从他当时的地位和起义中的表现看，张鸣岐不会出这么高的赏格，这是可以情理推测的。

黄花岗起义虽然失败了，在起义中牺牲的烈士们前赴后继，视死如归，他们的鲜血是没有白流的。这次起义，动摇了清朝的统治基础，随后不到半年的时间，就爆发了武昌起义，各省先后反正，从而结束了 268 年的清朝封建统治。辛亥年秋，先君填了《蝶恋花》词一首，表达他对黄花岗诸烈士的深切怀念。

50 年前的黄花岗起义，事败垂成；辛亥革命虽然推翻了清朝皇帝，并没有完成反帝反封建的民主革命任务。历史证明，只有在中国共产党领导下，经过 28 年的艰苦奋斗，才推翻帝、官、封三座大山，建立了社会主义的新中国。

1978 年 11 月

（选自全国政协文史资料研究委员会编《辛亥革命回忆录》第 7 集，中国文史出版社 2012 年 6 月第 2 版）

追忆庚戌新军起义和辛亥三月二十九日之役

姚雨平 *

一　军队策反工作和庚戌新军起义

清朝末年，自经甲午中日战争和庚子八国联军诸役以后，割地赔款，丧权辱国，日甚一日。清政府为了挽救其垂危的命运，于是有在各省建立新军之举，同时为了培养新军干部，曾举办一些军事学校。粤省于辛丑年（1901 年）即在黄埔开办武备学堂，以后又办陆军小学、陆军中学。在武备学堂毕业的，一部分派往新军当军官，一部分留在陆军中、小学任教官，还有一部分送日本士官留学。黄慕松、钟鼎基、杨志澄等 10 多人就是在武备毕业后选送日本留学的。

* 姚雨平：时任广州起义调度课长，后任广东北伐军司令。
新中国成立后，任民革中央委员，广东省政协常委，广东省人民政府参事室主任。

甲辰年（1904 年）武备学堂停办，合并于陆军中学，原武备生编为陆军中学头一班，新招的陆军中学生编为另一班。张我权、杨刚、黄旭南等就是原武备生转到陆军中学的。乙巳年（1905 年）上半年，我在汕头岭东同文学堂读书，下半年考入陆军中学。和我一起进陆军中学的有李济深、张醁村以及李民欣、李民雨兄弟等人。丙午年（1906 年）下半年，清政府军机处电两广总督岑春煊将陆军中学改为陆军速成学校，并将广州将弁学堂与之合并。陆军中学改速成后，校址由黄埔搬到广州东门外将弁学堂原址，原将弁生仍分班上课。当合并改速成的消息传出后，大众哗然，咸主竭力反对。我却认为合并之议，清政府早已决定，势在必行，我们如果表示反对，反足招致猜忌；且速成毕业，又可早日渗入军队，进行革命工作。众以为然，反对之举遂寝。

我们一些人在陆军中学、陆军速成学校肄业时，就曾因不断传播革命思想，做种种革命活动，引起了学校当局的嫉视。就在丙午年（1906 年）那年年底举行毕业大考后，校方突然挂牌将我和张醁村等 10 多人革退，理由是“学术无进步”。我被革退后，于次年丁未年（1907 年）春，和张醁村、林震等正式加入同盟会（由谢良牧、张谷山介绍）。此后，我们就深入各军事学校和军队中，特别是在新军中展开各种革命活动。

丁未年夏秋间，许雪秋负责搞黄冈起义工作。他住在香港兰桂坊，我和张醁村曾在他那里住过。当时曾有派我去指挥此役之议，我以言语不通，不易号召群众，感到没有把握，所以未去。是年下半年，我和张醁村到松口（梅县属）办体育会，作为革命党的外围组织。体育会借用清大吏温仲和的学堂为会址。当时温已去世，温的 3 个儿子——温德基、温靖侯、温奋立都是革命党人，他们均赞同以这学堂为会址。体育会入学规定半年毕业。至是年底，我复返广州继续搞新军工作。

此后一直至庚戌年（1910年）的几年中，我和其他一些同志大都在搞新军和巡防营的工作。我们设有内代表和外代表，以便互通消息，互相联系。记得当时林震、苏慎初、罗炽扬、姚右军等都是新军的军官，他们是我们的内代表。姚右军是司务长（管理军队给养），由于职务关系，外出机会较多，担任内外联系，传递信件、消息等非常方便。除军官外，在班长和士兵中我们也尽量做了工作。有一个班长名叫陈德洪，是高要人，通过他串联活动的就不下数十人。至于外代表，记得是由黄嵩南、郭典三、郭冠雄、廖叔唐、温若侬等担任。我们几年来一系列的活动，在广州新军中广泛地播下了革命种子，为以后革命发展打下一点基础。

除了军队工作外，我们在工人方面也做了一些工作。有一个名叫刘纯山的，是兴宁人，为人忠义勇敢，在工商界方面有些地位。我们通过他，在广州织布业、藤器业（以上两业多数是兴宁人）和打石业（多数是五华人）方面的工人中进行了一些活动。

我们在清军中活动，对富有革命思想的军人，还定了一些奖励办法。对工作积极的曾奖以手表，并对他们说：如果对革命有功，可以受到升级奖励，而且可以超级升上去；只要你能掌握一部分军队起义，这部分军队立即归你指挥，并即刻升你为这部分的官长。例如，一个班长若能号召一营人起义，立即可以由班长升为营长，这营人就归他指挥。这个以名利来诱导军人参加革命的办法当时对于迅速瓦解敌人的军队，也起到了一定的作用。

在庚戌新军起义前不久，我奉命将一批同盟会员的盟单送到香港总部去。我把盟单用腰带捆好，绑在腰间，乘坐雇好的一顶轿子到码头搭船，不料轿夫竟把我一直抬进巡警局的中堂。我发觉后大吃一惊，立即对轿夫大声说："我不是到这里，我是到西关去的。"轿夫赶紧掉头抬轿出门。守卫见我大模大样，大胆进出，也没有加以拦阻，才平安地到达码头，乘船到香港去，完成了送盟单到总部的任务。

广州新军工作取得了一定成绩之后，革命党方面认为可以在新军中策动一次大规模的起义，同时为了策应这次起义，决定在惠州方面也展开活动。己酉年（1909 年）十二月间，我在新军起义前奉命到惠州，在会党方面及在清政府驻惠州的陆路提督秦炳直部下进行活动，目的是使广州起义时惠州能即刻响应。庚戌新军起义时，我仍在惠州。由于新军起义不数日即失败，又由于惠州工作基础薄弱，以致没有什么动作。新军起义失败后，我由淡水经返香港。

新军起义时，我不在广州。其经过情形，根据参加此役的同志的口述，大致是这样：己酉年（1909 年）十二月三十日（农历除夕），广州新军第二标三营后队兵士吴英元往双门底（即今永汉铬）绣文斋取定印名片，与店东发生口角，巡警向前干涉，致互相殴斗，并将吴拘去。新军中党人遂借端举事，于翌日——庚戌年（1910 年）正月初一由新军第一标发动，攻击并拆毁警察局。起义历时 3 天，初则声势甚壮，所向皆捷，嗣因子弹告乏，而敌军又枪炮犀利，莫之能御，加以起义不久，倪映典即被击毙，指挥乏人，遂遭失败。

庚戌新军起义犹如霹雳一声，震动了清廷，振奋了人心。清廷看到自己的武装部队竟会哗变起义，也知道它的统治已到了岌岌可危之时。在新军起义前，一般人认为，在科学昌明的时代，船坚炮利，非有充足的武力，不足以谈革命：革命党人只凭赤手空拳，充其量只凭民军、会党、绿林的一点力量，是无能为力的。新军起义后，观感为之一新，大大增强了革命的信心，加速了革命形势的发展；特别是在华侨方面影响更大，大部分华侨都愿输财资助革命，基本上解决了革命党人进行革命活动所需经费的问题。

二　三月二十九日之役

庚戌新军起义后，孙中山先生由三藩市取道檀香山、日本至庇能（槟榔屿），旋即召开会议，决定再接再厉，准备在广州发动更大规模的起义。当即派黄兴、赵声、胡汉民 3 人负主要责任，主持起义筹划工作。黄等即返香港，设统筹部作为指挥机构。统筹部设正、副部长，由黄兴、赵声分任之，下设 8 课，掌理有关工作。8 课的人选，在庇能会议时已就党人所担任工作的性质及其能力做了初步选拔，统筹部成立时又经黄、赵、胡等最后确定。

统筹部是总的领导机构，为了便于具体指挥起义工作，另在广州设起义指挥部，由赵声任总指挥，黄兴任副总指挥。

为什么统筹部由黄兴为部长，赵声为副部长，而指挥部却以赵声为总指挥，黄兴为副总指挥，且事实上赵声在起义前尚未到广州，而由黄兴代行总指挥职务呢？据我所知，大概是由于黄兴在革命党中资历较深，威望较高，统筹部非由他领导莫属；而赵声曾任新军标统，在新旧军中有一定的威信，且谙军事学识，所以由他担任总指挥为宜。但因赵声为敌方的多数人所认识，当时清政府对革命党人防范严密，露面活动不妥，故事先他暂不能上广州策划，只能由黄兴代行总指挥职务。

统筹部为了更好地策划广州方面的起义，对新军和巡防营的活动亦特别重视，尤其是在庚戌新军起义之后，这部分工作更不能放松，因此有设调度课专门掌握之必要。我因为连年来主要是负责搞这方面的活动，所以调度课的责任就落在我身上。在调度课成立之初，我曾保荐林震、苏慎初二人为调度课副课长。林震系我在同文学堂读书时的同学，以后在陆军中学、陆军速成时都在一起；他在速成毕业后派充新军见习官，后又当排长，最后调陆军小学任领队。苏慎初在陆军速成毕业后，也派在新军服务。他们二人在新军中都有一定的联系。我保荐林、苏二人本已得黄兴、赵声的同意，但不久之后，黄、赵又对我说，加派陈炯明兼调度课副课长，协助我推动工作。我当时对赵表示，调度课任务艰巨，能得竞存（陈炯明字）帮助，极表欢迎。随后我即由香港上广州，陈炯明也仿佛同日由港到穗。我到广州后曾在嘉属会馆碰见陈炯明。陈见到我没有谈几句话，即厉声对我说："你在调度课做了什么工作？如果再做不好，我要用手枪对付你！"我看见陈态度如此猖狂，不知其用意何如。那时我也血气方刚，脾气不好，立即答复他："竞存，你开口就说用手枪对付我，你究竟有多少枪？"彼此争执后，不欢而散。再过几天，我回到香港，向赵声报告工作。那时，他正在饮酒，一见到我，立即把酒杯一掷，拍桌骂我："雨平，你责任重大，你到底做了些什么工作，你是怎么进行工作的？"他火气这么大，我还是很和气地对他说："伯先弟，脾气不可以随便发。我和你不是今天才做朋友，是多年的老友，你刚才说的有什么根据？你不妨去切实调查一下，我在新军和防营中如何进行工作，调查清楚了再来责备我不迟。”他听了我这番话，便又立即对我作个揖，表示歉意。我问他为什么这样责备我，才知道是陈炯明来信挑拨离间。这时，统筹部的同志出来劝解，要大家以团结为重，彼此之间的争执也就没有扩大。

关于起义日期，起初决定是三月十五日。后来因为三月初十发生温生才炸孚琦案，清政府大为震惊，在广州戒备特别严密，增加了党人活动的困难，许多起义准备工作不能按照计划进行。再则枪械尚未到齐（特别是由日本运来的一批枪支，在船上被丢下海，影响更大），先锋队（即敢死队）武器不敷，如果急于发动，势必影响实力。因此决定改期为三月二十八日，后又改为三月二十九日，这是在黄兴二十五日到广州后才确定的。记得在二十七日或二十八日那天，我到黄兴处商议起义日期，他说有人主张改至三十日，有人只主张改日期，但未指明改至何日（实际是等于取消起义）。当时我坚决反对改期，并表示无论如何要在二十九日发动。我和黄兴都一致认为此役关系重大，革命党人动员了广大的人力、物力、财力，可说是已全力以赴，改期就无异解散，将无以对群众；如果我们这次不干，连一声炮都不响，还有谁再会相信革命党？革命是无论在什么时候都要冒险的，如果要等到处处工作做得很好，一点危险都没有再发动，是绝不可能的。同时我还指出，巡防营正是在这几天由顺德调来广州，我们在巡防营有工作基础，可以把它转变过来成为我们的力量，只要先锋能发动，它就可能起义；这样，发难日期就更不应该改期。经黄兴再三考虑，最后确定在二十九日下午5时30分发动。记得当时黄兴还表示：“你们不搞，我个人也要拼一拼！”

二十九日，赵声、胡汉民尚未到广州，黄兴仍坚决照已定时间积极布置他那路的行动。当天晚上，赵、胡到广州时，起义已经失败，只得次晨折返香港。

关于发难的具体计划，统筹部起初的部署规模相当大。记得三月初十曾召开准备会议，会上决定 10 路出动。后因感到这一计划规模过大，以当时的实力（无论人、枪）以及准备时间的仓促，都不可能实现。因此，黄兴于二十五日到广州后决定将 10 路改为 4 路：第一路由黄兴负责，攻两广总督署；第二路由姚雨平负责，攻小北门，占飞来庙，并迎起义新军进城；第三路由陈炯明负责，攻巡警教练所；第四路由胡毅生负责，守大南门。三月二十九日那天，我约定我所属人员事先到长堤嘉属会馆集合，听候调遣，因为嘉属会馆地方比较大，来往人也比较复杂，集合百数十人不致引起清政府的注意。

当时我的部署是郭典三、刘纯山负责攻小北门飞来庙，以一部分力量夺取飞来庙的军火库，以一部分力量攻占小北门，迎新军起义部队入城；黄嵩南、温若侬、郭冠雄、廖叔唐、姚右军负责策动新军，必要时给新军以枪弹，待先锋发动后，即起义响应，从小北门入城；罗俊、丘锦芳负责联系巡防营，策动他们准备起义，待先锋发难后，双方即在督署和水师行台会师。届时，有数十人已到嘉属会馆集合，集合后唯一等待的就是枪支。先锋需要枪支才能发动；就是新军，在当时敌人收缴手弹、撞针、刺刀的情况下，亦需要发给枪弹，才能希望他们有所作为。因为“万事俱备，只欠枪支”，我便于是日上午派黄嵩南、郭典三持黄兴的条子到始平书院（藏枪械处）领枪，不料该处人员对黄、郭说，刚才有巡警前来检查，为避免露出破绽，现在不能发枪。黄、郭回到嘉属会馆向我报告枪未领到，我得讯又气又急，心想时间如此迫促，如果枪支领不到，势将贻误大事，立即亲自赶到小东营黄兴处。黄问我准备得怎样，我气喘地对他说："我的东西（枪支）还没有领到"，并告以上午领枪不得要领的经过。他当即叫陈其尤陪我速去始平书院。这时我看见黄兴已整装待发，枪支武器亦已全部摆出，大有即刻出动之概。我和陈其尤、黄嵩南、郭典三再到始平书院，见到胡毅生。胡还说：赵声、胡汉民还没有到，发难将改期，仍不肯即发枪，说后他就走开。我急得拉他回来，严肃地对他说："克强什么都准备好了，他本人已全副戎装，所有武器都已摆出来，看样子立即就要发动了，事不宜迟，请你赶快发枪吧！"胡听我说后，指着一个阁子上说："枪放在那里，你自己去取吧。"我立即脱下长衫，用一张桌子放上凳子，蹬上阁子，取到枪支。黄嵩南、郭典三拿一部分先行，我亲自拿一部分后走。我离始平书院时雇的轿子，将用皮箧装好的枪支放进轿底。轿夫一抬，就说："这么重，抬不动，我不去。"此时黄嵩南、郭典三已折返，说归德门城门关闭了，出不去。我只好将枪支放回始平书院原处，仅取一支自卫。我从始平书院出来去双门底，希望能接应所约巡防营进城。途中遇到邱飞五，邱见我仍从双门底向北行，急急拉住我的手，把我拉到长兴里邱家祠。到邱家祠后，他对我说革命党人起义已失败，清军到处戒严搜查党人。第三天（初一）听说大南门已开，我便装上假辫，离开邱家祠，打算出大南门搭船到香港，不料经过文明门时就因查出假辫，致被扣押送大南门处理。我供认是学生，后由吴雨苍用平远留学公所名义具保，始获释放。当时广州有不少思想进步、倾向革命的学生把辫子剪去，但他们不一定是革命党人。这里还可附带说说，在革命党内部，对于是否剪辫曾有不同的意见。有些人认为革命党非剪去辫子不足以为革命的表率；我却认为在清朝残暴统治下，剪辫适足以暴露自己的身份，倒不如留辫作为掩护，比较好些。但我的意见不为党内所采纳，多数人把辫子剪去，所以我也剪了辫子。我被释放后，即乘“哈德安”轮赴香港，在船上遇见谢良牧。谢对我说：“胖子（黄兴绰号）也在这船上。”当时为了避人耳目，我没有去和黄兴会面。

二十九日那天，陈炯明也到过黄兴处，听说他待了一会儿就走了。他和胡毅生都说，赵声、胡汉民来到，发动要改期，他们两路可能就因此没有动作。我这一路因为领不到枪，空急了一场，也不能出动；及今思之，感到万分惭痛。这样，四路便变成了一路，造成了黄兴一路孤军奋斗的局面。

三月二十九日之役，革命党人的主要力量是先锋队，一切部署和配备都以先锋为主。上面所说的10路和改变之后的4路，都是指的先锋队。除先锋队外，就是新军和巡防营了。这两部分本是敌人方面的力量，但是可以由先锋发难，策动他们起义转到革命方面来。清政府对新军和防营的防范均极严密，特别是对新军的防范更严，子弹早已不发给新军，有时甚至将新军枪支的撞针拔去，刺刀收起。那时新军不是有枪无弹，便是有枪无撞针，手中有枪也等于废物。至于说新军曾于二十八日被带到增城作徒手旅行，我当时无所闻。在防营中也由于敌人的加紧戒备，盘查严密，联系也就更加困难。在这种情况下，要新军和防营主动发难是有困难的；即使先锋先发难，如果不及时联系，要他们响应也不容易。当时水师提督李准已由顺德调来三营防营拱卫广州。此三营防营于二十八日到广州，我曾派罗俊、邱锦芳去联系过。到二十九日那天，我因几乎整日奔走领枪，致疏于再与防营作更密切的联系。迨防营入城至双门底时，碰到黄兴由督署败退到此的一路先锋。因防营未曾臂缠白布，致发生误会，先由先锋中的方声洞扔炸弹击毙防营温带雄（温就是革命党在防营中的负责人，入城部队即由他率领），防营随即还击，以致方声洞殉难。不但预定计划没有实现，反而造成自相误杀的结果。每念及此，殊感内疚。

黄兴本人负责攻两广总督署，水师提督署也就在督署后面。黄的机关设在小东营（在德宜东路），距督署近在咫尺，因此可以说，黄是做到了深入虎穴的。黄的确非常忠勇，抱有“置之死地而后生”的决心。在当时敌人严密戒备的情况下，他身居敌人心脏地带，处敌人森严包围之中，只有前进才是光明大道，畏缩后退势必为敌人所乘；因此，他不顾其他各路准备如何，配合得好否，就一马当先，带头发难，成败在所不计。在我看来，其个人忠勇固属可嘉，但运筹帷幄则有不足之处。不过当时时机如此紧迫，局势如此危殆，亦促成他不得不孤注一掷也。

三月二十九日之役在整个中国革命斗争的历史来说，它的影响和意义是很大的；但从此役本身来说，毋庸讳言，当时是失败的。其失败原因何在呢？

当统筹部成立之初，策划广州方面起义，是以先锋为主的。在海外侨胞方面募集的巨款，主要是用来购买先锋队使用的枪械，其次是支付选拔先锋的旅费和先锋的生活费。新军和防营方面，我们虽有工作基础，但必须先锋先行发难，才能促其响应起义。既然是以先锋为主，就必须及早筹谋购运枪械。枪械运到后，还必须事先做一番训练，才能持枪战斗，否则手中有枪而不会使用，岂不等于废物，甚至适足以资敌。当时购运枪械一再误期，从日本购买的一批且因押运人畏惧香港检查，竟在途中抛入海中，致遭重大损失。再则先锋队员多数是从农村选拔而来，他们忠勇可嘉，但多数没有拿过枪，对新式枪的使用更是外行；革命党方面就根本没有给先锋队员练习使用枪支的机会，顷刻间就要发枪给他们去打敌人，岂非等同儿戏，严格说起来，实在幼稚得很（谭人凤曾因使枪不慎而失火，就是明证）。当时就曾有先锋表示，“敢死有余，使枪不足”，结果只好单凭热血奋斗。枪械问题可以说是失败原因之一。其次就是指挥问题。指挥部黄兴只凭自己硬干，对全局的筹划可说是胸无成竹，事先各路又无密切联系，因而各自为政，不能配合，甚至互相掣肘。最后，赵声、胡汉民迟迟来省，黄兴单独领导，协议乏人，兼顾不周就在所难免，因此造成孤军失败之结局。

三月二十九日之役失败后，黄兴与胡汉民联名给海外侨胞做了书面报告，其中对我有所指责（对陈炯明、胡毅生也都有指责）。我得悉后，随即遄赴南洋，并发函至南洋各埠，向侨胞报告起义失败经过。信中谈到：此次大举，侨胞踊跃解囊，捐款甚多，不幸失败，自必为大家所关心。拟邀请旅居海外的革命党负责人到新加坡开会，共同探讨失败原因，以便策励今后工作。

以后，四川铁路风潮发生，武昌起义接踵而来，国内革命形势急转直下，于是我急忙返国投效。广东“光复”后，胡汉民任广东都督，发表我为北伐军总司令，率军出师北伐。胡嗣后曾对我说：“我和黄克强在报告中对你的指责，主要是克强的意思。他在失败后十分伤感，同时又觉当时非对革命党人多加责备，不足以告慰侨胞。我完全照他的意见写成，请你不必有所芥蒂。”不过，我于此役没有完成任务，无论当时形势如何紧迫，亦不可能辞卸努力不足之责。这点，我一直感到惭痛万分！

（选自全国政协文史资料研究委员会编《辛亥革命回忆录》第2集，中国文史出版社2012年6月第2版）

忆声洞

王　颖*

声洞在1911年广州三月二十九之役为革命牺牲，到现在已经整整50年了。50年来，声洞一直活在我的心里。我和声洞只在一起度过两年多的共同生活，就生离死别，永隔人天；然而他那种献身革命的耿耿忠诚和对我的真挚的伉俪之情，却使我毕生难忘。我现在年逾70岁，鬓发已霜，每当回忆往事，犹觉仿佛置身50年前，内心激动，久久不能平静。

我是20岁那年（1908年）和声洞结婚的。声洞比我长3岁，那时正在日本千叶医学专门学校学医，他的父亲在汉口经营转运公司，家居汉口。我家因大哥景岐在京汉铁路供职，原住在郑州。先

* 王颖：系方声洞烈士之妻，曾任北京首善医院产科主任。

一年暑假，声洞回汉省亲，在亲戚家中看到我和家人合摄的照片，非常中意，就托人说媒。恰巧大哥因公到汉，在亲友撮合之下，他就应允了这门亲事。次年，我家因大哥调汉口工作也迁居汉口。暑假期中，声洞回国，我们就在汉口举行了婚礼，婚后 10 天相偕东渡。声洞继续在千叶学医。我起先和声洞的七姊君英、四嫂曾醒同住东京。第二年暑假，我因怀孕，身体有病，声洞把我接到千叶居住，以便就近照料。我小产后，也入千叶学校学习产科。

声洞襟怀磊落，肝胆照人，处世接物，极富热情。他一面在千叶学医，用功甚勤，对病理学钻研尤精；一面从事秘密革命活动，并且屡屡托词向学校请假，回国联络党人，秘密运送军火，往返奔波，非常辛劳。我到日不久，他为了便于进行革命工作，便介绍我加入同盟会，这时我才知道他 17 岁东渡日本后，同盟会一成立他就参加了。他常常把国内政局和世界形势以及革命救国的道理讲给我听，并且说，我们的小家庭虽然很美满，但是有国才能有家，我们不起来救国，中国就有亡国的危险。我从小因为父母非常钟爱，娇生惯养，根本不懂得世事的艰难，对国家大事更是茫无所知。结婚后，在声洞朝夕熏陶之下，我才明白了许多事情和一些革命道理，旧有的闺阁习气也逐渐改掉了。

我们的小家庭生活，的确过得十分美满。声洞待我真是体贴入微，爱护备至，即使一些日常生活琐事，也替我照料得很周到。当我们的儿子贤旭出生的时候，他守在我的身边整整三天三夜，寸步不离，好像是要替我分担一份分娩的痛苦似的。贤旭出世以后，声洞非常珍爱。有了孩子，我们的小家庭生活更温暖、更幸福了。可是，尽管如此，声洞却总是对我流露出一种歉然的心情，往往无缘无故地说出“真对不起你”这样的话来。我当时不明白他为什么如此，后来才懂得，这是因为他已经抱定献身革命的决心，随时有丢下我和孩子、牺牲性命的危险，但是又不便对我明说，所以才有这种心情流露出来。但是，我当时陶醉在我们温暖、欢乐的小家庭生活之中，充满了幸福之感，怎么能够觉察到他内心深处的这种隐衷呢！

1911年年初，我听声洞说，革命党人原定八月间在广州起义，因事机不密，被清朝政府侦知，不得不提前举行。农历正月间，留日同志陆续回国准备发难，留声洞一人在东京主持一切。二月中旬某天（十六七），声洞接到国内党人来电，即去东京，次日回来，告诉我说，起义即将发动，因军火不足，须立即密运一批回国接济。我听说，非常难过，便对他说："你上有父母，下有妻子，现在我又有孕在身，你走后我在日举目无亲，如果你有个什么万一，叫我怎么办呢？"声洞以十分乐观的口吻安慰我说："中山先生奔走革命10多年了，还不是安然无恙，难道我一去就会牺牲性命？"他还很有信心地告诉我，两周以内一定回来。尽管他如此安慰我，我还是放心不下，但又碍于革命大义，不便拦阻，只得同意他去。声洞临行前夜，预先写好了十几封家信，叫我在他走后陆续填上日期寄回，以使家中安心，免生疑虑。他走的那天是二月十八日，恰逢贤旭满周岁，我们还到照相馆里照了一张照片。这张照片是我们两年多的美满幸福生活的一件最珍贵的纪念物，我一直保存到现在。

声洞走后，我只身留在千叶，处境孤寂，心头悬悬，寝食不安。夜深时听得街头醉汉狂啸，声音凄厉，更使我胆战心惊。三月二十九日以后，日本报载广州起义失败消息，并说死难者多数是华侨和留日学生。我见报，既疑心声洞殉难，又觉得他如此活力充盈，不敢相信他会死去，内心焦虑，彷徨无助。几天后，君英姊来日接我回国。我问她，声洞现在何处。她说，起义失败后，声洞已去南洋暂避，一时不能回来，说时神色泰然，一如平日。我旋又接到广州四月初一寄来一信，宛然声洞笔迹，内容大体如君英所说。我虽不敢遽断以为假，但未见到声洞，疑虑终难消释。在无可奈何之中，我只得携着贤旭随君英回国。

我于端午节到汉。方、王两家家人见我回来，都强作欢颜相迎，但神情之间总觉异于往昔。我因娩期将临，住母家待产。家人对我守护甚严，既不让我看报，三妹芝青且日夜同我做伴，以防我探知声洞死耗，致生短见。我日日夜夜盼声洞消息，往往在睡梦中仿佛听得打门声，便猛然惊醒，蹶起探看，以为是他回来了。以声洞和我情感之笃，即使他在天涯海角，也绝不会不设法给我片言只字。我料想声洞十有八九已经不在人世，日夜苦苦思念，竟至昏厥。医生警告我说，长此下去，腹中胎儿将难保全。我转念声洞如果已牺牲，则应替他多留下一块血肉。因此，我乃竭力克制，强作镇定，静待分娩。

七月间，我产一女。产期中我回想当初贤旭出世时声洞伴我三昼夜的种种情景，更觉伤心万分，我母亲也不知陪我流了多少眼泪。八月十二日满月，我把两家长辈都请来，恳求他们说，现在我已替声洞多留了一个后代，声洞是生是死，请明白告诉我；如果他确已殉难，我不论如何艰难困苦，一定要活下去，把子女抚养成人。我刚说完，满屋子的两家男女老少都一齐放声痛哭，我也顿时昏了过去。

八月十九日，武昌起义后，某晚，革命同志通知我说，今晚危险，令我立即离家暂避。我携抱两孩匆匆离家，到日租界堂姊家避难。入夜，全市大火，我家房屋全部被焚，我手头所存声洞信函遗物都成灰烬，所幸声洞遗嘱因我珍重保存，刻不离身，得免浩劫。

三四日后，大哥景岐来汉，将我送往上海，与哥嫂合住。

民国元年，黄花岗烈士墓修竣，三月二十九日举行周年悼祭，我携贤旭由上海赶往广州参加。是日，我乘轿前往，到达声洞墓旁，只见黄土一抔，鲜花环绕，顿觉心如刀割，悲恸万分。我被人搀扶下轿，即扑倒墓旁，昏厥不省人事。贤旭时方两岁，倚在我身边哀哀号哭。在场来宾见我母子如此情状，也都落泪不止。

声洞殉难以后，几十年来我以全部精力抚育儿女，含辛茹苦，受尽折磨。1914 年，我来北京入慈惠产科学校继续学完产科，在首善医院担任产科主任。声洞生前常对我说起，我国贫苦妇女死于生育的很多，将来学成回国，可自办医院，专为贫苦产妇服务。1928 年，我因弱弟病故，老母乏人照料，即在家自行开业。为了实现声洞遗志，我一面施医施药，悉心为贫苦产妇接生；一面以行医所得，积资筹建医院，以纪念声洞。房屋建成后，无力购置器械设备，曾要求国民党当局补助，岂知竟被置之不理。国民党对待革命先烈如此淡漠无情，真使我心冷。国民党政府南京博物馆曾屡次向我索取声洞遗嘱，我因对国民党已失去信任，始终未交出。

新中国成立以后，人民政府对我关怀备至，照顾甚周，使我的晚年生活十分愉快幸福。我时常想到，倘声洞在世，亲眼看见祖国今天的繁荣强盛，他定会觉得已经远远超过了他当初所抱的革命理想，至于共产主义社会无限美好的前途，则更是他原来梦想所不及的了。

（选自全国政协文史资料研究委员会编《辛亥革命回忆录》第1集，中国文史出版社 2012 年 6 月第 2 版）

四川保路运动亲历记

黄　绶*

在帝国主义猖狂入侵中国的晚清末年，若干省爱国反帝的保路运动，给了风雨飘摇的清王朝以沉重打击。其中由四川立宪派首领蒲殿俊、罗纶、张澜等人组织领导的保路同志会，则给了清王朝以致命的打击。四川谘议局从为“保路、拒债、破约”向清廷据理力争而无结果的教训中，并在蒲殿俊于1910年1月、6月、10月参加“速开国会”的请愿均遭斥责的历史事实面前，认识到腐朽蛮横的清朝统治者，无论是请愿道路，还是议会道路，都已走不通了。蒲殿俊议长在宣统三年（1911年）夏，特为保路而进京请愿，又遭到严厉斥责。他对湖南谘议局的请愿代表左学谦说：“国内政治，已无可为，

* 黄绶：时任川汉铁路西充县股东代表，《保路同志会报告》编辑。新中国成立后，任四川省文史研究馆馆员。

政府很明显不要人民了。吾人欲救中国，舍革命无他法，我们已有相当准备，望联络各省，共策进行。”

蒲、罗、张等立宪派人积极筹备成立保路同志会，准备走武装斗争的道路。事实证明，四川保路运动的武装斗争直接充当了辛亥革命的先导，促进了武昌起义的成功。孙中山先生说：“若没有四川保路同志会的起义，武昌革命或者还要迟一年半载。”[①]吴玉章同志说：“川汉铁路的集股自办，本来就是为了反对英、法帝国主义对四川的侵略，因为，他的本身，即带有民族性的政治性。”[②]郭沫若同志说：“公平而且严格地说，辛亥革命的首功，是应当由四川人担负，是应该由川汉铁路的股东担负的，虽然他们并没有革命的意识，然而他们才是真正的社会革命的发动者，而且也是民族革命的发动者。事实是这样，并不是我们目前想有意阿谀或有意翻案。”[③]可见辛亥革命的四川保路斗争是中国近代史上的重大事件，它的光辉业绩，应载入史册，传之后代。

宣统二年（1910年），我肄业于四川游学预备学堂，南充的张澜是该校的斋务长。次年我改读四川绅班法政学堂，西充的罗纶是该校的斋务长。由张、罗的介绍，得识广安蒲殿俊，尊以为师。我与蒲、罗、张既有师生之谊，又是川北大同乡，因而往来较密，谈论颇多。

辛亥年五月，我毕业于四川绅班法政学堂时，即由本县（西充）选为川汉铁路股东代表，旋任《四川保路同志会报告》的编辑，有机会看到川汉铁路收归国有的往来要电，并多次听到蒲、罗、张等

① 选自冯玉祥：《我所认识的蒋介石》引孙中山语。
② 选自吴玉章：《辛亥革命25周年的一个回忆》。
③ 选自郭沫若：《反正前后》。

人对路事的密商和对策。因而我对四川保路同志会的酝酿、成立、发展、壮大以及武装斗争等情况，了解较多。特追录往事，以供参考。

一　自设川汉铁路公司抵制帝国主义侵略

光绪二十七年（1901年），法、英、美帝国主义乘我甲午战败，庚子八国联军攻陷北京，迫使清廷订立了丧权辱国的辛丑和约，遂启瓜分中国之议。他们甚至狂妄地把中国全境划分为各自的掠夺范围，而对南北各省铁路建筑权之争夺尤为剧烈。如在英人获得沪杭甬铁路的借款和代修之权以后，法、英、美对川汉铁路的觊觎就更加紧迫。为此，四川总督锡良在到任前的光绪二十九年（1903年）五月于正定就奏请自设川汉铁路公司，略谓：

奏为自设川汉铁路公司，以辟利源而保主权。四川天府奥区……外人早已垂涎，群思揽办……若不及早主张官设公司，招集华股，自保权利，迟之日久，势不容已；或息借洋款，或许人兴修，以致喧宾夺主，退处无权。况川省……高踞长江上游，倘路权属之他人，藩篱尽撤，且将建瓴而下，沿江数省，顿失险要……非速筹自办不可。

同年六月，锡良抵成都后，即召集官绅筹议成立川汉铁路公司。十二月，锡良具奏遵章设立川汉铁路公司及委派冯煦等为督办、会办，进行筹款集股事项。光绪三十年（1904年）八月，四川留日同乡会电川督锡良并告全川父老，为愿认集股款倡率，请速开办川汉铁路公司。同年十二月，锡良具奏议定川汉铁路公司集股章程及集股办法，并得到商、户、外务三部会奏、议复，同意路股分为租股、官股。指明官股的股金取自土药税、盐茶税和创办铜元局余利。因此，川汉铁路在名义上虽是官商合股公司,但实际上却是官办铁路公司。

光绪三十二年（1906 年），蒲殿俊、肖湘等发现官办铁路流弊很多，特别是督办的官吏，常常巧立名目，挪用股款。他们揭发与痛斥川吏以办铜元局渝、万分局为名，挪用股款 200 余万两，并责令偿还。蒲殿俊所撰写的《重庆、万县铜元局挪移川路股本调查报告书》及肖湘《驳铜元局挪用事件之详议》①，皆痛斥川吏之违法侵占民股。又以“告四川人公启”名义，印发《劝告书》，主张川汉铁路应立即改为商办，揭露了川吏盘踞公司、挪用路款。《四川杂志》及“川汉铁路改进会”等群起响应。尤以蒲、肖等劝告各州县组织股东分会最为有力，以致工、农、商、学、妇孺皆知川路川股，当由川人自办自主。

光绪三十三年（1907 年）正月，任翰林院侍讲学士衔编修伍肇龄等联名呈请川督锡良，奏改公司章程，照商律办理，定名为“商办川汉公司”，裁撤官商总办。清廷不准。同年，四川留日学生蒲殿俊、肖湘、邓镕、张知竞等倡议改良川汉公司官办之弊，主张实行商办川汉铁路有限公司。撰《改良川汉铁路公司议》，印发全川各县，主张各府厅州县组织股东分会，监督官府，保持权利。川路股东以租股为最多，而租股之股权又系广大之农民，因此，各州县之股东分会，实为动员农民参加保路运动的宣传、组织机构，这就为后来各州县迅速扩大股东分会而组成保路同志会打下良好基础。

早在光绪三十一年（1905 年）九月，张之洞在湖广总督任内即

① 均见《川汉铁路改进会报告书》。

主张向英、美借款修川汉铁路，当即遭到成都游学预备学堂等竭力反对。四川留日川汉铁路改进会干事蒲殿俊，也立即约请留日《四川杂志社》社员思群君及同盟会会员多人于东京开会，致电北京，反对借外款修川汉铁路。同时，湘、鄂、粤等省也积极反对，因而张之洞借款修路的主张未能实现。但是张之洞复于宣统元年（1909年）四月（张此时已升任大学士），又与英、法、德、美签订粤汉、川汉铁路借款草拟合同。先只有英、法、德3国，美国得知此事，也强行加入。当时，张之洞先后上奏，商定两湖境内粤汉铁路与鄂境川汉铁路借款合同奏折定稿，密陈磋商借款情形奏折定稿，与法、英、德3国银行订立粤汉、川汉铁路借款草拟合同定稿25款及附件定稿10条；奏请粤汉、川汉铁路永远由湘、鄂官商合办定稿。川、湘、鄂、粤闻张之洞签订粤汉、川汉铁路借款草合同，群起反对。由于川粤汉铁路横贯川、湘、鄂、粤4省，且4省利害关系密切，因而同心协力，一致反对。同年，湖南湘路公司总副理王先谦、余肇康，迭电张之洞保存路权，并要求宣示合同；湖南学务公所议长谭延闿也迭电张之洞及邮传部、度支部、外务部，强烈反对向4国借款修路；四川留日学生同乡会、湖北留日学生同乡会、上海湖北拒款协会等亦相继反对；广东绅民尤为激烈，立即集股2000万两，实行铁路商办。张之洞鉴于借债修筑川、湘、鄂、粤铁路被群起反对，美国既已强迫加入，日、俄势将干涉，思前想后，颇有悔心，因而对3国借款各奏折、附片及草合同、附件等，虽已定稿，终未出奏，旋即逝世。

宣统元年（1909年）九月，四川绅民谘议局推举议长蒲殿俊赴京，吁请取消张之洞签订的川粤汉铁路借款草合同。为了确保路权，留日及内地同盟会员反对尤烈，甚至主张流血革命。同年，湖南谘议局议长谭延闿湘路公司总理余肇康及留日两湖铁道协会等均迭电反对，略谓："好在合同并未奏交部议核准，本是未成之局，一经罢议，即是取消。"湖广总督陈夔龙亦以"秉文襄（张之洞的溢号）已逝，正好借此机会，设法挽回前议，以保主权。鄂省民情，于此事极为激烈，恐酿风潮"等词，电奏清廷，惜未采纳。以致宣统二年（1910年）一月，英、法、德公使犹两次照会外务部，反对中国自办粤汉、川汉铁路；同时，美公使致函外务部，声明粤汉、川汉铁路借款应有美国参加；稍后，英、美、德、法公使迭次照会外务部，请速签订粤汉、川汉铁路借款草合同，并于同年十一月面递邮传部，请迅速批准四国借款草合同节略。这就埋下了盛宣怀、端方等卖国贼主张借款修路、路归国有的祸根。

二　反对铁路归国有，成立保路同志会

载泽为清皇室之近亲公爵，是曾与端方等五大臣出洋考察宪政的"新人物"，他认为内阁总理庆亲王奕劻昏庸贪鄙，为时论所不满，欲乘势取而代之。盛宣怀、端方、郑孝胥等为载泽献计说："欲攻政权，必树新猷，必借外债，以结外援，收干路为国有，以见中央集权之新政策，借张之洞已订之四国借款草合同而复活之。"并由端方援引郑孝胥，又由郑孝胥援引资政院议员孟昭常等，为之结纳全国名士及宪政党员。专办《宪报》鼓吹赞成借外债者为爱国、为救国，反对借外债为愚妄，特别大肆攻击、积极反对借款收归国有的川、湘、鄂3省谘议局议长蒲殿俊、谭延闿、汤化龙等人。载泽、盛宣怀、端方等还联络四川京官甘大璋、宋育仁、李稷勋等破坏川

人争路，诬“同志会”（这时的保路同志会尚处于秘密酝酿状态，未公开活动）为造乱机关，窃名冒称代表川人，愿将原股献归国有。

各帝国主义闻载泽、盛宣怀决定借款收路，便频加催逼。日本于宣统三年二月（1911年3月）宣称，对英、法、德借款同盟非攻破不可，美国既入，日必参加。英、法、德、美4帝国主义照会外务部称：“湖广铁路借款一事……中国政府有施行之责……合请告知此项合同签字之期，毋庸再行延搁。”清帝遂于同年四月六日特下上谕，大借外债，略谓：“特借英、美、德、法四国银行1000万英镑，日本横滨银行1000万日元，专备考定币制，振兴实业，以及推广铁路之用。”同年四月十一日，宣统帝颁发上谕略谓：“干路均归国有，定为政策，所有宣统三年以前各省分设公司，集股商办之干路，延误已久，应即由国家收回。”上谕并痛斥川、粤、鄂商办川汉铁路之害。同时，停止川、湖两省铁路租股，欲派端方为督办粤汉、川汉铁路大臣；邮传部咨川、湘、鄂、粤督抚通知川粤汉铁路借款合同签字，并分寄借款合同25款。因此，全国上下，对清廷极为愤怒，川、湘、鄂、粤尤为突出，联合一致，破约、拒款、争路。过去只是电奏飞驰，吁恳于清廷，现在则是联合各省各阶层协力自救，决死反抗。盛宣怀自恃其才大功多，谓“路归国有，为各国通行政策；且国有系朝廷之主权，若一经风潮，即行改变，将来民气嚣张，大事愈不堪设想。且湘、鄂决无实力自修，少数人闹风潮，万难持久，午桥（端方字）到任，尽可严办一二不驯之徒，阻止匪党勾结，自可平静无事。至于借债条款，全系泽公手订，我不过代为参酌而已”。成可居功，败可卸责，其骄横狡诈，可见一斑。

四川谘议局联合各阶层坚决反对立约借款，反对铁路国有，屡请护理川督王人文代奏力争，屡受申斥。上谕本有“川股700万两，听民自便，取回办地方实业”等语。而在盛宣怀、端方的歌电中竟把700万两的川股变成一纸空头支票，加以借款合同丧权太甚，川人更加愤激。宣统三年五月二十一日午后，公开召集成立四川保路同志会。会后，副议长罗纶和伍肇龄等2000余人至督院请愿，王人文允代奏力争，他说：“虽三、四奏，直至罢职，亦乐为川人尽责。”

四川省保路同志会随即派朱山奔赴川东讲演，并派出学生分赴各州县进行联络和广泛讲演。因而全省142州县镇乡都很快成立了保路同志协会（或分会），并办有民团；成都还成立了女子保路同志协会；四川同盟会会员亦决定参加保路同志会，准备乘机起义。留日同盟会见川路风潮剧烈，急派吴玉章回川相机引导；同盟会重庆负责人杨庶堪及渝股东分会派朱之洪来成都与同盟会成都负责人龙鸣剑（四圣祠法政学堂监督）、曹笃等密商，决定加入保路同志会；龙鸣剑又于同年闰六月初十约集罗子舟、秦载赓、胡重义、胡朗和、张尊等盟员，在资中罗泉井秘密集会，议决参加保路同志会，并积极组织武装力量借争路以起义。

成都召开保路同志会的每次大会，到会者动辄数千人至万人，一致主张废约拒债，严惩盛宣怀，痛哭演说，闻者激动。不久，订立了川、鄂、湘、粤四省联合争路拒债公约，团结一致，声势浩大。宣统三年（1911年）六月二日，罗纶对川汉、粤汉铁路四国借款合同逐条签注加以驳斥，成文后，率2400余人前往督署，呈请护督王人文代奏。人文并专折参盛宣怀。但清廷严谴人文，谓如别滋事端，唯该督是问，且调人文迅速到京。

宣统三年闰六月十一日，川汉铁路公司召开全体股东大会，欢迎赵尔丰就任川省总督到会演说。赵说：“不必争路废约！”张澜等痛驳之。股东会推举颜楷、张澜为正副会长。大会决议，坚持川路商办。并称，截至本年四月，川路已集股1500余万两，除支销外，尚存生银700余万两。大大多于湘鄂各商办路之股款，而且由宜昌至归州已筑路基300余里，而可通车运料者已有30余里。这充分说明我们四川既有集股之财源，又有筑路之能力。因此坚决请朝廷收回国有成命，请赵督代奏。当赵尔丰到任之初，为了笼络人心，曾假惺惺地为川人代奏。正由于赵如此表现，引起了端方对他的无比嫉恨。川汉铁路公司驻宜昌总理李稷勋为盛宣怀、端方所收买，擅将川路股款700余万两交付盛、端。股东会、保路会合请赵尔丰代奏，撤查李稷勋、参劾盛宣怀夺路劫款。湖广总督瑞澂及端方、盛宣怀反而奏请钦派李稷勋为驻宜总理。瑞澂、端方还奏称："四川集会争路，为少年喜事，别有阴谋，请饬赵尔丰严行弹压。"上谕同时到蓉，群情大哗，愤怒万分。保路会、股东会于同年七月初一召开大会，到会者万余人，决议罢市、罢课。自七月初一起，全省响应罢市、罢课的达数十州县。赵尔丰被迫于七月初四、初五联衔成都将军玉昆及司道等，奏请将借款收路问题交资政院议决，并请准予暂归商办。内阁不准。七月初九，川路股东总会见屡次呈请收回成命及交资政院议决，均拒不允，并严饬赵尔丰弹压解散，乃议决不纳正粮、捐输等，通告全川。

赵尔丰侦悉保路会与同盟会、哥老会早已合流，团结坚固而势力强大，工农商学皆怨声载道，大有一触即发之势。他于七月初十电内阁协理那桐称：如不准川人所请，将变生顷刻，为准归商办，可免糜烂，请速定办法！同时又于七月十二日以罢粮税替换罢市为条件，叫周善培协同罗纶、樊孔周协商早日开市。罗、樊以赵、周意见对会众演说，因群起反对而作罢。此后，保路同志会集会活动愈趋激烈，参加人数与日俱增。赵熙电呈邮电部文中称：接川中来电，保路同志会签名者已逾 10 万人。实际还远不止此数。

七月十二日，赵尔丰电内阁代奏：“川人不听解散，惟假兵力剿办，请朝廷主持，内阁维持。”同日，宣统帝饬赵尔丰迅速解散、切实弹压保路同志会。端方亦迭次函赵尔丰严厉对付争路川人。

七月十三日，成都保路同志会开会时，有同志会及同盟会会员朱国深、刘长叔等人印发《川人自保商榷书》，主张人民练兵、办团、设兵工厂、自收赋税等。赵尔丰的表侄、布政使尹良怀恨保路同志会，潜恶王人文，向赵尔丰密告，说保路同志会作书宣布自保，将谋反起事，宜调军队剿办之。尔丰同意，急调巡防军边军入省。十三日午后 7 时，尹良召十七镇统制朱庆澜、参谋处总办吴钟镕及司道等开会，提出：《川人自保商榷书》系谋反，要朱庆澜表示其陆军能不能打仗。庆澜沉默良久，才答道：“能打土匪，不能打同志会。”尹良气极，当夜入告尔丰，共定诱捕蒲、罗等人之策。

七月十四日晨，外籍人士廉让三走告张澜、彭兰棻、蒲殿俊、罗纶等，说赵督将有不利于诸公的非常行动。如愿出省，外人力任保护。但蒲、张、罗、彭等却敬谢之而未去。

赵尔丰自七月十三日见《川人自保商榷书》后，立召尹良、杨嘉绅、田征葵、路广钟等官员筹商对策，一面速电内阁请示办法，同时飞电防军速集省城布防，专派田征葵担任总指挥。

三　赵尔丰诱捕蒲、罗，程莹度派我进京

宣统三年七月十五日上午，藩署电话通知保路同志会说，赵督请

保路会各部长、股东会正副会长等到督院看邮传部对川路的回电。他们到了督院，待到正午，连接待的人都没有，更不用说看电报了。随即来了一批巡警，立刻把蒲殿俊、罗纶、张澜等人逮捕了。街民闻蒲、罗诸绅被捕，全城震动，各街均鸣锣惊众，齐赴督院营救。一时全城人民，奋不顾身，拥入督院，要求释放蒲、罗诸人。赵尔丰严令退出，群众不退。赵便下令开枪镇压，当场中弹而死者数十人，伤者数百人。

七月十五日当天，我在铁路总公司参加保路同志会及股东会。午前11时许，管带唐廷牧率陆军一连开驻公司，由一军人持一陆军中校参谋赵康时大红纸名片交会众说："奉赵大帅令，保路同志会、股东会都不准开了。"当时，成都府学教授蒙裁成追问原因，军人不答。保路同志会讲演部部长程莹度在会闻耗即避入公司楼上。约12时，得到蒲、罗等被捕的消息，对街上的鸣锣声、号哭声、奔跑声都听得一清二楚。在听到枪声以后，驻公司之士兵即不准股东代表出门。驻军中的邱卫华排长系西充同乡，私下对我说："争路是为川为国，蒲、罗诸君被捕，未必能了事，我们陆军都不愿打同志会。"直到当夜三更，军队才同意我们出公司。蒙裁成闻蒲、罗诸人被捕，愤极，由公司以电话向赵尔丰说："我与蒲、罗诸人行动一致，请逮捕！"尔丰令捕裁成，拘于巡警道署。同日又拘胡嵘（电报局局长）于督练公所，次日，移胡至督院。四川高等学堂学生阎一士闻蒲、罗诸人系因《川人自保商榷书》而被捕，电尔丰说：《川人自保商榷书》是我所作，请逮捕！"尔丰令拘之府署。一士为了营救蒲、罗诸人，不惜挺身自代，令人钦佩。赵尔丰还电鄂督瑞澂，拘肖湘（保路同志驻京及驻沪鄂代表）于武昌知府署。

七月十六日下午，谘议局秘书长程莹度及议员姚厉渠等密商，略谓："事已至此，不仅限于保路保川了，而是发展到反清保国了，而反清保国又非争取各省支援是不能成功的。"因此，密派我赴湘、鄂联合两省谘议局，并去北京资政院请愿，要求惩盛宣怀借款卖路之罪，惩赵尔丰擅捕滥杀之罪，借以营救蒲、罗诸人。姚厉渠派其随从何福随我出城东下，抵资中，入城晤廖承壤，请其速电北京资政院伸冤！廖说："赵已于七月十五日令资州牧（即州令）禁止发保路事电报。同时，我与蒲在癸卯年同中副榜，已涉嫌疑，暗被监视，不便插手，你当速去。"他立即送我路资 100 元，我即星夜赶至重庆，先去来龙巷会重庆府中学堂监督杨庶堪。杨系同盟会西部支部主任。我向他详细说明了成都事件和去两湖及北京的任务，请杨由外国领事馆密电资政院。我说："如果朝廷不惩办盛宣怀、赵尔丰，不下令放蒲、罗诸人，我们便实力革命。"杨答："君言极是。"并说，"成、渝都是四川，是一家人；蒲、罗与我又原有交情，虽临时准备有些仓促，但当全力以赴，我当立即向北京拍电，并致函京中在摄政王左右办事的孙某（资阳人），请他救蒲、罗等人。"临行，庶堪也送我路资100 元，并写信给江潘（联合两湖谘议局代表、同盟会会员），叫我面交，请他大力支持。重庆总商会会长赵城璧等向我探问成都情况，我托他转电上海总商会及四川旅沪同乡会，协力挽救。

次日，庶堪派同盟会会员朱之洪、刘祖荫，同我赴夔府谒端方，代表川民陈述赵尔丰的罪恶和保护路权的决心。抵夔府后，晤夔府中学堂监督梅际郇（同盟会会员），等了两天，端方未到，朱、刘、梅等人均叫我先在长沙各地联络，最关紧要。际郇派一校工陈某伴我同行。陈某送至洞庭湖才返校，时为七月下旬。

我到了长沙，即夜赴四川会馆，会晤值年首事、湖南候补知县黎受之（巴县人），不遇。途中遇警察，听我操四川口音而严加盘问，因赵尔丰早有电致湘抚："四川保路会谋逆，派有人至湘联络活动，请查拿。"我变换姓名，说来访熊沅荪老师，才未为警察捕去。回旅馆，我赶紧写了一张宣传四川保路事的传单。次晨，带去拜会熊老师，熊曾任成都游学预备学堂历史教员，请其为我修改润色后，即油印散发，并邮寄各地。旋即晤湘省谘议局谭延闿议长，请以22行省谘议局联合会会长名义，通电全国各谘议局，并电内阁资政院惩盛、赵，释蒲、罗。否则，湘、川、鄂、粤联合起义，推倒清廷。延闿说："伯英（蒲殿俊，字伯英，与延闿甲辰同年进士）等热诚组织同志会，争路，废约、拒债救国，前月已派江潘等来长沙联合，共同反抗。今被捕，决立电22行省谘议局，合力电内阁及资政院抗争挽救。延闿并单独电阁院力争，贵省既已发难，敝省自当相机准备，决不后人。君可速去武昌请汤化龙议长力争营救。"至武昌，谒见汤化龙，具以告延闿之所言告化龙。化龙亦极愤怒，且诚恳答应立即照办，即辞出。

抵京后，请同乡京官邓镕为我修改上资政院的请愿书缮呈后，谭延闿及22行省谘议局联合会、湖北和浙江等省谘议局请惩盛、赵，释蒲、罗等人的电文，已纷纷登载于北京各报。《国光新闻》记者见报后，来会我，要求供给更多的材料，以造成更大的舆论声势。我并分别走访了由四川京官担任的四道争路代表中书李文熙、御史赵熙、翰林院编修黄德章、胡骏及主事杜德舆、贵州资政院议员牟琳等。

赵熙等并对我介绍了他们在京中的斗争情况。他们说：宣统三年七月十五日，由前四川保路同志会从四川京官中举出的驻京争路代表川东李文熙、川南赵熙、川西黄德章、川北胡骏及其他京官200余人，在北京全蜀馆开大会。李文熙报告说："四川乱事（指全省的罢市、罢课、抗粮、抗税）系盛宣怀一手造成。我全省京官宜签名严劾盛宣怀，请朝廷罢盛宣怀，以谢四川，并谢全国。否则，即当罢我全川京官。”众赞成，皆签名，并决议齐集拦舆递呈。七月十八日，赴京请愿叩官的争路代表刘声元及京官杨光谌、卢文矩等百余人和学生数百人，开会于全蜀会馆，其传单说：“朝廷不罢盛宣怀，川京官辞职，学生一律罢课回籍。”由声元呈请内阁挽救川祸，并议决：“京官、学生举代表赴庆王府请愿。”午后，京官、学生及刘声元等徒步奔赴庆王府跪哭请愿，被拒绝不见。其中，多数几乎跪哭通宵，后被卫兵强拖刘声元、杨光谌等十几人至高庙，递呈于步军统领乌正堂转呈庆邸，各代表相对痛哭，天将曙，乃归。七月十九日，清帝上谕：“禁止四川旅京官、绅、商、学开会，递呈。”令拿刘声元。当北京拿刘声元时，四川驻京的争路代表和官绅商学等，还不知道成都已经发生了一场大血案，从而掀起了大规模的武装起义。

赵熙自得到蒲、罗诸人被捕的消息后，立即上了《请杀赵尔丰折》。大意是：

赵尔丰诱拿正绅，称为首要。未拿正绅，四川帖然；既拿首要，四川骚然。总之，赵尔丰不冤拿首要，不枪毙平民，四川决无公愤。上谕“胁从罔治”，则匪尚有可抚之理，民断无可剿之理；而成都附郭州县，血海尸山，上海今设救济会往埋之，老者少者，何胁何从，岂能委之劫运？伏望皇上圣明，念死者之冤，平生者之愤，迅将赵尔丰即行正法！

我代表四川保路同志会出省以后，在重庆得到四川同盟会重庆负责人杨庶堪的有力支持；到了长沙，又得到湖南谘议局议长谭延闿的热情支持。我把这些联系情况都及时函报了程莹度、姚厉渠等。以后到武昌、到北京的接洽经过，特别是北京京官及旅京川人，对保路请愿的感人场面，赵熙请杀赵尔丰参折的犀利中肯，以及北京各报及时报道有关四川保路斗争的消息和文章等，无不及时向省内做了函报。后来，程莹度对我讲："你每寄回一次好消息，都给我们在省内的同志以很大的激励。"

八月二十日夜，我在中兴球房听说武昌已于十九日起义（1911年10月10日），遂于八月二十四日同何政源急赴上海参加革命。抵上海之晨，即剪去发辫。看报，知湖南、陕西相继独立，南北各省均已动摇。我前往会见同盟会会员大竹陈凤石，请参加蜀军，回川革命。陈叫我稍事等待。不到一月，闻蒲、罗脱险，四川已独立，我即返川。

四　同志军武装起义，赵尔丰坐困孤城

1912年，罗纶交卸了副都督，闲居成都少城东门街。我回成都时，即客居于他家。在这一年中，原同志军的领导人来访罗纶者络绎不绝。他们的谈论大多以保路事件为中心，从围攻成都到占领州县，从组织起义到个别战役，无不穷本溯源，具道其详。不少可歌可泣的事，感人甚深，至今犹能记忆，特追述之。

在蒲殿俊、罗纶等9人被捕以后，当夜即有同盟会会员曹笃（蚕桑学堂监督）、朱国琛（场长）赶回蚕桑学堂的农事试验场，发出"水电报"告急，即以木牌投江，写着"赵尔丰先捕蒲、罗，后剿四川，各地同志，速起自救自保！"曹笃并立即奔赴川南地区进行宣传鼓动。

因此，在七月十六日（1911年9月8日）晨三四点钟，即有数千同志军开抵牛市口、大面铺一带。这是中和场、石羊场等处团防及同志协会接到“水电报”而迅速开来营救蒲、罗的。十五日傍晚，温江吴庆熙等即派人来成都侦察到实况后，绅士曾学传就愤愤地说：“焉能坐视，非匍匐往救不可！”十六日晨，庆熙急召黄茂勋、何祖义、蒋希益等宣布起义，举着温江保路同志会的旗帜，由吴庆熙、吴从英率团勇，日夜冒雨前进，于十七日晨抵成都南门外，驻乐群公园。次日，李仙舟率和盛场保民军亦抵南门。众推吴庆熙为保路军统领，其从兄吴从英为分统，领兵围成都南门。郫县张尊、张海云等10余人自蒲、罗被捕，亦立即集合保路同志军几千人攻成都西门。当时清军有陆军第十七镇约1万人。由于清军的武器比民兵的优良得多，所以保路同志军总是胜少败多，但却愈败愈励，愈聚愈多。双流的彭子鹤率保路军起义以后，同盟会会员向迪章即积极联络哥老会、同盟会，仅在一两天内，就在双流聚集同志军6000多人。环邻各县，均皆呼号而起。无论党人（同盟会会员）、民军与保路军，都以保路同志军为标帜。崇庆的孙泽沛，灌县的张捷先、张熙、姚宝珊，华阳的秦载赓，郫、灌间的学生军统领蒋淳风，彭县的刘丽生，新津的侯宝斋、周鸿勋、邓子完，绵竹的侯国治，荣县的龙鸣剑、王天杰，仁寿的邱志云，井研的陈孔白、姚孔章，都迅速组织保路军，向成都增援。真是“富者输财，贫者持械”（《荣县县志》）。不及一日，聚集到成都周围的保路同志军达数十万人。其中以吴庆熙、孙泽沛、张尊、刘丽生等人的号召力最大，而领兵也最多。几天之内，与清军战斗不下数十百次，而规模较大的有武侯祠之战、红牌楼之战、犀浦之战，温（江）、崇（庆）间的三渡水之战。我同志军鼓保路之义气，抗清廷之枪炮，前仆后继，义无反顾，彼伏此起，志不少衰。一般是凡敌多于我，即退而避之；我多于敌，则战而歼之；退而复进，散而复聚，愈聚愈多，誓死保路以倒清。使清廷为之震恐，赵贼为之胆寒。蒲、罗诸绅乃因之而得救。在省城周围的大小战斗中，同志军的伤亡数达数千人。蒋淳风率领的500多名学生军，在犀涌一战，即阵亡13人，淳风不幸战死，环城数十里，死伤累累，如犀浦丛葬同志军30余人之墓者，所在多有。

自环攻省城以来，虽互有胜负，但城垣坚固，一时难以攻破。经东南两路同志军会议决定，先分击各州县，待州县平，而后再取成都。于是义师四出，所向无敌，上下川南及川东北等地同志军，乘时攻占城池，纷纷宣布起义。

在川西地区，首先由侯宝斋、罗定川、高兴林等部攻克新津，成为保路同志军的西南重镇。为了确保这个交通枢纽，与清军进行反复的争夺后，保路同志军占据了保资山、老君山等制高点，并在山脚沿河数十里挖堑筑垒，封船禁渡，利用芦草丛林随处埋伏。同时，还得到温江李树勋、冯时雨和嘉定李松庭、峨边万义先等率部支援。赵尔丰的陆军统制朱庆澜面对这个人多阵严的新津，终于无可奈何。同志军牢固地控制新津，连接邛、雅，对成都是个严重的威胁，而对环邻各县则是有力的支援。例如，温江的吴庆熙、罗守经、李树勋、冯时雨等据温江起义后，举吴庆熙为统领，派李、冯率众支援新津，并转战于成都府属16州县；张熙、张捷先、刘荫西、姚宝珊等据灌县起义；刘子洪、向迪章、吴荣超、曾黑骡子等部攻占双流，并杀县令汪承第；孙泽沛、蔡树藩等于崇庆州起义，立孙泽沛为西路统领，州官薛宜璜交印后逃走；张尊、杨靖西等部占据郫县，立张尊为统领；黄少堂、刘丽生部攻占新繁，又由刘丽生分兵攻占彭县；苟荣三、王录君等部占据新都，立王录君为川北大统领；张成熙部攻崇宁；曹文枢部攻大邑；母剑魂在汉州起义后遇害；华阳立秦载庚、王天杰为东路正副统领。

又严以政、罗子舟等部攻占雅州，控制川藏交通要道；李永忠、王占鳌、郭成庵、曾省吾、谭载阳等部进据荥经；高俊卿部攻占天全；吴廷相、黄绍宗部占据汉源；张世江、曹雅轩、赵玉麟等部扼守清溪。由于从汉源至荥经、雅安、天全一线，绵亘200余里尽入同志军之手，并派重兵扼守清溪关、大关（属荥经）和大渡河等重要关口，以阻止清边军傅华封部东进援省。傅华封部曾在清溪附近不断攻关抢渡，均为同志军奋勇击退。但负责扼守大渡河的赵玉麟，即于此役壮烈牺牲。西昌留蓉学生的“三平”（王西平、刘次平、朱国平），运动西昌的张耀堂团总参加起义，并杀了知县章庆。随后张耀堂怀疑“三平”垄断了他的兵权，转而杀王、刘，朱国平闻讯先走，幸免于难。

在少数民族地区，李维明率汉藏民军攻占汶川后，由于得到藏族阿日土司在人马粮饷等各方面的充分支援，得以乘胜解除清军武装，并击退围攻灌县之敌，且追清军至崇宁、郫县；邢珍禄部占据茂州后，又攻北川城；藏族索代兴、索代赓起义于松潘、理州；藏族世藩扼守文关镇，阻击了松潘驰援省城的清兵；陈永贞在打箭炉起义，对傅华封的边军起到很大的牵制作用。

在上下川南方面，吴玉章和王天杰早在七月二十三日（9月5日）即在荣县成立了革命政府；威远胡御阶和荣县范燮、范模率乡军围省后回师仁寿；简州吴善教、邱天章因保路而殉身；资州张益三倾家办保路军，胡良辅、姚孔卓率资州同志军于资、威，监视端方部队；

秦载庚、陈孔白、范燮率部攻克威远城；内江余清民军，联合周鸿勋部支援川南各县；彭山陈希禹等部占江口；赵南浦、余子静、曾聿修等在青神起义；洪雅孟宗辉等率部转战洪雅、夹江，并助罗子舟部攻克嘉定；龙鸣剑率部在仁寿的秦皇寺、苏码头迎击清陆军第六十八标统带官王铸人；井研姚孔卓、陈孔白率部队协攻仁寿，从而支援了邱志云在仁寿起义；李级三、杨湘南部围攻永宁，不幸牺牲；邓亚珍、邓树北、李燮昌于屏山举兵起义；张桂山部攻占富顺县；文显模、黄万里在隆昌起兵独立；泸州黄芳、刘朝望、温翰祯起兵独立，称川南军政府。

犍、嘉一带，由赵尔丰向贵州求援的黔防军进抵犍为么姑沱，与原驻防犍、嘉之间的川军互为犄角。这不仅对邻近各县的同志军造成威胁，而且有急欲摆脱牵制直趋成都增援之势。于是犍为的王子宜等迅速调集本县和邻区的同志军，乘其立脚未稳之际，即予以迎头痛击：由王子宜、赵华杰、李政舆等部与川黔防军在犍为下渡口、磨子场进行血战；胡章义、官联升、李敬廷、李汝言等部在键为么姑沱大战清防军统带朱登武部，致使川、黔防军不得西进一步。由于战斗猛烈，我同志军杰出首领霍玉亭、肖青华等相继殉难。但罗子舟等得洪雅之助，迅速入据嘉定；嘉定的彭开运乘胜率部击走清防军，入据眉州；峨边的周元海偕长男率部与清军鏖战，亦取得重大胜利。曹笃、方潮珍、邓子完、肖参等部会攻自贡，破城后，清防军投降。与此同时，入川而盘踞在叙府一带之清滇军，亦称顽强。南溪的同志军对之环城围攻，因滇军固守而未克；高县的罗俊卿率部在攻进叙府时，被滇军擒杀，全军撤退；最后由罗子舟、胡重义、金履成、曾云阶等集中兵力，猛烈进攻，终于击败滇军，叙府、高县相继独立。在连捷滇、黔及川防军两大战役之后，川南形势得以稳固。

在大小川北方面，广安张观风、曾省斋起义，称蜀北都督府，号令各部攻南充、岳池、邻水等县：顺庆（今南充）何庆云部攻城未克，转攻蓬州、巴州；曾省斋部再攻顺庆，未破，下蓬溪、射洪；周铭盘部攻占营山城；余临川部占岳池；欧攀桂部攻渠县受挫，由王晓澄、陈英奇部攻克渠县；李克豫、陈凯阵亡巴州城。绵竹侯国治起义，并率同志军进占安县；汉州（即广汉）同志军围攻德阳，与县令张昭芹部激战；王道立在三台率团兵起义；凌阒在江油举兵；赵恒仁在剑阁武连驿殉难，王茂南起义独立于安岳城。

在川东方面，高亚衡在涪州独立；王维舟在宣汉起义；曾省斋占据垫江；熊兆飞在南川独立；李绍尹占据大竹大寨坪；王充、梅洁部先后攻入邻水；廖树勋部进攻梁山，受清军诈降遭覆灭；晏祥武等起义云阳，强迫官绅吴良相、程德音等响应独立；刘应杨酉阳举兵；王杨氏、谭国材在黔江县起义；白锦祯部攻秀山，父子殉于革命；陈璧光部占领大足城；池烈五、池幼谦部取綦江，拥立杨锦云；赖容光、赵其屏、潘大道、刘汉卿控制万县，称蜀军分府。

赵尔丰深知夔府为入川的重要门户，非有重兵，难资防守，故将川江上下游水道巡警集中并为一队，共约600余名，飞驻夔门巡守，并饬知府陈昌就地添募一营，以便互相策应。同志军领袖卢师谛、王亮、孙吉五等知其有备，但为了截断赵尔丰的外援，不得不集中全力，冒死攻坚，终于击溃了水道巡警营，占据了夔府，牢固地守卫着四川的东大门。

在同盟会会员中，除吴玉章、王维舟、龙鸣剑、罗子舟、刘杨等在各地起义独立外，驻渝同盟会负责人杨庶堪、张培爵积极指挥着罗鼎由贵州仁怀进军，与川南王焕卿、韩利生等组成联合军；叙永的刘吟楚，古蔺的周南、张仲华、肖若愚、罗锐伯，古宋的刘经文、赵铁械，江安的李璧泉，合江的韩丽生、张子钊、任大容、范朝枢，巫山宜万铁路段的路工张百祥，邻水的王充等，皆借保路而起兵倒清。夏之时部在龙泉驿起义；谢持运动廖树勋于长寿反清。辛亥年十月初二（1911年11月22日），张培爵、夏之时在重庆会师，即日组织蜀军政府，宣布独立，使赵尔丰受到很大威胁，不得不交权让位，以保生命。

由于同志军放弃了对成都的攻坚战，改为先占领州县城池，而后再取成都的战略决策的正确，全省响应，纷纷举兵。部分地区虽曾经过艰苦的反复争夺，但此伏彼起，一往无前，全省142州县不数十日而尽入同志军之手。成都周围的同志军，自七月十五日战至九月二十五日的70日内，将4路电杆砍断，阻其电讯；不许运输米盐进城，断其粮秣；不许运粪尿垃圾出城，阻其交通，使赵贼坐困孤城，成为瓮中之鳖。有一首《蜀中同志会记事诗》说：

鱼凫疆域阵如云，弹雨枪林处处闻。一百四十余州县，羽檄交驰势若棼。吾不闻，革命党，大江南北皆枪攘。又不见，同志军，全川西南戎马纷。民军整，防军败，散而遇整不敢战。防军少，民军多，少不胜多苦奈何！城外防兵多失利，城中陆军无斗志。锦城险作九里山，四面楚歌魂惊悸（传说“鱼凫”是古蜀国的国王，这是泛指成都地区。“九里山”在江苏徐州北，相传为刘、项战场，有“九里山前摆战场”的民歌）。

现节录赵尔丰、端方的部分电奏，以证保路军之蓬勃发展，势不可当；赵尔丰之坐困绝镜，北望哀号。

赵尔丰自清宣统三年七月二十三日至九月三日迭次电请内阁代奏说：

十五日遵旨拿获首要，随将围攻督署乱民击退，而城外大面铺、牛市口民团数千人夤夜已到城下。连日已到各团，计西有温江、郫县、崇庆州、灌县，南有成都、华阳、双流、新津及邛州、蒲江、大邑等十余州县。一县之中，又多分数起，每股均不下数千，或至万人。阵获之人讯供，沿江得有同志会散布的木签，令来保护罗蒲诸人者。要求从此不纳粮税，不准，则围城攻打。当经调派陆军及巡防军卫队，一面谨严守城，一面分路迎剿，乃各该团恃其人多势强，分四路围城。迫官军开枪回击，犹敢抵死抗拒，至势难支持，始各纷纷败退。查官军自十六日至今，连战七日，防内攻外，东驰西击，刻无暇晷。而民匪散而复合，前去后来，竟成燎原之势。各处电杆，悉被砍断，驿递文报，皆被截阻。匪徒日益麇集，视其设伏守险，图扼东西要道，前日双流被困三日，不意又陷我于坐困之地。

有大股匪徒，接踵而至，该匪徒等枪炮甚夥。而处州县，迭来警报，温江尤急，伤我军士多人，已有不暇兼顾之势。

新津、彭山两县，皆为匪据，两处地方官，皆被幽禁。

仁寿县有匪约二千余人，意欲来扑省垣。派陆军第六十八标统带官王铸人前去迎击，追至仁寿界之苏码头，攻战十五日，尚未得到确报。

新津匪徒占据县城，连亘邛、雅一带，约二余里。目前江口有匪徒数千，与水道警察接仗，巡船被毁，区官受伤。彭山匪徒劫狱，官被幽禁，边军闻到雅州为匪截阻，已接仗两次，一时竟难通过。

据陆军统制官朱庆澜由新津报告，探闻邛州下路巡防第八营兵变，营官黄恩翰惨遭枪毙，匪党劲旅，即以此为前锋。前调边军，亦为雅河所阻，至今不能前进。川东各县，多有请兵保护者。

此次事变，川人均有独立思想。闻土司、地方、匪有联结之说。加以人心助乱，闻兵胜则怒，闻匪胜则喜，省外大势，已成燎原。

不唯已乱地方，剿不胜剿，而同志会到处皆倡言设立集团制械，听其自由，地方官坐拥虚名，随时随地皆可失守。愚民无识，见匪则助粮助饷，见兵则视同仇敌，甚至要求水火而不与。顷闻大北路复塞，则通陕之路亦断，真成绝地。

五　蒲都督昙花一现，同志军横遭摧残

赵尔丰于九月初十（1911 年 10 月 31 日）被迫放出了彭、江、王、叶等人，但对蒲、罗、张、颜、邓 5 人却延至九月二十五日（11 月 15 日）始行释放。蒲、罗既出，便积极运动四川独立。赵尔丰亦感到清廷大势已去，如不退位，亦无生路，才将政权交谘议局，意欲乘势脱祸。经官绅协定，蒲殿俊为都督，朱庆澜为副都督。于辛亥年十月初七（11 月 27 日）宣布四川独立，称“大汉四川军政府”。

大汉军政府决定于十月十八日在东校场点兵。当蒲殿俊都督率文武官员登上点兵台时，巡防军突然哗变。蒲殿俊惊恐失色，首先逃匿；朱庆澜等大小官员亦相继逃散；最后虽还剩下一个军政部部长尹昌衡，但已孤掌难鸣，不可收拾了。乱兵四处抢劫达一昼夜，公私损失，难以计算，昙花一现的蒲都督亦即随之而销声匿迹了。

兵变之后，尹昌衡饬凤凰山第六十五标统带周骏部借周骏兵三连，入城定乱，并亲率一连入皇城保卫军政府。时罗纶业已召集同志军万余人入城维持秩序。至十月十九日，乱稍定，徐子休、邵从恩、张澜、董修武等绅士和保路同志会的领导等不约而同会集于军政府，并公推尹昌衡、罗纶为正副都督。

四川独立时，即催赵尔丰赴边。赵不仅借故不行，而且暗调边军傅华封据雅州，准备进攻成都。曾璧成持赵尔丰调边军攻成都的函件告密。尹、罗立即召开军事会议，除高级军官外，张澜、董修武、邵从恩、杨维等文人亦皆出席。罗纶、张澜力主诛赵，一致议决，非杀赵尔丰无以对川人及保路同志会的死难烈士，但要求不要在城内作战，以免伤害人民。经军政府缜密谋划之后，于辛亥年冬月三日（1911 年 12 月 22 日），未费一枪一弹，即由周骏带领士兵生擒赵贼，并令士兵手抬赵尔丰至军政府。尹昌衡问众说：此贼可杀否？军事会议诸人及保路同志军和在场街民等数千人都大声怒吼说：快杀赵屠户！快杀赵屠户！在尹都督宣布其罪状后,令陶泽锟大劈之。

四川保路同志会团结了各党派、各民族、各阶层以及有关各界的领袖人物，因而受到广大群众的拥护。其发起人蒲殿俊、罗纶固然是立宪派，但蒲、罗在召开成立大会之前，与各方面的领导人物都交换了意见，得到他们的同意。在同盟会方面，有谘议局议员程莹度、江潘、刘声元，四圣祠法政学堂监督龙鸣剑，重庆法政学堂监督周代本，汪九曲祠法政学堂监督张知竞，《蜀报》总编辑朱山等；在立宪派方面，有谘议局议员江三乘、李德芳、肖湘、池梁炬、文光汉、汪世荣、李云和、夏慎初、李文熙、王大侯、郭策勋、江澎、张光溥、刘伟等，谘议局秘书长姚弼宪、铁路学堂监督王铭新、绅班法政学堂教员叶茂林、陈崇基，《蜀报》主笔邓孝可、白坚，顺庆府中学堂监督张澜、川路公司董事彭兰棻、成都府学堂教授蒙裁成等；在无党派方面，有谘议局议员郑家相、彭烈襄、陈念祖、王廷佐、杨仕钦，电报局局长胡嵘、华阳中学堂监督林思进、商会会长廖治，股东代表张森楷、樊起鸿，翰林院侍讲衔编修颜楷等。而后，论及保路同志会，何其芳说："保路同志会是当时革命政治派别的大联合，其中有同盟会、有立宪派、有哥老会。"彭兰棻说："当时知与不知、或平时怀抱异见之人，均无不坦然共事，竭诚相援。"这就是四川保路同志会能够迅速发展壮大的根本原因。

由保路同志会组织领导的同志军，对辛亥革命的确有其不可磨灭的功勋，但对这个组织和它的绝大部分成员来说，在军政府成立之后则因遭到军阀的摧残而彻底失败了。究其原因应是多方面的，如蒲、罗、张诸立宪党人，尤其蒲殿俊，既有其十足的书生气，更有其阶级的局限性，因之，对复杂的政治斗争束手无策，又不敢领导群众斗争到底。而有勇有谋的同盟会会员龙鸣剑不幸因久战而病逝，余如程莹度、江潘、张知竞、周代本等又多放弃责任，未能领导群众继续革命。尹昌衡虽亦同盟会会员，但他所信任的却是军团长胡景伊和师长刘存厚、周骏、彭光烈与参谋长张毅等军阀，并竭力壮大武备及士官学系，以增长个人实力为目的。当其西征川边时，照例应交由民政长（即省长）张培爵代行，但却交其心腹胡景伊护理四川都督。而军阀成性的、比他野心更大的胡景伊却乘机篡夺政权。派其表弟陈廷杰（巴县人）及其同伙裴纲、刘辅周、黄云鹏、印焕门、张子梁、刘冕，张春涛、龙灵、朱大镛、钟书传、佘司礼、梁正麟、赵一德、高培德、倪焕奎、杨湘、胡忠亮、孙兆莺等分任党政军学议会各要职，并授意其同伙推举他和黄云鹏、印焕门、张子梁、刘冕等为共和党四川支部常驻干事，推他为主席，裴纲为常务干事。嗣保裴纲为司法司司长、又推刘辅周为常驻干事、保黄云鹏为财政司司长、刘冕为教育司司长、王章祜为民政司司长、龙灵为四川高等审判厅厅长、安永昌为四川高等检察厅检察长、陈廷杰为川西观察使（旋保升为四川巡按使）、高培德为川北观察使、梁正麟为上川南观察使、朱大镛任四川省议会议长、印焕门任四川省法政学堂监督、钟书传任成都中学堂监督兼党支部干事。所有民财法教，无不简派或委任清一色的共和党人充任。其所以要新成立五道观察使，就是为裁撤五道宣慰使的异党人员找借口。乃至全省百余县的知事、局长、税官、校长中的绝大多数，无不另委共和党人接充。军官如胡忠亮、刘存厚、周骏、王陵基、刘湘等，亦皆暗入共和党，以要好和取信于胡景伊。景伊不仅仅是打击立宪派人，对国民党、进步党也极力排挤。如同盟会之四川民政长张培爵，不到半年，就被胡景伊电袁世凯以顾问名义调其入京。在此情况下，国民党支部部长董修武不得不潜行离省，景伊却令人从南充将董押回成都，令其办清财政厅交代以刁难之。又川中进步党的支部长、四川议会议长胡骏，以及进步党员、四川司法筹备处处长邵从恩等均被迫潜逃北京。至于不下数十万的同志军，虽经罗纶再三要求，对真正反清、血战有功的，在编制时不必过为苛求，但改编成军者仍不过2万人，这就是尹、胡锐意培植其士官武备系统而歧视排斥同志军的铁证。其未受改编的几十万人大部流离失所，言之痛心！即已受改编的，最高官职亦不过标统（团长），而且为时不久，就陆续遭到撤处或被迫离职。如吴庆熙、孙泽沛、罗子舟、张尊、侯国治、刘丽生等，均在民国 2 年前后被迫交出军职（这是吴庆熙民国 3 年于北京罗纶寓所对我所谈）。为辛亥革命不惜肝脑涂地并立下汗马功劳的保路同志会和同志军，竟落到如此悲惨零落的结局，实在令人遗恨无穷！

最后，追忆部分烈士姓名，作为本文的结束语。四川保路同志军或民军首领被清军清吏杀害的，川北有邢珍禄、翟奎光，川西南井研有陈孔白，西昌有张耀堂，乐山有胡重义、霍玉亭、肖清华，屏山有邓树北；进攻叙州阵亡的有冯焕廷，围攻犍为阵亡的有白君、毕君、巫君，牺牲者荥经有谭载阳，郫县有周鸿勋及师范毕业生高君，邛崃有廪生贺君，成都府属有蒋淳风，新都有录君；其属于滇军侵川而被袭击或骈戮的，叙永有黄方，泸州有刘作楷、杨延九，叙府有刘杰，乐山有官联升，高县有乐选卿及保路军各数百人；其被奸细杀害的，华阳有秦载赓，威远有胡良辅，新津有侯宝斋，西昌有王西平、刘次平，黔江有王克明等。久战叙府而病死于途的，荣县有龙鸣剑；川东北保路军首领被清军阵毙的，秀山有白锦祯父子；其实，保路军的大小首领为反帝反清而牺牲的何止数百千人！至于战士之死亡者，更不下十数万人！仅就个人尚能记忆的，列此数十人，以概其余，并表示诚挚的纪念和哀悼。

（吕振修　整理）

（选自全国政协文史和学习委员会编《辛亥革命亲历记》，中国文史出版社 2001 年 10 月第 1 版）

忆成都保路运动

石体元[1]

辛亥五月四川保路同志会成立的时候，我正在成都四川高等巡警学校肄业，因为有个朋友冉崇根是川汉铁路公司的董事，我常相过从，对路政经过有较多了解，故接到保路会同志的通知，即自动加入文牍部工作。迨学界保路同志分会组成时，我又被本校推为代表参加。及特别股东会开会时，本县股东分会又推我为出席代表。今把保路运动的过程综合追忆，记录出来。唯事隔50年，兼以年老衰病，记忆力薄弱，遗漏在所难免，希望读者指正。

* 石体元：时为四川高等巡警学堂学生，后任南京国民政府四川省政府委员兼财政厅长和田赋粮食管理处长。

一　川汉铁路的缘起

光绪二十九年（1903 年），锡良任四川总督时，和鄂督张之洞商定建筑川汉铁路，宜昌以下由鄂人担负，宜昌以上由川人担负。1904 年经锡良奏请开办。川汉全线长 3000 余里，估计需银 7000 万两。其集股办法，分购股、租股、商股 3 种。以 50 两为一整股，5 两为一小股。购股以有资产者为对象。商股以富商大贾为对象，尤注意于盐业的厂运商和土药商。这两种股款的募集，均由各县知县查明并召集有担任财力者开会，列名派认，多系一次缴足。唯租股则以有土地者为对象，按照粮册摊认，于每年征粮时摊租代收。先给一临时收据，缴足 5 两则换填小股票，缴足 50 两则换填整股票，以此类推。其股富者有一个人兼具 3 种股的资格。各县设有租股局，由知县遴员担任。股款收集渐多，当以铁路购买机材，皆须由上海入口上运，锡良委派施典章为驻沪专员，兑去股金一大部分。又以汉口的汉冶萍公司，也是筑路购料的对象，又派高伯循为驻汉专员，也兑去一部分股款，并先拨 100 万两与汉冶萍厂作为预订货款。聘胡嘉兆为总工程师，从宜昌起分段测勘路线。这时采官督商办办法，由锡良派藩司冯煦兼任筹备督办，一切事情，概由冯煦秉承锡良的命令办理。

当路线勘定、修筑计划公布时，川人佥谓川汉铁路工程以三峡一带最为艰险，但峡区属于川者仅巫山一县，而属于鄂者则有巴东、秭归两县。今以川人所出股款，先修鄂省区域，是负担义务者为川人，而享受权利者则为鄂人。遂由留学日本的蒲殿俊、肖湘、邓镕等约集川籍留日学生在东京发起川汉铁路改进会，要求先修成渝段，反对先修宜夔段的计划。官督的负责人认为宜渝轮航未通，材料运输困难，对改进会的意见搁置不理，仍按原定计划进行。

二　商办川汉铁路公司的经过

锡良把川汉铁路的立案手续、招股办法、测勘路线种种事情办理就绪，即组织商办铁路公司交与川人自己管理，奏派在籍翰林胡峻担任总理。胡氏就职后，为培植建筑人才起见，创办铁道学堂于文庙前街，延聘举人王铭新为监督，内分业务、建筑两班，于 1906 年春季录取学生，开始授课。翌年胡峻病故，川籍京官公推举人前湖北知县曾培继任。

1909 年，股款已收入 1000 余万两，路线早已测定，铁道学生第一班已毕业，遂决定开工。特设驻宜总理，选派川籍京官李稷勋担任，会同胡总工程师准备施工。成都公司董事会推派董事冉崇根及沈某二人来宜主持有关董事会的问题。1910 年春季举行开工典礼。

当宜昌准备开工半年以前，成都公司曾召开第一次铁路股东大会。各州县选一整股以上的股东代表赴省参加股东大会，其应选代表的人数，视所收股额为比例，每县有多至三四人者，至少亦限选一人。这次出席股东大会的代表共 400 余人，票选出冉崇根等 11 人为董事，陈凤石等 3 人为监察人。商办铁路公司的形式和组织内容，至此才算达到完备和充实。

公司所收股款，先后兑交上海存放者达数百万两，施典章分别存于正元等几个钱庄。1910 年，几个钱庄忽然一起宣布停业，把所存的股款一共倒骗了 200 多万两。公司闻耗，认为可疑之点甚多，即呈请川督参追股款，按律究办。一面推派监察人赴沪彻查诉追，立将所存余款转兑宜昌交李稷勋保存。

三　收归国有和借债合同

辛亥年（1911 年，宣统三年）四月初六，清廷下令说，特借英美德法 4 国银行 1000 万英镑，日本横滨银行 1000 万日元，专备改定币制、振兴实业及推广铁路之用。十一日，又下了一个命令，将川汉、粤汉铁路收归国有。那时四川谘议局副议长肖湘正在北京参加各省谘议局联合会，即由各省谘议局联合会通过了一件公文请都察院代奏，表示反对。

铁路公司于四月底接到了清廷初六、十一两个命令，特约集各法团和驻省的股东于五月初一在公司内会商应付办法。到会的人数不多，谘议局的常驻议员全体出席，情绪尚不过激，对收归国有问题初未极端反对，只要求政府把商办公司历年的用款和上海的倒账、开工的费款，一律承认，偿还 6 成现金，搭用四成股票，并把宜昌所存现金 700 余万两和公司陆续收存的股款，统由此次召开的特别股东会自行议决处理。公司根据这个决议，具文承请督署转电清廷。复以路权移转，应由股东会依法议决，即定闰六月初十召开特别股东会，并立刻通知各县。这次会议，完全遵循法定程序，作平和的请求。次日邓孝可在《蜀报》上发表了一篇论文，与会议决定的意见大体相同。

那时四川总督赵尔巽已调任，由川藏边务大臣赵尔丰来接任，在未到任以前，由藩司王人文暂行护理。当公司具文请其转电时，王立允照办。继由督署次第转来派端方为铁路督办大臣、令川湘两省刊布誊黄停止租股、令邮传部对四国银行借债合同签字等命令，并闻邮传部已委员到宜昌接收工程。各法团和股东连日在公司集会，情绪比上次激烈。讨论的结果，完全变更了五月初一只争路款的主张，而提出反对收归国有，反对借用外债的根本问题，一定要达到收回成本的目的。一面用公司董事会的名义，一面用耆老伍肇龄领衔的法团名义，同时具文呈请督署转电清廷。五月初六王人文接到盛宣怀、端方联名的歌电，料知此电宣布，川人必更愤激，当于初七复电盛、端，力言现款万不可提，并说歌电尚未宣泄。未得复电。十一日盛、端径电驻宜总理李稷勋，问曾看见歌电否。稷勋转询公司。公司又转询督署。王人文至此知不能再搁，十五日把这个电文发交公司。歌电的内容说，清廷根据甘大璋的奏折，决定川汉路官办。又说4国银行借款以两湖、四川财政作抵，并非以铁路作抵。又说已电川督派员查明公司各项账目、公司各种股票，一律换给国家股票，未用股款若干，现存何处，由川督查明复部核办等语。十六日公司通电各县租股局，电报局拒不接受，据云近奉邮部元电，不准译发关于铁路文电。十七日督署依照部电派员到公司查账。十八日督署抄发邮部签字向四国银行借债的合同全文。这一连串的事件，好似毒矢利刃不断向川人心脏刺入，遂于二十日在公司内召开紧急会议。参加的人数激增，发言的热烈状态为从前所未有。大家争说，既夺路权，不认倒款，更提现金，行同抢劫。当预备立宪声中趁资政院休会之际，做出收路借债的违法行为。又刚才颁发内阁制，未经阁议，邮传部单衔处理这样重大问题。又所签订的四国借债合同，把用人、购料种种特权送给外国人。而所发元电，更束缚了人民与团体的通讯自由。这一系列的行为，实构成了违法专擅、丧权辱国的种种罪证。公司和各法团的几次申请置若罔闻，决非从前和平态度的文字争辩所能生效。一致决定另采扩大急进的手段，作破格革命的斗争。而形势日迫不能等待特别股东会开会了。爰有马上组成保路同志会的决定。连夜缮发通知，布置广大会场，推出分道联络的人选。于是影响全省有声有色群众运动的保路同志大会遂于五月二十一日上午在成都岳府街铁路公司的大厅内宣布成立了。

四　保路同志会的强烈抗议

成都自争路问题起，每得一个新的消息，就有一度会议。而会议的组成分子，系以法团和股东的名义对外。当时的法团如省教育会、省农会、省工会、总商会等，对于全省民众没有树立起领导的作用。1909 年谘议局成立后，议员们的发言与提案，能够引起舆论的重视。这回从五月初一起，每次的会议都以谘议局常驻议员为核心。五月二十日的紧急会议散会后，蒲殿俊、罗纶等 20 余人留商至于深夜。佥谓刚才决定创设保路同志会，是公开向政府宣战，系空前所未有的新举动，必须同下决心，扩大阵容，整齐步骤，不避危险，前途的顾虑尚多，不能不做缜密的计划。经大家再次磋商，决定了 3 个步骤：一是以同志会做先锋队，要唤起全省民众一致行动起来。各县普遍成立分会，先把成都各街的分会组织健全，以为外州县的榜样。二是以股东会做大本营，依召集期开会；预定一些中坚分子去争取各县的代表资格，以壮大同志会的声势。三是以谘议局做殿军，依照章程规定，九月是常会期，届期应根据同志会、股东会的一切材料，提出议案，弹劾政府的违法政策。步骤既定，随即指定负责分别推动之人，准备实践工作。既留谘议局做后盾，议长暂不露面，做幕后的主持者。于同志会内另设一参事会，推蒲任会长，罗副之，常驻议员皆做参事，此系内幕机构，对外不宣布。又决定多准备别动队，如联络北京资政院川籍议员和同乡京官，请其相机提案和具公呈。策动各州县参议会，必要时请其联合一致协作等办法。更推蒲、罗两议长先谒护督王人文面报开会意见，决不妨害秩序，请其莅会训示。

五月二十一日清晨，铁路公司门首挂起了保路同志会的横幅标志，大厅中间搭起了一个又高又大的讲演台。近门口两旁设立的签到处，已挤满了参加会议的人们，岳府街两头和三倒拐口子，源源不断地排列拥挤，致交通为之阻塞。到宣布开会时，台前台后，只见万人攒动，莅会人数，据那时不确切的估计在5000人上下。铃声初响，喧声顿寂，首由罗纶主席致开会词，大意报告清廷宣示川汉铁路收归国有和向四国订立借债合同违法丧权的经过事实及各法团股东请求政府收回成命的抗议情形。邓孝可、刘声元、程莹度相继演说，严厉批评清廷的违法乱命，唤起川人来一致坚决反对。全场情绪激动，争先报名致辞。忽主席报告护督王人文莅会，请其登台训示，全场鼓掌欢迎。王人文说话简单而态度很诚恳。先说诸位的争路意见，他亦表赞同，但望严守秩序，依照法定手续进行，允为据情代奏，至再至三，不辞烦劳，不避处分。说毕退会，群众又报以热烈的掌声。主席复宣布保路同志会的组织，不设会长，只设总务、文牍、讲演、交涉4部，各设部长1人。这4部的任务至重，部长不是名誉职而是要冒险负责的。不采取推选的成例，要由有决心有勇气的人报名自认，再由大会通过。全体鼓掌赞成。当由谘议局议员江三乘自认总务部部长，《蜀报》主笔邓孝可自认文牍部部长，谘议局议员程莹度自认讲演部部长，均由众鼓掌通过。唯交涉部部长一职，谘议局副议长罗纶和谘议局议员刘声元同时报名自认，当由江三乘提议，交涉部任务繁多可设部长二人，众鼓掌通过。会后内推刘声元为赴京请愿代表，交涉部部长职务仍是罗纶一人担任。主席又报告4部办事的地址，今天参加的同志自愿担任哪一部的事务，请即分别到各部办事处签名，依照组织规则克日开始工作。最后主席又说了一番鼓励群众热心襄助的话，并希望遵照王护督严守秩序的指示，才宣布散会。各同志就分别拥到各部办事处去签名认派事务。到讲演部工作的全属高级学生，到文牍部工作的以新闻界学界为多，到交涉部工作的则为居民和工商界，公司的全体人员，则都参加总务部的工作。

是夜参事会又做了深夜商谈，咸以到会人数众多，为始料所不及，万一发生出轨行动，使王人文感困难，又对争路前途增加障碍。乃想出曲折两全的方法，此后文牍部撰拟宣传文字，和讲演部作街头演说时，极力避免直接攻击清廷，而集中力量尽量攻击盛宣怀及同乡败类甘大璋；并追思光绪朝批准商办川汉铁路公司给予川人主权的措施，而饰词颂扬，借以反证邮传部推翻其先皇帝的善政。立即草拟宣传纲要，交讲演部组织总分队分赴各街宣传；更决定发行刊物，名曰“保路同志会会刊”，由文牍部拟订内容形式，负责编校，初定为三日刊（至罢市后改为日刊）。各街道分会由交涉部派人四处联系筹组。才3日，各街的分会招牌已完全挂出了。那时各街的民众多是一盘散沙，只有袍哥帮会早就奠有基础，遂从各街的大爷们着手联络，经其出头号召。于是同声相应，在短短时间，即达到整齐划一的程度，并把分会的门面装点得庄严整洁，经常举行街头讲演，颇能引起群众的热烈拥护。

同志会成立后，各学校学生最热心拥护，按日到会工作，多数没有上课。有少数校长深恐本校学生滋生事故，累及自身，爰有提前放暑假的情事；各校有相继效尤者。同志会得此消息，窃虑学生分散，影响本会前进精神，乃决定另设学界保路同志会，来维系学界的团结。赓即通函各校推定代表参加组织。开成立会那一天，选举高等学堂学生阎一士为会长，师范学堂学生刘旦初为副会长。我校系巡警道兼校长，管理制度与军事学校一样，这个通知被监学所扣留。我与阎一士相熟，阎见我校无人参加，给我一函相劝，我当约集同学传达阎函。同学们推我和冉淮瑞同学为代表，并向监学强调必去的理由，得其许可。学界同志会成立后，团结加强，曾决议两个办法：能留省者，仍照旧分任文牍、讲演等工作；如有愿回本籍者，由同志会给一份委托书，联络本县人发起同志分会，并催促选出股东代表赴省开会。这个法子收效甚速，各县分会的一律组成和股东代表的次第就道，都是学生们回去策动的结果。

保路同志会的种种活动，专向全省民众宣传工作方面努力。至对政府，仅于成立之初，具文呈请王人文转奏收回成命，一面仍由公司董事会依法据理，不断力争。王人文前次代奏不提现款一电，未得答复时，又详具一文请王再转，理由比前充实，尽量驳斥甘大璋所奏集股艰难、路工无望的谬说及指上海倒账为剥削中饱的错误事实；力主缓刊誊黄，拒绝委员查账，转请撤销邮部元电，以便调集各处账目；并谓人民权利应待谘议局九月开会审议各等情。斯时王人文第一次代奏奉到清廷严斥。至是王乃另对盛宣怀提出弹劾，大意说借债合同损害国权，签字大臣欺君误国，请予治罪，措辞极为切直。清廷接王此奏，留中不发，认为王氏袒护川人，违抗朝旨。赵尔巽致王一电，请其严饬解散保路会，有“不然于公不利”等词来威胁王氏。王人文置之不理。闻此电系清廷的授意。赵尔丰原拟将川藏边务结束，再履新任，乃忽兼程来省，亦系受清廷及盛宣怀迭电催促之故。迨六月杪，赵尔丰抵成都。次日，王氏即匆匆交卸离省。记得王氏首途之日，成都群众自动走送于北门外者几达万人，为空前未有的盛事。

五　特别股东会的合法斗争

闰六月初十的前夕，各州县推出的股东代表次第到省。除一小部分代表原住成都外，凡新到的大部分代表则全住在公司指定的招待所（铁道学堂）内。初十那天，保路同志会在南校场广场搭一临时讲演台，开会欢迎全体代表。由罗纶代表同志会致欢迎词。先报告同志会两月来争路的经过情形，继致谢各代表盛暑远来的热诚，希望努力奋斗达到保路目的等语。次由代表等推南充代表张澜致答词。张氏吐词讷涩，前一段不甚动听，迨说到重要意义，显出侃侃明透的精神，遂博得不断的热烈掌声。末后表示感谢同志会的抗议成果为股东会开辟了途径，股东等一定要联合前进为同志会的后盾等语。欢迎会结束后，又在招待所内开预备会，各代表的发言，如疾风骤雨慷慨激昂，不可遏止。至深夜才休会。

十一日清晨，早把股东会场布置就绪，大厅正中为讲演台，前面是代表席，后面是股东席。这回报到的代表共480余人，自由列席的股东多少不等，最多时至千人，少亦四五百人。宣布开会后，推罗纶为临时主席，主持选举正副会长事。经过投票的结果，颜楷当选为会长，张澜当选为副会长。颜楷人极平庸，以系翰林出身，可随时拜会总督，故利用其资格。上午选举完毕，下午正式开会，赵尔丰及各司道皆出席。主席报告后，首由股东阎一士发言，次由股东罗一士发言，这是内中预先安排好的，先令两个青年学生来表现强烈的态度和发挥正义的论调，使赵尔丰认识民气发展的高潮，暂时保留领导者的锋芒，以便作转圜缓冲的地步。阎、罗两股东演说毕，全场分别报以热烈的掌声。赵尔丰第一次见到这样热烈的群众集会形式，登时面上露出不愉快的颜色。主席请他训话，只简简单单说了几句就走了。赵走后，主席提出会议规则，经大家修正了几点，起立通过。又提出选举审查员办法，系每一府属或一直隶州属分别选出审查员二人。选举毕即散会。以后，开一天大会，接连开一天审查会，遂成定例。

股东会开会后，公司把最近几天督署转来内阁及盛宣怀、端方拍发的电报汇交到会。一为盛宣怀奏，请责成川督迅速会同端方，将所有收款，分别查明细数，实力奉行。二为鄂督瑞澂会同端方电奏，川省集会倡议之人，类皆少年喜事，并非公正绅董，批令端方就近迅商赵尔丰遵照迭电从严弹压，毋任滋生事端。三为盛宣怀奏，饬川督转令李稷勋仍驻宜归，暂管路事，督办大臣未接收以前，勿许离工各等语。这几个文件，主席在十五日大会上提出报告，代表们听了，一致主张全体到督署去请愿。会长立刻用电话告知赵尔丰。赵尔丰当派臬司周善培到会来，说了一大堆敷衍假话，力劝毋使督部堂为难，才把请愿之举作罢。

是时端方已到武昌，想先接收宜昌工程和川路现款，会同瑞澂电商盛宣怀，借口夫役数万人，恐迟接收怀疑生事，拟留李稷勋以免停工，所有工资仍就川款开支。奉准照办。次日公司又交来李稷勋和冉、沈两董事一电，内称近奉盛、瑞、端联衔电令暂管工程，仍支川款。代表们大哗，咸责冉、沈不应同李一样主张。我当电告冉崇根坚持正义，勿与李同流合污。冉旋与沈径电公司，说明前电系李主稿，他们并不知情。后复报告盛、端会派专员抵宜接收工程，李稷勋已把余款缴交等语。群情尤愤，全体决定罢免李稷勋驻宜总理职务，呈请督署转电内阁及盛、端等。尚未得复，突于闰六月二十九日邮传部奏准钦派李稷勋为宜昌总理的电令由督署转行到会，遂激成七月初一全城罢市反抗政府的破天荒的全民运动。

罢市经过 3 日，全城秩序尚好，股东会照旧进行。决议参考两月来公司董事会和各法团与同志会一系列的文件，连同股东会开会以来各代表的提议，综合起草一篇全面性的呈文，请川督据情代奏。略称收归国有万不可行，恳将川路暂归商办，并将借款修路事件交与资政院、谘议局详议等语。此文系七月初三发出，次日即探知赵尔丰已会同将军玉崐、副都统奎焕，提督田振邦、藩司尹良、学使刘嘉琛、臬司周善培、运使杨嘉绅、巡警道徐樾、劝业道胡嗣芬联衔代奏，前半节采原呈所举要点，后半称川路收归国有，致激起罢市罢课之事，民气甚固，应恳俯鉴民隐，暂准商办等语。此电拍发后，仍未批答，有发交盛、端签拟办法的传说。而股东会的怀疑愤慨情绪，更增加了若干倍。

各股东代表佥以争路问题发动以来，公司董事会及各法团、同志会等先后请求的文电积累盈尺，清廷竟未采纳丝毫，前王人文的代奏，则严词驳斥，令赵尔丰、玉崐等的联名代奏则留中不发，股东会再开几个月也是枉然。经全体一致主张暂行休会。通过了一篇呈文，略谓开会以来，未敢有激烈的言论及行动，乃邮传部和督办大臣竟诬股东等为反抗，拟请督院严行弹压，故请求查办此次赴会代表及股东中，有无不公不正之事肇乱情形，特休会待命等语。当用正副会长及全体股东名义，于七月十一日发出。次日即接到督署的批文说：“邮部来电，并未指实有人；所请查办一节，应毋庸议。”股东会接到批答，照旧开会。

十三日开会时，会场门首有人抱印刷品一大卷，见人就给一份，代表和股东们以为是开会材料或同志会的宣传文件，当即纳入衣袋，入席后才翻开一阅，见题目叫“川人自保商榷书”，才知道是外间的人交来的传单。因行将开会，对这个冗长的文字，不暇去逐段研究，有卷置文卷包内者，有弃于座侧者，一般都未重视这篇文章。

七月十五日又是股东会开会期，代表股东们已入座将摇铃了，罗纶登台报告：“现有个好消息，督署派了一位军官来说，顷接阁部电报，持督部堂名帖请我们即到督署去商量办法。旋即回来报告情形，希望大家不要散会，等候我们一下。”代表们齐说，一定在会场等候。过了不久，公司一位职员来密告，会场门口布满军队，不准人进出。请去的人又没有回来，大家才有点疑虑，交头接耳，议论纷纭。洪雅代表王小舟向大家说，他愿打电话到督署去问问情况。旋来报告：“已把督署电话叫通。我说请刚才到督署来的几位股东代表随便找一位来说话。管电话的人说请不来。我又说另请一位官长来也好。不一会儿把周臬台请来了。我与他是熟人，当问他伯英、子青他们几时回来，开会的人在等候他们报告情况。周答尚在谈话，不能够立刻回来，请转告代表股东们多等一下。又隔了几个钟点，已到下午，天气很热，会内又未预备饮食，大家都在饥热交迫的情况下，含怒忍耐。忽一军官上台报告："今天外面突发生暴动捣乱情事，已宣布戒严，街上交通断绝，这个时候出去很危险，请各位忍耐一时，俟解严后再散会。"于是大家才知道会场已被包围，蒲、罗诸人一定被扣留了，还不知屠杀请愿民众的惨变。各个人的心情曾极端冲动，但被困于会场几案之间，无法脱身活动，只得枯坐纳闷，相对无言。忽见同学唐绍尧身着警察服装进入会场，向我招手。我登时大惊，误以为同学皆出来服务，外边总是出了大乱子，随即离座就唐询问。唐低声说："蒲、罗等被军队押入督署，股东会已被包围。提调知道你们 3 个人被围在会场中，派我夹穿 3 套警服来接你们回校。"我听了这些话，脑海震荡，几至晕倒。唐强拉我和另两位同学换装出场，已到黄昏时候了。又隔了两三个钟头，困守会场的军队才荷枪整列而退，街上站岗的军队也陆续撤走，宣告解散。代表和股东们才得自由走回宿处，更鼓已击第三次了。从此，股东会也就无疾而终。

六　全城罢市罢课的团结精神

闰六月二十九日，督署转来清廷派李稷勋为宜昌总理的电文，立刻由股东会正副会长及审查员和同志会的部长、参事举行联合紧急会议，研究如何对付的策略。结果决定两条路线分工合作的方法：一方面由同志会召开扩大会议，股东会的代表和股东全体参加，并以各街道分会和学界同志会为骨干，决定于七日初一全城一律实行罢市、罢课、罢工。这个办法由各街分会和学界同志会负责执行，务要达到百分之百的成绩，并通告各县民众一起响应，以壮声势而做后援。另一方面仍循经常轨辙进行，股东会照旧开会，搜集盛、端先后所行的违法证据，尽量反驳，做成议案，呈请川督代奏，并转请北京同乡京官，资政院川籍议员及同志会推举的赴京请愿代表刘声元、正在北京出席谘议局联合会的四川副议长肖湘互相联系，分请各有关机关做有力的援助工作。散会时，即指推负责人员马上分头去布置行动。

当决议全城罢市、罢课、罢工时，有人说这几个武器初次使用，既没有经验，更说不上有把握，须慎重布置进行的秩序。有人说，学校罢课，现在已有一部分实现了，又有学界同志会负责领导去办，一定没有问题。有人说罢工一层应加考虑，成都只有兵工厂、造币厂工人较多，但都是官办，门禁很严，不容易去宣传和联络；以外都是手工业的行店，可并入罢市范围以内，不必标出罢工的名词。有人说罢市的顾虑很多，万一发出通告而影响不大，或因生活关系不能久罢，或因军警胁迫不能贯彻，做不到全城关门的划一程度，则此举失了效力，以后颇难补救。大家认为这些说法，都考虑得很有价值，爰做出详细缜密的计划，期于一炮放出，全城响应。乃决定先以商业场为典型区，组织两个队，都从华兴街入场。每队又分左右两排，第一队手抱罢市传单一大卷，依排挨户送给传单一张，只说请即关门赞助的简单话。第二队随第一队之后，看见有持怀疑观望态度者，施以委婉扼要的说明，必定待其关门，才到第二户。商业场如无问题再照样到各街去。计划既定，交涉、讲演两部部长遂分别去召集同志说明进行步骤，预备出发工作，并与各街分会切取联系，请其分别推派一二同志，参加第一队中共同行动。

七月初一的清晨，同志会会场忽又热闹起来，股东会全体和法团、学校、街道分会的同志们早已挤满了讲演台的四围。铃声一响，主席罗纶登台报告："盛宣怀奏准钦派川人所公请撤换的李稷勋为宜昌总理，系为执行他的丧权辱国之借债合同，占夺路款，实太藐视川人。盛宣怀是一个卖国媚外的汉奸，李稷勋是一个卖省求荣的败类，应该约集全省同志一致起来反对，先从省城做个典型。要求全城各界同志实行罢市、罢课，来抵抗邮传部违法丧权的专横政策。大家如赞同这个方式，请从今天实行。"话还没有终止，全场的狂呼声、鼓掌声一起响起来了。主席又报告了几条执行的程序，末后指出，请讲演、交涉两部同志会同各街分会，依照刚才宣读的条款，立刻组成队排，先从商业场去着手实行。报告毕，两部同志先集合组成了队排，一起奔往办事处去领取传单，鱼贯而出。记得是上午10时左右，第一队才进入商业场后门，左右两排才把传单送到第一户，户主才看完，立即去搬铺板关铺门。散传单的走到哪里，铺门就关到哪里，脚步声和铺板声混成一起分不开了，第二队竟没有说话的机会。同志们看见商业场这样好的情况，遂变更了原定计划，把队排分小些，从总府街的两头同时前进。那天下午，我和几个同志由新街经东大街、暑袜街跑了一个大圈子，没有看见一家开门的。听街上人说，某家只有小孩在看门，无力去搬铺板，是我代他关的。这类事情很多。仅仅经过大半天的时间，不但大街做到整齐划一，即僻街小巷也无例外。群众这样的热烈态度和团结精神，是主持人们始料所不及的特异成绩。

成都本是一个摩肩接踵、繁荣热闹的大都市，至此立刻变成静悄悄、冷清清的现象。百业停闭，交易全无。悦来戏院、可园的锣鼓声、各茶馆的清唱声、鼓楼街估衣铺的叫卖声、各饭店的喊堂声，一概没有了。连半边街、走马街织丝绸的机声，打金街手饰店的钉锤声，向来是整天不停的，此时也听不见了。还有些棚户摊子，都把东西捡起来了。东大街的夜市也没人去赶了。无论什么场合，每一个人视听言动所接触的，完全集中于保路斗争这一个问题。至于那些罢市人家的生活，只有少数有钱人家，平时就是关上门吃闲饭，毫无问题；而多数专靠劳力吃饭的或专靠卖货物吃饭的工商业者，一旦生产与买卖全停顿了，生活马上就成问题，但他们也毫不顾虑及此，而争先表示同情争路。这种推诚团结、吃苦奋斗的伟大精神，真是可歌可泣，值得表扬。以上所记是当时罢市的事实。至罢课则尤简单顺利。学界同志会召开了一次代表会，传达了罢课的决定，各校代表保证准能办到。我去出席前，已取得本校当局的同意，他校更无问题了。

从罢市那天起，同志会每天都有会议，发言的程度和范围也放宽了尺度。有不纳租税抵扣股息和撤销督办大臣职名，罢免盛宣怀，惩办李稷勋、甘大璋种种意见。还安排了几个新的办法：

（一）各大街中心地点搭起一个临时牌楼，高出檐外，宽与街等，上设香案，中间立德宗景皇帝的排位。本街分会每天在此开会，颂扬光绪批准商办川汉铁路公司的正确措施，咒骂盛宣怀、端方及李稷勋、甘大璋的野蛮行为。这个法子，把那些张伞喝道舆马仆从的达官害惨了。他们望见牌位，就要下来叩头行礼，然后步行过去，很感不便。有绕走小街巷者，后被民众查觉，小街巷也搭了牌楼。

于是那些官僚们只有微服偷过的一法，也算是一件快意的事。

（二）扩大三日刊为天天出版的日刊。从前编写的内容，因为对清廷尚存在着收回或修改成命的希望，故专以盛、端为攻击对象。后见清廷一味袒护盛氏，压抑民气，更发表任用李稷勋的乱命，遂决定变更口吻与做法，并把目标渐向清廷移转了。还编了些民歌小曲，印成小册，交清音会练习，逐日在街头唱出。今尚记得一段小词：“来，来，来！伯伯，叔叔，哥哥，弟弟，姊姊，妹妹，老老少少，要死大家都一路，宁为中国鬼，不为外人奴。”

（三）从前同志会的费用，全由公司拨支。及罢市后，用途加增，主持者不欲多耗股东血本，提出接受捐款的办法。经参事通过。这个消息传出的第二天，就有悦来戏园的名演员杨素兰自愿捐出郫县田产 40 亩作同志会的基金。当在会上报告表扬。风声所播，连日都有捐生银、银圆和金质首饰等事情，一律在日刊发表致谢。复因杨君所捐田产，会内无使用的必要，婉辞申谢，把文契退还了。

七　蒲、罗诸人被诱捕和请愿民众遭屠杀

七月十五日上午，赵尔丰派一军官持帖到铁路公司指名请谘议局议长蒲殿俊、副议长罗纶，股东会会长颜楷，副会长张澜，同志会部长江三乘、邓孝可、程莹度同到督署去商量办法。那天程莹度请了病假。股东代表中的胡嵘、王铭新、叶茂林 3 人也想同去听听消息，参加会议。于是这 9 个人即刻一路到督署去了。他们才走出公司的大门，就看见荷枪的军队 100 余人把公司包围起来。而那个持帖的军官马上变了态度，指挥军队，把他们 9 个人个别关押，做

出捉拿犯人的形式，带进督署去。由公司到督署，要经过暑袜街、东大街、走马街几条大街道。这些街道分会同志看见 9 个人的被捕情况，已大惊异。而那时传说得更厉害，说他们到督署时，赵尔丰亲讯，加以危词恫吓，罗纶盛气抵抗，立被枪杀。余人皆锤镣丢监。民众听了这些传言，更是义愤填膺，不约而同地各捧景皇帝灵牌到督院衙门去请愿，援救蒲、罗等 9 人。附近一带的分会听见这个消息，都抱起牌位赶来同去请愿，当时去的人数 1000 人上下。这些民众完全是自发的行动，那时争路的领导人都被捉去，代表们又被关在股东会场里，哪里有人来策动呢？请愿的人又是临时四处凑合的，没有领导，没有行列，一堆一堆地挤入了督院辕门。门口持枪守卫的兵，最初不准他们进去。后来的人逐渐加多，卫兵阻挡不了，这些人遂一拥而进，布满了院坝，七嘴八舌地口称先皇帝准四川人自办铁路，为什么把争路的人捉去，先皇帝有灵，要保佑放出这 9 个人，要制台马上放这 9 个人等，甚至有跪地叩头哭泣流泪的。正在齐声呼号之际，忽然枪声四起，子弹初向天空飞射，民众仍不退出。营务处总办田征葵下令齐对民众射击，院坝内和院门外弹如雨下。这些捧起牌位徒手请愿的民众，哪里当得起铜铁的威力，于是秩序大乱，中弹死的则倒卧满地，受伤的则匍匐载途。其余民众则夺门而出，先皇牌位拉杂乱抛。而军队更向逃走民众分道追击，沿途均有尸体。间有过路者偶与逃者同一路线，亦有被追兵枪杀的。那一天死了的人，随后由商会和慈善会调查登记送给埋葬费的，仅 20 余人。有些死者的家属，不敢出头收尸与领埋葬费，又有些家属怕事搬家，不知住所。故对那次被害民众的总数，没有准确的调查统计。而负轻重伤的有多少，则更无从去探问估计了。

蒲、罗等被捕后，代表们不能公开聚会商讨对策，只有密约三五同志找一僻所交换情报。这件事的动机，无论是由清廷电令执行，抑系出于赵尔丰的主动，总要有风才会起浪，大家总想不出是什么风。代表们正在惶惑情态中，忽于十八日街上到处贴出赵尔丰的告示，煌煌大文，好像早日预备下的，这才明确是他的主动。按赵尔丰秉性残毒，前任川南道台时任意杀人，民众给予“赵屠户”的绰号。此次调升川督，恰值争路问题严重时候，股东会开幕那一天，见他颜色不愉快，就有戒心，故会内一切言论行动都详加审慎，站稳脚步。前回呈请代奏与这次休会请他查办，兼有试探的作用。及探悉他和玉崐等代奏原电，完全采纳股东会的主张，并代为分析帮助，措辞又很恳切，而最近对休会查办的批词，尤为坦率周挚，以为赵系鉴于预备立宪时代，民气发扬，遂改变了过去的暴戾作风。万不料其甫隔 3 天，即突然转变。后据周善培事后向人谈及赵尔丰于七月十五日前两天，一闻盛宣怀对内阁怪他魄力不够，没有执行严厉弹压的命令；一乃兄尔巽电嘱其强力处理争路风潮；一闻端方电劾王人文袒庇川人于前，尔丰姑容川人于后等消息；恰值他和玉崐等联名代奏之际，深恐开罪清廷，影响其现在职位，遂决心逞其残毒故技，相机发动。适于十三日见《川人自保商榷书》这一件印刷物，就作为是蒲、罗等造乱的铁证，才有十五日诱捕的举动。及详查商榷书的内容尚有“皇基万世”等词句，又不够造乱条件，乃指令幕僚爪牙等捏造了一大堆的造反材料，添写在告示中。

赵尔丰七月十八日的告示，前一段所说此次所拿的几个人想做犯上作乱的事，竟敢抗捐抗粮，在各州县设办事处来收地方粮税，并扣留外县钱粮不准上库，更做出造械造枪练兵练勇种种背逆行为。

这一段话是引用商榷书内的话硬加在蒲、罗诸人身上的。商榷书全文冗长，《辛亥四川路事纪略》等刊物都有载录，今不多记。且其内容不伦不类，殊无价值可言，以为蒲、罗手笔，不特是诬蔑，且几近侮辱了。听说此文为荣县人朱国琛所撰写印发的。赵尔丰用了张冠李戴的方法，实为识者所鄙，不值得费力去反驳了。他的告示后一段说，并敢勾结外匪，定期十六日起事造反，幸经十五日先发制人，乱党等竟敢扑攻督署，又捏造十大统领名册、油粉木牌等伪证。这是诬蔑请愿民众，掩盖其放枪屠杀的罪状。所谓“十六起事”是假造的口供材料；所谓“扑攻督署”，难道这些民众能把牌位当作兵器来使用，并能击伤弁兵吗？在督署内外被枪杀之人，可加以扑攻罪名，在文庙前后街、东大街、暑袜街被军队追击打死的人，又将何说？记得当时有人作的纪事诗，内有“试问大清行外鬼，也曾凶扑督署来”两句，可做反驳捏诬的铁证。赵尔丰逮捕蒲罗诸人、屠杀请愿民众以后，把所捏诬伪造一系列的假话，电奏清廷。清廷依据尔丰的电奏，其一，令尔丰分别剿抚；其二，改派督办大臣端方为查办大臣，令鄂督瑞澂拨鄂军一旅交端带领入川；其三，令黔军一部分入川援助尔丰；其四，派岑春煊入川，会同尔丰办理剿抚事宜。

再说说人民方面的抵抗情形。七月十六日股东会会场被封了，公司内职工胆小的都去躲藏了，办事的人忽然减少，进出的人也冷落了，只有类似便衣侦探的人加多了。至二十三日，巡警道遵奉督署命令又将铁道学堂股东招待所封闭。代表们不甘心就这样解散，还想与赵尔丰斗争到底，各觅熟人家住宿，兼商如何对付的策略。那时成都的士绅，多与此次争路有关系，在赵尔丰的监视下，不能公开活动。唯邵从恩（法政学堂监督）、陈崇基（法政学堂教习）

等少数人，没有在同志会、股东会露过头角，又非谘议局的议员，尚不为赵所忌，常同股东代表和法团中坚分子往来联系，以法政学堂作交换情报密商办法的场所，三三五五，用行云流水的形式来聚会。

赵尔丰的布告发布后，知其居心狠毒，必欲将蒲、罗等置之死地，群情激动，愤心愈炽，誓与赵尔丰作拼命的斗争，决定仍以文字尽量反驳所诬蔑的事实。先由股东会径递一文，力驳告示所谓拿获首要。如指会长为首要，则会长由股东选出，股东代表皆是首要。又匿名之《川人自保商榷书》，不是提案，且毫未与闻，正根究间，即遭此变。至缓收捐输及以股息抵粮两事，亦仅股东中有此议，并未通过作为提案。旋得赵尔丰批词，大意与告示相同，更捏称匪徒到处肆扰，正加涤荡，已入军事范围，该股东为之饰辩，所见太谬等语。股东会又由公司转详一文，略谓前呈批语分路事、乱事为两途，而所指图谋不轨之人，又皆讨论路事之人，不能以数人之猜嫌引为全体之罪戾。又谓督批严拿首要，徒党竟敢拥众数千扑攻督署，伤毙弁兵。当时民众手持香牌，竟能伤毙弁兵，青天白日，万目睽睽，欲加之罪，何患无辞。末段援引刑律，提出应将捕去 9 人移交大理院审判等语。此文未经批出。同时另由耆绅伍肇龄等上军督司道一文，据理力争，未得回批，八月又续上一呈，措辞更为强硬。旋得批词，此前更添了些“材料”，谓十五日之变，各街鸣锣聚众，有人在督院放火。又说扑入署内大堂，有携刀持棍者，有夺卫兵刺刀者。这些话是告示和电奏中没有的，更是他随便栽诬的。以上是股东和法团对赵尔丰据理反驳的四篇文字。适接到岑春煊一个电报，对川人尽量安慰，引起川人对他存有幻想。各方面准备呼号的文件甚多，待他来平反这个大冤狱。嗣闻他不来的消息，又感失望。

复开端方已率领鄂军入川，只得再把平反的希望寄托在他身上，明知关于收路过程，他与盛宣怀是同恶相济，又是满人，更不会违反清廷的意旨。但想到他已改任查办职务，只要他能够虚心听取民众意见，深入查察成都逮捕屠杀的真相，或对赵尔丰的残暴胡行不致昧良掩护，可望其转奏清廷，作适当的平反。乃与参加争路运动的同盟会会员，切取联络，一致前进，分作几方面活动。推一部分同志，代表同志会、股东会和省法团驰赴夔万一带，等候端方经过时请愿。再就各同志的自愿，分向川西南一带，与各地同志分会联系，策动其组织民团，进攻省城。其余的同志都请火速回籍联系本县参议会、租股局、股东分会，分别具文派员，访问端方踪迹，前去请愿，以与省方代表相呼应。这些方法，经辗转密达，次第实行。对于同志军发展的成果和端方平反的动机，都起了很大的作用。

八　保路问题的结束和同志军的革命行动

赵尔丰自七月十五日屠杀请愿民众后，派兵沿街强迫开市，更借搜查蒲、罗的谋反证据，四处滋扰，闹得满城陷入恐怖状态。城厢人民不知真实消息，仍相率首裹白巾，抱持牌位，冒雨奔赴城下请愿，又被守城军人开枪击死数十人。见来者愈众，遂关闭城门。因之情势隔绝，谣言繁兴。各街同志分会的领导人，惶惑加甚，想尽方法逃出城外。而城外分会又遍约同志想进城援助。爰有十六日在外南红牌楼一带、外东大面铺一带，与防军发生冲突的情事。赵尔丰乃张大其词，指为起事围城的证据。从此隔阂加深，演变扩张愈大。

民众初系徒手或持刀棍等物，被防军枪击，死伤累累，不能不作相当的抵抗以图报仇。于是资产阶级和劳动群众、知识分子和帮会首领一致联合起来，到处征集枪弹，组成队伍，仍以保路同志分会为基干，而名义上把“保路”两字去掉，省称为同志军。一律声讨赵尔丰。其势力范围，由附郭西南各县延长到东北一带。其领导人物，如秦载赓、王子襄等则属同盟会会员；孙泽沛、吴庆熙、丁厚堂、张达三、侯保斋等则为帮会首领。同志军都向成都进发，沿途交通截断，各县解款全停。赵尔丰乃变作孤城困兽，一筹莫展，全部防军不敢出省门一步。这时候就是赵尔丰自己所说已入军事范围，而争路的股东同志一起变更了手法，从实力上与他较量，不再和他在纸片上争道理了。赵尔丰诱捕蒲、罗诸人后，查知《川人自保商榷书》不够谋反证据，乃令营务处总办田征葵，候补道王掞、王梓，知县路子善等捏造油粉兵符。系用木牌上写“调兵进省救援”字样，加油刷上，投入江中。又派人从下游捞起，送交督署，以为是蒲、罗等调兵造反所做的诬证。万不料投水的多而捞出的少，沿江眉嘉各县的民众捡此假牌，当作真事，才约集团队，齐向省垣开来。这是他作法自毙。

清廷当时采取同样的高压政策，据尔丰电奏诱捕蒲、罗等之后，把赴京请愿代表刘声元押解回籍，又电令鄂督逮捕由京返川途中的四川副议长肖湘。这些措施，与赵尔丰的狠毒有何差别？查办大臣端方刚到川境，而各县请愿代表早已云集于夔巫一带，呈递的公文，请见的名刺，重叠如山，使他应接不暇。赵尔丰也派候补道谢廷麒代述他所捏诬的情节。清廷复转交川籍京官曾鉴等的公呈，令其秉公查办。端方的电奏，先把赵尔丰捏造的木牌血书认为非蒲、罗等所为。又谓《川人自保商榷书》无独立字样，亦无同志会、股东会印记，并非蒲等手笔。又谓所称抗粮收税，亦仅有此语，未征事实。

并称罢市以来，不戕官劫库，决非为乱。至人民集团抵抗，系田征葵枪杀请愿民众及闭城枪击民众所激成。拟具平反办法：将蒲、罗9人恳予释放；同案被逮之肖湘，一并免议；将田征葵、周善培、王棪、王梓4员即行革职；王人文、赵尔丰应予惩处等语。按端方这个电文所列举的材料及所拟的办法，尚能根据事实，博采舆论。唯所参劾的周善培，当时有人为之呼屈者。周亦不服，曾具文向端申辩，事后又写了《辛亥事变之我》一文，印寄到川。不知端之把他列入弹章，系据各县代表的揭发，而代表又系根据当时股东代表的口述。盖其时股东初拟齐赴督署请愿，系周衔赵命来阻止的。又股东代表王小舟打电话到督署，又系周来接听答复的。两次所说的话，都全是虚伪敷衍，因此一般舆论遂谓周与赵亲密，且同他有共同语言，故代表等多向端控诉，事出有因。后同志军入成都，把草堂寺公园的新建筑物付之一炬，即认为是周所计划而迁怒及之者。端方电奏于八月二十八日发出，九月初五日接到清廷回电，完全采纳端的意见，将王人文、赵尔丰交内阁议处，革去田征葵、周善培、王棪、王梓的官职，释放蒲、罗等9人及在鄂被逮的肖湘。九月二十四日，蒲、罗诸人从督署出来了。又资政院九月在京开常会时，奏参盛宣怀违法侵权，激生变乱，列举收归国有和借债合同等荒谬的处理，实为误国首恶等语。旋经清廷明令革去盛宣怀邮传大臣职务，永不叙用。

成都从七月十五日以后，赵尔丰每天派出军警若干队，分赴各街，强迫铺户开门，市民无法抗拒，零零落落地应付军警的干涉，等他们走过，又依然关闭的很多。大约饮食业开市的多一点。成都仍是一片萧条的气象。学堂的学生早已先后跑光了，只剩下少数的教职员。各街保路同志分会的青壮年，更相率逃跑出城去参加同志军。从七月底起，东南两门时关时开，不断地有防军整队开出、伤兵抬人的事情。同志军那时的活动详情、作战战果，报上没有公布。后从赵尔丰奏报清廷的电文中看见了些东鳞西爪。如所谓大曲铺、牛市口、龙泉山有数千人盘踞过。又说温江、郫县、崇庆州、灌县、成都、华阳、双流、新津、邛州、蒲江、大邑10余州县，每县数起，每起数千或万人。又说各县都有四面围城放炮事情，经军队回击，拼死抵抗，不支乃退，又据所缴获的文告，已没有保路的名词，而专指清廷与赵尔丰捕杀人民的残狠手段，其号召的意义，完全属于革命的范围了。当时省城的军力，原有新军、巡防军两种。赵尔丰以新军多系学生编组的，颇不相信，专恃巡防军来对付同志军。巡防军被各路同志军牵制在附郭各县，只能应战，不能出击，更不能远调他处。于是防卫兵力，皆集中于省门。武昌起义消息传来，同盟会会员和前进分子、帮会首领都知道省会无力策应外州县，遂公开宣言独立，于是白旗竖满了全川。川西各县几全为同志军所控制，川南则同志军的力量有一半的作用，川东北一带则同志军的影响甚小，然非同志军把巡防军束缚于成都近郊，恐川东北的革命工作不能顺易如此，也算有间接关系。成都“光复”不久，十月十八日巡防军兵变，把成都公私财产洗劫一空。同志军闻信，兼程分道进省，在途中把变兵捆载的财物夺回不少，缴呈军府，并驻城维持秩序。后都督府把这一部分同志军编为四川陆军第二师。

附　记

1912年4月，成都铁路公司召开“光复”后第一次股东会，本县又推举我为股东代表，赴省参加会议。会议互选邓孝可为会长，刘声元为副会长，并由全体代表提议通过两件事情：一件事是开追悼大会，对辛亥保路遇难先烈表示敬意；另一件事是建立纪念碑，表扬先烈的悲壮事迹。经过一年多的时间，“辛亥秋保路死事纪念碑”建成，至今尚矗立于少城金河畔，先烈的精神借以永垂不朽。这两件事，算是辛亥保路运动最后的一次回光返照。会议中我曾同达县代表陈邦达共同提了一案，是请把川汉铁路干线改归国有，川人只修各条支线。大意谓去年反对国有，是指封建国家掠夺人民权利，现是民国，不应再分公私，应由国家统筹办理。经全体赞成，报由北京交通部派了曾、陈两君来接收，把存留的现款指作修筑支路经费，改川汉铁路公司为川路公司。同年七月，四川临时省议会成立，本省各法团选举我为议员。前保路同志会的文牍部部长邓孝可由议员互选为副议长。议员中曾提一案，请定七月十五日为四川革命纪念日，我是联署赞成之一个。当讨论时，有几位议员持反对意见，指用先皇帝牌位一事为保皇改良主义，不是革命宗旨。虽经孝可力辩，谓此是临时一种利用手段，借免反对者口实，且与革命同志一样斗争、一样流血，不该抓这一点而抵消，湮没了血战的伟绩，而此案终被多数所否决。我那时对此事心中耿耿不平。今隔了50年，因编写辛亥保路资料，偶然追思及之，特附录于末。

（选自全国政协文史资料研究委员会编《辛亥革命回忆录》第3集，中国文史出版社2012年6月第2版）

辛亥革命亲历记

张智剑*

清光绪三十一年（1905 年），我得舅父资助，由高小毕业考入成都嘉属中学。当时的想法是“把书读好，求得一官半职，光宗耀祖”。校长吴天成曾留学日本，常教育我们：“要多读新的书报，求得新知识，切不可虚度一生。”这给我很大启发。后来，读了黄梨洲的《明夷待访录》、谭嗣同的《仁学》、邹容的《革命军》、陈天华的《警世钟》等著作，加以身居省会，见国是日非，外患日亟，多所感触，思想上更有所变化。

1909 年是清宣统元年，我考入四川法政学校，与同学徐健人深结相纳。从徐介绍，乃知孙中山先生已于 1905 年在日本东京创立了

* 张智剑：时任四川荣县东路民军参谋。

中国同盟会，目的是推翻清廷，建立民国。我国留学生加盟者甚多。四川则有吴玉章、谢奉琦、龙鸣剑、但懋辛等，他们都是我同乡荣县人，还知道熊克武、黄复生等。他们先后留学后回川，发展组织，在各地建立了同盟会支部。徐又介绍我阅读《鹃声》《民报》《四川》等革命刊物，使我思想上得到了更大鼓动，决心加入同盟会。

1910年1月，徐健人约我出城，秘密地在杜甫草堂办理入盟手续。是日恰值我的生日，成了我走上革命道路的一日，内心极为激动欢喜。从此我与革命党人时相过从。同年暑假，同盟会党人祝剑光、陈孔白、赵叔尧、赖君奇、朱海鲲、李迟、余翆等同志来我家集会。屋子过小，我母立即命人将夹壁打了。与会同志都感激地说："阿母真有见识啊。"这次集会,主要密谋发展盟员，扩大组织。寒假中,我由成都到自流井，住谢奉琦家。在短时间内，入盟者，即有钟砺须、谢均之、周大猷、李季慎、李光甫、向杰、向阳等。当时的活动,是极秘密的。

1910年底，我从自流井回荣县，住舅父家，已是腊月二十九了。次日回家，刚从县衙门经过，突来差役，把我抓入二堂，由师爷出面，先将我周身搜查。查后吩咐，用铁链把我锁起，丢入大监（看守所）。我坐在便桶侧面，秽气逼人。日暮，高西芰老师（舅父朋友，职业医生）来了，和狱卒私语，少顷离去。狱卒随即开了我的锁链，引我坐在床上。我舅父也命人送来毯子、棉被和年饭。此后，逐日由舅父送给我饭食，有时也送些东西给狱卒，因此，狱卒也没有对我为难。

1911年到来。某日早饭后，狱卒把我锁起带到二堂。柳知县出来，装着和蔼模样，命我在长凳上坐下，问了我的姓名、年龄、肄业的学校后，便问我："什么时候参加革命党的？"我答："没有。"

柳即厉声喝道："狡辩。"一会儿，柳又低声地说："你说实话，一定保你无事。"我缄口不语。柳即大怒，叫"拿香来烧背"，一面又叫我快说实话，我仍然不语。柳忽站起，怒气冲冲地吩咐："加上镣铐，丢下大监！"即拂袖退堂。

我即入大监，加了镣铐，身体毫无自由，心中无比愤恨。傍晚，高西芰老师同我舅父一道来，他们与狱卒耳语良久乃去。至夜，狱卒将我镣铐脱去，并把我在上监的毯子、被盖搬来，我才得以安息。俗话说："钱可以通神"，真不错呵。此后，仍靠舅父逐日送饭。我父跟着来看望，并给我一些零用钱，就买酒肉请狱卒们吃，他们对我就更好了。我每日可以随便睡觉，也可以同狱中人（共有几十人）聊天，有时向他们讲洪秀全、宋江、林冲的故事，大家听得很有兴趣。有时也写作诗歌，以抒豪情。

我在狱中得到舅父照顾，没有受到狱卒的虐待。可是，狱中发现不少令人愤恨的事。凡狱卒勒索不遂者，或遭毒打至重伤，或不施医药而拖死；凡狱卒勒索如愿者，虽重罪亦可得自由。我就是一个显著的例子。

光阴似箭，不觉已到暑天。狱中传说成都成立了"四川保路同志会"，各州县也成立了分会，纷纷反对铁路收归国有。到中秋后，又传说赵尔丰总督逮捕了保路同志会的会长罗纶、蒲殿俊等，激起各地罢市、罢课、抗税、抗捐。还有州县组织了同志军起义。这些都是狱中传说，外面实际情况究竟如何，不能知其详细。

一日，襟兄赖君奇来晤，密语外面的形势，我才知道保路同志军的发展、"资中罗泉井会议"的内容以及荣县五宝镇的革命起义情况，内心极为兴奋。最后，赖又安慰我说："稍安勿躁，待民军进攻入城，你就可以脱险了。”9月24日深夜，王天杰、范燮同志等率领东路民军攻入县城，柳知事及其官吏早已闻风携眷潜逃。民军推举同盟会会员出任县知事。当民军打毁上、下监时，监中被押的人完全放出。在许多同志的欢呼和爆竹声中，我满身披着红绸出狱了。

第二天，东路民军在吴玉章、王天杰等同志的指挥下，宣布荣县独立。先是，同盟会党人龙鸣剑、王天杰、陈孔白等同志在成都保路同志运动中发觉立宪派蒲殿俊、罗纶等别有野心，有意控制群众运动。龙等认为在省城发难，颇为不易，乃采取“明同暗斗”策略，与仁寿哥老会秦载赓商定，约集各地哥老会首领，在资州罗泉井开“攒堂大会”。到会者有孙泽沛、胡朗如、罗梓舟、张达三等。此次“攒堂”，实则决议起义方略。

在罗泉井会议后，东路民军和各路同志军立即会师成都，与清军激战数昼夜，终以武器不利而失败。东路民军退至仁寿与秦载赓会合，成立东路民军总部，由秦载赓、王天杰任正、副统领，龙鸣剑任参谋长，分兵向各州县发展，陆续攻取了井研、简阳、内江、威远、自贡、富顺、叙府、犍为等州县。龙鸣剑是在进攻叙府途中，积劳成疾身死，同盟会党人失去一个健将，无不沉痛哀悼。

荣县既树独立旗帜，就成了各路同志军中心。我自出狱后，即任东路民军参谋，参与各次会议。当时措施：军事方面，重新整顿民军队伍，按时操练；机关法团，按时办公；地方宁静，人民欢乐。因感武器缺乏，乃在县南之饶钵顶山上设立工厂，制造抬枪、四瓣火、劈山炮、短刀等武器，又招致壮士百余人，组织“敢死队”。同时与各路同志军采取联络，积极准备再攻成都。

当时清政府派大臣端方率领鄂军入川，进驻资州。一些穷途日暮的官吏勾结劣绅奸商，妄图消灭革命队伍。在威远，统领胡良辅被杀害，在井研，民军遭受挫折，首领亦有伤亡。一时风声鹤唳，人心惶惶不安。荣县东路民军立即决定由王天杰、范夑等同志率军进驻威远，一面安民，一面备战。复经会商，东路民军约同各路民军进攻资州以阻止端方西上，各路民军皆如约分头与端方军接战。

鄂军中有同盟会党人田智亮、蔡品三等同志，驻重庆时，曾与同盟会人张列五同志有约谋杀端方，协助川人独立。当时激战到天将拂晓时，田、蔡等同志果如约起义，将端方、端锦拉至资州“天上宫”杀掉。田、蔡等同志赓即率队到重庆，得到同盟会党人和广大民众的热烈欢迎颂扬。我军亦随即开回荣县。

同年12月8日，成都兵变，尹昌衡起而杀掉赵尔丰。川事暂告结束。武昌起义成功后，推举孙中山先生为临时大总统，就职南京，改元为中华民国元年。重庆、成都两军政府协议合并，川政统一，百端待理。我县同盟会党人开会决议：民兵队伍，散在城乡各地，称为民团，分别配给原有武器，以保持武装力量；其余原系农民、市民，则遣归乡里重理旧业，酬以现金，作为起本；从军死难者，酌发抚恤金，以慰其家属。

辛亥革命的成功，四川的牺牲和损失比别省为大。孙中山先生曾说：“没有四川保路同志会的起义，武昌革命或者要迟一年半载。”荣县在吴玉章、王天杰的指挥下，宣布独立，建立革命政权，以响应当时的变化。这些，都是中国革命史上光辉的一页。

辛亥革命以后，“二次革命”和“护国之役”我都曾参加过活动。1919年我受聘任荣县高级小学监学。在教学八年当中，曾组织“蜀南青年学会”（现尚存成立开会时照片），入会者多系高小和中学学生。此举遭受到军阀官府的疑忌。

1927年，蒋介石叛变革命，疯狂地捕杀共产党人和进步人士。各地反动政府助纣为虐，也大肆捕杀。一日，学生程觉远（蜀南青年学会会员，也是共产党员，新中国成立后曾任荣县人民政府县长）被逮捕，我校周绅甫校长对我说：“外面对你的风声不好，速走为妙。”我立即离开荣县，潜去成都。到成都后，常到少城公园“佛经流通处”翻阅佛经度日。适有简阳魏用予、王兆平皆好佛学，气味相报，遂迁移至简阳外南白塔坝住家。新中国成立前一年，乃到养马河开设“利生诊所”。由于国民党政府滥发纸币，物价飞涨，迫使度日维艰，儿辈废学。新中国成立后，在共产党领导下，生活安定，儿辈亦受党的培养教育，向着光明的大道前进。

（选自四川省自贡市政协文史资料编辑委员会编《辛亥革命在自贡》，四川人民出版社2001年8月第1版）